EXPLORING LANGUAGE STRUCTURE
A Student's Guide
Thomas E. Payne

CAMBRIDGE UNIVERSITY PRESS
First published 2006

Printed in the United Kingdom at the University Press, Cambridge
ISBN-13   978-0-521-85542-6 hardback
ISBN-10   0-521-85542-X hardback
ISBN-13   978-0-521-67150-7 paperback
ISBN-10   0-521-67150-7 paperback

本书根据剑桥大学出版社 2006 年英文版译出
本书封面贴有 Cambridge University Press 防伪标签，无标签者不得销售

探索语言结构

学生指南

〔美〕托马斯·佩恩 著

吴福祥 朱冠明 等译

商务印书馆
创于1897 The Commercial Press

本书对语言结构的两个主要方面做了生动的介绍：句法（句子结构）和形态（词的结构），适用于语言学的初学者。本书以循序渐进的方式，通过清晰地描述基本方法和技巧以及提供基于丰富的世界语言语料的近100个实际操作练习，向学习者展示了如何分析任意一种语言的句法和形态。《探索语言结构：学生指南》以日常生活中清晰的类比来解释语言学概念，文笔引人入胜，并附有一个比较全面的术语表。书中介绍了句法学和形态学中很多重要的论题，如规则、范畴、词类、语法关系、多小句结构以及类型学等。对初学者来说，这是一部极佳的入门教材，它奠定了形态学和句法学方面的坚实基础，并为学习更高级的语言分析课程做好了充分准备。

作者托马斯·佩恩（Thomas E. Payne）是俄勒冈大学语言学系副研究员和美国国际署期语言学院（SIL International）的国际语言学顾问。他擅长对没有文字记录的语言进行语法描写，多次前往亚洲、非洲和美洲等地做学术演讲并从事学术研究。他也是《描写形态句法——田野语言学指南》（剑桥大学出版社，1997）一书的作者。

目录

谨献给所有自感淹没于奇异术语与神秘概念之海的语言学初学者

中文版前言

我很高兴地介绍和推荐《探索语言结构：学生指南》一书的中文版（该书英文版2006年出版于剑桥大学出版社）。该书是我20多年来讲授形态和句法分析方法课程的成果，这些课程大多是在美国俄勒冈州尤金市的俄勒冈大学讲授的，同时也在秘鲁利马的里卡多帕尔马大学、肯尼亚内罗毕的内罗毕福音神学研究生院（后改名为非洲国际大学）、印度马哈拉施特拉邦纳西克市的印度跨文化交流学院、加州大学洛杉矶分校以及其他几个我有幸访问过的地方讲授过。课程的内容基于我本人以及其他田野语言学家和学生们所做的大量的描写语言研究，他们贡献的数据和真知灼见也相应地出现在本书中。

本书关注的焦点是如何分析语言学家尚未充分描写的数以千计的土著及少数民族语言。因此，你将在本书中看到数百个来自世界各地语言的被详尽注解的例子以及数十套练习，本书网站还为这些练习补充了附加练习（http://pages.uoregon.edu/tpayne/els.htm）。

世界上有很多未被充分描写的语言，它们往往是濒危语言，本书反映了我对准备这些语言的描写性材料（包括语法、词典和语篇汇集）的主要专业兴趣。当前的预测是，除非采取一些积极行动，否则目前使用的大约6000种自然人类语言中的3000来种将会在本世纪灭绝。如果一种语言在尚没有书面记录的情况下消亡，那么这种文化的口语传统和智慧所包含的丰富人类经验的所有潜在可能性也将永远消失。很多人都认为语言灭绝所代表的文化和知识多样性的丧失是科学和人类的悲剧。

没有任何语言能够幸存下来，除非其使用者想让它幸存下来。尽管如此，描写语言学仍不失为所有语言记录和保护项目的基本要素。一部好的词典和语法描写书，就可以赋予某种语言一定的地位，此前该语言可能被其使用者和非使用者一同忽视；而好的语言研究则能告知少数民族语言的使用者及其周边族群：该少数民族的语言是值得重视的。另外，描写语言研究的成果也是开发土著语教材和发展土著语书面文学所必须的参考材料的组成部分。

最后，从科学的角度来说，好的语言描写还是关于人类心智组织的诸多研究的原始数据。语言的普遍性和多样性之间的张力构成了语言科学的核心主题，其中心问题是"语言的相似性有何表现"以及"语言变异有何限制"。很显然，为了弄懂这些问题，构建一个来自尽可能多语言的可靠且好用的语料库至关重要。每种语言的灭绝，都使得这项工作潜在的数据资源变得更加有限。

本书是一本为初涉语言学的学生编写的教材，不过我希望它同时对更高程度的田野研究者也是有用的资料。它描述了分析任何一种语言的语法所使用的一些基本技术，也为学生学习语言学理论更高级的课程做好准备。恰如学习第二语言最初也会很困难一样，语言学有可能会看起来高深莫测——直到你达到"钻之弥深，其乐自现"的境界。让我感到荣幸和高兴的是，随着这本教材中文译本的出版，致力于中国境内众多少数民族语言研究的中国学者和学生们也可以有机会利用这一材料。

托马斯·佩恩
2012 年 7 月
于不列颠哥伦比亚省兰利市

图目录

表目录

前言

> 爱丽丝心想:"同他们说话毫无用处。"这时他们没有插嘴,因为她并没有说话。然而,令她大吃一惊的是,他们全都在异心同想(但愿你明白异心同想是啥意思——因为我得承认我不明白):"最好什么也别说,语言可是一言值千金的!"
>
> Lewis Carroll《爱丽丝镜中奇遇记》(1872)

如果我们能做到"异心同想",那么我们就不需要语言了。语言是人们用来分享和协商情状、思想、情感之表征的一种非常重要的工具。通过语言,人们的思想不断地相互影响,有时以隐性的方式,有时以显性的方式。最终形成一种文化、一个社会、一种包含某个个体生物诸多特点的"共同心智"。比如,它可以"变化"和"生长",可以"停滞"和"兴旺",可以"患病""痊愈"或"死亡"。语言是对个体内在心智的物理外在表征。借助语言和其他类似工具的信息交流,是所有人类集体活动中最重要的部分。这也许就是"语言一字千金"的原因。

在当下(2005年),有一套术语和概念是这种构成语言科学文化的"共同心智"的内在组成部分。本书某种程度上试图为初学者解释一部分内在的共同心智。换句话说,本书试图将隐性地存在于许多独立个体心智之中的一系列思想具体化,仿佛它们是一个统一的整体。当然,这一任务在几个方面是根本无法完成的。首先,语言学家素以创造新术语或以某种新的、奇特的方式改造旧术语而闻名。因此,本书试图阐释的"共同心智"颇类似于维特根斯坦的"有漏洞的封域"(1958:45),而不是具有固定不变内容的界限分明的容器。其次,语言学家就是传说中的"吹毛求疵者"——语言学教材和理论著作中充满了对术语和概念无休止的修正和补充。对一个语言学家来说,看起来非常清楚和毫无疑问的事情,对另一个语言学家来说却具有一系列不确定性。最后,语言本身也在不断冲破语言学家特别喜欢为其制作的各种术语框框。因为人们着意要交流的思想总是无限的,所以语言所提供的表达这些思想的手段也在发生巨大的且往往是神秘的变化。

尽管这一主题本身难以捉摸,我还是恭敬地奉上这本导论性的教材,权当以简单的术语来阐明作为21世纪初期语言科学小小一隅的"共同心智"的首次尝试。就像任何交际行为都是交际者内在心理状态的近似和部分表达一样,本书也只是它的主题,即形态和句法分析方法的部分表述。尽管没有提出任何特别的语言理论，本书使用并解释了许多术语、方法和形式描述，它们都经历了时间的考验，并业已成为大多数语言学家内在的共同心智的组成部分。我尤其关注像位置－类别图表和过程规则（第 2 章）、"经典"生成音系学的规则标注（第 3 章）、短语结构规则和树形图（第 6 章）这类征候展示法（diagnostic displays）。这些都是许多语言学家在描写和理解语言结构的日常研究工作中经常使用的方法，即便他们并未在已经出版的著作中过多使用。了解这些方法对于基本语言分析十分重要，也是学习更高级的语言学理论课程的基础。

本书主要是为美国大学语言学专业的本科生而作，写作中曾与这些大学生进行过商讨。此前修过或同时选修语音学课程对本课程的学习是有益的，不过，如果授课教师可以花一个或几个课时来解释从第 3 章开始使用的音标符号，那么这一要求也并不是必须的。在教材的正文之前附有肺气辅音和元音的国际音标表，需要的时候可以作为参考。

学生曾要求提供的另一种参考材料是综合术语表。本书中，专门的语言学术语首次出现或作为讨论对象时均会醒目地标出。所有这些术语在书后的术语表中均给予简要的定义。

在撰写本前言之时，北美的一些大学正在将教学日程由学季制（一年有三个学期，每学期 12 周，外加一个暑期班）调整为学期制（一年两个学期，每学期 18 周，外加一个暑期班）。将本书用于 16—18 周一学期的形态句法学课程是最理想的。因为本书中的许多内容，学生无法在 12 周的学季课程内从容地吸收，如果本课程必须在 12 周或更短的时间内完成的话，我建议可略讲（或略过不讲）第 3、6、7、9 和 10 章中的某一章或多章。

假如有人发现本书中某些材料需要更正，或某些资料来源的说明不够准确，请通过邮箱 tpayne@uoregon.edu 告知我。

最后，我仍然在积极地寻求可以证明本书观点的更多的材料和练习题，如果你有这方面的资料，并且愿意提供给我们的网上资料数据库（http://www.uoregon.edu/~tpayne/problem_sets/），请将这些资料发给我。通过这种方式，我希望这一工作将xiv 成为讲授和学习语言学初、高级课程师生的一个不断扩充的资源库。

致谢

　　我要感谢所有提供练习题、材料和有趣评论的学生、语言学家及其他学者，他们的贡献已吸收进本书中。我尽量标明所有的资料来源，并尽可能地忠实于原始材料，但无疑仍存在需要修正的地方。

　　关于对本书的帮助和对初稿部分章节的诸多建议，我要感谢"形态学和句法学分析方法"课程上的众多学生们，他们来自美国俄勒冈大学、美国西北基督教学院、印度跨文化交流学院、新西伯利亚国立大学和秘鲁里卡多帕尔马大学。此外，我还要亲自感谢以下同行：Colleen Ahland、Andy Black、Beth Bryson、Bob Carlson、Joyce Carlson、Wally Chafe、Bernard Comrie、Scott DeLancey、Bob Dixon、Matthew Dryer、Sylvia Earnest、Bob Eaton、Rhonda Fraser、Danielle Gordon、Nelleke Goudswaard、Colette Grinevald、John Haiman、Bernd Heine、Kendall Isaac、Eric Jackson、Christian Lehmann、Steve Marlett、Marianne Mithun、Arlyne Moi、Johanna Nichols、Ken Olson、Doris Payne、Stephanie Payne、Eric Pedersen、Maggie Romani、Omana Sounderaraj、Naoaki Tai、Masahiro Takata、Prang Thiengburanathum、Sandy Thompson、Cynthia Vakareliyska，以及 David Weber。

　　剪贴画来源：© 2003 by Microsoft.com

　　插图由 John Tenniel (Carroll 1865，1872): Public Domain 提供　　　　xv

语料转写说明

　　本书包含来自世界各地很多语言的例子和练习。这些例子的标写形式尽可能使用相关语言的官方书写系统。这种情况下，我们使用标准的大写和标点符号来标写语料。然而，有时采用罗马字母转写形式来替换或补充官方书写系统，则是必不可少或更为可取的。在这种情况下，我们就不再使用大写形式和标点符号。

　　对于俄语用例，本书使用美国图书馆协会和国会图书馆推荐的标准罗马字母转写系统（Barry 1997：138—155）。韩语用例使用转写韩文字母的"耶鲁系统"（Martin 1992）。其他语言的用例使用国际音标（请参看本书正文前的国际音标表）。

缩略语表

语法注解中的缩略语

缩略形式	全称	汉译 / 缩略
1	First person（I, me, we, us, etc）	第一人称（I、me、we、us 等）/1
2	Second person（you, y'all, etc）	第二人称（you、y'all 等）/2
3	Third person（he, him, she, her, they, them, it, etc）	第三人称（he、him、she、her、they、them、it 等）/3
ABL	Ablative case	夺格
ABS	Absolutive case	通格
ACC	Accusative case	宾格
ACT	Actor	施动者 / 施动
AN	Animate	有生
ANT	Anterior	先时
APL	Applicative	升宾式 / 升宾
ARR	On arrival（directional marker）	到达（方向标记）
ART	Article	冠词
ASP	Aspect	体
ASSOC	Associative	联想的 / 联想
AUG	Augmentative	大称
AUX	Auxiliary	助动词 / 助动
BEN	Benefactive	受益格 / 受益
CAUSE	Causative	使成式 / 使成
CL	Classifier	分类词；量词 / 分类
COM	Comitative	伴随格 / 伴随
COMP	Complementizer	标补语 / 标补
COMPL	Completive aspect	完结体 / 完结
CONJ	Conjunction	连词
CONT	Continuative aspect	持续体 / 持续
COP	Copula	系词

续表

缩略形式	全称	汉译 / 缩略
DAT，D	Dative	与格
DEF	Definite	有定
DEM	Demonstrative	指示词 / 指示
DEP	Dependent	依附小句 / 依附
DIM	Diminutive	小称
DIR	Directional	方向
DISJUNCT	Disjunctive mode	析取情态 / 析取
DIST	Distal deixis	远指
DISTR	Distributive	分布的 / 分布
DL	Dual（two things）	双数 / 双
DR	Downriver	下游
DS	Different subject	主语不同
DTRNS	Detransitive	去及物
E	Epenthetic form	增音形式 / 增音
ERG	Ergative case	作格
EXCL	Exclusive	排除式 / 排除
F，FEM	Feminine	阴性
FOC	Focus	焦点
FUT	Futrue tense	将来时 / 将来
GEN	Genitive case	属格
GNO	Gnomic aspect	格言体 / 格言
I，INTRNS	Intransitive	不及物
IMP	Imperative mode	祈使语气 / 祈使
IMPERF	Imperfective aspect	未完整体 / 未完整
INAN	Inanimate	无生
INC	Inclusive	包括式 / 包括
INCEP	Inceptive	起始体 / 起始
INCHO	Inchoative	起动体 / 起动
INCLD	Included	包含的 / 包含
INCOMPL	Incompletive aspect	未完结体 / 未完结
IND	Indicative	直陈式 / 直陈
INF	Infinitive	不定式 / 不定
INST	Instrumental	工具格 / 工具
INTS	Intensive	强化标记 / 强化
IRR	Irrealis mode	非现实情态 / 非现实

续表

缩略形式	全称	汉译 / 缩略
LOC	Locative	处所格 / 处所
M	Masculine	阳性
MALF	Malefactive mode	受损情态 / 受损
MAN	Manner	方式
MID	Middle voice	中动态 / 中动
NEG	Negative	否定词 / 否定
NEU	Neutral	中性
NF	Non-future	非将来时 / 非将来
NOM	Nominative	主格
NOMLZ	Nominalization	名词化
NONSPEC	Nonspecific aspect	非特指体 / 非特指
NPAST	Non-past	非过去时 / 非过去
NS	Non-subject	非主语
OBJ	Object	宾语
OBL	Oblique	旁语
PART	Participle	分词
PASS	Passive voice	被动态 / 被动
PAST, PT	Past tense	过去时 / 过去
PAT	Patient	受事
PERF	Perfective aspect	完整体 / 完整
PL	Plural（serval things）	复数 / 复
PN	Pronoun	代词 / 代
POS	Possessed	被领有的 / 被领有
POT	Potential mode	潜在情态 / 潜在
PPART	Past Participle	过去分词 / 过分
PR	Present tense	现在时 / 现在
PROG	Progressive aspect	进行体 / 进行
PROX	Proximal deixis	近指
PURP	Purpose	目的
REAS	Reason	原因
RECIP	Reciprocal	交互式；交互词 / 交互
REFL	Reflexive	反身式；反身词 / 反身
REL	Relativizer	关系化标记 / 关系化
REX	Response to expectation	对预期的反应 / 预应
SEQ	Sequential	相续标记 / 相续

xviii

续表

缩略形式	全称	汉译 / 缩略
SG	Singular（1 thing）	单数 / 单
SIM	Simultaneous	同时
SS	Same Subject	主语相同
STAT	Stative	静态
SUBJ	Subject	主语
TOP	Topic	话题
TRNS	Transitive	及物

句法结构图中的缩略语

缩略形式	全称	汉译 / 缩略
ADJ	Adjective	形容词
ADV	Adverb	副词
AUX	Auxiliary	助动词
COMP	Complementizer	标补语
CONJ	Conjunction	连词
D	Determiner	限定词
DP	Determiner Phrase（or "determined noun phrase"）	限定词短语（或限定性名词短语）
I	Inflection（or "inflectional particle"）	屈折（或屈折小词）
IP	Inflectional Phrase（or "inflected verb phrase"）	屈折短语（或屈折动词短语）
N	Noun	名词
NP	Noun Phrase	名词短语
P	Preposition or Postposition	前置词或后置词
PP	Prepositional or Postpositional Phrase	前置词短语或后置词短语
S	Clause（or "Sentence"）	小句（或句子）
V	Verb	动词
VP	Berb Phrase	动词短语

其他缩略语

缩略形式	全称	汉译 / 缩略
A	Most AGENT-like argument of a multi-argument clause	多论元小句中最像施事的论元
C	Any consonant	任何辅音
Chô	Chômeur	无业语

续表

缩略形式	全称	汉译 / 缩略
D	Dative or indirect object of a multi-argument clause	多论元小句中的与格成分或间接宾语
N	Any nasal consonant	任意鼻辅音
O	"Other," less AGENT-like argument of multi-argument clause	多论元小句中不太像施事的"其他"论元
OBL	Oblique clausal element（non-argument）	旁语小句成分（非论元）
S	Single argument of a one-argument clause	单一论元小句中的唯一论元
V	Any vowel	任何元音

xx

表A 国际音标表（1993修订）：辅音（肺气）（经国际音标协会许可使用，见 http://www.arts.gla.ac.uk/ipa/pulmonic.html）

	Bilabial（双唇音）	Labiodental（唇齿音）	Dental（齿音）	Alveolar（龈音）	Postalveolar（龈后音）	Retroflex（卷舌音）	Palatal（硬腭音）	Velar（软腭音）	Uvular（小舌音）	Pharyngeal（咽音）	Glottal（声门音）
Plosive（塞音）	p b			t d		ʈ ɖ	c ɟ	k g	q ɢ		ʔ
Nasal（鼻音）	m	ɱ		n		ɳ	ɲ	ŋ	ɴ		
Trill（颤音）	ʙ			r					ʀ		
Tap or flap（拍音或闪音）		ⱱ		ɾ		ɽ					
Fricative（擦音）	ɸ β	f v	θ ð	s z	ʃ ʒ	ʂ ʐ	ç ʝ	x ɣ	χ	ħ ʕ	h ɦ
Lateral fricative（边擦音）				ɬ ɮ							
Approximant（近音）		ʋ		ɹ		ɻ	j	ɰ			
Lateral approximant（边近音）				l		ɭ	ʎ	ʟ			

注：符号成对出现时，右边一个代表浊辅音。带阴影的空格指经判定不可能出现的发音。

表 B　国际音标表：元音（经国际音标协会许可使用，见 http://www.arts.gla.ac.uk/ipa/pulmonic.html）

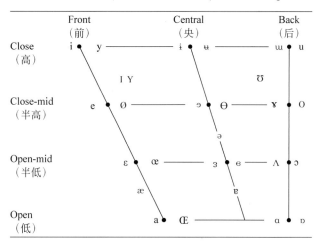

注：符号成对出现时，右边的代表圆唇元音。　　　　　　　　　　xxii

第1章
形态学和句法学导言

如果问别人："什么是语言？"你得到的答案中很可能会包含"交际"（communication）这个词。如果认真思考我们的语言，大多数人会有一个常识性的观念，即认为语言的存在是为了交际。这种思维方式把语言看作人们用来完成交际这种"工作"的一个"工具"。它也许不是人们用来完成这一工作的唯一工具，同时它也许还可以帮助完成其他工作。不过，很多人，无论他们是不是语言学家，都认为人类语言的主要目的是交际。

将语言视为一种工具对各方面的应用都具有深远影响。无论是打算对语言学理论有所贡献，还是想记录下世界上某种尚不存在书面文字的语言，或是准备一些教学用材料，或者仅仅是学说一门第二语言，你都可以从视语言为交际工具这一视角中获益良多。在本书导言部分，我们将详细探讨这一视角，随后我们还将讨论语言分析中的一些基本概念。

每种工具都有两个组成部分，即**功能**（FUNCTION）和**形式**（FORM）。所谓功能就是这个工具被设计要用来完成的工作；而形式则是完成该项工作的有形的结构。例如，如图所示，这种锤子的主要功能就是将钉子钉进木头或是将钉子取出来。它的形式就是铁锤头附着于一个手柄这一形态。尽管各个锤子在许多方面都互不相同，但它们同样存在许多相同点。这一独特的形式是专门用来适应钉钉子这一功能的。如果它有一个与此相差太大的形式的话，它将无法服务于这一目的。设想一下，如果一把锤子的锤头是纸做的或没有手柄会怎么样？这样蹩脚的锤子对于钉钉子来说可能不太管用（尽管它们可能用于其他某个目的）。由此可见，是功能"促成"（为其提供动因）了这一非常有用的工具的形式。如果没有功能的话，这一形式也就仅仅是一堆奇形怪状的铁和木头。

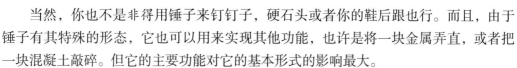

当然，你也不是非得用锤子来钉钉子，硬石头或者你的鞋后跟也行。而且，由于锤子有其特殊的形态，它也可以用来实现其他功能，也许是将一块金属弄直，或者把一块混凝土敲碎。但它的主要功能对它的基本形式的影响最大。

语言也是由功能和形式组成的。常识告诉我们，语言的主要功能是帮助人们交际。形式是指声音、手势或者环境中其他能被他人察觉到的物理变化（physical variations）。

此外，正如锤子这一实例所显示的，语言形式基于其基本功能而产生意义，这一点在整本书中随处可见。如果没有交际功能，语言就只不过是环境中的一些任意噪音或其他物理变化。

尽管锤子的类比有助于我们理解功能与形式的关系，但实际上比起锤子来，语言在许多方面都更为复杂。首先，语言的功能更复杂。尽管有各种各样的钉子，而且你可能想用多种方式把它们钉进去或者拔出来，但使用锤子的方式则是相当有限的。另一方面，人们每天有无限的思想要交流，同时有许多微妙的、隐晦的意义需要去表达。其次，语言的形式也比锤子的形式复杂得多，绝大多数语言的形式由为数不多的语音组成，这些语音构成**词**（**WORDS**）、**短语**（**PHRASES**）、**小句**（**CLAUSES**）、**句子**（**SENTENCES**）乃至**篇章**（**DISCOURSES**），包括会话、布道、演讲、辩论及其他高度复杂的交际结构。

就像任何工具一样，一种语言的形式基于其功能而"有意义"，尽管这些形式未必由这些功能完全决定（或精确地"预测"）。实际上，对于一种新语言，我们最初关注的是它与我们自己的语言有多大的不同。如果所有的语言都是完成交际这一工作的工具，为什么它们之间会有如此大的差异呢？在回答这个问题之前，我们设想一下世界各地形状迥异的另一种文化工具——房子的结构。世界各地房屋的巨大差异反映出人们对于栖身、御寒、食物储备空间以及休息等这类相似的需求所采取的不同解决办法。这些不同的解决办法是由许多因素促动的，包括当地的生态，但尽管有许多不同的促动因素，某个特定房屋的结构也并非必然如此。即便在我自己所住的小镇，一部分房屋就是平顶的，而其他的则是斜顶的，各种不同的屋顶形式都能完成提供栖身之所这一相同功能。同样，不同的语言可能使用迥然不同的形式来表达相同的概念。

语言学家还发现，尽管不同语言之间存在许多表面的差异，但却有一些本质的相似点。你能想象一种没有词汇的语言吗？[①]或是没有句子的语言？当然这种交际方式的确存在，如面部表情，或是服饰风格。这些系统的确在一定程度上帮助人们互相理解，但我们很难将其称为语言。它们和语言比起来就好比石头、鞋子同锤子的关系——能用来钉钉子，但并非专门应用于或被设计用于达成这一目的。不过，语言是一种由相互关联的各部分组成的，并被专门用来服务于人类交际意图的高度复杂的系统。尽管各种语言之间在许多方面存在很大差异，但语言的功能为它们在形式上存在诸多基本相似点提供了动因。

下面几节我们将讨论语言学家用来探索语言结构时使用的一些术语和概念。

形式 - 功能复合体

语言学家通常认为，语言由形式要素（elements of form）组成，人们运用这些形式要素去"意谓"、"表达"、"表征"或"指称"其他事物。尽管语言学家通常暗示语言形式本身表达概念，但这必须被视为一种简单省事的说法，说的是说话人使用语言形式（众多工具之一）去完成表达、指称、意谓等行为（Brown and Yule 1983：27ff）。例如，一个词就是一种语言形式，就它自身而言，它只不过是某个人的发音器官所发出的声音。使它成为一个词而不是一个任意的声音的原因是，它被有意地发出来用于表达某种思想。经由熟练的说话人的使用，词语可以组合成更大的结构来表达非常复杂的想法。尽管语言形式有助于人们表达思想，兴许也会限制某些可能出现的想法，但语言形式自身与其所表达的思想在逻辑上是截然不同的，正如一把锤子的形状与其钉钉子的工作不同。

　　Langacker（1987）在 Saussure（1915）的基础上，将语言单位描述为由**形式－功能复合体**（**FORM-FUNCTION COMPOSITES**）组成，如图 1.1 所示。

　　图 1.1 的上半部分代表语言所表达的意义、概念或思想，而下半部分代表语言单位本身，中间的线代表这两者之间的关系或者说"联系"（bond）。不少术语都曾被用来指称这个复合体中的各个部分，与上半部分相关的术语包括："所指""意义""语义""功能""概念域"以及"内容"，与下半部分相关的术语包括"记号""能指""符号""结构"和"形式"。

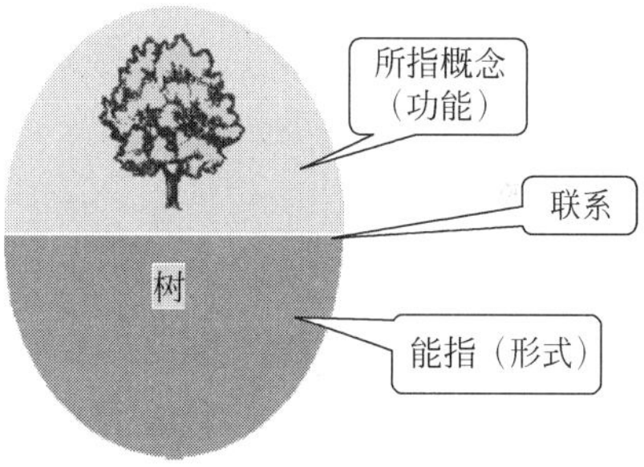

　　在古代，思考"语言问题"的哲学家常常

图 1.1　形式－功能复合体

认为词与它们的意义之间存在内在的联系。哲学家所说的语言（梵语、希腊语或拉丁语）总是被看作表达词语的"真实"意义的语言。而在近代，语言学家往往会强调语言符号的**任意性**（**ARBITRARINESS**），也就是说，语言符号的形式与其意义之间未必存在内在的联系。在英语里，拼读为 tree（树）的声音当然与它能表达的概念没有任何内在的联系。事实上，即便在具有亲缘关系的语言里，比如德语和法语，非常不同的声音（如分别拼读为 baum 和 arbre 的）也大致表达这一相同的概念。最近，语言学家开始注意到，尽管语言符号在一定程度上是任意的，但这些符号同时也由可理解性、**象似性**［**ICONICITY**，包括**语音象征性**（**SOUND SYMBOLISM**）］以及经济性等因素所**促动**（**MOTIVATED**）。[②]

　　符号与所指概念、形式与功能之间的联系为什么是有动因的呢？语言学家假定符号与所指概念之间的联系是有意图的（intentional）。也就是说，语言的使用者有意去建立形式与意义之间的联系——他们有意识地希望自己的话段被理解。随之而来的便是，用以表征概念的各种形式就被组成结构，以使其间联系在认知能力及记忆力的限度之内更加明显。这并不是要否认这样一种可能性，即语言的某些方面实际上可能与被表达的概念之间没有联系，甚至有可能用于隐藏某些概念。无论如何，我们使以下观念成为我们的工作假设：总体而言，语言使用者需要并且期待语言形式来表征所要交流的概念。

在任何符号系统里，符号与其所象征领域中的范畴或维度之间的联系必须保持稳定性。我们并不是生活在一个"混沌世界"中，想让词语表达什么意思就能表达什么意思（Carroll 1872）。为了与他人交流，我们依赖的是这样一种可能性：我们语言里的词语在他人那里指的是大致相同的事物，反之亦然。理想的符号系统（如计算机"语言"）通过在每一个形式与其意义之间确立一个直接的、不变的编码关系来将这条原则最大化。然而，在这一点上，真实语言并不是理想的符号系统，它们在所依存的环境中发生的变异与演变是正常的而非异常的。因为说话人想要表达新的情状、概念或视角，所以语言的新功能每天都会出现。发声以及听觉的限制导致发音不准确以及信息理解的不完整。以上这些以及许多其他因素导致了语言形式上的变异，甚至会出现在某个说话人个人的言语中。因此，真实语言中的形式与意义之间的联系既非严格的也非任意的；这种关系既具有足够的直接性以满足交际需要，又具有足够的灵活性以照顾到创新、变异和演变。

创造性和递归

正如上文所讨论的，任何语言都是由许多相互关联的部分组成的高度结构化的符号系统。语言也是一种地道的人类现象，人们每天都在以新的、创造性的方式使用它来完成无限的交际任务。让我们来讨论一些例子，看看人们是如何为满足某些特定的需要而创造性地塑造他们的语言的。

Lewis Carroll 的著名诗歌《废话》（*Jabberwocky*，1872）是这样开始的：

> 'Twas brillig, and the slithy toves 昏熔时分跩貐欢
> Did gyre and gimble in the wabe; 又旋又钻离丛中；
> All mimsy were the borogoves, 无限悲萎硼垢鸟，
> And the mome raths outgrabe. 时吼时啸迷犯豬。[1]

尽管这首诗中的许多词是无意义的，但根据上下文我们还是能对语言结构做出很多推断，甚至形成一个所描述景象的大致画面。例如，我们知道 brillig 可能指的是某个时间，因为'twas（到……时）位于其前。我们还知道 toves 可能是指能够实施行为的什么东西（可能是人或某种动物），因为他们"做了 gyre 和 gimble"，而这些词显然是指一些行为。我们还知道 wabe 一定是描述某个地点，gyre 和 gimble 发生于此。slithy 和 mimsy 一定是修饰语（**形容词，ADJECTIVES**），它们分别描述的是 toves 和

---

[1] 这首诗中作者生造了许多词，这里采用的是李季鸿译《爱丽丝镜中奇遇记》（中国对外翻译出版公司，1994 年版）第 35 页的译文，其中相应也生造了一些汉字和词。——译者

borogoves 的属性。

人们从这首诗中所获得的整体印象似乎是有个像森林一样的地方，其间有一些奇怪的、神秘的动物处在特殊的状态或条件下。我们迫不及待地期待着第二诗节可以帮助填补我们的心理景象中的空白。

这个例子来自一位著名的作家，但是我们完全不用学习伟大的文学作品就能了解到语言是如何被创造性地用来完成交际任务的。日常会话就足以轻松地实现这一点。例如，我最近在一段实际会话中听到这样一个句子：

（1） My dog just snerdled under the fence. "我的狗刚刚在篱笆下面 snerdle。"

在我的任何一部词典里都查不到 *snerdle* 这个词。然而，这个句子在合适的语境下对任何一个熟练的英语使用者而言都能立即被理解。我们知道 *snerdle* 一定是一个**动词**（VERB），因为它有一个**主语**（SUBJECT）（*my dog*）并且还带有表示**过去时**（PAST TENSE）的词尾 -*ed*。这些都是有关这个句子结构方面的事实。正因为这个句子有这些结构上的特点，我们可以很准确地猜测出这个句子的功能应该是什么，也就是，这个句子的意义是什么。因为我们知道有关狗和篱笆的一些信息，我们知道以 *sn*- 开头的动词（如 *snort*、*sniff*、*sneeze*、*snore* 等），也知道以**塞辅音**（PLOSIVE CONSONANT）加 -*le* 结尾的动词（如 *wiggle*、*waddle*、*fiddle*、*jiggle*、*sidle*、*giggle* 等），所以，我们可以基于这个句子构建出一个非常具体的心理图像。你甚至可以说说话人通过在这个语境中使用动词 *snerdle* 而赋予了该词意义。如果脱离其使用的具体交际语境，我们将很难猜测出这个词 "意指" 什么。如果这个新的动词弥补了英语词汇中的一个空白，它就有可能流行开来，乃至出现在词典中。这种创造性正是地球上每一种语言的本质特征，也是新词不断加入到语言词汇中的一种方式。

本书中我们将看到许多例子反映出语言的形式如何为了满足交际的需要而产生。这里就有另一个重要的例子。上文提到，人们想要用语言表达的想法和**微殊义**（NUANCES）是无限的，但人类的思维能力则是有限的。对一个人来说不可能存储或是学习无限的信息。那么，一个操人类语言的说话人如何用他有限的思维能力去表达无限的思想呢？任何一个承担此任务的系统必须显示出语言学家们所说的**递归**（RECURSION）。换句话说，任何一个接受有限输入而产生无限输出的系统必须具有足够的复杂性，能够递归地、循环往复地组合输入端的各种要素，使无限的输出成为可能。这里举一个简单的例子，例如下面这个短语：

（2） The cat "那只猫"

我们都知道世界上有许多只猫。如果我需要区分它们，我可以"修饰"这个短语：

（3）The cat in the hat "那只在帽子里的猫"

世界上也有许多帽子。如果我需要区分我所说的帽子是哪一顶，那我可以用此前修饰**名词**（**NOUN**）*cat* 的方式去修饰名词 *hat*：

（4）The cat in the hat with a yellow ribbon "那只在镶有黄色缎带的帽子里的猫"

世界上同样会有许多黄色缎带……

我想你已经了解了如此下去会是何种情形了。既然我能用一个名词去修饰另一个名词，那么我就有可能去表达无限的思想，从最初几个基本的词起步。以上例子说明的是**内嵌**（**EMBEDDING**），这只是语言递归性的众多方面之一。词，比如名词，可以被内嵌在更大的结构里，而后者又可以被内嵌在其他结构里，直至无穷。任何一个未提供这种递归性的系统都没有资格成为语言。为什么呢？因为它不能完成一种语言所要完成的任务。所以在这个例子中语言的形式，也就是说话人构建名词词组的方式，是由其功能决定的，即由表达潜在的无限思想的需求来决定的。递归是每一种语言具有创造性的另一个方面。它允许每一个言语流利的人去构架和表达无限的思想。唯一的限制就是说话人的交际需求和想象力。

语法

当你听到**语法**（**GRAMMAR**）这个词时，你的脑海里出现的是什么图景？对许多人来说，这个词带给他们的是童年时痛苦的回忆，包括一些在说话和写作时"要这样""不要那样"的清单："永远不要说 ain't""永远不要将不定式拆开""永远不要说 him and me"，等等。

对一个语言学家而言，"语法"这个词则有着非常不同的含义。从最广义的语言学意义上来说，语法就是一个人想要流利地说一种语言而需要知道的一切。例如，上文所讨论的组成名词词组的方式就是英语语法的一部分——它是所有说英语的人已无意识"知晓"的东西。有时**默示**（**TACIT**）这个词被用来描述一个人的语言知识（以及其他由文化决定的行为模式）。意思是说，人们通常并没有意识到他们业已内化了的语法。人们也是能够意识到它的，比如通过上语言学课。但是，大多数人只是毫不思考地使用语法，如同他们使用社会行为其他方面的默示知识一样，如面部表情、吃饭的方式、走路、表达情绪以及其他方方面面。对语言学家来说，语法是有待于被发现、描写以及解释的对象，而不是被创造和推行的东西。它包括绝大部分（有人认为是全部）使同一个言语社团的人们得以相互交流的思维习惯模式和范畴。语法内化于人类心智，但它允许此心智与其他具有相似语法模式的心智"关联"起来。

在"语法"这一标题之下，传统上还有好些个子目，包括：**语音学**（PHONETICS）、**音系学**（PHONOLOGY）、**形态学**（MORPHOLOGY）、**句法学**（SYNTAX）和**语义学**（SEMANTICS）。在本章接下来的部分，我们将讨论其中的几个。

形态学和句法学

在这一部分我们将简单地讨论一下本书的主题，即有时被称作**形态句法学**（MORPHOSYNTAX）的，是如何与语法领域内的其他子目相关联的。

语音学和音系学讨论人类的发音器官（肺、喉头、口腔、鼻腔）如何产生语言的声音，以及这些声音在某些特定的语言里是如何被系统地组织在一起的。形态句法学讨论这些声音如何被组合从而构成词和句子。语义学讨论语言结构中单个成分的意义及其组合。**话语分析**（DISCOURSE ANALYSIS）则是用来描述句子如何组合成会话、故事、讲演以及其他扩展的话语形式的术语。

实际上，"形态句法学"（morphosyntax）这一术语是个混杂词，它来自于两个词——形态学和句法学。因为"形态句法学"听起来比"句法音系学"（syntophology）好，所以语言学家更喜欢使用前者。

形态学研究的就是形式（shapes）。例如，动物学家可能研究骆驼的形态——它们的身体是何种形式。不同种类的骆驼会有不同的身体形态，有些是一个驼峰，有些是两个。语言学中的形态学研究词如何形成，以及词的形式如何系统地变化以完成交际任务。你也可以认为形态学就是研究有意义的单位是如何组合而形成词的。

而另一方面，句法学则研究词是如何组合成句子的。许多语言学家之所以喜欢将形态学和句法学放在一起谈，是因为有时在一种语言里用词的形式（形态）完成的交际任务在另一种语言里则是由词的组合（句法）来完成的。因此，如果语言学家想要比较不同的语言，称之为"形态句法学"就会比较有利。例如，仔细看看下面这些那加语（Naga，印度北部的一种藏缅语）的句子以及它们在英语中的对等成分：

（5）a. ngama　　　ate　　　　hethoang
　　　　I　　　　　him　　　　will.teach
　　　　我　　　　他　　　　　将 . 教
　　　　'I will teach him.'
　　　　"我将教他。"

　　　b. ate hethoang ngama　　　'I will teach him.'　"我将教他。"

c. atema nganang hethohang 'He will teach me.' "他将教我。"
d. nganang hethohang atema 'He will teach me.' "他将教我。"

在例（5a）中，英语释义直接标在那加语词语的下面。那加语中，说话人表达谁在教以及谁被教的主要手段是词的形式。在所有的这些句子中，表示教者的词均以 *-ma* 结尾，无论这个词出现在句子的哪个位置：它可以出现在句首［如例（5a）和例（5c）］，也可以在句末［如例（5b）和例（5d）］。在所有这些句子中，表示动作的主要施动者（在此例中是那个教者）的那个词均以 *-ma* 结尾。因此，我们说在那加语里用来表达一个句子中谁是施动者是以形态手段来完成的，即以词的形式来完成。

英语的情况则完全不同。英语里，说话人表达谁是动作的发出者、谁是动作的承受者的主要手段是语序。如下例：

（6）a. Zarina taught Aileron. "Zarina 教 Aileron。"
　　 b. Aileron taught Zarina. "Aileron 教 Zarina。"

这两个句子的意义并不相同，尽管所有词的形式都一样。其意义上的差异仅仅是由语序来表达的。因此，我们说在英语里识别施动者的工作是靠句法手段来完成的。

本书的第一部分（第 1 章至第 5 章）主要讨论形态学；第二部分（第 6 章到第 10 章）主要讨论句法学。但应当记住的是，这两个领域并非一定界限分明。句法结构当然会影响形态，而形态也是显现句法结构的一个非常重要的方面。关于这方面，需要记住的主要观点有：

· 语言是一种交际工具；因此，非亲属语言在结构上的相似，绝大多数情况下可归因于相同的交际功能。
· 语言可以通过改变词的形式（以形态手段）或是通过改变词的组合方式（以句法手段）来完成相同或相似的交际任务。

词库

至此我们已经描述了语言中一般语法领域内的两个子目——形态学和句法学。我们已经看到，在一种语言中用形态手段完成的交际任务在另一种语言中可能用句法手段来完成。也许还有一个子目应该同这两个子目一起考虑，这就是**词库**（LEXICON）。一个语言的词库究竟包括哪些方面，不同的语言学理论有着非常不同的看法。这里所做的描述较为灵活，足以包容大多数的理论差异，同时它又符合语言学家们谈及语言的词库时所达成的共识。

从最广泛的意义上来说，一种语言的词库由该语言中一张所有**单位**（UNITS）的清单构成。词库里的单位是**理想化的**（IDIALIZED）心理构造或图像。它们不是实际的词、短语或句子，而是当需要产生实际的词、词组以及句子的时候能从记忆中唤醒的心理"图像"。有时候这些图像被称作"表征"（representations）或"模板"（templates）。这些单位被称为**词条**（LEXICAL ENTRIES）。例如，*cat*（猫）是我的英语的内在心理词库中的一个词条。大体上说，它仅仅是一个理想化的表征——换言之，是对一个语音的记忆，这个语音在我之前所参与的会话中完成了某些功能。因为我相信其他说英语的人很可能和我拥有相似的记忆，所以只要有需要，在英语会话中那个表征就是可以被提取的。然而，在词库中，它只不过一种潜在可能性，一个对某一具体语言行为可能性的抽象表征。

9

作为一个语言单位的词条，由它的全部特征的丛集（有时被设想为一个清单，有时则是一个图像）组成。"词条"这个术语是基于将词库比作词典这一隐喻。我们说一个词的"词典词条"（dictionary entry）是由拼写、发音、意义以及用法等方面的信息组成的。词库词条（lexical entries）与之颇为相似，区别仅在于它们被认为是无意识的心理图片，储存在每个说话人的头脑里，而不是储存在已出版的书籍或计算机磁盘中。

除了像 *cat* 这样的整词外，词的构成部分也可以是词库的单位。例如，单词 *walked*（走）中的构成部分 *-ed* 表示**过去时**（PAST TENSE）。这是一个想要了解英语的人必须要了解的部分，因此 *-ed* 就存在于英语的词库中。更准确地说，一个动词后接 *-ed* 的模式存在于英语词库中。这可以用下面的公式来表示：

（7）动词 +-ed =［动词］过去时

换句话说，并非任何一个 *-ed* 都表示"过去时"，只有那些附着在动词后的 *-ed* 才是。（7）中的公式是对所有说英语的人头脑中那个无意识模式的一种书面表述方式，该模式让他们得以表达许多动词的过去时。

在词库的这种广义概念里，**句法结构**（SYNTACTIC STRUCTURES）也可以包含其中。实际的短语和句子并非词库的组成部分，抽象的、理想化的模式才是。例如，（8）是英语的一个句法模式：

（8）前置词 + 名词短语

这种模式表明：被称作**前置词**（PREPOSITIONS）的任一成员均可跟被称作**名词短语**（NOUN PHRASES）的任一成员组合成一个单位。这种理想化模式在使用中会产生出许许多多可能的语言结构。例如：

（9）a. in the house "在屋子里"

　　b. under the bed "在床下"

　　c. with a hammer "用锤子"

　　d. on the mat "在垫子上"

　　e. down the rabbit hole "沿兔子洞向下"

　　f. through the mystical forest inhabited by strange beings and fraught with unfathomable dangers, none of which were apparent to Alice when she first began following the White Rabbit "穿过居住着奇怪生物、充满了难以预测的、对刚开始跟随那只白兔的爱丽丝来说毫不知情的危险的神秘森林"

（9）中的短语都不存在于词库中。相反，它们是由存在于词库中的其他成分所组成的。从广义的词库观来看，（8）中的模式也属于那些成分之一。

> 词库与（形态）句法的差异，就是说话人所需直接了解的与他们（基于业已了解的）所能建构的之间的差异。
>
> ——Charles Fillmore

不过，关于词库还有几种比较狭义的观点。通常如（8）所示的句法模式不被认为是词库中的一部分，相反，它们被认为是语言中语法的独立组成成分的一部分。按照这种看法，词库被认为是由所有**词**（**WORDS**）和**语素**（**MORPHEMES**，即词中有意义的组成部分）组成的心理词典。从这个狭义的观点来看，像（8）那样的句法模式属于心理意象（mental images），而不是词库的组成部分。

然而，对词库所有的概念化都有一个共同特征，即它包含众多的单位清单。这通常被认为与形态句法有所不同，因为形态句法是描述那些被用来建构新想法的规则。这里的关键概念是"清单"而不是"规则"。清单包含的是一些条目化的信息，每一条都必须逐个记忆。而另一方面，规则涉及的是一些用来创造新信息的规律性模式。规则本身可以是用来构成词库清单中的某些条目，但这些规则的输出项（outputs）却不是。因此，词库与形态句法的差异就是说话人所需直接了解的与他们（基于已经了解的）所能建构的之间的差异。

三种表达类型的比较

我们已经讨论了与本书密切相关的语法之下的三个主要子目，这样我们就可以比较不同的**表达类型**（**EXPRESSION TYPES**），每种语言都会提供这些表达类型供其说话人表达不同的意义。这些表达类型就是**词汇表达**（**LEXICAL EXPRESSION**）、**形态过程**（**MORPHOLOGICAL PROCESSES**）以及**句法（分析）模式**［**SYNTACTIC**（or **ANALYTIC**）**PATTERNS**］。

词汇表达需要说话人诉诸词库来表达意义的某种细微差别，通常涉及用一个词汇项替代另一词汇项。形态过程是指以某种可预测的方式改变词的形式来表达不同的意义。最后，句法模式通过组合或重排（rearranging）相互关联的词汇项来表达有规律的意义差别。下面我再举几个例子来解释。

由 call 和 called 这两种拼读形式表示的声音之间的差异遵循一个规律性模式。我们可以说说话人通过给 call 这个形式加上 -ed 词尾而**派生**（**DERIVE**）出 called 这种形式。这种模式适用于英语中的很多动词，它的功能就是使得说英语的人能够表达过去时。人们没必要把 call 和 called 这两个形式（也包括 stall 和 stalled、walk 和 walked，等等）都作为一个长长的词语清单中的成员记住——这些词语未必是相互有关联的。相反，你所需要的是一个短得多的由单个动词组成的清单，再加上"加 -ed 构成过去时"这样一个形态模式（或"规则"）。这个模式本身可能存在于词库之中（按照上文所说的广义词库观），但它的存在使得词库作为一个整体而短了许多。这是因为有了这种模式，called、walked 这类词就没有必要一一列出——它们可以分别从 call 和 walk 中派生（或"生成"）出来。

另一方面，英语中拼读为 go 和 went 的两种语音则是不可派生的，即其中一个形式不能根据任何规则派生出另一个形式。说话人的确需要记住这两种形式，就像同样也要记住诸如 eat 和 ate、buy 和 bought、think 和 thought 以及其他很多形式一样。go 和 went 这两种形式的意义是相互关联的，但其形式并不相关。went 在其基本意义上还包含了"过去时"，但无法将表"过去时"的那部分和表"go"的那部分分开。故而我们说 went 这一词条包含过去时的含义。

因此，在英语里为了表达动词 go 的过去时，我们不使用规则的过去时模式。如果我们非要用的话，会想出 goed 这种形式来[③]。相反，我们会求助我们的心理清单（mental list）——我们的词库，以提取出这个动词正确的过去时形式。学英语的人如果之前从未听说过的话，他们是不可能猜到 go 的过去式是 went 的。而另一方面，学英语的人可以很快猜出一个不存在的动词比如 blick 的过去式可能会是什么，尽管他们之前也从未听说过。go 和 went 之间的关系是基于它们之间相关的意义，而不是它们的形式。因此，我们说这种差异是一种词汇性差异，而不是形态差异或句法差异。你可能听语言学家说过类似这样的话："动词 go 的过去时是以词汇方式表达的。"

最后，句法模式涉及词项在短语或句子中的位置安排［如例（6）所示］，或是对独立词项的组合。例如，英语中常见的将来时是用句法来表达的，如果我想表达在将来"打电话"这个意思，我就可以说：

（10）I will call. "我将打电话。"

动词 call（打电话）的形式并没有改变，只是增加了一个独立的词 will 来表达将来时的意思。因此，你也许曾听到语言学家这样说："将来时在英语中是一种句法模式"，或者"将来时在英语中是用句法手段来表达的"。其他用于此类表达的术语还有"分析型"（analytic）或"迂说型"（periphrastic）模式。

词汇表达的亚型

用一个词项替代另一个词项来表达规则性意义变化（如上文所说 go/went 这对词的意义变化）是一种词汇表达。这种特殊的词汇表达有时被称作**词干异干交替**（STEM SUPPLETION），或如我们接下来要看到的，叫作**强异干交替**（STRONG STEM SUPPLETION）。还有至少其他两种表达类型主要与记忆性相关，而非可预测模式。词汇表达的这三种亚型（subtypes）是：

- （强）异干交替——使用完全不同的词干（go → went）
- 弱异干交替——使用有些许不同的词干（buy → bought）
- 同构（isomorphism）——使用相同的词干（hit → hit）

弱异干交替（WEAK STEM SUPPLETION）可被看作介于其他两种词汇表达类型之间的类型。一个词干被另一个与之约略相似的词干所替代，但用以替代的词干不能利用任何规则派生而来。例如，英语中的 buy 和 bought 这两个形式让人"感觉"它们之间存在某种相互关联——它们都以字母 b 开头。然而却没有任何一种规律性模式（或者说语法规则）可让我们由一种形式派生出另一形式，就像我们此前描述的从 call 派生出 called 那样的过去时规则一样。我们怎么知道不存在任何可使这些形式发生联系的规则呢？有两种方法：第一，没有其他的成对的词形以与此完全相同的方式相互关联。是的，确有一些动词的过去时形式听起来很像 bought（brought、thought 等），但这些动词的现在时是 bring 和 think，而不是 *bruy 和 *thuy，[④]如果它们遵守与由 buy 派生 bought 相同的（但并不存在的）规则，那么它们的形式就该如此。我们知道 buy 和 bought 之间不存在任何可使之发生联系的规则的第二种方法是：其他听起来像 buy 的动词从逻辑上说不可能经历这一（不存在的）规则。因此，将动词 cry 的过去式视为 *crought 或者将动词 die 的过去式视为 *dought 等，不仅**不合语法**（UNGRAMMATICAL），甚至也不合逻辑。[⑤]

请注意："不规则"的语法模式（如 buy/bought）并不总是词汇表达的实例，有时它们也可能跟规则相关。例如，sing 和 sang 之间的交替便遵循一种规则，因此严格说来，它不是词汇表达的实例。为什么呢？因为：（1）至少还有一些其他类似的成对词项，如 sink/sank、ring/rang、drink/drank，也许还有另外一些；（2）哪怕是对这一规则不合语法的应用，也有其逻辑性。我们很多人都听过儿童说出 "I brang my new toy"

（我带来了我的新玩具）这类的话。这个例子证明儿童具有"将 *-ing* 变成 *-ang* 就构成过去式"这样一种心理模式（mental pattern）。因此，这是一个形态过程。然而，"将 *-uy* 变成 *-ought*"这条规则就不合逻辑。

　　总之，这种用来表达过去时的**个体特异性的**（**IDIOSYNCRATIC**）（显然是任意的）形式变异一定要在动词 *buy* 的词条中列出来，而无法从动词本身的形式猜出来。因此它属于词汇表达。

　　词汇表达的最后一个亚型有时被称为**同构**（**ISOMORPHISM**）。这种类型不需要任何改变就可以实现规律性的、可预期的意义变化。比如，英语中的动词 *hit* 的过去时是什么？是 *hit*。使用同样的词干，并没有加上 *-ed*。动词 *hit* 的这一事实是必须要记住的，它是无法运用一种规则来猜测（或"预测"）的，因此它属于词汇表达。对于动 13 词 *hit* 这一词条而言，除了许多其他须指明的事项以外，还必须明确指明它的过去式就是 *hit*。

　　动词 *hit* 没有任何一部分"意指"过去时，为什么我们要说它的确"表达"了过去时呢？我们为什么不直接说这个动词就不表达过去时呢？难道不是有许多其他意义成分并没有外在的（或显性的）表达吗？例如，"*Nicolino is working*"（Nicolino 正在工作）这样一个句子就有很多信息没有表达，而其中的有些信息在某些语言里却是用语法手段来表达的。他有可能在河的上游或下游工作；有可能在白天或是夜里工作；有可能用斧头或是用双手工作，等等。如果我们说 *hit* 用词汇手段来表达过去时的话，我们是否要说在英语中所有这些其他意义（以及更多的意义）也都是用词汇手段来表达的呢？

　　在英语中有某种东西来表达动词 *hit* 的过去时符合我们的预期，即所有的英语动词都有一个过去时形式。动词 *hit* 没有按照其他许多动词的方式去发生词形变化，这个事实就是有意义的。你可以说，对于动词 *hit* 所属的动词类别而言，存在着某种意指过去时的东西的"显著缺失"（conspicuous absence）。并不存在这样一个类似的预期，即英语里动词应该表达行为是发生在河的上游还是下游、白天还是黑夜以及动作是用手还是用斧头这样的信息。

　　总之，在这本书中我们将要考虑的三种词汇表达的亚型是：（1）（强）异干交替（用一个完全不同的词干替换原有的词干）；（2）弱异干交替（用以任意方式相近似的词干替换原有的词干）；（3）同构（没有外在的结构改变，但表达规则的、可预期的意义变化）。

　　词汇表达、形态过程以及句法模式这种三分法是与语言许多不同功能的任务相关联的。有些任务通常在一种语言中使用一种表达类型完成，而在另一语言中则由另外的表达类型来完成。例如，就像我们已经看到的那样，在英语中过去时常常用形态手段，也就是采用给动加词尾的规则来表达。而在其他语言中，某个情状的时间可以通过 *two days ago*（两天前）这样的短语等句法手段来表达。并且，我们已经看到，语言对于完成某些任务允许多种方式。最后，语言常常会综合运用上述表达类型。

She did go（她的确去了）就是综合运用这些表达类型的一个实例。它涉及句法模式，因为两个独立的词项被用来组合去和过去这两个概念，它也涉及词汇表达，因为过去时部分使用了 *did* 一词，而这个词是动词 *do* 的弱异干交替形式。

词库的分类

在这一部分，我们将按照语言学家的理解来简单地讨论一种语言词库的内部结构。在词库内部，总是有几种不同的词条类别。每一类词条类别就是一组在某方面表现相同的词条。在第 4 章里，我们将讨论如何辨别**词类**（**WORD CLASSES**），比如名词、动词、前置词等。在这里我们需要讨论另外一种更基本的词库的分类。这就是**实义词**（**FULL LEXICAL WORDS**）以及**语法语素**（**GRAMMATICAL MORPHEMES**）的区分。

图 1.2　实义词与语法语素之间的连续统

随着你在语言学学习方面的进步，你将会很快了解到，语言学家所做的大多数的区分并不是绝对的，而只是描述一个**连续统**（**CONTINUUM**）的两端，以及许多居中的可能性。实义词与语法语素之间的区分也是如此。有很多很好的实义词的例子，也有很多很好的语法语素的例子，但是同样也有很多词项，它们既有某些实义词的特性，也有某些语法语素的特性。这是因为每一种语言都处在变化的过程中。语言词库中的词项都随着时间发展而经历常规的变化，这些词项起初是实义词，后来变成了语法语素（很少有相反的情况）。正因为在语言的任何特定阶段，总是有一些语言单位处在这条路径的不同点上，这些语言单位便往往不那么容易被归到这一类或那一类中去。

尽管如此，在一种语言中尝试将词项分为实义词和语法语素这两类还是十分有用的。这样做在个别语言的分析以及在描述语法结构的功能和历时演变等方面会极为有益。我先举几个实义词和语法语素的例子，然后列出这两组例子的一些特点。

语法语素包括一些出现在相对较小的集合［或范式（**PARADIGMS**）］中的成分，比如代词（如 *I*、*me*、*you*、*we*、*us*、*she* 等）、前置词（如 *in*、*on*、*of*、*under* 等）以及像英语过去时形式 -*ed*、**复数**（**PLURAL**）形式 -*s* 等这类词缀。它们无论是在音段数量上还是在所表达的意义成分的数量上，通常都比实义词要小。另一方面，实义词往往在每个方面都要大得多。首先，它们属于更大的类别，例如，任何语言里名词都要比代词多得多。其次，在任何一种语言的词汇中增加一个实义词要比增加一个语法语素容易得多。英语中的一些实义词的例子是 *rabbit*（兔子）、*Alice*（爱丽丝）、*fall*（秋天）和 *ramification*（结果）。有时，与语法语素相比，实义词被认为拥有较高程度的**语义内容**（**SEMANTIC CONTENT**）或**词汇内容**（**LEXICAL CONTENT**）。比如像 *rabbit*（兔子）这个词可以唤起一个具有许多语义特征的、相当复杂的意象：哺乳动物、长耳朵、柔软的毛、皱皱的鼻子、跳跃式移动等。而一个代词如 *she*（她），则仅仅激发三个语义特征，即第三人称、单数以及阴性。

　　这两大类词项的一些特征如表 1.1 所示。

表 1.1　实义词与语法语素的比较

实义词	语法语素
形式上通常更大。	形式上通常较小。
出现在相对开放的词类中。实义词类别中增加新成员较为容易，比如通过从其他语言借入或是创造新术语等。	出现在相对封闭的词类中。很难在语法语素的类别中增加新成员。
出现在相对大的词类中。	出现在相对较小的类别中。每类语法语素仅有为数甚少的几个词项。
意义通常更加丰富，例如 "Alice"（爱丽丝）、"frumious" [1]（生怒）和 "evaluate"（评估）。实义词表达很多语义特征。	表达的意义通常相对较窄，例如："阴性、单数"或 "过去时"。
通常作为自由语素，具有自身的独立地位。	通常系附（bind）于其他词项，换言之，它们通常是附着词或词缀（见后）。

　　在做本章后面的练习题时，考虑实义词和语法语素的区别将会对你有所帮助。至于在分析某一种实际的语言时，这一点更是至关重要。

形态学中的一些基本概念

语素

　　语素（**MORPHEME**）是最小的形式。在语言学中，语素的经典定义是可表达意义的最小的结构形式或片段。例如，英语中单词 *dogs* 就包含有两个语素：*dog* 表达这个词的主要意义；*-s* 表达复数的意义（表示不止一个）。*dog* 这个形式不能再被分成更小的有意义的片段（例如，在开头的 *d-* 就不能独自表达一个意义）。因此 *dog* 是一个语素——最小的形式。在大多数情况下，这种定义很能行得通。然而，近来的语言学理论承认这样一个事实：特定的意义不必与特定的形式片段之间存在直接联系。后文我们还将更详细地讨论这一点。

　　传统的语素定义存在的问题还包括以下一些情况：（1）由一个语素所贡献的意义可

---

　　[1]　*frumious* 是一个生造词，来自 Lewis Carroll 的《猎鲨记》(*The Hunting of the Snark*) 一书的 "前言" 部分，由 *fuming*（生气）和 *furious*（愤怒）两个词拼合而成。——译者

能会因该词中其他语素的不同而有所变化；（2）整个信息可能比全部语素的意义之和传递出的信息要多，或者要少，或者完全不同。有鉴于此，恰当的做法是将形态视为一个在词的形式变化基础上确立的系统，而不仅仅是几串有意义的片段。

语素类型

黏着语素（**BOUND MORPHEME**）是必须依附于其他语素才能在话语中自然使用的一种语素。黏着语素可以是**词缀**（**AFFIXES**）、**词根**（**ROOTS**）或**附着词**（**CLITICS**）。*dogs*（狗）一词中的 *-s* 就是一个黏着语素，因为 *-s* 单独发音时并没有复数的意义。另一方面，词根 *dog* 则是一个**自由语素**（**FREE MORPHEME**），因为它不必附着于某种其他形式。在许多语言里词根也是黏着语素，因为如果没有其他成分依附于它们，它们就不能在话语中使用。例如，西班牙语的词根 *habl-*（说话）就必须加上词尾才能在会话中使用。

通常，一个语法语素会同时与一种以上的意义相联系。请看西班牙语的动词 *hablar*（说）的部分词形变换表：

（11）　a. hablo　　'I speak' "我说"　　　　d. habla　　'he/she speaks' "他 / 她说"

　　　　b. hablé　　'I spoke' "我说了"　　　e. habló　　'he/she spoke' "他 / 她说了"

　　　　c. hablaré　'I will speak' "我将说"　f. hablará　'he/she will speak' "他 / 她将说"

这些西班牙语词中唯一不变的部分就是 *habl-*，因此我们可以假设这就是词根（见下文）。所以意义上的差别，正如我们从对应的英语意译中所看到的，必定是通过动词后缀来表达的。在例（11a）中，词尾 *-o* 表示什么呢？它是否表示"我"（第一人称）呢？可是，例（11b）和（11c）中也包含有第一人称的意义，但它们并没有这个 *-o* 后缀。因此，*-o* 不仅仅表示第一人称，它表示第一人称以及现在时。如果改变这里的时，就必须改变这个后缀。同样，如果改变施动者的人称，从第一人称改为第三人称（*he* 或 *she*），那么也必须改变后缀。因此这些西班牙语中的后缀既表达主语的人称也表达时（过去、现在或将来）。对于表达不止一个意义的语法语素，常用的语言学术语是**并合**（**PORTMANTEAU**）**语素**。英语单词 *portemanteau* 指的是一种行李箱。⑥我们认为，将其应用到表达不止一种意义的语素上是对这个概念的扩展，即可以把许多不同的东西放进一个行李箱——它"负载"了许多东西，而并合语素"负载"许多意义。

词缀（**AFFIX**）这个术语是一个全称性术语，其中包括**前缀**（**PREFIX**）、**后缀**17（**SUFFIX**）以及**中缀**（**INFIX**）。前缀是指出现于词根前面的黏着语素。例如，*unable*（不能）中的 *un-* 就是一个前缀。后缀是指出现于词根后面的黏着语素。例如，英语的 *walks*（走）中的 *-s* 就是一个后缀。中缀不见于标准英语中，⑦它们是出现于词根内部的黏着语素。中缀以及其他的词缀将在第 2 章中举例说明并详细讨论。此外，词语还可能有多重"层级"（layers）的词缀，这也将在第 2 章中讨论。

词根（ROOT）和词干（STEM）这两个术语有时会互相换用。然而，这二者间还是存在细微的差别：词根是表达一个词的基本意义的语素，不能被进一步切分成更小的语素。不过，一个词根仅凭其本身并不一定能组成一个完全可理解的词，可能还需要另一个语素。比如英语中 *struct* 这个形式是一个词根，因为它不能被切分为更小的意义单元。但如果不给它加上前缀或后缀（*construct*、*structural*、*destruction* 等），它也不能在话语中使用。

词干可以仅由一个词根组成。然而，它还可以被分析为一个词根加上多个**派生语素**（DERIVATIONAL MORPHEMES）（将在第 2 章中讨论）。就像词根一样，一个词干可以是也可以不是一个完全可理解的词。例如，英语中 *reduce*（减少）和 *deduce*（推断）这两个形式是词干，因为它们像其他规则动词一样，可以带过去时后缀。然而，它们并不是词根，因为它们还可以继续离析为两部分：*-duce* 加上一个派生前缀 *re-* 或 *de-*。

西班牙语中的 *habl-*（说）这个形式既是词根也是词干。说它是词根，因为无论它是哪个词的一部分，它都表达了该词的主要意义，而它不能再被切分为更小的部分。但它也是词干，因为它像其他动词一样可以被整合进话语之中。为使 *habl-* 成为一个可读的词而需要增加的唯一的语素是**屈折语素**（INFLECTIONAL MORPHEMES）。

因此，有些词根就是词干，而有些词干就是词根（如 *dog*、*habl-*）。但是，词根和词干不是一回事。有些词根不是词干（如 *-duce*），有些词干不是词根（如 *reduce*）。事实上，这种细微的差别从概念上来说并不十分重要，有些理论甚至完全不考虑它，它们只谈论简单的词干（如这里所定义的"词根"）以及派生的或是复杂的词干（如这里所定义的"词干"）。并且，由于历史变化的不同层次，包括从其他语言中借入的词根、词干以及整个词形，这种区别就更加复杂了。这一点对于希腊语、拉丁语以及法语影响英语的不同层次来说尤其明显，英语至今还一直在经历着这种影响。然而，词根和词干是两个传统的术语，在文献中也很常见，因此学习语言学的学生应该了解它们。图 1.3 是一个"维恩图"（Venn diagram），也许会（或者不会）有助于阐明这种重叠关系。

附着词（CLITIC）是一种在大于一个词的结构单位中实现其任务的黏着语素，但它在音系上需要附着于另外的词。被附着词所附着的词称为**宿主**（HOST）。附着词通常要么附着于一个句法短语的第一个词，要么附着于一个句法短语的最后一个词，无论该词是名词、动词、**助动词**（AUXILIARY）或是其他词类

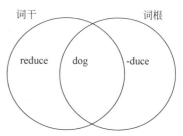

图 1.3　英语例子所显示的术语"词根"和"词干"意义关联的维恩图

18（参看第 4 章词类部分）。

英语中的 *a* 和 *the* 这两个词是附着词，因为：（1）如果不附着于其他形式，它们就不能用于标准话语中；（2）它们的宿主可以是几类名词短语组成部分中的任意一个：

（12） *the dog*   *the* 附着于一个名词

       the big dog   *the* 附着于一个修饰语

       the two big dogs   *the* 附着于一个数词

英语的书写系统将 *a* 和 *the* 处理为独立的词，我们不要被这样的事实迷惑。有足够的语言学证据证明这些形式是黏着于其后的词的。这类证据包括：在英语的大多数口语变体中，语音规则影响边界，而同样的规则并不影响那些在话语中偶尔在一起的独立的词。这些规则是：

1. 当 *the* 出现在一个以元音开头的词之前，它的元音会发得很完整，而出现在一个以**辅音（CONSONANT）**开头的词之前，它的元音的发音就会**减弱（REDUCED）**：[8]

（13） [ðiǽpl]   'the apple' "这个苹果"

       [ðədɔ́g]   'the dog' "这条狗"

2. 出现在元音之前，冠词 *a* 后会跟上一个 [n]，但如果出现在一个辅音之前则不这样。并且，出现在辅音前时它也会弱读成 ə（*uh* 的声音，就像 *sofa* 这个词的最后一个元音的发音，或者 *terrain* 这个词的第一个元音的发音）：

（14） [ænǽpl]   'an apple' "一个苹果"

       [ədɔ́g]   'a dog' "一条狗"

这些规则不适用于其他独立的词，如下面的例子所示：

（15） [gélə ǽpl]   'Gala apple'   不是：*[gélanǽpl]   'galan apple'

       [síli dɔ́g]   'silly dog'   不是：*[sílədɔ́g]   'silla dog'

因为 *a* 和 *the* 这两个词会根据紧随其后的词而改变它们的形式，而实义词（比如 *Gala* 和 *silly*）则不是这样，因此，*a* 和 *the* 这两个词一定不是实义词，它们一定是黏着

19 语素。因为它们是系附（附着）在一系列可能的宿主上的黏着语素［见例（12）］，所以它们一定是附着词。

词的类型、原型和企鹅

词（WORD）是很难定义的一个概念。我们的工作定义是"能出现在两个停顿之间的最小的结构单位"。然而，经验性研究对于这个定义是否真正对应某个普适的语言学范畴尚没有定论。词可以包含一个或多个语素。自由语素可以是词（如 *dog*），但不是所有的词都是自由语素——它们在形态上可以是很复杂的（比如 *dogs*）。

原型（PROTOTYPE）是一个范畴中最好的样本（参看 Coleman and Kay 1981）。例如，对大多数说英语的人来说，麻雀也许接近"鸟"这个范畴的原型。企鹅、火鸡和小鸡也都是鸟，但它们不是这个范畴的最好样本；当有人提到鸟这个词的时候，它们通常不是英语使用者最先想起的东西。在语言学中，绝大多数的定义都是基于原型而做出的。例如下面给出的"名词"和"动词"的定义就是原型定义。名词的最佳样本是那些指称不会随时间而变化的事物的词。不过，也有很多名词是指称那些随着时间推移而的确发生重要变化的事物，比如 *sincerity*（真诚）、*fist*（拳头）和 *explosion*（爆炸）。我们之所以知道这些词是名词，是因为它们具有许多**原型**（PROTOTYPICAL）名词的**语法特征**（GRAMMATICAL PROPERTIES），且几乎没有原型动词的语法特征。**原型性**（PROTOTYPICALITY）这个概念在语言分析的诸多层面中很重要，我们将在第 4 章中做更为详细的讨论。

企鹅不是原型的鸟

有关练习的说明

下面的练习将给你一些实践的机会，去看一看那些在形态句法上各不相同的语言。本书中所有练习处理的都是真实语言。其中有些语言是人们非常熟悉的，而另一些则不然。但它们都是真实世界的人们在日常生活中用来帮助他们彼此交流的工具。努力"深入到"这些语言使用者的头脑中以弄清他们表达思想的逻辑，是极具挑战性和吸引力的。

这些练习的另一个有用之处是，它们提供了一个机会，让你开始去领会世界上各种语言所具有的巨大的复杂性和多样性。很多练习都用这种形式提问："这种语言在哪儿使用？"或者"这种语言有多少人使用？"在大多数情况下，这些问题需要你去 20 图书馆或在因特网上做些研究。这些问题的最佳信息来源也许是 *Ethnologue*（Grimes 2004，http://www.ethnologue.com），尽管也许还有其他的相关信息来源。但是，需要特别注意的是，有时两种完全不同的语言可能会用同一个名称或十分相似的名称。

最后，后面的练习中有些［比如关于雅基语（Yaqui）和奥丹语（O'odham）的习题］是一种"逻辑智力题"（logic puzzles），除了那些将在课上学到的一些分析方法外，还需要你运用富有创造力的解题技能。尽管解决这些智力题的过程不一定全部都能直接用于真实世界中的语言分析，但是它们的确说明，无论哪种类型的语言分析都不是绝对程序化的。无论你参加了多少语言学课程的学习，或是拿到了多少学位，在分析一种语言的时候，你仍然需要调动你的想象力和创造力，从你所面对的种种问题中推导出自己的答案。语言分析有时更像是艺术而非科学。

如何注解语言材料

本书中的许多练习会要求你去"注解"语言单位。**注解**（**GLOSS**）通常是对另一语言中某个语言形式的意义所进行的简要描述。例如，对于西班牙语 *comer* 一词较好的英语注解是"eat"（吃）。因为 *comer* 是一个实义词（属于动词这一词类），所以注解用英语，且用小写字母。不过，当你注解一个语法语素时，语言学的传统做法是全部使用大写字母，并且使用语法意义的缩略式。例如，英语中的后缀 *-ed* 的注解可能是 PAST 或 PT（表示过去时），或是诸如此类的东西。下面是一个经过完整注解的语言学实例，可让你对语言学家如何进行注解有所了解：

（16） Y-apooñe-n   këj   i'yaka-e   y-uw-ëj-pu'ma-sa'.
        3-arrive-NONSPEC.I   AN.PROX   3.family-POS   3-I-DTRNS-hit-PPART
        'Some family members of the fallen one arrive.'

（16'） Y-apooñe-n   këj   i'yaka-e   y-uw-ëj-pu'ma-sa'.
        3-arrive-NONSPEC.I   AN.PROX   3.family-POS   3-I-DTRNS-hit-PPART
        3-到达-非特指.不及物 有生.近指 3.家庭-被领有   3-不及物-去物-打-过分
        'Some family members of the fallen one arrive.'
        "掉下去的那个人的家庭成员到了。"[1]

这恰巧就是帕纳雷语（Panare）的一个实例，帕纳雷语是委内瑞拉中部使用的一种加勒比语言。这里先不要着急弄明白所有这些注解和语素是什么意思。我只不过想例示一下注解例句是怎么回事，同时提醒你注意一些语言学家们所使用的凡例（conventions）。关于注解需要记住的最重要的原则就是保持一致。

例（16）中的第一行是正规书写的帕纳雷语。在这一行里，单词通过连字符分解

---

[1] 因下文内容是对原书例子的逐行说明，故（16）原样复制以便查对；（16'）是对（16）的翻译。（16'）共5行：第1行是例子原文；第2行是原书对例子的逐词（语素）注解；第3行是对第2行的翻译，其中语法语素的翻译使用了缩略语，读者可对照本书正文前的缩略语表；第4行是原书对例句的英文翻译；第5行是对第4行的汉译。本书后文翻译非英语语言例子的注解时都将采用（16'）这种形式。另外对例句的翻译，我们尽量采用直译，以同原文更贴合。练习部分，习题中的语料需要英文提示才能解读，译为汉语后无法体现对应关系，故不做翻译。——译者

成语素。第二行是对第一行中所有语素的注解。请注意注解这一行里的连字符和第一行中的一样多，因为每个语素都有一个注解。每个单词都和它们的注解对齐，但语素则未必与它们的注解一一对齐排列。如果你想知道哪个语素与哪个注解对应，方法是数连字符。尽管每个语素只有一个注解，但有的注解则相当复杂。例如本例中的第三个注解 NONSPEC.I，这是由这一个语素表达的两个意义成分的缩写。在这个例子中，这两个意义成分正好是"非特指体"（non-specific aspect）和"不及物"（intransitive）。这两个意义成分用一个点来隔开。这种注解语言例子的方法还有许多变化，但所有变化都需要能够明确地将注解与形式成分联系起来。同时，所有缩略语也需要在文中或书中的某个地方清楚地列出来。

例（16）中的最后一行是"意译"（free translation）。意译和注解有很大不同。意译应该是听起来很自然的表达，与被翻译的语言的例子之间应该是合理的对等关系。如果不太可能给出合理的、听起来自然的意译，有时也可以进行直译（"literal" translation）。直译不必听起来自然，但应该帮助人们深入理解该表达形式在被描写的那种语言中的意义。例如，例（16）的直译应是：They arrive the family of the hit one。如果我觉得意译没有抓住被翻译例子的形式或意义中某些重要的东西，我就会在意译之外再使用直译。

如果要求你"列出并注解"例（16）中的语素的话，你可能要给出如下内容：

y-   3
apooñe   'arrive' "到达"
-n   NONSPEC.I "非特指 . 不及物"
këj   AN.PROX "有生 . 近指"
i'yaka   '3.family' "3. 家庭"
-e   POS "被领有"
uw-   I "不及物"
ëj-   DTRNS "去及物"
pu'ma   'hit' "打"
-sa'   PPART "过分"

请注意，前缀（出现在词根之前的黏着语素）在书写时后面要带上连字符。后缀（出现在词根之后的黏着语素）之前要带上连字符。词根通常在书写时没有连字符。不过，有时词根也会带上连字符，表示需要另外一个语素将它们变成完整的、可发音的词。例如西班牙语中的词根 *habl-*（说），或者，英语 *reduce*（减少）或 *introduce*（介绍）中的词根 *-duce*。

还要注意的是，语法语素的注解是用小型大写字母，不带引号。实义词的注解如果出现在这种列表中，是用小写字母，要带单引号。

注解并不追求对语素的意义做出穷尽的表达：注解表不是字典的替代品，它只是帮助读者理解一些他们不太熟悉的语言的简短例子。所有在语言学的文章及书籍中使用的语言例子都必须仔细、彻底地加以注解，否则不懂得被描述语言的读者将没法领会文中的推理过程。描写语言学家的部分任务就是让外部世界能够获得一些鲜为人知的语言的信息。为此，语言的例证必须要清晰而准确地呈现出来。有关如何注解语言例证的一些问题和原则将在第 2 章中做更为详细的讨论。

规则

我十分崇敬英语教师，甚至有一段时期曾经渴望成为一名英语教师。但是，我们必须清楚的是，语言学家所使用的"语法规则"这个概念和英语教师所使用的有很大区别。对一个语言学家而言，语法规则只是规律性的行为模式——当你懂得一门语言时，你无意中便掌握的那部分。我们写出形态规则或句法规则，并非试图告诉人们他们应该这样说或者不应该那样说，那样的语法被称为**规范语法（PRESCRIPTIVE GRAMMAR）**。而语言学家们仅仅是描写人们实际说话的方式，这种语法被称为**描写语法（DESCRIPTIVE GRAMMAR）**。对语言学家而言，语法规则有些类似于博物学家眼中的"自然规律"。自然规律，比如重力定律，并不是指导自然界的物体如何行动的规定性要求，而只是一个所有物体都自然而然遵循的规律性的行为模式，这种行为模式由物理学家发现并解释（而不是发明或推行）。

本书中的某些练习会要求你写出一条实现某项功能的规则，例如某种语言里表达复数或过去时的规则。你要做的是仔细阅读练习题中所列的材料，注意其中所有的规律性模式。当你发现一个模式时，你可以试着用简单而准确的形式将它表达出来。例如，下面是一些关于米却肯－纳瓦特尔语（Michoacán Nahuatl）的名词**复数（PLURALS）**的材料（基于 Merrifield *et al.* 1987）：

（17）　米却肯－纳瓦特尔语中的单词：　　　　英语注解：

a. kali	'house' "房子$_单$"
b. kalimes	'houses' "房子$_复$"
c. pelo	'dog' "狗$_单$"
d. pelomes	'dogs' "狗$_复$"
e. kwahmili	'cornfield' "玉米地$_单$"
f. kwahmilimes	'cornfields' "玉米地$_复$"

当你审视这些语料的时候，你会注意到所有具有复数意义的词（那些指代多个事物的词）均以 -mes 结尾。你也会注意到没有哪个**单数（SINGULAR）**词以 -mes 结尾。最后，你还注意到每个名词的复数形式看起来都很像那个词的单数形式，除了加上一

个 *-mes* 外。这样，你已经发现了一个规律性模式。把规则写出来所要做的工作就是用准确的方式来描述这个模式。例如你可以直白地描写这个模式：

（18）给一个名词加上 *-mes* 就构成了该名词的复数形式。

23

当然，这是一个非常简单的练习。我敢保证本书中不是所有的练习都这样容易。但是分析的过程大都相同：寻找与形式变化（有没有 *-mes*）关联的意义变化（单数还是复数）。

像（18）这种直白描述往往是一种非常充分的表述规则的方法。不过，语言学家有时候也倾向于使用很多不同的符号系统（notational systems）。例如，有人会将米却肯－纳瓦特尔语中的模式描述如下：

（19）名词 +*-mes* = 复数名词

或者他们会这样表述：

（20）$$\frac{名词}{名词\ +\text{-}\textit{mes}} = \frac{单数名词}{复数名词}$$

后两种表述采用的是数学方程式。例（19）的表述是一个"过程规则"（process rule）（参看第 2 章）的例子，在概念上等同于例（18）的直白表述。例（20）以比例的形式表达，可读作"简单名词（plain noun）之于名词加后缀 *-mes* 就等于单数名词之于复数名词"。这种表述比其他两种要更明晰一些，因为它指明了不加词缀时名词（单数）的条件，以及加词缀 *-mes* 时名词的条件。语言学家通常喜欢使用数学符号，因为使用数学家们发展出的这类符号系统可能会更清晰、更准确。但是，我要提醒学生过度热衷于符号系统的危险。通常，使用直白的语言就能很容易地表述一些规则，而且我鼓励学生只要有可能就使用直白的语言来描述这些模式。符号系统有时有帮助，但一定不要忘了我们讨论的是语言而不是数学系统。

第 1 章概念提要

Ⅰ . 语言是一个复杂的工具，它专门用来帮助人类进行交际。因此，语言的形式根据它们在交际中的功能而变得具有意义。

Ⅱ . 语法是内化了的、无意识的知识，一种语言的使用者要想说该种语言就必须知道这种知识。

Ⅲ．传统上，语法被语言学家分成几个子目。本书中我们最关心的是：词库、形态和句法。

- 词库是有关所有认知单位的"清单"，是说话人所必备的有关自己语言无意识知识中的一部分。词汇表达是语言表达意义的方式之一，要求语言使用者必须使用词汇知识。
  - （强）异干交替：用一个完全不同的词干替换另一个词干的词汇表达。
  - 弱异干交替：用一个相似但不能由任何规律性模式（或规则）加以预测的词干去替换另一个词干的词汇表达。
  - 同构：词项的词干没有任何形式变化的词汇表达。
- 形态学研究词语的形式以及通过模式化改变词形而表达的不同意义变化。形态过程是语言以系统的方式通过调整词的形态来表达意义的方式，其中包括添加前缀、添加后缀以及其他。
- 句法学研究词如何组成短语或小句等更大的结构。句法型模式（也称"分析型模式"）是语言通过词的组合或词在短语和小句中的排列来表达意义的系统方法。

Ⅳ．有关练习的说明。

- 如何"注解"语言材料。
- 如何描述"语法规则"。

练习

练习 1.1：英语的语素边界

Tom Payne

请将下列英语单词分解为语素，并标示每个语素属于词根、前缀还是后缀（暂不必考虑词根和词干的区别）。这里也许有一些有趣的或有争议的、棘手的例子，但它们却是我们进行思考和讨论的好题目：

举例：　finger|s
　　　　root-suf

thickness	acceptance	underfed
nasty	enlighten	different
linguistic	nationalistically	unrealistically
universal	walked	enlargement
dirty	overemphasized	hopefully
neighborhood	inequality	unattainable
untitled	capable	incomprehensibilificationalism

练习 1.2：泰卢固语（Telugu）

根据 Merrifield *et al.*（1987）问题 #1 改编

1. pilla	'child'	6. čiimalu	'ants'
2. pillalu	'children'	7. turailu	'sponge gourds'
3. puwu	'flower'	8. godugu	'umbrella' [1]
4. puwulu	'flowers'	9. čiire	'sari'
5. čiima	'ant'	10. annagaaru	'elder brother'

A. 哪个地方说泰卢固语？

B. 请描写泰卢固语中说话人表达名词复数时的规则。

C. 对于下列英语单词，泰卢固语的对译形式可能是什么？

sponge gourd:

umbrellas:

saris:

elder brothers:

练习 1.3：捷克语（Czech）

Tom Payne（基于 Cowan and Rakušan 1998 的语料）

1. novi:	'new'	5. nevini:	'innocent'
2. nevinⁱejʃi:	'more innocent'	6. novʲejʃi:	'more new' / 'newer'
3. mora:lnʲejʃi:	'more moral'	7. nadani:	'gifted'
4. u:plni:	'complete'	8. u:plnʲejʃi:	'more complete'

A. 请描写捷克语中说话人表达形容词比较级的语法规则。

B. 对于英语单词 "more gifted" 和 "moral"，捷克语的对译形式有可能是什么？

练习 1.4：雅基语（Yaqui）

根据 Farmer and Demers（1996：135）改编

下面是雅基语的 8 个强调句，所对应的英语译文以随机顺序列出：

---

[1]　*umbrella* 原文误作 *elephant*，下文 C 部分 *umbrellas* 亦误作 *elephants*。此据作者提供的勘误表改，见 http://pages.uoregon.edu/tpayne/errata.htm。后文这种错误译者将径依勘误表改正，不再出注。——译者

		英文翻译（按随机顺序）
1. Inepo siika.	_____	a. You helped me.
2. Empo nee aniak.	_____	b. You danced.
3. Inepo apo'ik aniak.	_____	c. I saw you.
4. Inepo apo'ik vichak.	_____	d. I saw him.
5. Inepo enchi vichak.	_____	e. I helped you.
6. Inepo enchi aniak.	_____	f. I helped him.
7. Empo ye'ek.	_____	g. He saw you.
8. Aapo enchi vichak.	_____	h. I left.

A. 哪个地方说雅基语？

B. 请为每个雅基语句子选译正确的英语译文。

C. 这个练习是否例示了词汇、形态和 / 或句法表达类型？请说明理由。

练习 1.5：标准斯瓦希里语（Standard Swahili）

根据 Merrifield *et al.*（1987）问题 #4 改编

斯瓦希里语属于尼日尔 – 科尔多凡（Niger-Kordofanian）语群中一个大的语族，即班图语族（Bantu）。在非洲南部和东部地区有 1 亿多人说班图语。斯瓦希里语是大约 500 万人的母语，还是非洲东海岸许多地区的共同商贸用语。

1. motto	'child'	5. watoto	'children'
2. mtu	'person'	6. watu	'people'
3. mpiʃi	'cook'	7. wapiʃi	'cooks'
4. mgeni	'stranger'	8. wageni	'strangers'

A. 请列出并注解以上语料中所有的语素。

B. 以上语料中哪种表达类型很显著？

练习 1.6：库尔曼吉 – 库尔德语（Kurmanji Kurdish）

Nick Bailey

下面是库尔曼吉 – 库尔德语中的 6 个句子，所对应的英语译文以随机顺序列出：

		英文翻译（按随机顺序）
1. Ez h'irç'ê dibînim	_____	A. You see bear.
2. Tu dir'evî	_____	B. You see me.
3. Tu min dibînî	_____	C. Bear runs.
4. H'irç dir'eve	_____	D. You run.

5. Ez dir'evim _____ E. I see Bear.

6. Tu h'irç'ê dibînî _____ F. I run.

A. 哪个地方说库尔曼吉–库尔德语？有多少人说这种语言？

B. 请为每个库尔曼吉–库尔德语句子选译正确的英语译文。

C. 下面的英语句子在库尔曼吉–库尔德语中可能是什么？

Bear sees me. _____

练习 1.7：奥丹语（O'ohdam）

John Damon and Tom Payne

A. 奥丹语属于哪个语系？

B. 该语言有多少流利的使用者？

C. 请为下列奥丹语单词选择正确的英语意义。

按随机顺序排列的英文释义：

1. pa:n _____ a. to buy

2. golont _____ b. a thing for counting，ruler，calculator，etc.

3. pa:ntakud _____ c. to rake

4. kuintakud _____ d. to make bread

5. nolawtakud _____ e. a place or thing for buying；money，store，etc.

6. pa:nt _____ f. a thing used for making bread；oven，pan，etc.

7. nolawt _____ g. bread

8. wakontakud _____ h. a thing used for washing

9. wakon _____ i. clean clothes

D. 下面几例在奥丹语中怎么说？

10. a rake（thing for raking）： _____

11. to count： _____

12. to wash： _____

E. 请说明是如何得出答案的。

练习 1.8：喀克其奎语（Kaqchikel）

根据 Cutzal（1990）改编

喀克其奎语	英文翻译
1. nimajay	'hall'
2. nunimajay	'my hall'
3. raxkej	'cramp'
4. k'ixawuch'	'porcupine'
5. samaj	'work'
6. animajay	'your hall'
7. ruraxkej	'his cramp'
8. ruk'ixawuch'	'his porcupine'
9. kisamaj	'their work'
10. kinimajay	'their hall'
11. araxkej	_____
12. nuk'ixawuch'	_____
13. _____	'his hall'
14. _____	'their porcupine'
15. _____	'my cramp'

A. 哪个地方说喀克其奎语？

B. 请填补以上语料中的空格。

28 C. 请列出并注解以上语料中的所有语素（务必包含自由语素和黏着语素）。

练习 1.9：四种语言中的复数

Tom Payne

"复数"是许多语言中名词所表达的一种十分常见的意义成分。像其他意义成分一样，复数可以通过词汇手段表达，也可以通过句法或形态手段来表达。你的任务是要确定下面所列的每种语言使用哪种表达类型来形成复数。正如语言中存在的绝大多数区分一样，这三种表达类型其实代表了一种连续统的层级。因此，每个例子中所涉及的表达类型也许不是绝对明确的，请尽量给出最合适的答案。另外，有些例子也许是几种表达类型的结合。

语言	英文释义	单数	复数	词汇的、句法的、形态的或其他？
英语	'dog'	dog	dogs	_____
—	'deer'	deer	deer	_____
—	'person'	person	people	_____
—	'goose'	goose	geese	_____
—	'ox'	ox	oxen	_____

—	'child'	child	children	_____
古英语	'cow'	cow	kine	_____
他加禄语	'child'	bata	manga bata	_____
—	'woman'	babae	manga babae	_____
—	'man'	lalaki	manga lalaki	_____
印尼语	'child'	anak	anakanak	_____
—	'person'	orang	orangorang	_____
玛阿语	'tree'	ɔlčaní	Ilkeék	_____
—	'ox'（male）	ɔlkítéŋ	Ilmóŋí	_____
—	'cow'	ɛŋkítéŋ	iŋkíšú	_____
—	'wild beast'	olowuarú	ilówúárâk	_____
—	'leopard'	olkerî	ilówúárâk kerîn	_____

练习 1.10：六种语言中的比较级形容词

Tom Payne

"比较"是许多语言中在形容词上表达的一种十分常见的意义成分。像其他意义成分一样，比较可以通过词汇手段表达，也可以通过句法或形态手段来表达。你的任务是确定下面所列的每组例子在形成比较级形容词时所使用的表达类型。　　　　　　　29

语言	英文释义	非比较级	比较级	词汇的、句法的、 的或其他？
俄语	'good'	xoróʃij	lúʃʃe	_____
—	'bad'	ploxój	xúʒe	_____
英语	'small'	smɔl	smɔlɚ	_____
—	'big'	bɪg	bɪgɚ	_____
西班牙语	'small'	pekéɲo	más pekéɲo	_____
—	'big'	gránde	más gránde	_____
葡萄牙语	'small'	pekéno	menór	_____
—	'big'	gránde	majór	_____
斐济语	'good'	vinaˈa	vinaˈa caˈe	_____
—	'bad'	caa	caa caˈe	_____
迪尔巴尔语	'good'	ɟigal	ɟigalbaɽa	_____
—	'big'	bulgan	bulganbaɽa	_____
—	'small'	midi	midibaɽa	_____

附注

① 有些语言没有声音，例如聋哑人使用的手语。但是，如果没有词语或句子，大概不能称其为"语言"。

② 关于语言中语音象征性（sound symbolism）和象似性（iconicity）的普遍存在，很多文献都做过讨论。象似性是一个更为通行的术语，意指任何层面上所表现出的语言形式为其意义的"图像"（影像）。语音象征性主要指某些声音如何内在地且常常是普遍地在说话人脑海中激发出某些特别的意象。例如，Köhler（1929）展示了两个任意的图形，一个非常尖锐而有棱角，另一个则更圆滑。他创造了两个不存在的单词 *takete* 和 *maluma*，要求被试猜测哪个单词适用于哪种图形。被试几乎一致认为 *takete* 表示有棱角的图像，而 *maluma* 表示圆滑的图像。此后，许多研究者又增加了许多不同语言的使用者来把 Köhler 的试验精细化，并考虑到诸如单词的书写形式、文化背景等各种复杂的因素。所有这些试验不断累积的结果被认为证明了视觉意象和听觉意象之间的普遍相似性（这方面最好的综述和参考文献，请参看 Allot 1995）。

③ 儿童常常施用一些规则而成人不用。这也是语言演变的一个重要根源。没有任何一种语言其模式是完全规律的。形成这种现象的原因是多方面的，对这种原因的研究成为历史语言学这一次领域的重要课题。在这本书中，我们需要意识到时间和历史对语言结构产生的影响，但我们主要关注存在于语言某一特定历史时期的模式和规律。

④ 由于语言历时演变所造成的影响，书写系统很少直接反映一种语言的声音，现代英语书写系统尤其如此。描写语言学家主要关注口语，即语言如何发音而不是如何拼写。单词 *buy*、*cry* 和 *die* 尽管拼写不同，但在现代英语中它们都以同样的声音结尾。

⑤ 语言学家经常使用的惯例是，如果一个形式在一种语言中未被实见（not attested），就在它前面加一个星号（*）。它们只是假设的形式，说话人的内在语法并不能识别或产生这些形式。有时，语言学家会说这样的形式是不合语法的。

⑥ 当然，这个词来自法语词 *portemanteau*，表达一种略微不同的意义，即一种挂衣钩式衣架。*porte* "取，拿"（to carry）加上 *manteau* "披风"或"斗篷"（cloak）便构成"斗篷架"（cloak carrier）。

⑦ 世界上并不存在一种"标准英语"，因此，说"多种标准英语"更为合适。这里，我指的是世界上许多国家已经形成的书面英语变体，如：英国、爱尔兰、印度、菲律宾、津巴布韦、加拿大、澳大利亚、新西兰以及其他一些国家。这些变体彼此间可能很不相同，它们同世界上受社会因素和地域因素影响而确立的其他大量"非标准"英语或口语英语也十分不同。

⑧ 在描写语言学中，标准的做法是使用方括号（[ ]）来表示语音示例（phonetic representation），使用双斜线（//）来表示音位示例（phonemic representation）。任何一本好的语音学或音位学入门读物都会界定本章中出现的这些术语和其他符号，例如 Burquest（2001）。

第2章
形态过程和概念范畴

前文已经讨论了词汇、句法和形态等表达类型之间的差异，现在我们要更集中地关注各种形态过程以及它们表达的**概念范畴**（**CONCEPTUAL CATEGORIES**）。举例来说，世界语言中"过去时"（past tense）、"复数"（plural）和"阳性"（masculine）以及其他一些语义成分都是概念范畴，通常用形态手段来表达。本章将会比较深入地讨论概念范畴的含义，而后描写语言学家经常用以表述和分析形态模式的三种分析方法。

概念范畴和标注问题

每种语言都用其特有的方式来范畴化这个世界。对凡是曾经尝试学习另一种语言的人来说，这个众所周知的事实都再明显不过了。事实上可以进一步说，每个人都会用他自己特有的方式来范畴化这个世界。人类交际这门艺术中相当大的一部分，就是要弄清我们个人的范畴化系统与我们交流对象的范畴化系统相比情况如何，彼此是否使用"同一种语言"。例如，以英语为母语的人学习西班牙语时，经常对西班牙语中存在两个"过去时"感到困惑。乍一看，下面的英语句子在西班牙语中可以有两种翻译：

（1）英语：　　　　I knew Aileron when she was a child.

"Aileron 还是小孩子的时候，我就认识她。"

西班牙语 #1：Yo conocía a Aileron cuando ella era niña.

西班牙语 #2：Yo conocí a Aileron cuando ella era niña.

注意西班牙语动词在两个译句中分别采用了不同的形式，但都表达某种过去情状。事实上，双语者可以看出译句 #2 并不完全等同于"I knew Aileron when she was a child"（Aileron 还是小孩子的时候，我就认识她），而是大致上更相当于"I met Aileron when she was a child"（Aileron 还是小孩子的时候，我就见过她）。西班牙语动词不同的词尾以不同于英语"时"的方式范畴化世界，因此以英语为母语的人在学习西班牙语的过程中，必须"再概念化"（reconceptualize），或者说重新组织他们母语的范畴化系统，才能熟练地使用西班牙语。以上仅仅是有关语言间范畴化差异的一个简单的例子。

32 如果曾经学习过第二语言，你一定能在词汇、语法和会话模式等方面举出许多类似的例子。

"范畴"是语言学中非常有用且常见的词。本节我们将以非常明确的方式来定义"概念范畴"这一术语，以描述在语法方面语言使用者特别关注的某个特定的意义成分。

只有能够决定某种语法（词汇的、形态的或句法的）表达模式的特定意义成分才能成为概念范畴。这一模式虽不必是完全一致的或规律的，但它必须是一种模式。例如第 1 章提到的"过去时"就是说话人在使用英语动词时可能会表达的意义成分。如果描写的某个事件先于说话的时间，那么在使用者的预期中，英语动词能够以形态手段加以"修正"（经常表现为词尾 -ed）。表达过去时的特定规则在不同的英语动词之间相去甚远，但每个动词都有过去时形式。新进入英语的动词也必须被赋予一个过去时形式。这便证明有一种反复出现的模式存在，因此过去时是英语中的一种概念范畴。

为了进一步明确"概念范畴"这个概念的含义，我们将概念范畴与另外两种意义成分做比较，也许会有所帮助：在任何语言中都不可能成为范畴的意义成分，和在某些语言中是范畴而在另外一些语言中不是范畴的意义成分。例如，我个人不相信世界上存在这样一种语言，其语法模式清单中包含这样的预期：它的动词可以表达海拔高度——言语事件或动词描述的事件所在的海拔高度。这样的语言是可以想象的，因为这种意义成分大概在任何语言中都能够找到表达方式：

（2） a. We slept at 2,000 meters. "我们在海拔两千米处睡觉。"

　　　 b. They ordered rice and dal at sea level. "他们在海平面高度点了米饭和木豆。"

然而，我怀疑是否存在一种语言，它有一种反复出现的语法模式［前缀、后缀或一套**助动词**（**AUXILIARIES**）等］规律性地形成小句以表达这种精确的意义参数。

除了那些在任何语言中都不作为概念范畴的意义成分外，还存在一些在某些语言中是概念范畴而在另一些语言中却不是的意义成分。例如，"下游位置"不是一个与英语语法相关的概念范畴，但在亚瓜语（Yagua）以及许多南美河流流域的语言中则是概念范畴。"下游位置"之所以不是一个与英语语法相关的概念范畴，是因为人们按常理不会预期，对于行为发生在说话位置的"下游"这一点，小句还会进行语法上的标示。当然英语使用者可以通过附加成分丰富小句的意义，来指明行为发生在"下游"。例如：

33　　　（3）He went fishing downriver. "他去河流下游钓鱼。"

但是，如果例中没有副词"downriver"（下游），那么事件发生的地点就没有说出来：

（4）He went fishing. "他去钓鱼。"

这个小句描述的事件可能发生在任何地点，包括言谈位置或者其他任何可想到的参照点的下游。不过，在亚瓜语中，有一套动词后缀，确实用以在话语中对此事件相对于其他事件的位置进行定位。请看下面一组例子：

（5）a. Naada-ṛaa-yaa-*mu*-nada
　　 3DL-dance-DISTR-DR-PAST3
　　 3 双 – 跳舞 – 分布 – 下游 – 过去 3
　　 'They two danced around downriver.'
　　 "他们俩在下游附近跳舞。"

　　 b. Naada-ṛaa-yaa-*nuvee*-nada
　　 3DL-dance-DISTR-ARR1-PAST3
　　 3 双 – 跳舞 – 分布 – 到达 – 过去 3
　　 'They two danced around on arrival（here）.'
　　 "他们俩在抵达处的附近（这里）跳舞。"

　　 c. Naada-ṛaa-yaa-*nuvaa*-nada
　　 3DL-dance-DISTR-ARR2-PAST3
　　 3 双 – 跳舞 – 分布 – 到达 – 过去 3
　　 'They two danced around on arrival（there）.'
　　 "他们俩在抵达处的附近（那里）跳舞。"

　　 d. Naada-ṛaa-yaa-nada
　　 3DL-dance-DISTR-PAST3
　　 3 双 – 跳舞 – 分布 – 过去 3
　　 'They two danced around（continuing scene）.'
　　 "他们俩在附近跳舞（持续场景）。"

注解为 DR、ARR1 和 ARR2 的几个后缀，是一套（约十个）后缀的成员，这些后缀用以指明小句描写的事件的位置。如果不使用任何一个此类后缀［如（5d）］，则暗示事件发生在某个中性处所，一般是与情景中其他事件相同的处所，且并非下游、抵达处等。因此我们要说地点描述了亚瓜语中的一套概念范畴（或一种概念范畴的范式），正如时描述英语中的一套概念范畴一样。

下面换一种方式来理解什么是概念范畴什么不是概念范畴。每种语言都有成套的能够根据某些可定义的语义成分加以区别的词根。例如，动词 *watch*（观看）和动词 *see*（看见）描述十分相近的概念 —— 二者都描绘某人或某物感知视觉刺激的场景，[①]但不同在于，*watch* 是有意图的，而 *see* 是禁受性的；某人看见某物而未必有意去看，但某人观看某物则一定是有意的。尽管如此，并不能说 *watch* 是 *see* 的"意图语气"（intentional mood）形式或诸如此类。为什么不能呢？难道我们不是说 *went* 是动词 *go* 的"过去时"形式吗？两者之间形式上的差异与 *watch* 和 *see* 的差异一样大。为什么 *watch* 不能是动词 *see* 的表达"意图语气"的异干交替（suppletive）形式呢？原因在于英语动词并无表达"意图语气"构形的模式。并非每个英语动词都有一个专门的意图语气形式。另一方面，英语中过去时则是一种十分健全的概念范畴。英语使用者对其语言中动词的过去时形式有清楚的认识，而且新进入英语的动词会被自动分派一个与该模式相一致的过去时形式。在英语中以上任意一点"意图语气"都不具备（尽管在其他语言中则可能具备）。

与世界语言语法相关的潜在概念范畴数以千计，其表达方式亦数以千计。本书仅能就其中的一小部分进行讨论并举例，其余的就靠各位了。希望本书能给你一套工具（"分析方法"），以对任何语言中的概念范畴做出合理而深刻的假设。本书会选列出很多已知存在于世界语言中的重要概念范畴，同时还有它们各具特色的表达方式，但在很多情况下，不论是在现实生活中还是在本书的练习中，你都得根据有限的证据推断（做合理的猜测）那些概念范畴是什么。这是语法描写作为一门艺术的另一个方面。

与概念范畴这一概念紧密相关的问题是如何给语法单位（词、词素等）一些适用的注解（glosses）或标签（labels）。为了讨论这个问题，我们先来看中部尤皮克语（Central Yup'ik）的材料（Reed *et al.* 1977：99）：

（6） a. cali 'work' "工作"   f. calivik 'workshop' "作坊"
   b. nere 'eat' "吃"   g. nervik 'restaurant' "餐馆"
   c. eke 'get in' "到达" h. ekvik 'bank of river' "河岸"
   d. kumarte 'ignite' "生火" i. kumarrvik 'fireplace' "炉灶"
   e. mi'te 'alight' "下来，着陆" j. misvik 'landing strip' "简易跑道"

关于以上语料的第一个问题是"是否存在某种模式？"形式变异是否与某种特定的意义变异相联系（哪怕是部分的联系）？显然左列的词与右列的词有形式上的关系。右列的所有词都以 *-vik* 结尾，且似乎都是以左列相应的词为基础的，虽然也有一些差异。现在的问题是：是否存在与已发现的形式模式（formal pattern）相对应的概念模式（conceptual pattern）？关键是对这些例子中特定形式模式所表达的共同意义进行深刻而简洁的描述。仅从对应的翻译我们就能大体上猜测：左列的词为动词，右列的词很可能是名词。接下来，可以看到（6f）到（6j）都表示地点；特别是，它们基本上表示左列相应的动词所描述的动作发生的典型处所——作坊是工作的场所，餐馆是吃东西的地方，炉灶是生火的地方，等等。

第一眼看去，"到达"与"河岸"之间的关系似乎与其他几对词不匹配。那么可能

是后缀 *-vik* 表达两个（或者更多）概念范畴［如英语中词尾 *-er* 在 *worker*（工人）和 35
smarter（更聪明）中表达两种完全不同的意义］；或者我们应该发挥创造力，洞察出英
语译文未能清楚显示的某种联系。把"河岸"理解成"到达的地点"如何？对，"河岸"
是说尤皮克语人的小船"到达"的地点。这样后缀 *-vik* 在"河岸"一词中的使用就与
其他形式一致了。

　　这就是语言学家关于概念范畴如何做假设的方法——他们从旁观者的角度，基于
清晰语料的证据以及交谈中对母语使用者的观察，对语法模式的总体功能做出专业性
推测。对于本书大多数的练习题而言，你必须利用的唯一证据是英语的意译和 / 或注
解。通常另外一种语言的对译不是进行语言分析的最佳证据，不过，在此类教科书的
条件限制下，我们能获得的也只有这么多了。在实际的田野调查中，语言学家需要从
多个语言使用者那里收集大量语言形式，并观察这些语言形式在实际话语中的用法。
最后，语言学家开始将语法系统内化于自身，这样也许才能提供一份母语使用者真正
认可的概念范畴的深入分析。对语言越了解，语言分析就会越深刻。

　　在尤皮克语（6f）到（6j）的例子中，我们假定这一特殊的形态模式所表达的概
念范畴可以被描述为"词干表达某人实施某种行为的地点"。然而这种文字描述太长，
不适宜放入例句的注解中，所以我们需要更简短明了的标签来帮助读者理解并记住后
缀 *-vik* 的功能。出于某些原因，语言学家喜欢使用带有 *-ative*、*-ization* 或其他拉丁语后
缀的词来标识概念范畴。因为我们研究的这个范畴构成了名词，故可称之为"名词化"
［nominalization，"nominal"一词来自拉丁语的"名字 / 名词"，"名词化"（nominalize）
什么东西就是把它转化为名词］。但是名词化的种类很多（参看第 4 章），既然尤皮
克语的这种名词化涉及的是地点，那么就叫它"地点名词化"（place nominalization）。
如果使用"方所名词化"（locative nominalization）之类的称谓则更有语言学的专业味
道，其缩略语 LOC.NOMLZ 可以用于注解语言例句（同时在描述部分的开始或结尾附上
缩略语表）。

　　实际选择用于标注某个范畴的术语是非常重要的，但选择术语本身并不一定是基
于分析而决定的，相反，更多是教学法或交流方式决定的。选用术语的优劣取决于它
能否让读者明白你的描述（或者能否让你的家庭作业得个高分）。一定要使用能够准确
把握概念范畴实质并且能够避免读者因其具有其他无关意义而产生混淆的术语。在语
言分析中，有时会遇到十分罕见的概念范畴，需要全新的名称。这时须确保选用该术
语的合理性并提供准确的定义。 36

　　当然，在易于标注的常见概念范畴和需要新名称的罕见概念范畴之间存在一个连
续统。例如，复数和过去时在人类语言中通常是很容易辨别的概念范畴——尽管这一
点也并非确定无疑。在连续统的另一端，每种语言都通过语法化产生了一些难以直接
进行功能标注的模式。有时这类模式只能在形式上进行注解，比如"前缀 *di-*"，然后
在论述文字中详细地解释其功能；如果时间或其他资料不允许充分分析，也可以留待

以后研究。

给某种形式加上常见的标签（如"过去时"），就等于宣称这种形式与其他语言中拥有同一标签的形式在主要方面意义"相同"。鉴于不同语言中的形式极少具有完全一致的功能，使用常见术语来进行注解总是在一定程度上存在误导性。但另一方面，穷尽性地、精确地概括出所有语言中存在的概念范畴是不可能的，因此有这样一种惯例：尽量使用常见术语，同时在时间和语言资料允许的范围内尽可能地解释所研究的概念范畴的独有特征。因为语法描述是一种交际行为［见 Payne（即将出版）］，需要在囊括性与实用性之间寻求平衡——绝对囊括性的描写不具有实用性：首先，绝对囊括性描写的成果根本不可能出版；其次，被描写语言独有的特点会被大量的细节淹没，使得读者难以把握要旨。因此语言学家必须在描述和注解语言材料时尽力保持囊括性（inclusivity）与交际性（communicativity）之间的平衡。概念范畴的标签要力求以熟悉的形式深刻地反映实质，不要过于标新立异。这是语言分析是一门艺术（除了是一门科学以外）的另一体现。

此处需要牢记的重点是：

> 对模式化行为（patterned behavior）——形式变异与意义变异之间的重现性关系——的预期表明概念范畴的存在。概念范畴的标注（或"注解"）有助于人们在阅读语法描写时理解、记忆特定结构的功能。

派生范畴与屈折范畴

语言中经常显示出**屈折（INFLECTION）**与**派生（DERIVATION）**的重要对立。大多数语言学论著把这种区分解释成形态表达与词汇表达类型的不同。这种区分通常不涉及句法结构，虽然我认为也可能涉及。有时你会听到或读到（作为概念范畴次类的）屈折和派生范畴、屈折和派生形态，或者屈折和派生过程。以上三组术语有大体类似的含义，不过这里使用的派生这一术语与**形态音位派生（MORPHOPHONEMIC DERIVATION）**是有区别的，后者是个截然不同的概念，我们将在第 3 章中讨论。

如同语法语素与实义词之间的区分以及语言中其他重要的区分一样，派生与屈折之间通常是一个连续统。然而，做出这种区分对于分析缺乏研究的语言往往是有帮助的，理解这种区分对阅读与领会那些描写性、理论性的语言学文献也是有必要的。

派生和屈折之间的差别最适合用原型（prototypes）和常常一起出现的特征丛（cluster of features）来描述。典型的派生范畴产生新的词干（参看第 1 章词根和词干的定义）。派生范畴经常造成词干的词类变化［见例（7）］，但有时只是对基础词干的词义做较大的改变［见例（8）］。

（7）**名词化（NOMINALIZATION）**：

动词 → 名词：　　　　　　grow（生长）　　　growth　　　（*growtion）

	destroy（毁灭）	destruction	（*destroyth）
形容词 → 名词：	wide（宽广）	width	（*widity，?widness）
	happy（幸福）	happiness	（*happity，*happyth）
	sincere（真诚）	sincerity	（*sincereness，*sincereth）

（8）比较级（**COMPARISON**）：

形容词 → 比较级形容词：	wide（宽广）	wider
	happy（幸福）	happier
	weird（怪诞）	weirder
	good（好）	better

　　另一方面，屈折范畴不改变词类，并且不会从根本上改变词义，只是添加句法环境或情状环境要求的某些重要信息。下面是英语中几个典型的屈折范畴：

（9）数（**NUMBER**）：

单数 → 复数：	dog（狗）	dogs
	cat（猫）	cats
	man（男人）	men
	ox（牛）	oxen

（10）时（**TENSE**）：

现在时 → 过去时：	walk（步行）	walked
	sing（歌唱）	sang
	go（去）	went
	bring（拿来）	brought

表 2.1　派生范畴与屈折范畴的比较

派生范畴	屈折范畴
经常改变词根的词类（比如名词变动词，动词变名词等）。	极少改变词类。如果改变词类，也仅是一种副效应，如"名形动用搞怪语言"（Verbing weirds language）[1]。

---

　　[1]　Verbing 指语言中的名词（或其他词类）动用现象，如"eye an opportunity"（盯住机遇）、"elbow an opponent"（打击对手）等。"Verbing weirds language"来自 Bill Watterson 的一部搞笑漫画作品《加尔文和霍布斯》（*Calvin & Hobbes*，1993）中加尔文与霍布斯两人的对话（http://www.gocomics.com/calvinandhobbes/1993/01/25）：

　　C：我喜欢把词儿当动词用。

　　H：什么？

　　C：我把名词和形容词用作动词。还记得"access"（通道、入口）曾经是个物件吗？可现在这词儿是指你做点啥。它变成动词了……名形动用搞怪语言。

　　H：也许我们终将把语言彻底变成一种理解的障碍。——译者

续表

派生范畴	屈折范畴
极少作为某个语言形式进入话语环境的要求。	经常是句法环境的要求（如"时""格""一致"）。
较大地影响词根的意义。	只产生较小的意义调整，如数、时、体等。不改变词根的基本词汇意义。
相对"不能产"，表现为： ·一般并不适用于某个词类的所有词干。	相对"能产"，表现为： ·一般适用于某个词类或某个亚类（subclass）中的所有词干。
·一般每次使用时效果不尽相同。	·一般每次使用时效果都相同。
·一般与其他派生范畴的关系各不相同。	·一般出现在有明确界定的集合或**范式**（**PARADIGMS**）中。

表 2.1 列出了派生范畴和屈折范畴的主要特征，典型实例会具有其所属类别的所有属性。

在英语中，派生与屈折的区别相当明显，但并非所有语言都如此。即便在英语中也有一些范畴比其他范畴更具有典型性。如例（7）中的名词化就具有典型派生范畴的所有特点——通常会改变词类、有多种形式、非常"不规则"等。相比之下，例（8）的比较级就不是典型的派生范畴。英语的比较级后缀 -er 相当规则，几乎适用于所有形容词，每次使用的效果完全相同。尽管如此，比较级形式仍然明显属于派生范畴，因为它产生了句法属性不同于其他形容词的形容词亚类——比较级形容词可用于比较结构，但其他形容词不可以：

（11）The grass here is greener than it is on the other side of the fence.
　　　"这儿的草比篱笆另一边的草更绿。"
　　　* The grass here is green than it is on the other side of the fence.
　　　* The grass here is greenest than it is on the other side of the fence.

同样，例（9）与例（10）都是很典型的屈折范畴，尽管例（10）中"时"的规律性弱于英语中的复数。相比于名词的"数"屈折系统，动词"时"的屈折系统拥有更多不同的过去时形式和更多的不规则性，这使得"时"作为屈折范畴的典型性弱于"数"；但由于"时"并未显著改变动词的意义，只是为动词描述场景的意义在时间上**提供背景**（**GROUNDS**），所以"时"无疑也属于屈折范畴。

"十大"形态过程

本书第 1 章介绍了语言用以完成交际任务的三种主要表达类型，分别是词汇表达、句法模式和形态过程。本章重点讨论形态过程。首先，我们描述并例示十种形态过程，它们将是本书后文的重点，我们称之为"十大形态过程"。罗列如下，并加上简要的解释和例证：

• 形态过程 #1，添加前缀：（英语）selfish（自私）→ unselfish（不自私）

添加前缀（**PREFIXATION**）：语素（前缀）附加于词根开头。英语中语素 *un-* 是一个前缀。语言经常允许多个前缀加在同一个词根上，如英语中的一个词 *antidisestablishment*（反废除国教制）。此词至少有 *anti-* 和 *dis-* 两个前缀。

• 形态过程 #2，添加后缀：（西班牙语）hablar（讲话）→ hablaré[1]

添加后缀（**SUFFIXATION**）：语素（后缀）附加于词根末尾。英语的过去时通常由后缀 *-ed* 表达，如 *called* 中的 *-ed*。与前缀的情况类似，词根可能附加上多个后缀，如英语 *establishments*（建立）包含 *-ment* 和 *-s* 两个后缀。

• 形态过程 #3，添加中缀：（邦都语）fikas（强壮）→ fumikas（力量）

添加中缀（**INFIXATION**）：语素［**中缀**（**INFIX**）］附加于词根中间。标准英语没有添加中缀，但其他很多语言有。上面的例子来自邦都语（Bontoc），菲律宾的一种南岛语。某些英语的口语变体也有中缀，通常是出于情绪性的、幽默的表达或者社会团结等方面的原因。以下是"饶舌"英语（"Rapper" English）的实例，即非洲裔美国人使用的一种英语的口语变体（Mufwene *et al.* 1998）。②在这种英语变体中，中缀 *-izz-* 通常插在单词的第一个辅音或辅音序列之后。最初可能是为了适应饶舌音乐的节奏而增添单词音节的一种方法，不过现在这个中缀已经很明显用来表达强调、情绪和 / 或幽默等效果了：

（12）来自网络聊天室：

　　a. i mean, that movie sizzucked.　　'That was a terrible movie.' "那部电影糟透了。"

　　b. i knizzow.　　　　　　　　　　'I wholeheartedly agree.' "我完全同意。"　　40

　　两例中，中缀 *-izz-* 强化了动词 *sucked* 和 *know* 的意图性（intended）效果。如果遇到以元音开头的词，*-izz-* 就成为该词的第一个音节：

（13）a. izzengland　　　　　　'England, for heaven's sake.'
　　　　　　　　　　　　　　　"英格兰，看在老天的分上。"

　　　b. dat's izzall.　　　　　　'That's absolutely all.'
　　　　　　　　　　　　　　　"绝对就是所有的了。"

---

[1]　西班牙语 *hablaré* 由动词词根 *hablar* 添加后缀 *-é* 构成，是其陈述式第一人称将来未完成时形式。——译者

c. cuz' he be who he izzis. 'Because he is none other than who he is.'

"因为他就是他。"

这是一种十分规则并且常见的形态过程，它在英语口语变体中正变得更加广泛（至 2005 年），主要是在美国。

需要注意的是应将添加中缀跟添加多重前缀或后缀区别开来。如果我们观察一个很长的英语单词，比如 *antidisestablishmentarianism*（反废除国教制主义），可以分析出多个层次的前缀和后缀，而不是中缀。这个词可以离析出以下语素：

（14）anti-dis-e-stabl-ish-ment-ari-an-ism

这个词的词根是 *-stabl-*。[③]因为其内部并未插入某个语素，所以不存在中缀。实际上，这个词包含两个或三个"层次"的添加前缀和五个"层次"的添加后缀。其词缀的"层次"顺序如下：

词根：-stabl-
添加前缀，层次 1：e-stabl
添加后缀，层次 1：e-stabl-ish
添加前缀，层次 2：dis-e-stabl-ish
添加后缀，层次 2：dis-e-stabl-ish-ment
添加前缀，层次 3：anti-dis-e-stabl-ish-ment
添加后缀，层次 3：anti-dis-e-stabl-ish-ment-ary
添加后缀，层次 4：anti-dis-e-stabl-ish-ment-ari-an
添加后缀，层次 5：anti-dis-e-stabl-ish-ment-ari-an-ism

可以看到，不同层次的前缀和后缀向外附加在词干的外围，但不存在任何插入词干中间的词缀，也就是说没有中缀。

相比之下，邦都语 *fumikas* 中的 *f* 并不是独立于 *-ikas* 之外的语素。词缀 *-um-* 可以出现在词根的第一个辅音之后，表达某种意义。首辅音只能被看作词根的一部分，因此 *-um-* 只能是中缀。

• 形态过程 #4，添加环缀

添加环缀（CIRCUMFIXATION）：一种比较少见的形态过程，环缀作为一个语素，包含两个部分，分别加在词根的开头和结尾。到目前为止所发现的无争议的添加环缀的例子都与否定表达有关。下面的例子来自楚克奇语（Chukchee），俄罗斯西41 伯利亚西北地区的一种楚克奇 – 堪察加（Chukotko-Kamchatkan）语言（Skorik 1961,

Marusic 2002 亦引 ）。

（15） a. jatjol　　'fox'"狐狸"　　b. *a*-jatjol-*ka*　　'without a fox'"没有狐狸"

　　　 c. cakett　　'sister'"姐妹"　　d. *a*-cakettə-*ke*　　'without a sister'"没有姐妹"

　　在例（15b）和（15d）中，*a-...-kV*（V 表示根据语言环境改变具体形式的某个元音）两部分共同构成否定的**屈折（INFLECTION）**形式，两者都不能独立出现。所以 *a-...-kV* 必须视为包含两个不相连部分的同一个语素。

　　看起来类似添加环缀的例子常常可以分析为两个独立的语素——一个前缀和一个后缀，两者碰巧在表达某种特定意义时经常共现。比如帕纳雷语（Panare，委内瑞拉的一种加勒比语言），其否定表达结构与楚克奇语的情况极为相似，但帕纳雷语的这个屈折形式并不是真正的环缀：

（16） a. Yu-suruˈ-saˈ.　　　　　 b. A-suruku-ˈka.

　　　 3-worry-PPART　　　　　NEU-worry-NEG

　　　 3- 担心 – 过分　　　　　 中性 – 担心 – 否定

　　　 'He/she's worried.'　　　 'He/she doesn't worry.'

　　　 "他 / 她担心。"　　　　　 "他 / 她不担心。"

　　　 c. Wë-runkamɨ-n　　yu.　 d. A-runkamɨ-ˈka　　yu.

　　　 1-have.fever-PAST1　1SG　NEU-have.fever-NEG　1SG

　　　 1- 发烧 – 过去 1　　1 单　 中性 – 发烧 – 否定　 1 单

　　　 'I have a fever.'　　　　 'I don't have a fever.'

　　　 "我发烧了。"　　　　　　 "我没发烧。"

　　如例（16b）和（16d）所示，帕纳雷语的否定是由 *a-...-ˈka* 这两部分构成的屈折形式来表达的，但这并不是真正的添加环缀，因为 *a-* 这部分是个在其他屈折形式中也会出现的独立前缀：

（17） a. A-suruˈ-nëpëj　　　　këj.

　　　 NEU-worry-IMPERF　　3SG

　　　 中性 – 担心 – 未完整　 3 单

　　　 'He/she's worrying.'

　　　 "他 / 她正担心呢。"

　　　 b. A-runkamɨ-nya.

　　　 NEU-have.fever-SIM

　　　 中性 – 发烧 – 同时

'While having a fever...'

"当（某人）发烧的时候……"

　　如果把帕纳雷语的否定式看成环缀，那么包含 *a-* 的其他屈折形式也须看成环缀，而这些所谓"环缀"只不过都凑巧拥有相同的开头部分；同时有足够的证据显示此处的 *a-* 实际上是一个独立的语素。④大相径庭的是，楚克奇语的 *a-...-kV* 屈折只出现在否定式中。因此，楚克奇语的例子例示的是真正意义上的添加环缀。

　　• 形态过程 #5，改变词干：（英语）sing（唱歌）→ sang（sing 的过去时）

　　改变词干（STEM MODIFICATION）：改变词形而不附加任何词缀。因为没有某个特定的形式插入词根，所以在 *sing* 和 *sang* 之间词形的不同并不能叫添加中缀。确切地说，只是词根中的元音发生了变化。有人可能会问这与第 1 章讲过的"弱异干交替"有何区别？其区别在于 *sing* 和 *sang* 可以由某种规则（变 *-ing* 为 *-ang* 以构成过去时形式）联系起来。如何确定某种特定的变化是否可以由规则预知，请参看第 1 章有关论述。

　　• 形态过程 #6，自主音段变异：（英语）convért（转变）→ cónvert（皈依者）

　　自主音段变异（AUTOSEGMENTAL VARIATION）：**重音（STRESS）**、**声调（TONE）**或**鼻化（NASALIZATION）**等特征的变化，词形上不涉及元音或辅音的改变。英语中此形态过程最好的例子是一些仅仅重音位置有异的名词和动词，如上例。鉴于这种区别无法由英语的常规拼写系统体现出来，所以加上重音标记以凸显动词 *convért* 和名词 *cónvert* 的区别。

　　下例是印度古杰拉特邦地区的印度-雅利安语族一种栋格尔-皮尔语（Dungra Bhil）表复数时的自主音段变异情况（Matthew and Susan 2000），其自主音段特征为鼻化：

（18）a. ʈijaʔa　　'his'"他的"　　　　ʈĩaʔa　　'their（masc）'"他们的"

　　　b. ʈijʌʔʌ　　'hers'"她的"　　　ʈĩjʌʔʌ　　'their（fem）'"她们的"

　　注意：单数领属代词（possessive pronouns）与复数领属代词的唯一区别是复数形式首音节有一个鼻化元音（用鼻化标记"~"表示）。

　　• 形态过程 #7，重叠：（伊洛干诺语）pingan"盘子"→ pingpingan"盘子"（复数）

　　重叠（REDUPLICATION）：重复部分或全部词根。伊洛干诺语（Ilokano，另一种菲律宾的南岛语）的复数形式由重叠词根的首音节构成，即如上例所示。下面另举几例：

（19）a. ulo　　'head'　　"头"　　　ululo　　'heads'　"头"（复数）

　　　b. talon　'field'　　"田地"　　tatalon　'fields'　"田地"（复数）

　　　c. biag　'life'　　"生命"　　bibiag　'lives'　"生命"（复数）

　　　d. mula　'plant'　　"植物"　　mulmula　'plants'　"植物"（复数）

以上称为**部分重叠**（**PARTIAL REDUPLICATION**），因为只有部分词根重复，如伊洛干诺语的名词复数形式中，词的第一个音节被重叠。某些语言，如印度尼西亚语，则重复整个词根。印度尼西亚语中，*anak*（儿童）的复数形式是 *anakanak*。这种变化称为**完全重叠**（**COMPLETE REDUPLICATION**）。复数经常由重叠表达，虽然它并不是唯一由重叠表达的概念范畴。

•形态过程 #8，非系连形态：（希伯来语）sefer "书" → sfarim "书"（复数）

　　非系连形态（**NON-CONCATENATIVE MORPHOLOGY**）：多见于希伯来语、阿拉伯语等闪语族语言，在其他语言中罕见。它指在仅由辅音组成的词根上添加元音或其他形态单位。（20）例示了圣经希伯来语（Biblical Hebrew）中几个来自词根 *ktb* 的动词。这个词根本身不能独立发音，必须在屈折形式中出现（例子蒙 David Andersen 惠示，转引自 van der Merwe, Naudé and Kroeze 1999）。

（20）a. ktb　　　　词根　　　　（本身无意义）

　　　b. kətob　　　祈使语气　　　'write!'

　　　c. kɑtob　　　不定式　　　'to write'

　　　d. kotɛb　　　现在分词　　　'writing'

　　　e. kɑtub　　　过去分词　　　'written'

　　　f. kɑtab　　　完整体　　　'wrote'

•形态过程 #9，削减形态：

（穆尔莱语）nyoon "羔羊" → nyoo "羔羊"（复数）

　　　　　　　wawoc "白鹭" → wawo "白鹭"（复数）

　　削减形态（**SUBTRACTIVE MORPHOLOGY**）：省略词的一个或多个音段（segments）以表达某种概念范畴，是另一种很罕见的形态过程。穆尔莱语［Murle，以及其他几种东非的尼罗河－撒哈拉（Nilo-Saharan）语言］是世界上为数甚少的已知存在削减形态的语言之一。上例中词干的末尾辅音被省略，以构成复数形式。

　　一定要仔细辨别削减形态和某些范畴的零实现形式，特别是对于那些为语言学家熟知的语言中带有外在标记的范畴。例如，阿尔博雷语［Arbore，埃塞俄比亚的一种库希特（Cushitic）语言］的某些名词的单数形式以 *-in* 结尾而复数则无标记（Hayward

1984：159—183，转引自 Corbett 2000：17）。

（21） 单数 复数
a tiisin 'a maize cob'"玉米棒子" tiise 'maize cobs'"玉米棒子"（复数）
b. nebelin 'a cock ostrich'"雄鸵鸟" nebel 'ostriches'"鸵鸟"（复数）

因为复数名词在形式上比单数名词简单，似乎可以解释为削减形态，但这恐怕是误解。虽然在包括英语在内的许多语言中，复数是有标记形式，单数是无标记形式，但阿尔博雷语的这一类名词（经常以群体形式出现的事物）却是复数形式无标记，单数形式以后缀 -in 标记。有时这种现象称为**单数式**（**SINGULATIVE**）。这与穆尔莱语差别很大，穆尔莱语中不存在表达单数的后缀，不论词根的末尾辅音是什么，都把它去掉以构成复数形式。下面再列出几个穆尔莱语的此类形态变化的例子（Arensen 1982：40—41）：

（22） 单数 复数
a. onyiit 'rib'"肋骨" onyii 'ribs'"肋骨"（复数）
b. rottin 'warrior'"战士" rotti 'warriors'"战士"（复数）

请注意，词干的末尾辅音，无论是 -t、-n、-c 还是其他，都被省去以标记复数。这些辅音不可能都是同一个所谓"单数式"语素的不同变体，因此只能分析为词干的一部分，而此类表达复数的形态过程即为移除最后一个辅音。

• 形态过程 #10，复合：（英语）black + bird → bláckbird（黑鹂）

复合（**COMPOUNDING**）：将两个以上的词根组合在一起以构成新的词干。上举英语例子中，我们不可能将一部分看成词根，另一部分分析为词缀。*black*（黑）和 *bird*（鸟）都是词根，结合起来形成新的词干 *blackbird*，意义上并不单纯等同于两个词根意义的相加，即并不指任何恰好是黑色的鸟，而是特指鸟的一个特别的种类。虽然由两个词根构成，但其功能与英语中的其他名词词干并无区别。

上面介绍了十种主要的形态过程，接下来我们讨论语言学家"模拟"或表述形态过程及其所表达的概念范畴的一些方法。

描述形态过程的方法

直白描述

正如第 1 章所述，语言中许多语法模式都可以用平常的直白描述来表达。形态句法分析首先必须明晰。然而有时语法模式过于复杂，难于用明确直白的语言来描述，这时语言学家就会采用一些有用的符号系统。下面两部分我们将讨论两种能够比较精确、清晰地表征语言行为模式的方法。这两种方法对于分析形态过程特别有效，尽管理论上也可以用于句法模式分析。不管怎样，要记住的是直白描述往往是表达语法结构事实最有效的方法。

位置–类别图表

我们讨论的第二种表述语言知识的方法叫**位置–类别图表**（**POSITION-CLASS DIAGRAMMING**）。此方法是形态结构研究法的一个变体，称作**词项和排列**（**ITEM AND ARRANGEMENT**）模型（Hockett 1958），特别适合描写那些每个词包含多个语素的语言，在这些语素倾向于构成有明确定义的集合或**范式**（**PARADIGMS**）的情况下尤其适用。尽管它也存在几点不足（本节末尾将讨论这个问题），但是每个语言田野调查者都应该熟练掌握这一方法，至少把它作为对某种语言进行全面形态句法分析的起点。

如前所述，在那些用形态手段来表达众多概念范畴的语言里，通常具有多个"层次"的前缀和后缀。请看下列谢拉–纳瓦特尔语（Sierra Nahuatl）的语料（引自 Merrifield *et al*. 1987）。这些语料中省略了四个例句的意译，以使它更有趣一些。

（23）　a. nimicita　　　　　　　　'I see you.' "我看见你。"

　　　　b. nikita　　　　　　　　　'I see him.' "我看见他。"

　　　　c. tikmaka　　　　　　　　'You give it to him.' "你把它给他。"

　　　　d. tinečita　　　　　　　　'You see me.' "你看见我。"

　　　　e. nannečmaka　　　　　　'You（pl.）give it to me.' "你们把它给我。"

　　　　f. tikonmaka　　　　　　　'You give it to him, sir.' "你把它给他，先生。"

　　　　g. tikonitatihcinoh　　　　　'You see him, most honored sir.'
　　　　　　　　　　　　　　　　　"你看见他，最尊敬的先生。"

　　　　h. tikonmakatihcinohtikah　'You give it to him, most very honored sir.'
　　　　　　　　　　　　　　　　　"你把它给他，最最尊敬的先生。"

　　　　i. tinečonita

　　　　j. tinečonmakatihcinoh　　'You give it to me, most honored sir.'
　　　　　　　　　　　　　　　　　"你把它给我，最尊敬的先生。"

　　　　k. nannečonmakatikah　　'You（pl.）give it to me, honored sirs.'
　　　　　　　　　　　　　　　　　"你们把它给我，尊敬的先生们。"

　　　　l. nannečonitatihcinohtikah

　　　　m. tinečonitatikah

　　　　n. nannečonmakatihcinoh

为类似的语料建构"位置－类别图表"的过程将在下文一步一步进行介绍，但与其说这些步骤是分析形态的"程序"，不如说是一种描写工具。如果你曾有机会对某种真实的语言进行田野调查的话，你就会发现形态句法分析是一门致力于成为科学的艺术。作为语言学家，我们需要在研究和介绍研究成果时尽可能精确、科学，但因为研究的中心问题与人类行为有关，所以总是存在不确定的情况、有凭据的猜想，以及主观性的解释。因此并不存在某种绝对的"程式"，可以输入语言事实而产生唯一正确的分析结果。只有好一点或差一点的分析，以及针对这些分析所进行的好一点或差一点的论证。

第一步：离析词根。我们观察上例中谢拉－纳瓦特尔语的译文时，可以发现两个有关的基本动词：一个意思是"see"（看见），另一个意思是"give"（给予）。既然我们预期意义上的相似必然关联形式上的相似（参看第 1 章，第 3 页），那么我们就来观察左列，看哪些形式与"see"和"give"的意义相关。你注意到什么了吗？你会发现纳瓦特尔语例句中 *ita* 始终对应译文中的"see"，而 *maka* 始终对应"give"。所以我们推测 *ita* 和 *maka* 是词根，意义分别是"see"和"give"。现在给词根加上注解，列入下面的位置－类别图表：

词根	
ita	"看见"
maka	"给予"

必须强调这仅是推测。除非得到进一步的语料验证，否则不可过于肯定这第一印象。我建议大家在处理此类问题时使用铅笔。

第二步：推测词缀位置。既然语料中纳瓦特尔语词根的前后都有成分，那么我们推测很可能是前缀和后缀，所以要为这些成分预留位置。

P3	P2	P1	词根	S1	S2	S3
			ita　　"看见" maka　　"给予"			

注意词缀位置由词根向外编号。上面的图表留下三个前缀位置（P1、P2、P3）和三个后缀位置（S1、S2、S3）。同样，这只是估计。在这一步你可以合理地为设想的最大数量的词缀预留位置。此例中我们估计的前缀和后缀数量相等，但实际情况未必如此。另外，在第一步中你也许会发现词根都位于所分析结构的开头或结尾，这时就不需要为显然不会出现的那种词缀预留位置。

第三步：分析前缀。鉴于本问题前几例似乎只包含前缀，我们就从分析前缀开始。请牢记"形式上的相似通常表达意义上的相似"这条基本原则。（23a）和（23b）中，*nimic-* 和 *nik-* 之间形式上的区别表现了"I > you"（"我"对"你"有所行动）和"I >

him"（"我"对"他"有所行动）的意义区别。在这两例中，可以发现共同成分 ni- 和不同成分 mic-、k-。既然相同的意义成分是"我（主格）"，不同的意义是"你（宾格）"和"他（宾格）"，那么我们可以推断存在两个前缀位置，ni- 在前，mic- 和 k- 在后。鉴于此类词缀好像是语法语素，可以根据合理推测而给其概念范畴加上注解：

P3	P2	P1	词根		S1	S2	S3
	ni-1 单 . 主语	mic-2 单 . 宾语 k-3 单 . 宾语	ita maka	"看见" "给予"			

接下来三例帮助我们更多地填充这个图表，如下：

P3	P2	P1	词根		S1	S2	S3
	ni-1 单 . 主语 ti-2 单 . 主语 nan-2 复 . 主语	mic-2 单 . 宾语 k-3 单 . 宾语 neč-1 单 . 宾语	ita maka	"看见" "给予"			

当分析到（23f）时，难题出现了。我们发现有个 on- 出现在词根和之前假定的前缀之间。我们注意到这个 on- 与意义 "sir"（先生）相联系。因此必须把前面的两个前缀向左移，将 on- 添加到 P1 位置上（这就是我建议使用铅笔的原因）。我们猜想 on- 的合适的语法注解应该是"说话人表达对听话人的尊敬"，所以我们注解为 "RESP" [1]。

P3	P2	P1	词根		S1	S2	S3
ni-1 单 . 主语 ti-2 单 . 主语 nan-2 复 . 主语	mic-2 单 . 宾语 k-3 单 . 宾语 neč-1 单 . 宾语	on-RESP	ita maka	"看见" "给予"			

以上分析应该已经照顾到语料中所有的前缀，现在可以考虑例（23i）大概的意译了。请把（23i）翻译出来。

第四步：分析后缀。这一步与上一步非常相似。比较（23g）和（23h）可以看出，不同后缀形式上的区别跟 "most honored sir"（最尊敬的先生）和 "most very honored sir"（最最尊敬的先生）之间的意义区别密切相关。既然两例在形式上有相同部分，即 tihcinoh，我们可以推测存在两个后缀位置。这两个后缀很难注解，不过我们可以做如下尝试：

P3	P2	P1	词根		S1	S2	S3
ni-1 单 . 主语 ti-2 单 . 主语 nan-2 复 . 主语	mic-2 单 . 宾语 k-3 单 . 宾语 neč-1 单 . 宾语	on-RESP	ita maka	"看见" "给予"	-tihcinoh HONOR1	-tikah HONOR2	

---

[1] RESP 是英文单词 respect（尊敬）的缩写。——译者

"HONOR1"（敬语 1）和 "HONOR2"（敬语 2）是对这两个后缀意义的印象式注解。很可能 -*tihcinoh* 是表达第一程度的尊敬地位，而 -*tikah* 是表达第二程度即更高程度的尊敬地位。目前的分析不过是有依据的推测，所以所选的实际注解并不十分重要，关键是分析出各种词缀，并弄清它们在动词内部的相互关系。

对其余语料的考察可以证实存在两个后缀位置的猜测。-*tihcinoh* 处于后缀位置 S1，-*tikah* 处于后缀位置 S2。现在你可以翻译例（231）——（23n）了。

第五步：栏目标注。复杂形态结构的各个位置通常与特定的概念范畴相联系。例如在形态化程度高的语言中，动词的某个形态位置专门用于表达时，另一个位置用于表达**体（ASPECT）**，其他一些位置分别表达**主语（SUBJECT）**的人称（**PERSON**）和数（**NUMBER**）等。考察上面的图表，可以发现 P3 位置上的所有形式都表达主语的人称和数，P2 位置上的所有形式都表达宾语的人称。在此例中，另外三个词缀位置分别只有一个词缀形式，这使我们很难推测整个栏目的意义范畴，但也并不妨碍我们做个冒险的猜测。下面是我们完成的上举实例的位置－类别图表：

Subject（主语）	Object（宾语）	Respect（尊称）	词根		Honor1（敬语 1）	Honor2（敬语 2）
ni-1 单 ti-2 单 nan-2 复	mic-2 单 k-3 单 neč-1 单	on-	ita maka	"看见" "给予"	-tihcinoh	-tikah

进一步的语料分析可能促使我们修改上述假设，但仅就目前的语料来看，我们的分析还是合理的。此类图表并不能全面地描述语言的形态系统，例如，就此处这组有限的语料而言，敬语后缀似乎总与"尊称"前缀同时出现。需要更多语料以证实情况总是如此，或者仅是选取例子时的巧合。语言成分之间经常存在类似的远程"依附关系"（某一形式的存在"依赖"于结构中另一位置上某形式的存在）。有一些办法对位置－类别图表进行注释以说明上述情况，但操作起来非常麻烦。

位置－类别图表的另外一些问题包括：相同的语素可能出现在某个结构的多个位置，或者如下一章要讲到的，语素在不同语境下发音不同。另外，对于非系连形态、自主音段音系、改变词干、重叠或复合等方面的问题，位置－类别图表并不十分有用。尽管有这些问题，位置－类别图表仍然是进行坚实而深刻的语言描写的良好起点，尤其是当所研究的语言中存在大量的前缀或后缀时，毕竟世界语言中最常见的形态过程还是使用前缀和后缀。

过程规则

虽然位置－类别图表是基本形态分析的支柱，但其缺点使得许多语言学家设计了其他一些可选的图示用以表征形态结构，其中大多数都可以描述为**过程规则**（**PROCESS**

RULES）。过程规则是一种表征，描写词的不同形式之间的关系，仿佛不同形式是那些词所经历的变化。这种形态结构分析的总体方法也称词项和过程模型（**ITEM AND PROCESS MODEL**）（Hockett 1958）。过程规则曾在第 1 章中有所涉及，例如英语规则名词的结构可以比较容易地用一个简单的位置 − 类别图表描述：

词根	数
cat（猫） dog（狗） mat（垫子） tree（树） …	Ø 单 -s 复

在过程规则中，复数（也可以是单数）的形成应被视为一个把词根变为恰当的**屈折**（**INFLECTED**）形式的"过程"。例如，我们可以说：

（24）单数名词 + -s = 复数名词

这一特定类型规则背后的内涵是：既然某些形式比另一些形式"更简单"，那么可以认为较复杂形式在较简单形式的基础上形成。形式"始于"简单而"终于"复杂。

过程规则的表述方式虽有很多，但本文将要讨论的方式都涉及三个部分：所表达的概念范畴、过程发生之前的结构描写，以及过程发生之后的结构变化描写。简写如下：

CC = **C**onceptual **C**ategory　　　　　概念范畴
SD = **S**tructural **D**escription（starting form）　结构描写（起始形式）
SC = **S**tructural **C**hange（ending form）　结构变化（终结形式）

规则本身总是采用如下模式：

（25）CC：SD → SC

例如英语名词复数构成的规则模式可表示为：

（26）Plural：N → N + *-s*

对这个公式的一种解读是："复数表达以名词为起始，以同一个名词加后缀 *-s* 为终结。"

那么如何运用过程规则来描写复杂的语料呢，比如上文讨论过的谢拉 − 纳瓦特尔语动词的例子？每个概念范畴都可能需要自己的规则，下面是谢拉 − 纳瓦特尔语语料的一组可能的规则：

（27）   CC: SD: SC:
　　a.   敬语：   Verb   →   on- + Verb
　　b.   第二人称单数宾语标记：   Verb   →   mic- + Verb
　　c.   第三人称单数宾语标记：   Verb   →   ke- + Verb
　　d.   第一人称单数宾语标记：   Verb   →   neč- + Verb
　　e.   第一人称单数主语标记：   Verb   →   ni- + Verb
　　　　……

　　形态过程规则的表征有很多方式。例如，Haspelmath（2002：47—51）提供了一种非常好的系统，他称之为"基于词的模型"。该系统中的公式包含了过程规则的所有要素，如果一种语言中每个词所包含的语素数量很少，那么该系统中的公式对这种语言的形态模式尤为有效。不过，当分析有关词结构中词缀位置比较复杂的语料（如上面谢拉－纳瓦特尔语的例子）时，位置－类别图表（或称"基于语素的模型"）则更有帮助。

　　上面例示的过程规则可以有效地描写非系连形态。下列例子来自阿拉伯语（语料略做规范，但仍符合大多数阿拉伯语变体的总体情况）：

（28）   词根：   slm   词根：   ktb
　　a. muslim   'person of peace'   g.   muktib   'literate person/scribe'
　　　　　　　　　　"和平之人"　　　　　　　　　　　　　　"识字之人 / 抄写员"
　　b. salima   'he was safe'   h.   katiba   'he was reading'
　　　　　　　　　　"他是安全的"　　　　　　　　　　　　　"他在阅读"
　　c. ʔislaamun   'Islam'   i.   ʔiktaabun   'literature'
　　　　　　　　　　"伊斯兰"　　　　　　　　　　　　　　　"文学（作品）"
　　d. salaamun   'peace'   j.   kataabun   'book'
　　　　　　　　　　"和平"　　　　　　　　　　　　　　　　"书籍"
　　e. saalimun   'safe'   k.   kaatibun   'writing'
　　　　　　　　　　"安全"　　　　　　　　　　　　　　　　"书写"
　　f. salama   'he was calm'   l.   kataba   'he wrote'
　　　　　　　　　　"他是平静的"　　　　　　　　　　　　　"他写了"

　　就像本章前文所讨论的，分析这些语料的第一步是确定概念范畴。例（28a）和（28g）表达什么概念范畴呢？你能恰当地描述这两例中的形态模式所表达的意义吗？观察一下两例的英文翻译，你会猜测这两个阿拉伯词大概是名词，且描述的都是人。如果词根 slm 表达"和平"、词根 ktb 表达"阅读"之类的意义，那么这个模式大概具有如下含义："属于或实施词根所表达概念的人"。此类功能的恰当称谓是什么？与早先讨论的尤皮克语的情形类似，我们可以称之为"名词化"。鉴于这种名词化与人有关，我们可以称之为"指人名词化"。这只是适用于这个特定概念范畴的可能的标签之一。

上述语料中的两个不同的词根例示了六种概念范畴。阿拉伯语属于典型的闪语族语言，因此具有非系连形态。我们接下来要说的问题是如何用过程规则来描写这种有趣的形态模式。至此我们已命名了第一个概念范畴，现在需要的是一个结构描写（SD）和一个结构变化（SC）：

（29）CC　　　　　　　　　SD　　　　　SC
　　　指人名词化：　　　　 ?　　 →　　 ?

如果我们认为这个过程是以词根 *slm* 和 *ktb* 为"起始"，以屈折变化形式为终结，那么我们可以用下面两个独立表述来描述语料：

（30）CC　　　　　　　　　SD　　　　　SC
　　　a. 指人名词化：　　　slm　 →　　 muslim
　　　b. 指人名词化：　　　ktb　 →　　 muktib

这些临时性的表述是公式化规则的第一步，但我们还不能真正称之为"规则"，它们只是把语料以过程的形式复述出来，并没有抓住这样的事实：确实只有一个相关的过程，即一种可以始终如一地应用于两个词根的模式（还有很多相关词根并未包含在这组语料中）。既然阿拉伯语使用者无意识中一定"知道"，这个模式以同一方式影响不同的词根，那么我们需要把这类知识总结成一个包含所有相关形式的规则。如果能够如此，我们的语言描写就可以与阿拉伯语使用者的无意识知识相一致了。

我们可以看到（28a）和（28g）都以前缀 *mu-* 开始，其后是词根的第一个辅音，接着是词根的第二个辅音，然后是元音 *i*，最后是词根的第三个辅音。我们用 C 表示任一辅音，将词根中的三个辅音按出现顺序依次编号为 C_1、C_2 和 C_3，然后我们直接以这些符号来代替该模式中的辅音：

（31）CC　　　　　　　　　SD　　　　　SC
　　　指人名词化：　　　 $C_1C_2C_3$　 →　 $muC_1C_2iC_3$

因为 C 表示任一辅音，所以该规则同时适用于 *slm* 和 *ktb*。不管实际的辅音是什么，下标数字可以保持输出端（SC）和输入端（SD）对应辅音的联系。如果 SD 中的 C_1 是 *s*，那么 SC 中的 C_1 也是 *s*，其余同理。如果不加下标，就无法区分开各辅音（因为 C

只是抽象符号，并非具体的语音）。

例（28）中的其他模式如何用上述方法来公式化？我相信现在你可以独立完成了！不过只是为了好玩，这里再多分析一个例子。例（28b）和（28h）表达的概念范畴可以理解为"持续过去时"（past continuous）。为什么仅称之为"过去时"还不够呢？因为例（28f）和（28l）也反映了另一个表达过去发生的事件的范畴，所以我们知道阿拉伯语中至少存在两种"过去时"。为了区别，可以称（28b）和（28h）反映的范畴为"持续过去时"，（28f）和（28l）代表的范畴为"简单过去时"，这看起来是较合理的标签。因此如果我们使用"持续过去时"这一术语来表示（28b）和（28h）例示的范畴，利用与上文相同的推理过程来描写这一范畴，则可以得到如下过程规则：

（32） CC SD SC

持续过去时： $C_1C_2C_3$ → $C_1aC_2iC_3a$

该规则描述了下面这两个实际变化：

（33） s l m → s a l i m a
k t b → k a t i b a

除了类似闪语族语言中所见的这种非连续形态，这类过程规则也特别适用于分析其他类型的形态模式，尤其对词内部语音成分的变序或**换位**（METATHESIS）以及重叠（见上文）这类的形态模式十分有用。

据我们所知，没有任何语言单独使用换位以表达概念范畴，所以换位并不在"十大形态过程"之列。但换位有时的确会伴随其他形态过程出现，如添加前缀或添加后缀。举例来说，请看下列亚瓜语的语料：

（34） a. rakyáraay 'I go astray.' "我误入歧途。"

b. hikyáraay 'You go astray.' "你误入歧途。"

c. sakáray 'He/she goes astray.' "他 / 她误入歧途。"

d. naakyáraay 'We go astray.' "我们误入歧途。"

e. naadakáraay 'They 2 go astray.' "他俩误入歧途。"

f. rikyáraay 'They go astray.' "他们误入歧途。"

观察这些语料可以发现，在（34a）、（34b）、（34d）和（34f）中，词根的第一个辅音之后都有个 *y* 音，但这个 *y* 并不存在于全部的**屈折形式**（INFLECTIONS）中，所以不太可能是词根的一部分，而是前缀的一部分。实际上这在该语言中是非常规则的，可以很容易地展示其前缀，如下：

（35）　a. ray-　　1SG　　　d. naay-　　1PL

　　　　b. hiy-　　2SG　　　e. naada-　　3DL

　　　　c. sa-　　3SG　　　f. riy-　　3PL

　　亚瓜语使用者为了得到动词的屈折形式，就必须"知道"（当然是潜意识地知道）与前缀有关的换位规则，即如果前缀以 y 结尾，则必须将 y 和词根的第一个辅音交换位置。事实证明这是该语言中一个相当规则的模式，因此无须将其限制在某个特定的概念范畴之内（关于音系规则和形态音位规则的区别，请参看第 3 章）。我们可以直接将其表述为一条没有任何限制的规则：

（36）　yC → Cy

　　该规则表明只要 y 出现在任何一个辅音之前，y 与该辅音就要交换位置。此例中不需要在 C 后加下标，因为规则中不存在其他可能引起困惑的未确定的辅音（C）。

　　最后，过程规则对于描写词干变化和重叠也很有效。请看谢拉－纳瓦特尔语的例子（Elson and Pickett 1988：51）：

（37）　a. se　　　　'one'　　　　f. sehse　　　　'ones/one by one'

　　　　　　　　　　"一（个）"　　　　　　　　　"多个一 / 一又一个"

　　　　b. ome　　　'two'　　　　g. ohome　　　'twos/two by two'

　　　　　　　　　　"两（个）"　　　　　　　　　"多个二 / 两个又两个"

　　　　c. eyi　　　'three'　　　h. eheyi　　　'threes/three by three'

　　　　　　　　　　"三（个）"　　　　　　　　　"多个三 / 三个又三个"

　　　　d. makwil　'five'　　　i. mahmakwil　'fives/five by five'

　　　　　　　　　　"五（个）"　　　　　　　　　"多个五 / 五个又五个"

　　　　e. čikasen　'six'　　　j. _____　　　'sixes/six by six'

　　　　　　　　　　"六（个）"　　　　　　　　　"多个六 / 六个又六个"

　　对于右栏中一组词所表达的概念范畴［可称之为"倍增"（multiplicative）］，这些词的词根第一个**音节**（**SYLLABLE**，辅音加元音，或只有一个元音）重叠，并在其后加 h 音。可以很简明地表述为下面的过程规则：

（38）　CC　　　　SD　　　　　　　SC

　　　　倍增：　　$(C_1) V_1 X$　　→　　$(C_1) V_1 h (C_1) V_1 X$

在此公式中，辅音置于括号中，表示其可能出现，也可能不出现。此标记方法可以允许这条规则适用于辅音开头的词干［例（37a）、（37d）、（37e）］以及元音开头的词干［例（37b）、（37c）］。V 是个全称性符号，代表任意一个元音。X 也是全称性符号，代表一切语音，包括词尾的静音（silence）。这种标记方法可以允许这项规则应用于任何长度的词干——本质上是说无论什么出现在词根首音节之后［包括静音，如例（37a）］，对规则都没有任何影响。

虽然这条规则表面看起来相当复杂，但绝对明晰，而且精准地抓住了谢拉－纳瓦特尔语使用者无意识中对其语言必须"知道"的一些东西。运用这条规则可以推断出"six by six"［例（37j）］一词的形式。如果你能做到，那么你已经吸收并运用了谢拉－纳瓦特尔语的部分知识，即每个当地儿童都具备的有关数字表达的知识。

第 2 章概念提要

Ⅰ. 概念范畴
- 概念范畴存在于人们对模式化的语法行为（形式变异与功能变异间的一致关系）抱有预期之时。
- 概念范畴标签（或"注解"）旨在帮助读者理解和记忆语法描写中特定的语法结构或单位（如词、词根、词缀）的功能。

Ⅱ. 形态过程。有十种主要形态过程：
- 添加前缀
- 添加后缀
- 添加中缀
- 添加环缀
- 改变词干
- 自主音段变异
- 重叠
- 非系连形态
- 削减形态
- 复合

Ⅲ. 表征形态过程及概念范畴的三种方法：
- 直白描述
- 位置－类别图表
- 过程规则

练习

练习 2.1：刚果东部的斯瓦希里语（Swahili）

Ronnie Sim

斯瓦希里语拥有很多变体，广泛使用于非洲东部和南部地区。本题涉及的这种斯瓦希里语变体主要使用于距海岸数百英里的内陆区域，与沿海区域的变体（见练习 1.5）存在很大差异。

1.	ninasema	'I speak'
2.	wunasema	'you speak'
3.	anasema	'he speak'
4.	wanasema	'they speak'
5.	ninaona	'I see'
6.	niliona	'I saw'
7.	ninawaona	'I see them'
8.	niliwuona	'I saw you'
9.	ananiona	'he sees me'
10.	wutakaniona	'you will see me'
11.	_____	'he saw them'
12.	_____	'I will see you'
13.	_____	'he saw me'

A. 将相应的斯瓦希里语形式填入 11 到 13 的空格处。

B. 根据题中提供的语料写出斯瓦希里语动词的位置 – 类别图表。　　55

练习 2.2：契卡索语（Chickasaw）

Tom Payne，感谢 Pam Munro 和 Catherine Willmond

契卡索语是一种美洲土著语言，属于马斯科吉（Muskogean）语族。目前能够熟练掌握契卡索语的有 3000 人左右，大多生活在俄克拉何马州。不过契卡索人在欧洲人到达北美洲时的故乡，正是现在的亚拉巴马州以及密西西比州。（元音上的鼻化符号表示元音鼻化，比如 ã）

1. Ofi'at kowi'ã lhiyohli.	'The dog chases the cat.'
2. Kowi'at ofi'ã lhiyohli.	'The cat chases the dog.'

3. Ofiˈat shoha. 'The dog stinks.'

4. Ihooat hattakã shooli. 'The woman hugs the man.'

5. Lhiyohlili. 'I chase her/him.'

6. Salhiyohli. 'She/he chases me.'

7. Hilhali. 'I dance.'

A. 将下列句子译成契卡索语。

8. The man hugs the woman.

9. The cat stinks.

10. I hug her/him.

11. The woman dances.

B. 将下列句子译成英语。

12. Ihooat sashooli.

13. Ofiˈat hilha.

14. Kowiˈã lhiyohlili.

C. 根据题中提供的语料写出契卡索语名词的位置－类别图表。
D. 根据题中提供的语料写出契卡索语动词的位置－类别图表。

练习 2.3：卡图语（Katu）

根据 Merrifield *et al.*（1987），问题 #19 改编

A. 卡图语是哪个地区的语言？

1. gap	'to cut'		5. ganap	'scissors'
2. juut	'to rub'		6. januut	'cloth'
3. panh	'to shoot'		7. pananh	'crossbow'
4. piih	'to sweep'		8. paniih	'broom'

B. 这些语料例示了哪种形态过程？

C. 描写使第二栏词不同于第一栏对应词的概念范畴。

练习 2.4：英语

Tom Payne

第一栏英语词语的重音在第二音节，第二栏词语的重音在第一音节。鉴于对应的词语拼写相同，我们加上重音符号来显示重音。

1. permít　　　pérmit
2. recórd　　　récord
3. convért　　　cónvert
4. rejéct　　　réject
5. prodúce　　　próduce

A. 描写由这种重音变化表达的不同意义。

B. 这一规则的规律性有多强？你能够想出其他遵循这一模式的成对的词吗？

练习 2.5：塔瑞纳语（Terêna）

根据 Merrifield *et al.*（1987），问题 #16 改编

A. 塔瑞纳语在哪个地区使用？

B. 该地有多少塔瑞纳语使用者？

注意：某些元音上的鼻化符"~"表示鼻化元音。

1.	ẽmõʔũ	'my word'	6.	_____	'your house'
2.	ãyõ	'my brother'	7.	emoʔu	'his word'
3.	õwõkũ	'my house'	8.	ayo	'his brother'
4.	yemoʔu	'your word'	9.	_____	'his house'
5.	yayo	'your brother'			

C. 假设题中语料显示出的模式是规则性的，请填补塔瑞纳语表格中的空缺处。

D. 请列出并注解语料中的所有语素。义为"my"的语素体现了何种形态过程？

练习 2.6：阿格塔语（Agta）

根据 Healey（1960）改编

下列词语表来自阿格塔语，该语言分布在菲律宾北吕宋岛的中部卡加延河谷区。阿格塔语的这一变体目前只有大约 600 名使用者，尽管在菲律宾可能有一万人左右说阿格塔语的其他变体。所有阿格塔语言当前都是严重濒危的语言。

57

1.	wer	'creek'	7.	bag	'loincloth'
2.	balabahuy	'little pig'	8.	walawer	'little creek'
3.	talobag	'beetle'	9.	balabag	'little loincloth'
4.	bakbakat	'granny'	10.	takki	'leg'
5.	palapirak	'little money'	11.	labang	'patch'
6.	bahuy	'pig'			

A. 假设题中语料显示出的模式是规则性的，请将下列词语翻译成阿格塔语。

12. 'little leg'
13. 'money'
14. 'little beetle'（this is the word for 'lady bug'）
15. 'little patch'

B. 题中语料显现了哪种形态过程和概念范畴？

练习 2.7：萨摩亚语（Samoan）

O'Grady *et al.*（2001）。

注意：练习中出现的 ʔ 符号表示喉塞音，是萨摩亚语中的一个重要辅音。

1.	mate	'he dies'	8.	mamate	'they die'
2.	nofo	'he stays'	9.	nonofo	'they stay'
3.	galue	'he works'	10.	galulue	'they work'
4.	tanu	'he buries'	11.	tatanu	'they bury'
5.	alofa	'he loves'	12.	alolofa	'they love'
6.	taʔoto	'he lies'	13.	taʔoʔoto	'they lie'
7.	atamaʔi	'he is intelligent'	14.	atamamaʔi	'they are intelligent'

A. 这些语料例示了哪种形态过程？
B. 尽可能明晰地描写出规则。
C. 如果萨摩亚语的 "he is strong" 是 *malosi*，那么如何用萨摩亚语表达 "they are strong"？

练习 2.8：现代希伯来语（Modern Hebrew）

根据 Merrifield *et al.*（1987），问题 #20 改编

1.	naḥal	'inherit'	6.	hinḥil	'bequeath'
2.	qaraʔ	'read'	7.	hiqriʔ	'make read'
3.	ṭaraf	'hire'	8.	hiṭrif	'feed'
4.	raqad	'dance'	9.	_____	
5.	ʃaʔal	'borrow'	10.	hiʃʔil	'lend'

58 A. 写出一条使左栏词派生出右栏词的明晰的规则。
B. 这是哪种形态过程？

C. 将你的规则应用于 4，来填充 9。你认为这是什么意思？

练习 2.9：阿拉伯语（Arabic）

根据 Merrifield *et al.*（1987），问题 #21 改编

1.	laqima	'gobble'	7.	ʔalqama	'make gobble'
2.	ʃariba	'drink'	8.	ʔaʃraba	'make drink'
3.	laʕiqa	'lick'	9.	ʔalʕaqa	'make lick'
4.	labisa	'wear'	10.	ʔalbasa	'dress（someone）'
5.	xasira	'lose'	11.	ʔaxsara	'make lose'
6.	samiʕa	'hear'	12.	_____	_____

A. 写出一条使左栏词派生出右栏词的明晰的规则。

B. 这是哪种形态过程？

C. 将你的规则应用于 6，来填充 12。你认为 12 是什么意思？

练习 2.10：英语复合词（English compounds）

根据 Finnegan（1994：110）改编

从英语新闻周刊如《时代周刊》或《新闻周刊》中找一篇至少有 500 个连续词语的文章。列出文中所有复合名词和复合动词（如果有的话）。

A. 确认复合词各部分的词类。

例如："pickpocket"（扒手）pick（掏）＝动词，+ pocket（衣袋）＝名词。

B. 选出 5 个复合词，解释其组成成分的意义与整体意义的关系。

例如："pick + pocket"。"pickpocket"（扒手）是掏别人衣袋的人。在此意义上名词"pocket"（衣袋）是动词"pick"（掏）的直接宾语。

练习 2.11：艾比姆比语（ˈEbembe）

Myra Adamson and Tom Payne

1.	namona	'I see.'
2.	ˈumona	'You see.'
3.	ˈutoca	'You ask.'
4.	ˈuntoca	'You ask me.'
5.	ˈumtoca	'You ask him/her.'
6.	naˈwaca	'I believe.'

7.	na'u'waca	'I believe you.'
8.	namtoca	'I ask him/her.'
9.	namtocile	'I asked him/her.'
10.	na'umona	_____
11.	_____	'I saw you.'
12.	_____	'I believed you.'
13.	twamtoca	'We ask him/her.'
14.	_____	'We asked him/her.'
15.	_____	'I ask you.'
16.	na'utocila	'I ask for you.'
17.	na'utocilile	'I asked for you.'
18.	twamonana	'We see each other.'
19.	_____	'You saw each other.'
20.	twamonanile	'We saw each other.'
21.	twatocanile	'We asked each other.'
22.	na'u'wacilile	'I believed for you.'
23.	'ukyum'waca	'You always believe him/her.'
24.	akyuntoca	'He/she always asks me.'
25.	'ukyummona	'You always see him/her.'
26.	_____	'I always saw you.'
27.	twakyu'umonile	'We always saw you.'
28.	_____	'We always see each other.'
29.	_____	'We always saw each other.'

A. 用英语或艾比姆比语填出所有空缺的对译。

B. 写出艾比姆比语动词形态变化的位置－类别图表，包括题中语料包含的所有语素及其相应的注解。

练习 2.12：帕兰特拉－查尼泰克语（Palantla Chinantec）

根据 Merrifield *et al.*（1987），问题 #44 改编

A. 帕兰特拉－查尼泰克语在哪个地区使用？

B. 那里有多少帕兰特拉－查尼泰克语使用者？

查尼泰克语是地球上最典型的声调语言之一。实际上由于不同的声调太多，该语言的书写系统在大多数音节上使用小写居上角的数字来标明声调。这使得其书写系统看起来难度相当大，但是数百名查尼泰克的儿童和成年人已经使用这套系统学会了熟练地阅读。

1. $\text{?}l\text{ɨa?}^{12}\text{hni}$ 'I speak'   7. $\text{?}l\text{ɨa?}^{12}\text{za}$ 'He/she speaks.'
2. $\text{?o}^{12}\text{hni}$ 'I cry.'   8. $\text{?o}^{12}\text{za}$ 'He/she cries.'
3. $\text{hú?}^{2}\text{hni}$ 'I cough.'   9. $\text{hú?}^{2}\text{za}$ 'He/she coughs.'
4. $\text{ney}^{12}\text{hni}$ 'I go.'   10. zaw^{12}za 'He/she goes.'
5. $\text{gɨ?}^{12}\text{hni}$ 'I drink.'   11. $\text{?ɨ?}^{2}\text{za}$ 'He/she drinks.'
6. $\text{hma?}^{12}\text{hni}$ 'I grab.'   12. $\text{ca?}^{12}\text{za}$ 'He/she grabs.'

C. 列出并注解语料中出现的所有语素。

D. 例 10、11 和 12 显示了哪一种或哪几种形态过程?

练习 2.13：奥孔 – 雅尼塞语（Orkhono-Yeniseyan）

Svetlana Burlak

下列句子来自奥孔 – 雅尼塞语，一种古代西亚语言。在奥肯河与叶尼塞河的交汇处附近发现了写有这种语言篇章的古代卷轴。

1. Oghuling baliqigh alti.   'Your son conquered the city.'
2. Baz oghuligh yangilti.   'The vassal betrayed the son.'
3. Siz baliqimizin buzdingiz.   'You（pl）destroyed our city.'
4. Qaghanimiz oghulingin yangilti.   'Our king betrayed your（sg）son.'
5. Oghulim barqingin buzdi.   'My son destroyed your（sg）house.'
6. Siz qaghanigh yangiltingiz.   'You（pl）betrayed the king.'
7. Biz baliqigh altimiz.   'We conquered the city.'
8. Bazim qaghanimizin yangilti.   'My vassal betrayed our king.'

A. 列出并用英语注解语料中出现的所有语素。给语素分类的合理方式可能不止一种，选择其中一种后，应保证前后一致。

B. 将下列句子译成英语（是的，你能够想出 *men* 的意思是什么！）:

9. Qaghan baliqigh alti.
10. Men barqigh buzdim.

C. 将下列句子译成奥孔 – 雅尼塞语。

11. The son conquered your city.
12. The king betrayed the vassal.
13. Your vassal destroyed my house.

附注

① 近期的认知语言学著作（如 Lakoff 1987）显示多数人类的范畴化（categorization）、思维和交际都包括意象（images）或"场景"（scenes）。对这一视角的简略讨论见本书第 9 章第 241 页。

61 　② 感谢 Mike Matloff 让我注意到这个中缀。

③ 这个词的词根是 -stabl 还是 establ-，还存在争议。虽然 e- 的语义在现代英语中已不可辨析，但英语中存在一些没有 e- 的形式（例如 stable、stabilize 等），可以证明 e- 属于某种前缀。事实是基于此词根而构成的那些词进入英语的历史时间不同，历史来源也不同，因此是否把 e- 看作前缀在某个层面上是个历史问题。就我们的目的（例示添加前缀、添加后缀和添加中缀的区别）而言，此处的讨论将 e- 当作前缀即可。

④ 我们将前缀 a- 注解为"中性人称"（NEU），因为它可以替代大多数动词形式里表示主语和 / 或宾语人称的前缀。这个前缀可见于多种依附和**非现实情态**（**IRREALIS**
62 **MODE**）小句（参看第 10 章）。

第3章
形态音位学

　　根据出现的**环境**（**ENVIRONMENT**），语素有时会有不止一种形式。语素的形式可能受到周围语音、所依附的词干类型及其他条件性因素的影响。同一语素具有的多个系统性的区别形式称为它的**语素变体**（**ALLOMORPHS**）。当一个语素在特定的语境中受到周围语音的影响而改变自己的形式时，语言学家通常将这种变异称为**形态音位**（**MORPHOPHONEMICS**）或**形态音系**（**MORPHOPHONOLOGY**）；将描写这类语素变体词形的模式称为**形态音位规则**（**MORPHOPHONEMIC RULES**）或**形态音系规则**（**MORPHOPHONOLOGICAL RULES**）。形态音位规则与第 1、2 章讲到的形态规则很不相同，因此必须始终从概念上把两者严格区分开。形态音位规则不表达概念范畴；相反，它们只是指明当一种形态规则运用之后，语素在语境中的发音（即"形式"）。

　　形态音位学可以视为**音系学**（**PHONOLOGY**）和形态学的界面（interface）。**音系模式**（**PHONOLOGICAL PATTERNS**）（或称"规则"）指明语音成分在特定环境中的实际发音，只关注语音序列（sequences of sounds）而不关注这种序列是否涉及特定语素。大多数情况下，形态音位模式只是在词内部的语素结合到一起时发生作用的音系模式，但有时也确实存在仅在某些特定语素组合时才发生作用的形态音位模式。这些是形态音位模式而非严格意义上的音系模式。下面我们将要看到的形态音位模式的例子中有些是音系的，有些则是严格的形态音位的。本章的目的在于提供足够的形态音位学的背景知识，帮助你理解和解决含有语素变体的形态问题。你将在音系学课程中学到更多有关音系模式和形态音位模式的知识。

　　语言学家有时会用这样的隐喻来描述语言交流的过程：话语"起始于"头脑中的概念——用于交流的思想。这些概念（包括第 2 章介绍的概念范畴）体现为"底层"的符号单位（symbolic units），通常由理想化的语音序列构成。在说话的过程中，这些理

事情并非总和它们显　63
示出来的一样……

想化的序列可能会受到与意义完全不相干的因素的影响而改变其形式。①

图 3.1 到图 3.3 可以说明这个隐喻。用于交流的思想首先在说话人的头脑中被概念化（或"图像化"）。然后利用说话人与听话人所共用语言的语素和语法规则形成一条信息。如果在分析中需要区分语素的底层形式及其实际发音，底层形式可以写在大括号（{ }）里。图 3.1 中，表达说话人思想所需语素的意思分别是"Alice"（爱丽丝）、"look"（看）和"过去时"。这些符号以理想化的形式存在于说话人脑中，不过这些符号在从脑到嘴的过程中发生了点儿事情。你能看出发生了什么吗?

图 3.1 "Alice looked"（"Alice 看"）　　　图 3.2 "Alice floated"（"Alice 漂流"）

图 3.2 例示了另一个动词。此例中，表达"过去时"的语素的理想化形式与图 3.1 中的形式都是 {d}，但在动词 *float* 的语境下其发音方式有所不同。此例中有一个非重读央元音 [ə] 出现在词根和后缀之间。

最后，图 3.3 显示了"过去时"语素的另一种可能的发音。在动词 *play* 之后，其表层形式看上去与"底层"形式完全一样。

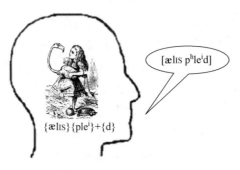

图 3.3 "Alice played"（"Alice 玩"）

"过去时"语素的这种发音变异可能是任意性的。如果我们只是听一个人说这三样东西，当然不能对此人使用的语言的发音模式做出全面概括。很明显，任何语言中都存在随机性变异。因此在我们对这种语言如何运作做出任何论断之前，首先要多听几名该语言的使用者对这些表达式以及更多其他表达式的发音。不过，因为这里例示的模式在英语中的确非常规则，故足够作为我们的例证。

当然，在一般情况下，语言学家分析形态音位的顺序与图 3.1 到图 3.3 所例示的顺序恰好相反。我们所能获知的只有这些被说出来的词及其整体的意义，必须通过"逆向分析"来推测底层形式以及产生实际发音的规则。这便是形态音位学要做的工作。

语素受语境影响而发生形式变异的原因可能有多种。首先是**同化**（**ASSIMILATE**），即变得与周围的语音更相似，如图 3.1 所示，在词根的清辅音 [k] 之后的过去时语素 {d} 清化为 [t]。换句话说，过去时语素在发音上受到了 [k] 的同化。其次是保持语言整体性的词或**音节结构**（**SYLLABLE STRUCTURE**），如图 3.2 所示，英语词的结构不允许辅音序列 [td] 出现在词尾。另一种说法是以 [td] 结尾的词"难以发音"，比如 *floatd* [floᵘtd]。因此，当英语的形态使 [t] 和 [d] 一起出现在词尾时，一个非重读央元音（schwa vowel）便自动插入，以使这个词可发音。

最后，一个语素的底层形式可能发生**异化**（**DISSIMILATE**），即变得更加不同于周围的语音。虽然异化不如同化和结构保持（structure preservation）那样常见，但它确实在许多语言中都存在。后面我们将看到所有这些形态音位变异的例子及更多相关内容，本节所举英语的例子只例示了同化和结构保持。

另外，语言的书写系统，如果有的话，对于形态音位研究的帮助可有可无。如同首次分析某种陌生语言一样，此时此刻我们对英语的分析都是只基于发音的，而不考虑英语传统的拼写。

既然已经描写了底层形式这一概念及其如何通过形态音位模式与实际语音发生联系，那我们现在对英语名词的规则复数变化做更细致的观察。这次我们将按照形态音位分析的步骤，从分析表面发音和意义开始。

英语中许多名词的复数形式以 [-s]、[-z] 或 [-ɪz] 结尾［见例（1）］。因为这些语音非常相似，并且它们所表达的概念范畴（"复数"）也相同，我们认为三者有可能是同一语素的不同语素变体。标识语素变体或疑似语素变体的方法是把它们置于竖线中，如 |-s|、|-z| 和 |-ɪz|，有时也用双竖线，如 ‖-s‖、‖-z‖ 和 ‖-ɪz‖。双竖线标记在完成手写分析（或家庭作业）时尤其有用，因为手写的单竖线与标识音位的斜线不易分清。

搜集英语名词复数形式时，我们注意到复数语素在不同语境中具有不同形式。请看下列英语名词：

（1）'cats'　　kæt -s　　　'dogs'　　dɔg -z　　　'bushes'　　buʃ -ɪz

　　　'socks'　　sɔk -s　　　'tabs'　　tæb -z　　　'boxes'　　bɔks -ɪz

　　　'tops'　　tɔp -s　　　'lads'　　læd -z　　　'cheeses'　　tʃiz -ɪz

　　　'laughs'　　læf -s　　　'hives'　　haⁱv -z　　　'watches'　　watʃ -ɪz

　　　'fifths'　　fɪfθ -s　　　'beans'　　bin -z　　　'wedges'　　wɛdʒ -ɪz

　　　'bows'　　boᵘ -z　　　'lashes'　　læʃ -ɪz

　　　'sofas'　　soᵘfə -z　　　'kisses'　　kɪs -ɪz

| 'walls' | wal -z | 'colleges' | kaləʤ -ɨz |
| 'lathes' | leˈð -z | 'wishes' | wɪʃ -ɨz |

形态音位问题有两个方面：

·各种语素变体出现的条件是什么？
·每个语素的"基本"形式或"底层"形式是什么？

第一个问题是确认语素变体出现的环境，这是形态音位规则的用武之地。下一节对此有详细论述。

第二个问题是从所观察到的语素变体中概括出一个"居于其底层"或"导致其产生"的共同形式。从理论角度（有时也从实用角度）来确定在不受外部条件因素的影响下一个语素的基本形式是什么，这点很重要，因为语言的使用者很可能是将语素的基本（或"中性""底层"）形式储存在记忆中。所以为了书写系统的发展，为了进行语言分析，用基本形式表示语素往往比使用其实际发音的种种变体都要好。

以下几节我们将讨论语言学家为解决上述形态音位的两大主要问题而使用的分析方法。

指明形态音位规则的环境

如上所述，形态音位规则与第1、2章描写的语法规则（包括词汇、形态和句法规则）存在很大差别，后者是表达概念范畴的模式，如"加 -ed 构成动词的过去时"。从某种意义上讲，形态音位规则"走在"这样的语法规则之后，它们旨在明确语素在不同语境或环境中的不同发音。在英语名词复数语素的例子中，我们只讨论一个语法规则，即"给名词添加某个成分以使名词成为复数"，所谓"某个成分"就是复数语素的理想化的底层形式。随后形态音位规则明确各语素在不同语境中的实际发音。

既然已知道英语的复数语素至少有三个语素变体，那我们就来尝试指明它们出现的环境，然后讨论确定最佳底层形式的过程。

指明语素变体的环境包括两步：（1）罗列出各种环境；（2）对环境进行概括。第一步可以仅是对观察结果的直白表述，例如：

（2）**复数**语素在 p、t、k、f 或 θ 之后发音为 -s。

不过，我们有充分的理由（下文讨论）倾向于将这样的模式用明晰的公式表达出来，而非仅是直白陈述。语言学家通常借助过程隐喻，采用精确的数学公式来表述形态音位规则（再次提醒，请与第 2 章描述的"过程规则"相区别）。按照这种隐喻，一个默认的、理想化的"底层"形式在明确规定的条件下表现（或"被实现"）为不同的语素变体。这类形式化表述包含三个主要部分：底层形式（Underlying Form，略作 UF）、表层形式（Surface Form，略作 SF）和环境（Environment，略作 E），三者由箭头和斜线相连，如下：

（3）　UF → SF/E

这条规则读作"UF 在 E 中实现为 SF"。因为语素的底层形式并非总是很明显，所以至少在有理由提出一个特定的底层形式之前，我们通常会用问号来代表它。因此英语**复数**语素的 |-s| 变体出现的一条临时规则可表达为：

（4）　　　　　　UF　　　SF　　　　E
　　　复数：　{?}　→　|-s|　　/　　p, t, k, f, θ __

这条规则的意思与上文（2）完全一样——**复数**语素的底层形式（无论是什么）在 / p，t，k，f / 或 / θ / 之后实现为 |-s|。此类规则中的环境是一种概括化"模板"，表示 SF 出现的所有环境。E 中的空格线"__"表示变化发生的位置。因为语素变体 |-s| 出现在词中的这些音之后，所以公式中空格线也在这些音之后。

指明一组语素变体出现环境的第二步是**概括**（**GENERALIZE**）出现在环境中的语音的类。意图是精确地确定一个**自然类**（**NATURAL CLASS**），这个类包含所有组成此环境的语音，同时排除所有不构成该环境的语音。语音 *p*、*t*、*k*、*f* 和 *θ* 都是**清**（**VOICELESS**）辅音，但并非所有清辅音都在此集合中。某些清辅音，即 *s*、*ʃ* 和 *tʃ*，是促成语素变体 |-ɨz| 的条件［见上文例（1）］。因此不能简单地说这条规则的环境由清辅音构成，只有某些清辅音符合条件。是哪些呢？

如果限定在国际语音协会提出的**发音位置**和**发音方式**（**PLACE AND MANNER OF ARTICULATION**）这些特征内（参看正文前的国际音标表），可以把 *p*、*t*、*k*、*f* 和 *θ* 归类为清**塞音**（**PLOSIVES**）、清**齿擦音**（**DENTAL FRICATIVES**）和清**唇齿擦音**（**LABIODENTAL FRICATIVES**）。[②] 这是一个相当复杂多样的特征集，语言学家更愿采用 IPA 图表中没有出现的另一个特征来区分这组语音，即**咝音**（**SIBILANT**）特征，指的是发某些擦音时产生的大量的高频摩擦。英语中的咝音辅音为 *s*、*z*、*ʃ*、*ʒ*、*tʃ* 和 *dʒ*。它们属于擦音或**塞擦音**（**AFFRICATES**），发音时气流通过舌头中央上部的狭小空间，由此造成高频率的摩擦音。它们与非咝音擦音 *θ*、*ð*、*f* 和 *v* 不一样，后者发音过程中气流经过的空间更大一些，产生较低频率的摩擦音。

所有这些要说的是，英语中复数语素变体 |-s| 之前出现的自然语音类由所有的非咝音的清辅音构成。这组语音可形式化为：

（5） C
   [清音]
   [非咝音]

这一描述确认出所有具备清音和非咝音特征的辅音（以大写 C 表示），且仅有这些辅音——换句话说，正好是包含 p、t、k、f 和 θ 的一个集合。

依据这一概括，可以将我们的临时陈述修订如下：

（6） UF　　SF　　　　E
   {?} →　|-s|　　／　　C__
   　　　　　　　　　[清音]
   　　　　　　　　　[非咝音]

不要忘记标示变化发生位置的空格线。空格并不一定总是出现在构成变化条件的语音之后。在下文和本章末尾的练习中，你将遇到空格出现在其他位置的一些规则。

（6）中的规则描写了复数语素变体 |-s| 的环境。浊音语素变体 |-z| 的规则是什么呢？同样，第一步只是做一个临时性陈述，罗列所有构成该环境的语音：

（7） UF　　SF　　　　　　　E
   {?} →　|-z|　　／　　g, b, d, v, n, o, ə, ɹ, l, ð __

下一步是尝试按照自然类来概括在环境中出现的这组语音。以下是我尝试概括这组语音的第一步：

（8） UF　　SF　　　　E
   {?} →　|-z|　　／　⎧ V ⎫
   　　　　　　　　　⎪ C ⎪
   　　　　　　　　　⎨ [浊音] ⎬ __
   　　　　　　　　　⎩ [非咝音] ⎭

公式中的大括号表示其中为可选项，必须且只能选取其中之一。这个临时性陈述说的是，语素变体 |-z| 出现在任何元音（以大写 V 表示）或非咝音的浊辅音之后。

现在让我们试着将语素变体 |-ɨz| 的规则公式化。其直观的陈述如下：

（9） UF　　SF　　　E
   {?} →　|-ɨz|　／　s, z, ʃ, ʒ, tʃ, dʒ __

你会如何概括这一模式？出现在该环境中的语音有自然的共性吗？当然有——它们全都是咝音且只有咝音。如此写一条仅描写这一模式的规则就相当容易了：

（10）　UF　　　SF　　　E
　　　　{?} →　 |-iz| /　 C__
　　　　　　　　　　　　　[咝音]

这条规则说的就是**复数**语素在咝音之后实现为 |-iz|。[③]

类似（6）、（8）和（10）的规则似乎是把简单的事实用复杂的方式表述出来，但适应这种标注方法很重要，这是有原因的。首先，有助于清楚地表达一种语言中所有的结构模式。毕竟上述类似规则是英语使用者对于其语言所拥有的无意识知识的一部分，使这些无意识模式明显化是语言学家的工作之一，而这种标注有助于用数学式的精确方法来表述它们。其次，自然类这一概念有助于理解某些特定发音的形成原因。大多数（并非所有）情况下，形态音位规则都可以用常识性原则来解释（例如语音通常变得与相邻语音相似），而只有对语音环境进行清晰的确认之后，这样的解释才有可能实现。再次，虽然这里讨论的英语规则比较容易以直白方式表达，但其他一些规则要复杂得多。在处理复杂的形态音位变异，特别是涉及不是语言学家母语的语言时，形式描述的分析方法就非常有效。最后，这是语言学文献中广泛使用的形式描述，任何意欲阅读和撰写此类文献的人都一定要能够理解并使用这类形式描述。

如何选取底层形式

我们已经完成了形态音位分析的前两步：(1) 罗列出各种环境；(2) 对环境进行概括，以说明语音的自然类。在进行最后一步——确定底层形式之前，我们先就底层形式这个理论概念做些说明。之后再看看这个概念如何应用于形态音位分析。

在为某个特定语素选取底层形式时有两点基本考虑：

· 底层形式应是出现于最大数量环境中的语素变体。
· 底层形式应是最难由某种规则派生出来的语素变体。

首先讨论第一点考虑。如果认为底层形式是"默认情形"，那么它所出现的语言环境的数量理应是最大的。"特殊情形"则应该是那些需要由规则来指明的情形。这并不等于说底层形式是出现在最多实例中的形式，关键是环境的数量。我来解释一下。比

70

方说你要确定某家书店中书刊封面的常规（"底层"）颜色，你查看了 1000 本书，其中 900 本都是红色的，其余 100 本共有十种不同的颜色。这时你会自然而然地说红色是常规色吗？未必。假如你发现这 900 本书是同一个书名会怎样？当然封面是同一种颜色，因为它们是同一本书！剩下的 100 册中，假设它们是 50 本不同书名的书，其中 30 本不同书名的书封面为棕色，剩下的使用其他各种颜色。那么可以说棕色出现在 30 种环境中，而红色只出现在 1 种环境中，即便红色封面书的实际数量远远超过棕色封面书。这是棕色是逻辑上的"底层"颜色的第一条理由。

至于选取底层形式的第二点考虑，语言学家总是致力于减少他们针对一种语言所提出的语法规则的数量和复杂度。一般的假设是：如果两个规则都起作用，那么其中那个相对简单的规则可能更准确地代表了相关的心理过程（因为人在本质上是懒惰的）。暂且再回到书店里书的例子，你可以发现，为哪些书是红色的写一条规则比为哪些书是棕色的写一条规则要更简单。为了判断一本书是否为红色，你只需知道一个书名；相反，为了知道（或者为了做数学意义上的"预测"）一本书是否为棕色，则需要指明三十个书名。因此有理由认为那些书总的来说是棕色的，它们在一个明确界定的条件下就能"变成"红色。如果那个条件不具备，那么它们就不会改变——仍然保持着它们的底层颜色。

关于确定哪些书是红色、哪些书是棕色的规则可以书写如下：

假设 1：红色是底层颜色：

（11） UF   SF   E

   {红色}→ |棕色|/ ⎧ 书名 1 ⎫
            ⎪ 书名 2 ⎪
            ⎨ 书名 3 ⎬
            ⎪ …… ⎪
            ⎩ 书名 30 ⎭

   {红色}→ |红色|/ 其他

假设 2：棕色是底层颜色：

（12） UF   SF   E

   {棕色}→ |红色|/ 书名 31

   {棕色}→ |棕色|/ 其他

可以看到，设定棕色为底层颜色能够得出相对简单的规则。这是棕色作为我们书的"常规"或默认颜色的另一条理由。

现在我们回到英语复数构形的形态音位规则，看看是否能够确定三个语素变体 |-s|、

|-z| 和 |-ɨz| 中哪一个是最可能的底层形式。表 3.1 是根据复数语素的三个语素变体整理过的例（1）中的语料。

表 3.1 英语复数的基本语料

|-s|		|-z|		|-ɨz|	
'cats'	kæts	'dogs'	dɔgz	'bushes'	buʃɨz
'socks'	sɔks	'tabs'	tæbz	'boxes'	bɔksɨz
'tops'	tɔps	'lads'	lædz	'cheeses'	tʃizɨz
'laughs'	læfs	'hives'	haⁱvz	'watches'	watʃɨz
'fifths'	fɪfθs	'beans'	binz	'wedges'	wɛdʒɨz
		'bows'	boᵘz	'lashes'	læʃɨz
		'sofas'	soᵘfəz	'kisses'	kɪsɨz
		'tears'	tiɹz	'buzzes'	bʌzɨz
		'walls'	walz	'garages'	gəɹaʒɨz
		'lathes'	leⁱðz	'colleges'	kalədʒɨz
				'wishes'	wiʃɨz

在这组语料中，语素变体 |-ɨz| 包含的实例比其他都多。但正如上文提过的，实例数量多本身并不足以证明 |-ɨz| 是底层形式。最佳底层形式所出现的语言环境的数量应该是最大的，并 / 或能产生最简规则。让我们来看上节中列出的三种直观的陈述，你认为哪一种最复杂，是（6）、（8）还是（10）？很明显（8）最复杂。语素变体 |-z| 出现在元音和擦音、塞音、边音以及近音等辅音之后，其所出现的环境数量明显多于另外两个语素变体，如同棕色出现在最多种书的封面上一样。因此为简化分析，我们假定 |-z| 为这个语素的底层形式怎么样？那样我们就可以去掉规则（8），且认定另外两个语素变体是由基础形式 {-z} 变化而来。

据此，英语中常规**复数**语素形态音位规则的最终形式如下：

（13）{-z} → |-s| /　　　C＿＿
　　　　　　　　　　　[清音]
　　　　　　　　　　　[非咝音]

　　　{-z} → |-ɨz| /　　　C＿＿
　　　　　　　　　　　[咝音]

　　　{-z} → |-z| /　　　其他

这够简洁了。注意这些模式既反映了同化又反映了结构保持。清音语素变体（|-s|）只出现在清音之后，在这方面底层形式是受到了环境的同化。语素变体 |-ɨz| 可以认为 **72**

是插入或**插音**（EPENTHESIS）的产物，即插入元音 *i* 以保持正常英语词的结构。这些例子中如果没有 *i*，那么词的末尾就会是从来不在英语词尾出现的辅音序列（ʤz、ʧz、ʃz 和 ʒz）。英语使用者会说此类辅音序列"难以发音"（尽管在其他语言中可能是非常自然的）。

顺便说一下，这里正好让我们再次记住，拼写形式不是支持或反对形态音位分析的证据。英语的复数语素在书写中都拼写为字母 *s*，这个事实跟底层形式是什么毫无关系。有时拼写可以给假设以提示，因为拼写经常体现语言较早阶段的发音，而底层形式历史上通常比语素变体更古老。不过，拼写本身并不足以作为形态音位分析的证据。

规则排序

有时几个形态音位规则可能作用于同一个形式。出现这种情况的话，就需要指明多个规则发生作用的特定顺序。为了说明形态音位规则的排序问题，让我们先看看表 3.2 中更多的语料。④

表 3.2　英语复数更多的语料

词义	单数	复数	词义	单数	复数
'pint'（品脱）	paɪnt	paɪn-s	'pine'（松树）	paɪn	paɪn-z
'pant'（喘气）	pænt	pæn-s	'pan'（盘子）	pæn	pæn-z
'tent'（帐篷）	tɛnt	tɛn-s	'ten'（十）	tɛn	tɛn-z
'tint'（色调）	tɪnt	tɪn-s	'tin'（金属盒）	tɪn	tɪn-z

这些语料中有多条规则交互作用。其中一套规则是（13）中呈现的指明复数语素应使用何种变体的形态音位规则，另一条则是影响以 *nt* 结尾的名词词干的规则。

为讨论这些不同的规则，有时可以先给它们命名。例如，指明**复数语素变体**的两条规则可分别称为"清音化"（{-z} → |-s|）和"*i-* 插入"（{-z} → |-ɨz|）。表 3.2 的语料中一条新的音系规则很明显，即复数语素添加到以 *nt* 结尾的词干上时，去掉 *t*。为方便起见，我们称之为"t- 删除"。其公式如下：

（14）t- 删除：t → Ø / n — s

这条规则说的是当出现在 *n* 和 *s* 之间时 *t* 变成零形式（删除）。为什么不说在 *n* 和 *z* 之间呢？不是刚总结出复数语素的底层形式是 {-z} 吗？好，我们现在实实在在地写出派生过程，看看会发生什么。有时这是测试规则的唯一手段。

表 3.3　几例英语复数的完整派生

输入品：	'laughs' {læf}+{z}	'tabs' {tæb}+{z}	'cheeses' {tʃiz}+{z}	'pints' {paɪnt}+{z}	'pines' {paɪn}+{z}
清音化	læfs	N/A	N/A	paɪnts	N/A
ɨ- 插入	N/A	N/A	tʃiziz	N/A	N/A
t- 删除	N/A	N/A	N/A	paɪns	N/A
输出品：	læfs	tæbz	tʃiziz	paɪns	paɪnz

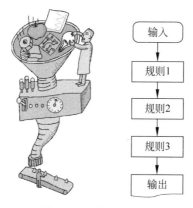

图 3.4　形态音位机器

你可以把**形态音位派生**（**MORPHOPHONEMIC DERIVATION**）想象成一台机器，纳入"底层形式"作为输入品（input），产生"表层形式"作为输出品（output）。机器对输入品进行"盲目"操作。底层形式由顶部进入，只要满足某项规则成立的环境，这项规则就会产生作用，然后将形式传送下去进行下一步处理。如果没有满足某项规则成立的环境，则该规则不发生作用（N/A），其输出品与输入品就会完全一样（见图 3.4）。

让我们试着呈现前面讨论过的几例英语名词的实际派生过程（见表 3.3）。

你可以看到，这台"机器"的输入品是底层形式，包括每个底层词干和复数语素的底层形式，后者总是 {-z}。记住，如果以 |-s| 或 |-ɨz| 作为底层形式，那么我们所需的规则就更加复杂。该"机器"的输出品则是正常发音时的词。

请看词形 *pints* 的派生过程。底层形式在最上部。清音化规则发生作用，把复数语素的底层形式 {-z} 变为 |-s|，跟在词根中的 [t] 之后。接下来 ɨ- 插入规则不发生作用，因为 [t] 不是咝音，不是触发该规则的环境。然后，新的 t- 删除规则发生作用，清除 [n] 和 [s] 之间的 [t]。至此，正确的实际发音形式 [paɪns] 作为输出品得以产生。

另一点需要注意的是规则必须按顺序发生作用。例如将 t- 删除规则放在第一位会发生什么？那会如表 3.4 所示，我们将得到错误的派生过程。

表 3.4　英语复数的错误派生

输入品：	'laughs' {læf}+{z}	'tabs' {tæb}+{z}	'cheeses' {tʃiz}+{z}	'pints' {paɪnt}+{z}	'pines' {paɪn}+{z}
t–删除	NA	NA	NA	NA	NA
清音化	læfs	NA	NA	paɪnts	NA
ɨ–插入	NA	NA	tʃiziz	NA	NA
输出品：	læfs	tæbz	tʃiziz	*paɪnts	paɪnz

　　重排规则之后，我们得到 pint 复数的不正确输出品（* 号表示不正确的形式）。如果我们将 t– 删除规则应用于 n 与 z 之间（而不是上文写的 n 与 s），那么它将应用于 [paɪntz] 这一形式，从而产生 [paɪnz]。然而这样清音化规则就不能发生作用，因为 [z] 会跟在 [n] 之后，而 [n] 不是清音化规则的环境。因此最终得到的 pint 的复数，听起来就与 pine 的复数一样。这显然是错误的。因此我们断定 t– 删除规则一定是在清音化规则之后。这一事实证实了 t– 删除规则的环境一定包含 [s] 而非 [z]。

　　这再次显示，尽管这种派生装置看起来过于复杂，但确实反映了英语发音在直觉上合理的实际情况，即 pint 之类的词结尾的清音决定（或导致）了其后的复数词缀变为清音。此后，另一条规则又删除了这个曾决定该清音语素变体的清音。这条规则的合理性在于英语词的结构很难容忍词尾出现 nts 这样的序列。

英语的鼻音同化

　　本节再讨论一个英语语素变体变异的例子。在讨论过程中，我们将介绍形态音位分析中的一个重要概念：**阿尔法标志法（ALPHA NOTATION）**。

　　鼻音同化（NASAL ASSIMILATION）是世界语言中最常见的发音模式之一。此
75 模式是指鼻辅音获得其后语音的发音部位。请看下列英语语料：

（15）　a. ækjələt　　　'accurate'　　　ɪnækjələt　　　'inaccurate'

　　　　b. kɔŋɡɹuəs　　'congruous'　　ɪŋkɔŋɡɹuəs　　'incongruous'

　　　　c. pɔsəbl̩　　　'possible'　　　ɪmpɔsəbl̩　　　'impossible'

　　　　d. dəskɹaɪˈbəbl̩　'describable'　ɪndəskɹaɪˈbəbl̩　'indescribable'

　　　　e. tɔləɹənt　　　'tolerant'　　　ɪntɔləɹənt　　　'intolerant'

　　　　f. sɛnsɪtɪv　　　'sensitive'　　　ɪnsɛnsɪtɪv　　　'insensitive'

　　　　g. vɛɹiəbl̩　　　'variable'　　　ɪnvɛɹiəbl̩　　　'invariable'

　　　　h. ɡlɔɹiəs　　　'glorious'　　　ɪŋɡlɔɹiəs　　　'inglorious'

　　　　i. mɛʒəɹəbl̩　　'measurable'　ɪmmɛʒəɹəbl̩　'immeasurable'

　　　　j. bælns　　　　'balance'　　　ɪmbælns　　　　'imbalance'

　　把形态音位分析的各步骤应用到这些语料，我们注意到右列的形式由左列的形式加上一个前缀构成。前缀有不同的形式，分别为 *In-*、*Iŋ-* 和 *Im-*。

　　第一个形态音位方面的问题是：这些是不同的前缀，还是同一个前缀的多个语素变体？你怎么想？当然，它们代表同一个底层前缀。为什么？因为它们似乎都表达同样的概念范畴（**否定**之类的东西），并且外形都很相似。因此我们假设它们是同一语素的不同变体。只要我们认为存在语素变体，就应尝试确认每个语素变体出现的环境，如果可能的话，还要提出语素的底层形式。

　　这些语料中否定前缀的每个语素变体出现的环境是什么？下面是一些临时性陈述：

（16）　a. {?} → |ɪn-| / ＿ æ, d, t, s, v

　　　　b. {?} → |ɪŋ-| / ＿ k, g

　　　　c. {?} → |ɪm-| / ＿ p, m, b

　　下一步是尝试对环境进行概括。决定语素变体 |ɪn-| 的那些语音是否有个自然类？不见得。（16a）的环境包括元音、塞音、擦音、龈音和唇齿擦音。若按照语音特征来陈述，这应是一个相当复杂的环境，所以我们现在不做这个尝试。（16b）和（16c）怎样？语素变体 |ɪŋ-| 的环境由软腭塞音构成，|ɪm-| 的环境都是双唇音。那么你认为三种变体之中哪一种是底层形式？没错！|ɪn-| 这一形式同时满足底层形式的两个标准：（1）出现的环境数量最多，（2）将它作为底层形式可产生最简单的规则。以 {ɪn-} 为底层形式，我们可以将规则（16）改写如下：

（17）　a. {ɪn-} → |ɪŋ-| / ＿　C
　　　　　　　　　　　　　[软腭音]

　　　　b. {ɪn-} → |ɪm-| / ＿　C
　　　　　　　　　　　　　[双唇音]

　　　　c. {ɪn-} → |ɪn-| / ＿　其他

　　注意这次环境中的空格线出现在条件语音之前。这是因为我们这里在处理一个发生在前缀中的变化，而条件语音出现在发生变化的位置之后。通过将 {ɪn-} 定为前缀的底层形式，我们就避免了写这样一条规则，在包含元音及多种不同类别的辅音这样一套非常复杂的环境中，把其他某种形式变为 |ɪn-|。{ɪn-} 理当是底层形式还有一个原因：另外两个形式的产生有自然动因——*n* 在软腭音之前软腭化，在双唇音之前双唇化，这是非常容易理解的同化过程。反之，为何其他某个鼻辅音，比如 *m*，会在元音之前龈音化？元音 *æ* 或辅音 *v* 都没有任何特别的龈音特征足以合理地促成这样的变化。

尽管如此，还有办法使（17）陈述的规则更加精确。这些规则把 {ɪn-} 到 |ɪŋ-| 和 {ɪn-} 到 |ɪm-| 的变化处理为两个不同的模式，而实际上两者似乎说的是非常相似的东西——即前缀中的 *n* 获得其后辅音的发音部位，无论那个辅音是什么。既然所涉及的的确只有一个过程，那么假如有办法把两个不同的规则"套叠"为一个规则就太好了。语言学家"套叠"这类规则的常用方法就是**阿尔法标志法（ALPHA NOTATION）**。

当底层形式获得环境中语音的多个可能的特征之一时，阿尔法标志法就很有用。鼻音同化就是运用阿尔法标志法的绝佳情形。其做法是不必为每个单独的否定前缀变体写一条独立的规则，而只需要写出一条规则，将向环境中特征变化的特征跟环境中引发此变化的特征联系起来。此处，希腊字母阿尔法（α）代表任何发音部位。前缀中鼻辅音发音部位上的变化被表述为向"阿尔法位置"（[α 位置]）的变化，变化环境是同一"阿尔法位置"的塞辅音。因此（17）中的前两条规则可套叠为：

（18）鼻音同化：/n/ → [α 位置] / ___ C
$$\begin{array}{c}\text{[塞音]}\\ \text{[α 位置]}\end{array}$$

注意我们现在只讨论前缀中的 *n*，而非整个前缀。这使得（18）成为一条音系规则，而非形态音位规则。不过这对我们以更"精练"的方式陈述这个概括还是有帮助的。本规则可读作："/n/ 获得与其后的辅音相同的发音部位。"阿尔法标志法只是将环境中辅音的发音位置特征与发生变化的位置特征联系起来。这条音系规则比罗列两条单独的形态音位规则更可取，因为它"抓住"了人的直觉，即这的确只是一个模式。

现在来看否定前缀 {ɪn-} 的另一些语素变体：

（19）a. ɹˈæʃn̩l	'rational'	ɪɹˈæʃn̩l	'irrational'
b. ɹˈɛgjəɹ	'regular'	ɪɹˈɛgjəɹ	'irregular'
c. ɹˈəspɒnsɪbl̩	'responsible'	ɪɹˈəspɒnsɪbl̩	'irresponsible'
d. lˈigl̩	'legal'	ɪlˈligl̩	'illegal'
e. lˈadʒɪkl̩	'logical'	ɪlˈladʒɪkl̩	'illogical'
f. lˈɪtəɹɪt	'literate'	ɪlˈlɪtəɹɪt	'illiterate'

在这些例子中，我们看到同样的否定前缀出现在以 *r* 或 *l* 开头的词根前时，具有另外的语素变体，其变化规则可以非正式地陈述为以下音系规则：

（20）a. n → ɹ / ___ ɹ
b. n → l / ___ l

直白描述就是："n 在 ɹ 前变为 ɻ" 和 "n 在 l 前变为 l"。然而问题出现了，这两条规则并非普遍适用。特别是，前缀 *un-* 和 *non-* 并没有表现出这个模式：

（21）　unresponsive　　　　　（*urresponsive）

　　　　unreliable　　　　　　（*urreliable）

　　　　unreached　　　　　　（*urreached）

　　　　unlimited　　　　　　（*ullimited）

　　　　unleash　　　　　　　（*ulleash）

　　　　non-lethal　　　　　　（*nol-lethal）

因此上述规则并非严格意义上的音系规则，即它们并非出现在满足环境的每一种情形里。必须指明这些规则只出现在前缀 {ɪn-} 这里。这些情况下就有必要明确，只有特定的某个语素才执行这条规则。有时可以使用简略的直白限定语来进一步指明规则何时适用、何时不适用。例如：

（22）　a. {ɪn-} → |ɪɹ-| / __ɹ　　　　在 {ɪn-} 为否定前缀的情况下

　　　　b. {ɪn-} → |ɪl-| / __l

形态音位规则的类型

本书将关注六种基本的形态音位规则，其中前五种下文大致依照出现频率的高低排序。在可能的范围内，应优先选用那些高频率出现而非低频率出现的规则去分析。例如，如果某些语料既可以用删除规则说明，也可以用插入规则说明，则应优先选用删除规则，因为删除规则比插入规则更高频（更"常规"，或更"自然"）出现。插入规则确实存在，但在常见度上大逊于删除规则。最后一种类型，异缀交替（affix suppletion），是这样一类形态音位模式：其中各语素变体完全各不相同，而且与前五种类型代表的模式没有明显关联。

1. 同化规则（assimilation rules）

这是使语素变得与环境更相似的规则，在世界语言中十分常见。例如：

（23）　　　　　　　　　　　　例 1　　　　　　　　　例 2

　　a. 清浊同化：　　　　　s → z / C__#　　　　　z → s / C__#

　　　　　　　　　　　　　　[浊音]　　　　　　　　[清音]

　　b. 发音部位同化：　　　s → č / __V　　　　　　n → ŋ / __C

　　　　　　　　　　　　　　[闭元音]　　　　　　　[软腭音]

c. 发音方式同化： $t \rightarrow s /$ ___C $d \rightarrow n / \#$ ___C
                                       [擦音]   [鼻音]

d. 元音和谐： $V \rightarrow V / V$ (C)___ $V \rightarrow V /$ ___CV
                       [前元音][前元音]   [开口音][开口音]

e. 自主音段特征延伸： $V \rightarrow V /$ ___V $\sigma \rightarrow \acute{\sigma} / \acute{\sigma}$ ___
                              [鼻化][鼻化]

2. 删除规则（deletion rules）

删除规则同样很常见。语素组合到一起时，经常会造成过于复杂的词形结构，需要加以减化，这便是删除规则的动因。

（24）   例1   例2

a. 音丛（cluster）简化： $C \rightarrow \emptyset / CC$ ___# $V \rightarrow \emptyset / V$ ___V

b. 词尾删除（又称截断尾 $C \rightarrow \emptyset /$ ___# $V \rightarrow \emptyset /$ ___#
音或尾音脱落）：

3. 插入规则（insertion rules）

插入[或称**插音**（EPENTHESIS）]规则不如删除规则常见。有时你可能面临两种分析而莫衷一是：其一，主张底层形式中具有某个在特定环境中被删除的音段成分；其二，主张底层形式中缺少这样的音段成分，因此该音段成分必须在某些环境中被插入。假若其他条件相同，那么主张删除的分析方法要优于主张插入的分析[见后文亚施宁加语（Asheninka）的练习]。

（25）   例1   例2

a. 辅音插入： $\emptyset \rightarrow t / o$ ___V $\emptyset \rightarrow n / V$ ___C
                                  [鼻化]   [龈音]

b. 元音插入： $\emptyset \rightarrow a / \#$ ___CC $\emptyset \rightarrow i / C$ ___C
                                             [塞音]

79

4. 异化规则（dissimilation rules）

形态音位规则偶尔会改变语音形式，目的是使这些语音更加不同于它们的环境。此类规则可能由功能促动，比如某个重要语素在不发生语音变化的情况下很难让人听到（无法从环境中辨识）。异化规则非常少见，且只在对某些特定事实没有其他解释时才应采用。

（26）   例1   例2

清浊异化： $s \rightarrow z / C$ ___# $z \rightarrow s / C$ ___#
                          [清音]   [浊音]

5. 换位（metathesis）

形态音位规则偶尔会调换音段的次序，这种规则称为**换位**（**METATHESIS**）。通常，对换位规则最透彻的描写无须包含环境。换言之，特定的两个音段组合在一起就足以触发换位规则的应用：

（27）　　　　　　　　　　　例 1　　　　　　　例 2

　　a. 辅音换位：　　　　　$C_i y \rightarrow y C_i$　　　　$C_i C_{ii} \rightarrow C_{ii} C_i$

　　b. 元音换位：　　　　　$V_i V_{ii} \rightarrow V_{ii} V_i$　　　$ai \rightarrow ia$

　　c. 元音 / 辅音换位：　　$C_i V_i \rightarrow V_i C_i$　　　　$it \rightarrow ti$

6. 异缀交替（affix suppletion）（又称"异形语素变体"）

当某个概念范畴由两个（或更多）不同的语素变体表达，而这些语素变体又不能由上述五种规则联系起来时，异缀交替就会发生。例如，英语的**复数**语素 -en（如在 *oxen* 中）就是规则复数 -z 的一个异形语素变体（suppletive allomorph）。英语中没有一条自然规则或一组规则，如同化、删除、插入等，可以把 -en 变为 -z 或 -z 变为 -en。此类异形语素变体并不一定比其他任何形态音位模式更常见或更罕见。它的产生源于描写语言学家在首次分析某种语言时可能无法直接获取的复杂历史过程。例如，下面是伊希尔语（Ixil，危地马拉的一种玛雅语言）的两个动词词形变化表的一部分（该例蒙 Paul Townsend 惠示）：

（28）　辅音开头的词干：　　　　　　　　元音开头的词干：

　　　un-tʃok　　'I look.' "我看。"　　　　v-iq'o　　'I take.' "我拿。"

　　　a-tʃok　　'You look.' "你看。"　　　i-iq'o　　'You take.' "你拿。"

　　　i-tʃok　　'He looks.' "他看。"　　　t-iq'o　　'He takes.' "他拿。"

这些例子例示了第二人称范畴的两个语素变体，*a-* 和 *i-*，两者并非异缀交替。它们可以通过显而易见的同化规则互相关联——底层形式为 *a-*，当它出现在元音开头的词干之前时，完全被词干开头元音所同化。相比之下，第一人称和第三人称的语素变体之间并不存在能被常见规则解释的显著联系。例如，利用删除或同化等音系过程由 *un-* 派生出 *v-* 相当困难（反之亦然）。第三人称前缀的语素变体 *i-* 和 *t-* 之间的关系也是如此。所以我们认为这些语素变体是异缀交替。异缀交替问题将在第 5 章更详细地讨论。　80

文献中还提出过其他类型的规则，但本章介绍的这些规则是世界语言中最主要的形态音位规则，本章最后的练习也都只与它们有关。

亚施宁加语中的领属结构

本章前文我们用英语的例子说明了形态音位这一概念。在结束这一话题之前，我们再讨论一个例子，语料来自亚施宁加语（Asheninka），秘鲁中部的一种普雷安第斯 – 阿拉瓦克语（Pre-Andine Arawakan language）（语料蒙 Maggie Romani 惠示）。

表 3.5 显示了亚施宁加语五个名词的领属词形变化。第一栏为名词词干，其他为领属形式。这些语料包含几个后缀，但这项练习中我们只考虑前缀。

表 3.5　亚施宁加语的被领有名词（只考虑前缀）

	词干	注解	"我的……"	"你的……"	"他的……"	"我们的……"
1.	okitsi	"眼睛"	noki	poki	oki	oki
2.	mat^{h}antsi	"衣服"	nomat^{h}a	pimat^{h}a	imat^{h}a	amat^{h}a
3.	iŋki	"花生"	niŋkine	piŋkine	iŋkine	iŋkine
4.	čekopi	"箭"	nočekopite	pičekopite	ičekopite	ačekopite
5.	akotsi	"手"	—			

我们注意到加在名词上的前缀根据领有者的不同而不同。相关的前缀有多个，所以要确定这些不同的前缀是否表达不同的概念范畴，或者其中一些前缀是不是另一些前缀的语素变体。通过运用我们在形式变异和意义变异之间建立联系的常用技巧，可以得出一个领属前缀的列表，如下：

（29）"我的"　　　　　n-（例 1 和例 3），no-（例 2 和例 4）

　　　 "你的"　　　　　p-（例 1 和例 3），pi-（例 2 和例 4）

　　　 "他的"　　　　　Ø（例 1 和例 3），i-（例 2 和例 4）

　　　 "我们的"　　　　Ø（例 1 和例 3），a-（例 2 和例 4）

为什么不说"我的"的形式在 1 中为 *no-*，3 中的为 *ni-*？毕竟其形式分别是 *noki* 和 *niŋkine*。答案是因为 1 和 3 的词根以元音 *o* 和 *i* 开头。为了把形式变化与意义变化始终联系起来，必须将 1 和 3 第一人称形式中的 *o* 和 *i* 视为词干的一部分。相反，2 与 4 中的第一元音 *o* 并未出现在词干中，所以它一定是前缀的一部分。对于义为"你的"的前缀，也可以得出类似的结论。

对比"他的"和"我们的"的形式，我们注意到一个有趣的问题：例 1 与例 3 中形式相同，例 2 与例 4 的形式存在差异。在所有这些例子中，我们看到例 1 和例 3 是一类，例 2 和例 4 是另一类，两者在模式上存在差异。是什么决定了这种差异？

观察这些词干，我们注意到 1 和 3 都以元音开头，而 2 和 4 则都以辅音开头。这可能是左右领属前缀不同形式的条件。我们初步公式化这个假设，如下：

81

（30）

	UF		SF	E
"我的"	?	→	n- /	___ V
	?	→	no- /	___ C
"你的"	?	→	p- /	___ V
	?	→	pi- /	___ C
"他的"	?	→	Ø /	___ V
	?	→	i- /	___ C
"我们的"	?	→	Ø /	___ V
	?	→	a- /	___ C

（29）已经同时罗列了环境并对它们进行了概括。现在尝试确定底层形式。在每个用例里，我们都能看到一个语素变体含有元音，另一个则没有。因此我们断定，这一形态音位模式要么涉及元音删除，要么涉及元音插入。换句话说，如果"我的"前缀的底层形式为 *n-*，那么当词干以辅音开头时，一定存在一条在前缀后插入元音 *o* 的形态音位规则，这称为插入分析；另一方面，如果 *no-* 是底层形式，那么词干以元音开头时，*o* 必须删除，这称为删除分析。那么你认为哪种方法最合理？

好了，如果我们赞成插入分析，就会有几大难题。首先，必须列出三条不同的规则：首例中插入元音 *o*、次例和第三例插入元音 *i*、第四例插入元音 *a*。相反，对于删除分析，我们只需一条规则：删除任何元音。

其次，当领有者为"我们的"时，我们必须说明元音 *a* 插入的规则只出现在这个特定语素的语境中，且与领有者为"他的"时插入的元音不同。换句话说，将会出现两个底层形式为零（Ø）的不同的语素，由于某种完全随意性的原因，只有其中一个会引起在以辅音开头的词根之前插入元音 *a*，另一个则不会。类似规则在语言中的确偶尔存在，但是如果有更为简单的分析，应尽量避免选取这种随意性的［或**特设的（AD HOC）**〕解决办法。

最后，正如我们刚刚讨论的，在世界语言中删除规则比插入规则常见得多。即使删除分析与插入分析一样复杂并有明显的随意性，前者仍然应该被优先采用，只是因为它更自然。语言学家只有在删除分析会使规则明显复杂化时才会提出插入规则。 82

因此我们可以推断，含有元音的语素变体是底层形式，这些元音被删除的环境很明确，即在另一元音之前：

（31）V → Ø / ＿V

这是一条很自然的规则，表达的基本含义是"只要两个元音在词中连在一起，就删除前一个元音"。鉴于语料中似乎没有两元音序列，我们可以假设这是亚施宁加语词形结构的一个总体特点。那么这条规则可以理解为结构保持性音系规则。当然，这样的假设还要通过更多语料来验证，不过就我们目前所获知的语料来看，它还是站得住脚的。

现在可以对 5 中的几种形式做出假设。因为词干 *akotsi* "手"以元音开头，（31）中的元音删除规则发生作用。下面是四个前缀形式的派生过程：

		"我的手"	"你的手"	"他的手"	"我们的手"
（32）	UF:	{no+ako}	{pi+ako}	{i+ako}	{a+ako}
	元音删除:	n+ako	p+ako	Ø+ako	Ø+ako
	SF:	nako	pako	ako	ako

符号凡例概要

下文是符号凡例的一个概要，包括本章所描写到的以及其他一些对解答后文练习有帮助的符号凡例：

变量（**variables**）：某些标号被用作"统称"（cover terms）或称"通配符"（wildcards），以简写那些经常进入形态音位模式的语音的自然类别。它们是：

C = 任何辅音
V = 任何元音
N = 任何鼻辅音

边界符（**boundary symbols**）：你会看到下面这类特殊符号，它们用来表示影响形态音位规则的各种"边界"（boundaries）：

= 词边界（__# = 词的结尾，#__ = 词的开头）
$ = 音节边界
+ = 语素边界

小括号 （ ）：小括号中的音段或变量（C、V、N 等）为可选项。例如，规则
83 "C→Ø / # （C）__"表示"删除某个辅音的环境有两种：#__（词的开头），和 # C__（词首另一个辅音之后）"。

大括号 { }：两种惯例下语言学家倾向使用所谓的"大括号"。其一，将若干音段、变量或特征列于大括号内表示选择："选且只选其一"。例如，下面的规则表示某个辅音在另一个龈音或双唇辅音之前，则删除：

（33）C → Ø / ＿＿＿＿＿＿＿ C

$$\left\{ \begin{array}{c} [\text{龈音}] \\ [\text{双唇音}] \end{array} \right\}$$

所以这条规则可以看作以下（以及更多）规则的一种"套叠"的方式：

（34）C → Ø / —t

C → Ø / —m

C → Ø / —n

C ，Ø / ＿b，等等。

其二，大括号有时用来括住语素的底层形式。例如：

（35）{-z} → |-s| / ＿＿＿＿＿＿ C—

[清音]

大括号这种用法的意义是明确的，因为大括号中只有一个形式。如果大括号用来表示在多种可能性中进行选择，则其中要列出至少两个项目，如例（33）所示。

竖线 ｜ ｜或 ‖ ‖ ：竖线（或双竖线）之间的形式表示某一语素的语素变体［见例（35）］。

方括号 [ ]：方括号括住的是语音转写或语音"特征"。这只是描述进入形态音位模式的语音特性的一种方法。

斜线 / /：斜线之间的形式是音位符号。音位是某个特定语言语音系统中一些相关联的语音，而不一定是实际的发音（参看 Burquest 2001）。

使用这些凡例时需要记住的重要事情是：提出的规则应该在且仅在拟定它们适用的情形中无所不适。例如下面的环境：

（36）＿＿C

[龈音]

（36）表示在任何一个龈音辅音前的所有位置。如果你的规则只适用于 [t] 和 [d] 之前，而不适用于 [n] 之前，那么此环境中所有语音都是龈音，但并非任何龈音都包括在此环境中。所以这样的环境表述就不够明确。

84

第 3 章概念提要

Ⅰ．形态音位学关注语素的形式如何根据其所在的音系语境或环境而变化。

Ⅱ. 根据语言学家长期使用的一个公认的比喻，话语"始发于"头脑中的概念，这些概念由一连串理想化的或"底层的"语素形式表达。由于受周围语音的影响，这些理想化形式在到达口腔的"途中"可能会改变其实际形式。它们所经历的这类变化称为形态音位规则，所经历一系列这类变化的过程称为"形态音位派生"。

Ⅲ. 形态音位分析有三个主要问题：

· 是同一语素的不同变体还是不同语素？

· 各种语素变体出现的环境分别是什么？

· 语素的底层形式或"基本"形式是什么？

Ⅳ. 如何确定形态音位规则的环境。

· 尽一切可能按照"自然类"来表述环境。

· 环境描述应尽可能简单，同时还能解释所有的语料。

Ⅴ. 底层形式很可能是：

· 出现的环境数量最大的语素变体。

· 最难从其他语素变体派生出来的语素变体。

Ⅵ. 规则排序。有时某种形态音位规则赖以成立的环境会被另一形态音位规则消除。因此，为了保证两种规则都可以发生作用，在形态音位派生过程中，环境被其他规则消除的那条规则应排在一套有序规则的"最前边"。

Ⅶ. 形态音位规则的自然性。某些形态音位规则比另一些形态音位规则更常见或更"自然"。例如，删除规则比插入规则常见。假设其他所有条件均等，优先选用的是包含更自然的规则的分析，而非包含不那么自然的规则的分析。

练习

练习 3.1：英语

Tom Payne

查看下列英语动词的现在时和过去时形式，并回答下面的问题：

意义	现在时	过去时	意义	现在时	过去时
1. 'look'	lʊk	lʊkt	10. 'belong'	bəlɔŋ	bəlɔŋd
2. 'float'	floᵘt	floᵘtəd	11. 'sip'	sɪp	sɪpt
3. 'play'	pleⁱ	pleⁱd	12. 'create'	kɹieˈt	kɹieˈtəd
4. 'wash'	waʃ	waʃt	13. 'bomb'	bɔm	bɔmd
5. 'plod'	plɔd	plɔdəd	14. 'watch'	watʃ	watʃt
6. 'peer'	pɪɹ	pɪɹd	15. 'want'	want	wantəd
7. 'laugh'	læf	læft	16. 'breathe'	bɹið	bɹiðd
8. 'draft'	dɹæft	dɹæftəd	17. 'grease'	gɹis	gɹist
9. 'drag'	dɹæg	dɹægd	18. 'call'	kal	kald

A. 语料中包含多少个语素？

B. 如果存在语素变体，请指出它们，写出它们的分布情况，即描述每个语素变体的出现环境。

C. 概括你所写的分布情况，并以此说明环境中语音的自然类。

D. 你认为英语动词过去时的底层形式最有可能是什么？请给出证据。

E. 写出最终的形态音位规则来描述语素变体的表现。

练习 3.2：阿姆哈拉语（Amharic）

根据 Hudson（1999）改编

下面是八个阿姆哈拉语动词，全部是过去时，每个动词都给出了与四个不同的主语相搭配的形式：

	'he'	'she'	'we'	'they'	注解
1.	kəffələ	kəffələtʃ	kəffəlin	kəffəlu	'paid'
2.	fələgə	fələgətʃ	fələgin	fələgu	'wanted'
3.	bəllə	bəllətʃ	bəllən	bəllu	'ate'
4.	ləkkə	ləkkətʃ	ləkkən	ləkku	'measured'
5.	kʼomə	kʼomətʃ	kʼomin	kʼomu	'stood'
6.	hedə	hedətʃ	hedin	hedu	'went'
7.	səmə	səmətʃ	səmin	səmu	'kissed'
8.	fənəddə	fənəddətʃ	fənəddən	fənəddu	'burst'

A. 给出语料中每个词根和后缀的最佳底层形式。为你观察到的所有形态音位变异写出规则。

B. 给出下面几个词语的完整形态音位派生过程：'he paid'，'we wanted'，'she ate'，'they wanted'，'we ate'，以及 'they ate'。

练习 3.3：比拉阿拉语（Bilaala）

语料引自 Olson and Schultz（2002）
以下词语来自比拉阿拉语。二合字母 tʃ 和 ʤ 表示单个的齿龈硬腭辅音：

1.	bobʤə	'his/her father'	6.	gottʃə	'his/her place'
2.	bobmə	'my father'	7.	gurusʃə	'his/her money'
3.	gagʤə	'his/her plant'	8.	gurusmə	'my money'
4.	gagmə	'my plant'	9.	gərdʤə	'his/her knife'
5.	gotmə	'my place'	10.	gərdmə	'my knife'

86

11. kawɲə	'its length'	18. tʃeɲə	'his/her mother'
12. kuhulɲə	'his/her hip'	19. uguɲə	'he/she hit him/her'
13. kuzʒə	'his/her hut'	20. wajɲə	'his spear'
14. kuzmə	'my hut'	21. ɓɛrŋə	'his/her slave'
15. monɲə	'his/her child'	22. ɗokmə	'my wife'
16. naŋŋə	'his/her children'	23. ɗoktʃə	'his/her wife'
17. osʃə	'pour（water）on it'		

A. 比拉阿拉语在哪里使用？

B. 确定语料中词根和后缀的最佳底层形式，并给出由你拟定的最佳底层形式派生出不同的语素变体的规则。

练习 3.4：哈努奴语（Hanunoo）

McManus *et al.*（1987：146）

A. 哈努奴语在哪里使用？

B. 哈努奴语属于哪个语系？

1.	ʔusa	'one'	kasʔa	'once'	ʔusahi	'make it one'
2.	duwa	'two'	kadwa	'twice'	duwahi	'make it two'
3.	tulu	'three'	katlu	'three times'	tuluhi	'make it three'
4.	ʔupat	'four'	kapʔat	'four times'	ʔupati	'make it four'
5.	lima	'five'	kalima	'five times'	limahi	'make it five'
6.	ʔunum	'six'	kanʔum	'six times'	ʔunumi	'make it six'
7.	pitu	'seven'	kapitu	'seven times'	pituhi	'make it seven'

C. 你看出哪些形态过程在这些语料中起作用？各举一例。

D. 写出描述语料中形态音位变化的规则。

E. 给出与下面几个词语相对应的哈努奴语词的完整形态音位派生过程：'three
87 times'，'four times'，'five times'，以及'make it six'。

练习 3.5：阿格巴拉语（Agbala）动词

Ronnie Sim

	注解	3SG	1SG
1.	'laugh'	mada	nada
2.	'bless'	mulay	nulay
3.	'cry'	nano	mənano

4.	'curse'	noway	mənoway
5.	'drink'	gugbay	ŋgugbay
6.	'eat'	tʃilay	ntʃilay
7.	'fall'	dumbe	ndumbe
8.	'fly'	huiva	nəhuiva
9.	'greet'	sehay	nsehay
10.	'hiccup'	nabi	mənabi
11.	'hit'	hagbay	nəhagbay
12.	'jump'	hipu	nəhipu
13.	'whistle'	siba	nsiba

A. 第一人称单数（1SG）前缀的最佳底层形式是什么？请说明理由。

B. 写出派生第一人称单数动词的语素变体的规则。

练习 3.6：蒙古语（Mongolian）

根据 Cipollone，Keiser and Vasishth（1994：162）改编

	注解	词干	将来时祈使语气
1.	enter	or	oro:roj
2.	go	jav	java:raj
3.	sit	su:	su:ga:raj
4.	come	ir	ire:rej
5.	do	xi:	xi:ge:rej
6.	come out	gar	gara:raj
7.	take	av	ava:raj
8.	study	sur	sura:raj
9.	finish	byte:	byte:ge:rej
10.	drink	y:	y:ga:raj
11.	find out	ol	olo:roj
12.	conquer	jal	jala:raj
13.	beat	dev	deve:rej
14.	give	øg	øgø:røj
15.	say	xel	xele:rej
16.	meet	u:lz	u:lza:raj
17.	become	bol	_____
18.	write	bitʃ	_____
19.	develop	xøgʒ	_____
20.	ask	asu:	_____

A. 蒙古语动词将来时祈使语气后缀的语素变体有哪些？

B. 填出例 17 到例 20 的将来时祈使语气形式。

C. 将来时祈使语气后缀最合理的底层形式是什么？说明理由。

D. 写出描写语素变体分布的形态音位规则。

练习 3.7：匈牙利语（Hungarian）

根据 Cowan and Rakušan（1998：128）改编

下列匈牙利语词语由国际音标表示。

A. 离析并注解语料中的每个语素。

B. 写出描述所有形态音位变异的规则。

1.	e:rtek	'I understand.'	18.	seret	'She/he loves.'
2.	yl	'She/he sits.'	19.	repylnek	'They fly.'
3.	seretnek	'They love.'	20.	mond	'She/he says.'
4.	tudok	'I know.'	21.	ert	'She/he understands.'
5.	repyløk	'I fly.'	22.	serets	'You love.'
6.	serettek	'Y'all love.'	23.	mondunk	'We say.'
7.	tuds	'You know.'	24.	repyls	'You fly.'
8.	mondotok	'Y'all say.'	25.	ylynk	'We sit.'
9.	seretynk	'We love.'	26.	tudunk	'We know.'
10.	yløk	'I sit.'	27.	e:rtenek	'They understand.'
11.	repyltøk	'Y'all fly.'	28.	mondanak	'They say.'
12.	e:rtynk	'We understand.'	29.	tudtok	'Y'all know.'
13.	e:rtes	'You understand.'	30.	tud	'She/he knows.'
14.	tudnak	'They know.'	31.	mondas	'You say.'
15.	yls	'You sit.'	32.	e:rtetek	'You understand.'
16.	yltøk	'Y'all sit.'	33.	mondok	'I say.'
17.	repyl	'She/he flies.'	34.	seretek	'I love.'

练习 3.8：昂格提语（Ngiti）

语料蒙 Connie Kutsch-Lojenga 提供，由 Tom Payne 转写并设计问题

（尼罗河撒哈拉地区、苏丹中部和刚果共和国）

1.	mbi	'rope/ropes'
2.	ádzì mbi	'a long rope'
3.	ádzàdzì mbi	'long ropes'
4.	ídò dy	'a short hoe'

5. ídìdò dy   'short hoes'

6. odu   'stone/stones'

7. odú odu   'a heavy stone'

8. odódú odu   'heavy stones'

9. ízò   'reed/reeds'

10. iví ízò   'a young reed'

11. ivíví ízò   'young reeds'

12. ɨsɔ́ tsu   'a light piece of wood'

13. ɨsɔ́sɔ́ tsu   'light pieces of wood'

14. ìtù ànɔ̀   'heavy luggage'

15. tùtútú ànɔ̀   'very heavy luggage'

16. ìmvù rɔ́ʔɔ sìtà   'a sweet potato'

17. mvùmvúmvú rɔ́ʔɔ sìtà   'very sweet potato'

18. ɨsɔ́ ànɔ̀   'light luggage'

19. sɔ́sɔ́sɔ́ ànɔ̀   'very light luggage'

20. indú rɔ́ngy ìzà   'bad-smelling meat'

21. ndúndúndú rɔngy ìzà   'very bad-smelling meat'

A. 昂格提语采用何种形态过程区分名词、名词短语以及形容词的单数形式和复数形式?

B. 写出昂格提语形容词复数构形的明确规则。

C. 昂格提语采用什么方式表达形容词的程度?

D. 写出昂格提语形容词程度表达的明确规则。

E. 你认为昂格提语使用者怎么说 'very young reeds' 和 'very heavy stones'?

练习 3.9:印度尼西亚语

Juliana Wijaya and Doris Payne

第一栏			第二栏	
1. peɲaɲi	'singer'		meɲaɲi	'to sing'
2. adʒakan	'invitation'		meŋadʒak	'to invite'
3. peŋadʒar	'teacher'		meŋadʒar	'to teach'
4. peŋadʒaran	'tuition, teaching'		_____	_____
5. peladʒar	'student'		_____	_____
6. pembantu	'assistant'		membantu	'to help'
7. bantuan	'assistance, aid'		_____	_____
8. pendaftaran	'registration'		mendaftar	'to enroll'
9. daftar	'(a) list'		_____	_____

10. pendoroŋ or doroŋan	'stimulant'	mendoroŋ	'to push, stimulate'
11. peŋgali	'(a) spade'	meŋgali	'to dig'
12. baraŋ galian	'mineral'	⎯⎯⎯	⎯⎯⎯
13. hina	'ignoble, mean'	meŋhina	'to humiliate'
14. kehinaan	'humiliation'	⎯⎯⎯	⎯⎯⎯
15. kenalan	'acquaintance'	meŋenal	'to know, be acquainted'
16. perkenalan	'specimen, sample'	⎯⎯⎯	⎯⎯⎯
17. keritik	'criticism'	meŋeritik	'to criticize'
18. leŋas	'moist'	meleŋas	'to become moist'
19. masakan	'dish, cooking'	memasak	'to cook'
20. pernikahan	'marriage'	menikah	'to marry'
21. berpakaian	'to dress (someone)'	memakai	'to wear'
22. pakaian	'clothes'	⎯⎯⎯	⎯⎯⎯
23. pukulan	'(a) stroke, (a) beat'	memukul	'to hit'
24. pemukul	'hammer'	⎯⎯⎯	⎯⎯⎯
25. berpukul ...	'to beat each other'	⎯⎯⎯	⎯⎯⎯
26. rusak	'damaged, defective'	merusak	'to ruin'
27. peŋrusak	'destroyer'	⎯⎯⎯	⎯⎯⎯
28. tari	'(a) dance'	menari	'to dance'
29. penari	'dancer'	⎯⎯⎯	⎯⎯⎯
30. tarik gaja	'attractive power'	menarik	'to pull'
31. kapal penarik	'tugboat'	⎯⎯⎯	⎯⎯⎯
32. peŋurus	'manager, director, organizer'	meŋurus	'to look after'
33. urusan	'arrangement'	⎯⎯⎯	⎯⎯⎯
34. warnai	'(a) color'	mewarnai	'to color'
35. jakin	'serious'	mejakini	'to believe'
36. kejakinan	'conviction'	⎯⎯⎯	⎯⎯⎯
37. mesin ʤahit	'sewing machine'	meɲʤahit	'to sew'
38. taburan	'seed (that has been sown)'	menabur	'to sow, scatter'

A. 列出语料中所有的词根。如果词根有不止一个语素变体，请列出这些语素变体。

B. 第二栏的所有词语都包含一个前缀。请写出该前缀的所有语素变体，并确定其意义。

C. 出现在第二栏的前缀的最佳底层形式是什么？逐个证明其他语素变体不是最佳选择。

D. 写出能够由你所确定的底层形式派生出第二栏所有表层形式的每一条形态音位规则，并给它们命名。

E. 指出其他所有的词缀。

（1）如果某个词缀有多个语素变体，请写出所有语素变体。

（2）尽可能地确定词缀的功能，指出其属于屈折词缀还是派生词缀，并解释原因。　91

F. 写出有如下意义的印度尼西亚语词的完整形态音位派生过程：'to dig'，'to look after'，'to wear'，'to believe' 和 'to sing'。

提示：

1. ʤ 可以看作一个腭音（palatal）。

2. 不用在形态音位学的基础上解释 35（第二栏）中 -i 的出现。

附注

① 本章的英语形式一般都按音位形式来引用。依照以前的惯例，语素的基本形式以大括号 "{ }" 表示。语素变体用竖线，如 "|a|"。加号 "+" 表示词中语素间的边界。语音形式用方括号 "[ ]"。

② 辅音的发音方式和发音部位特征参看本书所附的国际音标表。

③ 这条规则的另一种表达方式需要在词根和复数后缀之间设定一个元音 [ɨ] 的插入，并且需要形态音位规则和音系规则以特定顺序发生作用。规则排序在本章后面部分介绍，当下我们主要阐明确定形态音位变化的环境这一过程。

④ 表 3.2 中的语音形式在大多数英语变体的轻松言谈（relaxed speech）中普遍可见。某些英语使用者可能不同意其中的一部分发音，但它们可以佐证在某些时候形态音位规则的排序是必要的。如果你认为 tents 一词的 n 和 s 之间存在一个 "t 音"，那么请对比 tense 一词。这两个词的发音真的有区别吗？　92

第 4 章
词类

　　我们一直在使用"名词""动词""形容词"和"副词"这些表示词类的术语，对人们用来表达概念范畴的形态句法手段进行描述。本章将详细讨论词类，给出主要词类的典型定义，并提出确定陌生语言词类的方法。

　　传统语法里，**词类**（**WORD CLASSES**）叫"词性"（parts of speech）。每种语言至少有两个主要的词类——名词和动词。[①]另外两个主要的词类，形容词和副词，在某一特定语言里可能出现，也可能不出现，不过某种程度上它们通常会出现。大多数语言还有一些较小的或"次要的"词类，比如**连词**（**CONJUNCTIONS**）、**小词**（**PARTICLES**）和**附置词**（**ADPOSITIONS**）。有趣的是，在语言学的大多数分类方案中，词类都不那么整齐划一。但是，核心概念，或**原型**（**PROTOTYPES**），通常是能够确定的。

　　词类的一个重要特点是，任何一个特定的词，它的类别常常因其在话语中的使用方式而变化（参看 Hopper and Thompson 1984）。有时候需要细微的形态句法"测试"来确定一个特定词的类别，有时候只能从语境中推断。例如，离开了语境，我们便不能说出英语中 *rock* 和 *run* 是名词还是动词：

（1）a. Fezzik threw a *rock* at Wesley.　　（*rock* 用作名词）
　　　　"Fezzik 朝 Wesley 扔了一块石头。"
　　　b. We'll *rock* tonight!　　　　　　（*rock* 用作动词）
　　　　"我们今晚将跳摇滚！"
　　　c. They *run* the department like a circus.　（*run* 用作动词）
　　　　"他们把部门运行得像个马戏团。"
　　　d. She's going for a *run* right now.　　（*run* 用作名词）
　　　　"她马上就要去跑步。"

　　英语里许多词干既可以用作名词也可以用作动词，而另有一些词干则强烈倾向某一类：

（2） a. Let's watch *television*. （*television* 用作名词）

"我们看电视吧。"

b. ?She *televisioned* her children into submission. （*television* 用作动词）

"? 她电视她的孩子要服从。"

c. Harold *lingered* on the veranda. （*linger* 用作动词）

"Harold 在走廊上徘徊。"

d. ?He went for his *linger* at noon. （*linger* 用作名词）

"? 他中午去了徘徊。"

重要的一点是，对于任何一个形式的词类，都不必在其词根的词条中一劳永逸地给出。

词类与主语、宾语这些语法关系或者**施事**、**话题**（**TOPIC**）、**有定**（**DEFINITE**）名词这些功能角色明显不同（这些术语将在本书后面的章节中予以讨论）。词类是小句结构的建筑材料。下文将讨论主要词类（名词、动词、形容词和副词）的各种特征，并对语言中如何确定它们和对它们进行分类提出一些建议。

名词

对于名词和动词来说，原型可以根据意义来确定。任何语言里，**名词**（**NOUNS**）这一类都包括那些表示高度**有界**（**BOUNDED**）或**个体化**（**INDIVIDUATED**）的实体的词，如 "tree"（树）、"mountain"（山）、"mausoleum"（陵墓）等。这些概念通常不会在时间进程中发生较大变化，能够在话语中用来重复指称相同的事物。例如，一个讲故事的人可能把故事中的某个人物称作 *a king*（国王）。此后，这个相同的人物可以自由地提及，有时候是 *the king*（这个国王）、有时候是 *he*（他）、*her husband*（她丈夫）、*the princess' father*（公主的父亲）、*the tyrant*（那个暴君），等等。在语境中，每一种这样的表达形式都可以理解为提及这个国王。Hopper and Thompson（1984）用**话语可操作性**（**DISCOURSE MANIPULABILITY**）来描述典型名词（prototypical nouns）的这种属性。

为了确定一个特定的词是不是名词，首先必须确定典型名词的形态句法特征。这样，存疑词的特征就可以跟典型名词的那些特征进行比较。因此，举例来说，对一种陌生的语言进行名词识别时，你不会一开始就使用意思是 "fist"（掌控）、"explosion"（爆炸）的那些词。这些概念没有清晰的边界，且 / 或无法在一段较长的时间内保持一致性。你不会用这些词的语法特征来从整体上界定名词，以防它们本属于其他的词类。然而，可以非常确信地说，那些表示在时间中稳定的有界和个体化的实体的词，如 "house"（房子）和 "tree"（树），在任何语言的绝大多数语境中都会是名词。

词类的语法特征常常涉及它们利用形式变化表达概念范畴的方式，以及它们在短语、小句和篇章这些更大结构中的句法**分布**（**DISTRIBUTION**）。本节将描述与名词相关的一些语法特征。可能没有任何一种语言中的名词能体现出所有这些特征，但是，一个词越"像名词"，它具有的这些特征也会越多。

名词的分布特征

名词充当名词短语（Noun Phrases，有时缩写为 NPs）的核心（heads）。第 6 章将具体说短语。这里，你可以只将短语看作在句法上"组块在一起"（clump together）的一个或几个词的组合。

94

语言学家所使用的短语的**核心**（**HEAD**）这个术语至少有两个含义。似乎有这样的情况：在所有句法块（syntactic clumps）里，有一个词决定整个组块（clump）的分布特征或句法特征，有一个词表达该组块的主要意义。决定该组块句法特征的词有时被称为**句法核心**（**SYNTACTIC HEAD**），而表达该组块主要意义的词则称为**语义核心**（**SEMANTIC HEAD**）。

通常情况下，同一个词既是短语的句法核心，又是其语义核心。对名词短语来说，情况几乎总是如此。例如，名词短语 *old man*（老人）中，毫无疑问，*man* 是句法和语义核心。说它是句法核心，那是因为，如果去掉 *old*，剩下的那部分仍与起初的组块具有相同的句法特征。例（3b）和（3e）中，*man* 可以像 *old man* 一样出现在相同的句法槽（syntactic slot）中。但是，如果去掉 *man*，单个的 *old* 就不能像起初的组块那样使用［例（3c）和（3f）］：

（3）　a. The old man of the sea　　d. He told a story about this old man.
　　　　　　"海中的老人"　　　　　　　　"他讲了一个关于这个老人的故事。"

　　　　b. The man of the sea　　　　e. He told a story about this man.
　　　　　　"海中的人"　　　　　　　　　"他讲了一个关于这个人的故事。"

　　　　c. *The old of the sea　　　　f. *He told a story about this old.
　　　　　　"* 海的老"　　　　　　　　　"* 他讲一个关于这个老的故事。"

如此看来，短语 *old man* 和名词 *man* 具有相同的分布特征，但 *old* 自身有不同的特征，因此 *man* 是该短语的句法核心。另一种表述方式是，名词短语是其句法核心的**投射**（**PROJECTION**）。意思是说，作为句法核心的名词将其名词性"投射"到整个短语上。

man 这个词也是短语 *old man* 的语义核心，因为这个短语指的是一个人而不是"老"。英语中有这样的例子：短语中的两个词都能指具体的事物，这样的例子可能更容易说明上面提到的特征。例如，英语中 *computer man*（电脑人 / 计算机工作者）这个

短语指的是一个有界的、个体化的概念，因此我们推测它是一个名词短语。但是，它包含的两个词也是指有界的、个体化的概念：电脑和人。这就出现了问题：这两个名词中哪一个是该名词短语的语义核心？这个问题答案很简单：整个短语很可能表示一个人而非一台电脑，因此名词 *man* 是该名词短语的语义核心。

有些语言没有形容词这一词类，或者形容词和名词在语法上非常相似，这样，识别一个名词短语的句法和 / 或语义核心会更加困难。在这类语言里，*red hen*（红色的母鸡）这样的组块中，义为"红色的"和"母鸡"的词都能表示整个短语所指的实体。就是说，颜色词和其他描写词与名词具有相同的功能。对这些语言来说，像 *red hen* 这样的名词短语通常被看成是**同位语**（**APPOSITION**），即 *the red one, the hen*。例如，西班牙语中，例（3）中所有例句的对应形式都合语法：

95

（4）a. El hombre viejo del mar… 'The old man of the sea…'

　　 b. El hombre del mar… 　　'The man of the sea…'

　　 c. El viejo del mar… 　　　'The old（one）of the sea…'

　　 d. Contó un cuento sobre este hombre viejo.

　　　　'He told a story about this old man.'

　　 e. Contó un cuento sobre este hombre.

　　　　'He told a story about this man.'

　　 f. Contó un cuento sobre este viejo.

　　　　'He told a story about this old（one）.'

例（4c）和（4f）表明，义为"老"的形容词 *viejo* 可以充当名词短语的句法核心。有其他一些句法测试表明，实际上西班牙语确实有一个独立的形容词词类，但与英语的相关测试相比，这些测试更为精细。

一般情况下，名词短语的句法核心和语义核心是同一个词，但对于其他类的短语来说，情况并非总是如此。在下面几段和第 6 章中我们将看到核心类型"失谐"（mismatch）的例子。

在此有必要谈一谈句法"测试"，前文已经用句法测试来表明 *man* 是短语 *old man* 的句法和语义核心。像所有科学一样，语言学有自己的方式来"探测"（probing and poking）其主要问题以便更好地理解。化学家运用各种技巧分析化合物，语言学家也运用各种技巧来分析语言结构。语言学家常用的技巧包括改变成分的顺序、在一个语言结构中增加和 / 或删减成分，然后看母语者对这个新结构的反应。分析特定类型的结构或阐明特定类型的特征时，有些技巧比其他技巧更好一些。例如，例（3）所显示的对句法核心的测试未必适合所有的情况。在其他一些情况下，其他的测试可能更为适合。这与化学家在分析一块岩石和一种未知液体时面对的问题相似——其目标是相同的（做出一种化学分析），且可能有大量方法论的叠合，但是，具体的技巧和程序则是不一样的。

分析句法核心时要谨记一点：某个短语的句法核心是决定整个短语句法特征的那个成分。另一种表述方式是，短语是其句法核心的投射。对于语义核心来说，重要的一点是，短语的语义核心是表达整个短语主要语义内容的那个成分（关于语义内容概念的讨论见第 1 章）。对不同类型的短语以及不同的语言，会有不同的测试以适合句法和 / 或语义核心性的确定。第 6、7 章将详谈句法测试。

可能与名词或名词短语相关的概念范畴

名词或名词短语的语法特征包括它们为了表达各种概念范畴所表现出来的各种变化方式。下面列出可能在名词或名词短语中表达的概念范畴。许多这类范畴将在后面的章节详述，这里我们只列一个清单：

- 数：单数（singular），**少量数（PAUCAL）**，**双数（DUAL）**，**三数（TRIAL）**，复数（plural），**集合（COLLECTIVE）**
- 性：任何本质上基于语义的名词分类系统
- **小称（DIMINUTIVE）/ 大称（AUGMENTATIVE）**
- **格（CASE）：主格（NOMINATIVE）**，**宾格（ACCUSATIVE）**，**属格（GENITIVE）** 等（参看第 8 章）
- **描写性修饰语（DESCRIPTIVE MODIFIERS）**
- 语用地位标记：如**冠词（ARTICLES）**
- **指示词（DEMONSTRATIVES）**
- 领属代词（possessive pronouns），或**一致（AGREEMENT）**词缀：表达核心名词领属者的人称、数和 / 或性
- **去名词化（DENOMINALIZATION）**

典型的名词可能显示出特定语言中名词的所有相关语法特征。不太典型的名词只显示其中的部分而非所有的特征。动词可能不会显示名词的任何特征。但是，每一种语言都有一些形式既"有点像名词"又"有点像动词"。对于描写语言学家来说，处理这些中间情况确实颇为头疼。

这一节我们将讨论英语中带 -ing 后缀的词，目的是为了说明对于一个既有点"像名词"又有点"像动词"的语言形式，如何确定它的词类。很难想象，像 dancing（跳舞）这样的词表达了有界的、个体化的概念——dancing 本质上涉及运动和变化，因此，这个形式很可能不会是典型的名词。现在来看这个形式的语法特征，以便确定它到底有多"像名词"。

英语里，典型名词的语法特征首先包括充当名词短语核心的能力，而名词短语又能够充当小句的主语或宾语。dancing 能否充当小句的主语或宾语？下例表明，dancing

通过了这项名词资格的分布测试：

（5）a. 主语：*Dancing* is good for you. "跳舞对你有好处。"
　　　b. 宾语：I like *dancing*. "我喜欢跳舞。"

英语里典型名词的其他特征是：（1）带描写性修饰语的可能性（*red* car，红汽车）；（2）**属格代词**（**GENITIVE** case pronouns）的使用（*my* car，我的汽车）。*dancing* 又通过了这两项测试：

97

（6）a. 描写性修饰语：I like *slow dancing*. "我喜欢慢舞。"
　　　b. 属格代词：*His dancing* is annoying. "他跳舞很烦人。"

虽然 *dancing* 通过了前面三项名词资格测试，但其他测试表明它并不是名词的最佳实例。例如，复数化和带冠词、量化词（quantifiers）、数词的能力也是英语典型名词的特征。带 -ing 后缀的动词具有这些特征要么罕见，要么听起来很古怪。

（7）a. 复数化：　　　'?*Dancings* are hard on the feet.' "? 跳舞们的脚很困难。"
　　　b. 冠词：　　　'?*The dancing* in the streets is annoying.' "? 在街上这个跳舞很烦人。"
　　　c. 量化词：　　'?*Every dancing* is different.' "? 每个跳舞都不同。"
　　　d. 数词：　　　'?I met her *one dancing* ago.' "? 一个跳舞之前我遇到了她。"

dancing 不具有这些名词特征，此外，它还具有一些动词特征。例如，动词可被副词修饰而名词不能。下例显示，像 *slowly*（慢慢地）这样的副词修饰 *dancing*［（8a）和（8b）］比修饰 *cars*（汽车）这样的典型名词［（8c）和（8d）］更为合适，尽管 "慢" 这个概念用于 *cars* 在语义上是有其合理性的：

（8）a. ?I like *slowly dancing*.　　　c. *I like *slowly cars*.
　　　　"? 我喜欢跳舞慢慢地。"　　　　"* 我喜欢慢慢地汽车。"
　　　b. I like *dancing slowly*.　　　d. *I like *cars slowly*.
　　　　"我喜欢慢慢地跳舞。"　　　　　"* 我喜欢汽车慢慢地。"

其次，动词可以带直接宾语而名词不能。*dancing* 这个形式甚至在充当主语或另一个动词的宾语时还能带上一个直接宾语：

（9）a. *Dancing the tango* is good for you. "跳探戈舞对你有好处。"
　　　b. I enjoyed *dancing the night* away. "我喜欢整夜跳舞。"

这些形态句法特征使得 *dancing* 这个形式看起来有点像动词，尽管它并不具备典型动词的某些特征（比如加时体标记的能力）。

有不同的方案来解决 *dancing* 的词类归属问题。这些方案包括：

方案1： 以某个特征作为标准。例如，我们可以简单地将英语的名词界定为能受属格代词修饰的词。这样 *dancing* 是一个名词。但是，如果我们把复数化的能力定为名词资格的标准，那么 *dancing* 就不是一个名词。

方案2： 给该语言里某个或某些形式所具有的每个名词特征丛设立一个不同的词类。这样，只有那些具备所有名词特征的词才被看成是名词。像 *dancing* 这样的形式将被看成其他类别，比如分词（参看下文对"分词"的界定）。

方案3： 承认名词和动词之间的差异是一个连续统，带上 *-ing* 后缀的动词处在两端的中间某个位置。

上述方案1是有问题的，因为：（a）它不能用于所有的语言，因为没有任何一项名词特征在所有语言里始终如一；（b）它忽略了词类的明显的语义基础，尽管语义基础并不准确。

例如，将名词定义为所有能受属格代词修饰的词，就像将人类定义为所有"无羽两足"之物。虽然这个"定义"很大程度上可以成功地将人类从所有其他动物中区分出来，但是它集中关注的是次要的而不是定义性的（必要的）特征。换句话说，它会引发质疑：为什么会把无羽两足之物看成是区别于自然界所有其他潜在任意的类项（如红袜子、破棍子）的一个类别？当然，即便我们拿来一个有羽两足之物，拔掉它身上所有的羽毛（可怜的家伙），它也不会变成一个人。而且，我们是能够想象在某个世界里人类并非无羽两足，但我们却很难想象在某个世界里某类事物不具备它的某一必要特征。比如，试想在某个世界里红袜子是绿色的——根据定义，如果一只袜子是红色，它就不是绿色的！这表明，"人"这个类远远不只包括"无羽"和"两足"这两项特征的结合。另一种表述方式是，"无羽两足"是对"人类"的一种必要而非充分的定义。

最好的标准性定义应同时包括必要条件和充分条件。遗憾的是，这样的定义在语言学里极为罕见。如果为名词这个类提出一个标准性定义，如带属格代词的能力，那么有人还会问：对于那些带上属格代词的词项来说，是什么使得它们成为一类？为什么那个特征是必要的而其他特征（如第一个音节是高调）不是必要的？

方案2是语言学家采用的传统方法。它的优点是提供了可将语言里各种类型的词放置于其中的"分类架"（pigeonholes）。这种办法的根本问题是，像方案1一样，它不具备普遍适用性。从各种形态句法特征的丛集中得出的类别，未必以任何系统的方式彼此关联，且不能进行跨语言比较。用这种方案做出的语法描写，对于那些对该语言一无所知的人来说，可读性较差。例如，**分词**（**PARTICIPLE**）这个术语在许多语法描写中都能找到。但是，语言 A 中的分词包括哪些成分未必会与语言 B 中的所谓分词有任何共同之处。因此，谙熟语言 B 的人读到语言 A 的语法描写时可能会被误导。

方案 3 最精确地反映出语言范畴化的本质。这么说本身就是赞成这种方法。但是，对于试图在语法描写中将一种语言的信息清楚精确地描述出来的田野语言学家来说，它也有不足之处，其不足之处包括：

1. 没有明确的方式来确定某个特定的词类处在名词和动词连续统中的哪个位置。有人可能想到清点名词性特征和动词性特征的数量，然后将具有更多动词性特征的词项分派到靠近动词的一端，反过来名词也是如此。但是，这种方法假定，所有的特征对确定语言形式的词类归属起同样重要的作用，但接受这种假设并没有先验的理由。事实上，方案 1 的基础正与这种假设相反，即有且仅有一个特征在区分词类时起重要作用，其他所有特征都是次要的。任何情况下，试图根据重要性来排列形态句法特征的等级都是徒劳的。

2. 语言学家常常并不清楚某个特定形式的所有相关特征有哪些。例如，有些带 -ing 的动词可能比其他带 -ing 的动词更容易带上复数标记：*his many failings* 相比于 *?his many eatings* 更容易带上复数标记。这一事实使 *failing* 比 *eating* 更靠近连续统上名词那一端。不同形式在语法表现上的这些细微差别很有可能不为田野调查者所觉察，因为田野调查者所面对的是成千上万的词，每一个词都可能显示 0 到 10 个不等的名词性特征。

3. 语法描写本质上是一种交际行为。其关键是帮助读者理解特定的结构在某一种语言的语法系统中是如何运作的。显然，对于各种结构，根据它们相关的名词资格而进行详细的等级排列，对完成这一任务作用甚微。如上所述，这一任务也可能具有无限复杂性，许多语言学家不大可能去尝试这种等级排列。

我们建议将方案 2 和方案 3 按下面的方式结合起来：词类归属不明的形式（如英语带 -ing 后缀的动词）可以给出严格的形式标签（如 "-ing 分词"），同时对其特定功能和主要形态句法特征做出解释。大多数情况下，努力寻找比这种处理更明确的方法并不值得。就描写的明晰性而言，这种方法的回报太少。"分词"相对普遍地被看成是动词性特征减少了的动词形式，但还没有完全名词化。主要动词是分词的小句通常被称为**分词短语**（**PARTICIPIAL PHRASES**）。但是，语言所拥有的这类形式通常不止一种，且如上所述，分词这个术语并没有更专门的普适性定义。因此，重要的是要澄清，这个标签只是将这个形式类看成一个整体的一种捷径，这并不意味着该形式可以跟其他语言中所谓分词的形式进行直接类比。

名词的类型

每种语言都有一些从语法上界定的、由语义促动的名词的亚类。下面几节描述常见的一些亚类，包括**专有名词**（**PROPER NAMES**），**可领属**（**POSSESSABLE**）和**不可领属**（**NON-POSSESSABLE**）名词的区别，**可数**（**COUNT**）和**物质**（**MASS**）名词的区别。许多语言还有一个**名词的类系统**（**NOUN CLASS SYSTEM**），由更清晰的差异类组成。

专有名词是用来称呼和识别特定的人或文化上很重要的人物、处所的名词。专有名词通常都用来表示说话人和听话人都能识别的特定实体，因此，它们一般不与**冠词**（**ARTICLES**）、修饰语、领属语、**关系小句**（**RELATIVE CLAUSES**）或其他使名词更具体化的成分共现。例如，英语的专有名词是可以区分出来的，因为它们都不（容易）带上冠词、量化词或其他修饰语：

（10）专有名词　　　　　　　　　　普通名词

Mt. Rushmore　　　　　　　　　house

"拉什莫尔山"　　　　　　　　　"房子"

?the Mt. Rushmore　　　　　　　the house

"?这座拉什莫尔山"　　　　　　　"这栋房子"

?several Mt. Rushmores　　　　　several houses

"?几座拉什莫尔山"　　　　　　　"几栋房子"

?an outlandish Mt. Rushmore　　an outlandish house

"?一座奇特的拉什莫尔山"　　　　"一栋奇特的房子"

?a Mt. Rushmore that has four　　a house that has four

Presidents' faces carved in it　　Presidents' faces carved in it

"?刻有四位总统头像的拉什莫尔山"　"刻有四位总统头像的房子"

上面带上"?"的所有表达形式在英语里都能使用，但语境必须是：**所指**（**REFERENTS**）可以理解为并非独一无二（即在一种奇怪的情形里，不止有一座拉什莫尔山）。这并不是专有名词使用的正常环境。②

专有名词与普通名词有时在语法的其他方面也有所不同。例如，在许多南岛语系的语言里，专有名词使用一些特殊的格标记。以下例子来自菲律宾南部的主要语言——宿务语（Cebuano）。这种语言采用的**名词前格标记**（**PRENOMINAL CASE MARKERS**）*ni* "施动者"和 *si* "受事"只用于专有名词。普通名词的相关标记分别是 *sa* 和 *ang*：

（11） a. Gibalhin	*sa*	tawo	*ang*	kaabaw.
moved	ACT	man	PAT	water.buffalo
移动	施动	男人	受事	水．牛

'The man moved the water buffalo.'

"那个男人移动了那头水牛。"

    b. Gibalhin   *ni*   Doro   *ang*   kaabaw.

                 ACT.PN   PAT

                 施动.代   受事

'Doro moved the water buffalo.'

"Doro 移动了那头水牛。"

    c. Gibalhin   *sa*   tawo   *si*   Doro.

                 ACT   PAT.PN

                 施动   受事.代

'The man moved Doro.'

"那个男人移动了 Doro。"

101

可领属性（**POSSESSABILITY**）是区分语言中名词类别的另一个方面。许多语言有一个或几个下列区分：

类型 1：可领属名词和不可领属名词
类型 2：强制性被领属名词和非强制性被领属名词
类型 3：可让渡被领属名词和不可让渡被领属名词

玛阿语〔Maa，一种东尼罗河（Eastern Nilotic）语〕使用类型 1 系统。在玛阿语的大多数方言里，许多名词通常不能在语法上被领属。可以被领属的词项包括牛、房子、亲属、山羊、工具、井和钱。不容易被领属的词项包括肉、水、河、山、土地、岩石、野生动物、星星等（下例蒙 Doris Payne 惠告）：

（12）不可领属   可领属

     ɛnkóp   "土地" / "灰尘"   ɛnkéráí   "孩子"

    ?? ɛnkóp áí   "?? 我的土地"   ɛnkéráí áí   "我的孩子"

很多西非语、南岛语和美洲土著语有强制性被领属名词和非强制性被领属名词的区分。在这些语言里，所有名词都可被领属，但有些一定要被领属。强制性被领属名词通常包括身体部位和亲属关系词。下例来自塞科－帕当语（Seko-Padang），是南苏拉威西（South Sulawesi）的一种西部南岛语（下例蒙 Tom Laskowske 惠告）：

（13）非强制性被领属   强制性被领属

    kaya' -ku   "我的衬衫"   puso-ku   "我的心"

    kaya' -na   "他 / 她的衬衫"   puso-na   "他 / 她的心"

    kaya'   "衬衫"   *puso   （永不单独出现）

有些语言用两种截然不同的语法手段表达领属。所有的名词都能被领属，但每个名词只能使用其中的一种方式。这两种领属通常称作**可让渡**（**ALIENABLE**）领属和**不可让渡**（**INALIENABLE**）领属。不可让渡领属用于大致相当于类型 2 语言（如塞科 - 帕当语）的强制性领属类名词。下例来自帕纳雷语（Panare，加勒比语系，委内瑞拉）。在这种语言里，不可让渡名词（大部分是身体部位和亲属关系词）借助一个领属后缀和一个与领有者具有一致关系的前缀而被领属，见例（14）。而可让渡名词则额外需要使用一个所谓的"属格分类词"（genitive classifier），见（例 15）中的 *ú'ku*：

（14）帕纳雷语的不可让渡领属

matá		'shoulder' "肩膀"
mátan		'my shoulder' "我的肩膀"
amatán		'your shoulder' "你的肩膀"
yɨmatán		'his/her shoulder' "他 / 她的肩膀"
Tomán mátan		'Tom's shoulder' "Tom 的肩膀"

（15）帕纳雷语的可让渡领属

wanë		'honey' "蜂蜜"
y-ú'ku-n	wanë	'my honey' "我的蜂蜜"
1-CL.liquid-POS	honey	
1-CL. 液体 -POS	蜂蜜	
ayu'kún wanë		'your honey' "你的蜂蜜"
yu'kún wanë		'his/her honey' "他 / 她的蜂蜜"
Toman yú'kun wanë		'Tom's honey' "Tom 的蜂蜜"

帕纳雷语的一个有趣的特征是它同时存在可让渡 / 不可让渡领属和强制性 / 非强制性领属。因此例（14）所示的 *mata* "肩膀" 这个词可以被领属，也可以不被领属，但如果被领属，它就采用不可让渡领属。而 *tamun* "丈夫，叔叔" 这个词总是带有领属后缀 *-n*。换言之，*tamu 这个形式是不存在的：

（16）

tamún	'(someone's) husband, uncle' "（某人的）丈夫，叔叔"
támun	'my husband' "我丈夫"
anantamún	'our (exclusive) husband (s)' "我们的（排除式）丈夫（们）"
atamún	'your husband' "你丈夫"
Achɨm tamún	'Achɨm's husband' "Achɨm 的丈夫"

这表明，一种语言表达的领属类型可以有不止一种区分。

最后，语言经常对那些表示可数的事物的名词（**可数名词 COUNT NOUNS**）和那些表示水、沙子、空气、木头等物质的名词（**物质名词 MASS NOUNS**）在语法上做出区分。英语里，物质名词不以复数形式出现（除非用于专门的、可数的意义）。此外，物质名词和可数名词带有既有区别又部分重合的冠词和量化词：

（17）物质名词　　　　　　　　　　可数名词

　　　sand "沙"　　　　　　　　　house "房子"

　　　?many sands "? 很多沙"　　many houses "很多房子"

　　　much sand "大量沙"　　　　?much house "? 大量房子"

　　　some sand "一些沙"　　　　?some house "? 一些房子"

　　　?a sand "? 一个沙"　　　　a house "一栋房子"

　　　?some sands "? 一些沙"　　some houses "一些房子"

这种区别主要基于这些词的意义（房子可数而沙子不可数），但是，这种语义区分重要性的证据却在于形式特征。可能有无数基于自然语义属性的"名词亚类"，但只有当这些亚类具有某些形式（例如，这个形式是带量化词 much 还是 many）时，它们才具有语法上的重要性。

103

动词

典型的**动词**（**VERBS**）是描述那些看得见的**事件**（**EVENTS**）的词，而那些事件导致了世界上一些变化的发生，例如 die（死）、run（跑）、break（打破）、cook（烹饪）、explode（爆炸）。这个描述界定了连续统的一端，另一端由典型的名词占据。要确定一个存疑的形式是不是动词，我们必须确定它在多大程度上与典型动词的形态句法模式相符。

跟名词以及其他主要词类一样，动词也是它所在组块的语义核心，常常也是句法核心。也就是说，它们将自身的分布特征投射到动词短语（VP）上。第 6 章我们将在实例中看到何谓投射。

动词和动词短语可能表达的概念范畴

动词和动词短语通常表达下列概念范畴：

· 一致 / 协调（agreement/concord，与主语、宾语和 / 或其他名词性小句成分相一致 / 协调。参看第 8 章）

· 配价（valence，第 9 章）

· **时 / 体 / 情态**［**TENSE/ASPECT/MODE**（TAM）］

· 示证 / 证实（**EVIDENTIALS/VALIDATIONALS**，表示信息来源或可靠性的语素）

· 处所和方向（location and direction）

· 言语行为标记［**SPEECH-ACT MARKERS**，例如，小句是疑问、断言（**ASSERTION**）还是命令］

· 动词（短语）否定（**NEGATION**）

· 从属关系 / 名词化（**SUBORDINATION/NOMINALIZATION**）

· 换指（**SWITCH-REFERENCE**）（第 10 章）

这些以及更多的范畴，可由动词或动词短语小词，以及前面几章描述的任何词汇过程或形态过程来表达。

语义角色

在讨论语言中可能存在的各种动词亚类之前，有必要充分讨论语义角色这一概念。**语义角色**（**SEMANTIC ROLES**）是指参与者在**信息世界**（**MESSAGE WORLD**）里所扮演的角色。信息世界可以看作在人们进行交际的任何情景里精心构建出的那个共知的、想象的③场景。这个世界或多或少与"真实世界"（不管它是什么样的）相对应，但有可能完全是虚构的、抽象的或假想的。任何情况下，信息世界都由参与者和道具占据，它们的属性、行为和关系构成语言信息的内容。信息世界的成分，包括语义角色，在第 1 章介绍的形式–功能复合体的上半部分被表征。

尽管语义角色深刻影响形态句法，但它们本质上不是形态句法范畴。理想情况下，语义角色的存在与语言表达颇不相关。因此，举例来说，如果在某种想象的情景里（它与客观现实既可能相符也可能不相符），一个叫 Hiro 的人特意迎接一个叫 Toshi 的人，那么，在这个迎接事件中，Hiro 是**施事**，Toshi 是**受事**，不管有没有旁观者说出"Hiro 迎接 Toshi"这个句子来描述该事件。任何人要想向其他人描述这个情景，他们都需要表达谁是**施事**谁是**受事**。因此，每一种语言都会提供语法手段来将此表达清楚。然而，角色本身属于信息世界，而表达角色的手段属于语法。

这里，我们将描述一些语义角色，这些语义角色在自然语言中经常用主语、宾语和间接宾语等语法关系来表达（参看第 8 章对语法关系的详细讨论）。它们是：**施事**（agent）、**客体**（theme）、**作用力**（force）、**工具**（instrument）、**经历者**（experiencer）、**接受者**（recipient）和**受事**（patient）。其他如**处所**（location）、**方向**（direction）、**背景**（setting）、**目的**（purpose）、**时间**（time）、**方式**（manner）等更有可能用**旁语**（**OBLIQUE**）短语（英语中的前置词短语）或**状语**（**ADVERBIALS**）表达。

施事是"典型有生命的、可感知的行为的发起者"（Fillmore 1968）。④在可能由下面的小句描述的场景里，*Percival* 都是**施事**：

（18） a. Percival ate beans. "Percival 吃了蚕豆。"

　　　 b. Percival ran around the block. "Percival 绕着街区跑。"

  c. That vase was broken by Percival. "那个花瓶被 Percival 打破了。"

  d. Whom did Percival kiss? "Percival 吻了谁？"

  e. It was Percival who deceived the President. "是 Percival 欺骗了总统。"

  典型的**施事**是有意识的，动作是自主的（with **VOLITION**）（有目的的），实施的行为具有物理的、看得见的结果。它是事件的强有力的控制者。根据这个描述,（18a）和（18c）中的 *Percival* 接近典型的**施事**。在（18b）中，尽管 *Percival* 是有意识的，而且他的行为可能是自主的，但 *Percival* 的行为在信息世界里没有导致看得见的变化。（18d）和（18e）也可以得出相同的结论。因此，*Percival* 在（18b）（18d）和（18e）中是不太典型的**施事**。

  作用力是无意识或非自愿地激发某个行为的实体。例如，下面小句里的 *the wind*（风）是**作用力**：

（19） a. The wind is carrying us to freedom. "风正把我们带向自由。"

   b. The wind blew and the waves crashed. "风吹浪打。"

   c. The sails are filled by the wind. "帆被风填满了。"

   d. What did the wind knock over? "风吹倒了什么？"

   e. It was the wind that formed those rocks. "是风让那些岩石得以形成。" 105

  客体是一个发生移动的参与者，或者是未经历变化的某种行为或属性的中心（locus）。例如下面小句里的 *Shaggy* 是**客体**：

（20） a. Shaggy fell into the well. "Shaggy 掉进井里了。"

   b. I'm Shaggy. "我是 Shaggy。"

   c. We love Shaggy. "我们喜欢 Shaggy。"

   d. Scooby looked at Shaggy. "Scooby 看着 Shaggy。"

   e. Scooby forgot Shaggy. "Scooby 忘记了 Shaggy。"

   f. It was Shaggy who seemed stand-offish. "是 Shaggy 看起来很冷漠。"

  工具是间接导致某种行为的事物。通常，**施事**作用于**工具**，**工具**实现该行为。例如，下面小句里 *a hammer*（一把锤子）是**工具**：

（21） a. I'll smash it with a hammer! "我将用一把锤子砸碎它！"

   b. A hammer smashed the box. "一把锤子砸碎了那个盒子。"

   c. That box was smashed by a hammer. "那个盒子被一把锤子砸碎了。"

   d. What did Uzma smash with a hammer? "Uzma 用一把锤子砸碎了什么？"

   e. It was a hammer that Uzma smashed it with. "Uzma 砸碎它用的是一把锤子。"

经历者不控制行为，行为也不对**经历者**产生看得见的影响。通常，**经历者**是接受感官印象的实体，或者在其他某种方式下，是不自主的、无状态变化的某个事件或活动的中心。例如，下面的英语小句里，*Aileron* 是**经历者**：

（22）a. Aileron saw the bicycle. "Aileron 看见了自行车。"

b. Aileron broke out in a cold sweat. "Aileron 出了一身冷汗。"

c. The explosion was heard by Aileron. "爆炸被 Aileron 听见了。"

d. What did Aileron feel? "Aileron 感觉到了什么？"

e. It was Aileron who smelled smoke first. "是 Aileron 最先闻到烟味的。"

尽管**客体**、**作用力**、**工具**和**经历者**跟**施事**具有明显的语义区别，但为了语法的表达，语言经常将它们与施事同等对待。例如在英语里，所有这些角色都经常性地表达为主语。但未必所有语言都是如此。有时候，**经历者**会带上一个不同于**施事**的形态格〔参看第 8 章瓜伊米语（Guaymí）的例子〕。

接受者是典型的移动物体的有生终点。**接受者**和**目标**（goal）的区别类似**施事**和**作用力**的区别。由于**接受者**和**目标**如此相似，用来表示**目标**的形式常常与表示**接受者**的形式相似。例如，英语用前置词 *to* 来标记这两种角色：

（23）a. I sent the book to Lucretia. "我寄书给 Lucretia。"（Lucretia = **接受者**）

106   b. I sent the book to France. "我寄书到法国。"（France = **目标**）

典型的**受事**经历一种看得见的、物理的状态变化。下面的小句里，*Joaquin* 是**受事**（尽管不总是典型的**受事**）：

（24）a. Montezuma stabbed Joaquin. "Montezuma 刺杀了 Joaquin。"

b. Joaquin fell from the third floor. "Joaquin 从第三层掉下来。"

c. Joaquin was stung by a wasp. "Joaquin 被黄蜂蜇了。"

d. Who washed Joaquin? "谁给 Joaquin 洗了澡？"

e. It was Joaquin that the republicans believed. "共和党们相信的是 Joaquin。"

语义界定的动词亚类——场景和论元结构

像所有的词一样，动词除了与特定的意义相关联外，不过是发出的声音而已。作为隐喻，动词的意义可以视为动词在语言使用者大脑中唤起的理想化的"场景"（Fillmore 1976，1977。第 9 章详细讨论这个比喻）。这些理想化场景的语义特征深刻地影响着唤起这些场景的那些个体动词的语法特征。例如，只涉及一个内在的主要参与者的场景常常在语法上由只需要一个**论元**（**ARGUMENT**）的动词来表达，该论元常被看作**主语**［**SUBJECT**，参看第 8 章对主语、宾语和其他**语法关系**（**GRAMMATICAL RELATIONS**）的讨论］。小句中语义角色和语法关系的特定配列有时称为**格框架**（**CASE FRAME**）或**论元结构**（**ARGUMENT STRUCTURE**）。

例如，英语里动词 *to grow*（成长）唤起一个只需一个参与者的理想化场景——一个成长的人或事物。正因如此，基于动词 *grow* 的小句只需一个名词短语——主语。这种小句的论元结构（也叫格框架）可以图示如下：

（25）场景：　**受事**　　　**成长**
　　　　　　　　↓　　　　　↓
　　　小句：　NP_{主语}　动词
　　　　　　　The tulip　grew. "郁金香长起来了。"

在 *grow* 的例子里，唯一需要的参与者是语义上的**受事**——即经历动词所指的状态变化的人或事物。许多别的名词短语和其他成分可以并且经常出现在以动词 *grow* 为中心所构成的小句里，但为了获得作为一个成长事件的资格，只有一个参与者是绝对必要的。唤起只需一个参与者的场景的动词有时被称为**不及物动词**（**INTRANSITIVE VERBS**），只需一个名词短语的小句有时被称为**不及物小句**（**INTRANSITIVE CLAUSES**）。

有时，语言依据动词亚类所在的论元结构来对其做出语法区分。例如，我们知道，动词 *grow* 所在的论元结构只涉及一个由主语论元所表达的**受事**。其他不及物动词所在的论元结构里，主语或是**施事**［例（26）］，或是**经历者**［例（27）］，或是任何其他可能的语义角色：

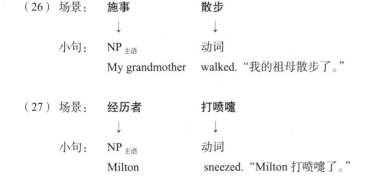

（26）场景：　**施事**　　　**散步**
　　　　　　　　↓　　　　　↓
　　　小句：　NP_{主语}　动词
　　　　　　　My grandmother　walked. "我的祖母散步了。"

（27）场景：　**经历者**　　　**打喷嚏**
　　　　　　　　↓　　　　　↓
　　　小句：　NP_{主语}　动词
　　　　　　　Milton　　 sneezed. "Milton 打喷嚏了。"

尽管英语里有一些区别动词亚类的句法特征，但这些句法特征并不好找。例如，像 *grow* 一样能带上一个**受事**充当主语的不及物动词，它们的过去分词常能转变为修饰该主语的形容词，而其他不及物动词的过去分词一般不会如此：

（28）过去分词用作形容词

受事类不及物动词　　　　　　　　　　施事 / 经历者类不及物动词

a *grown* child（a child that grew）　　?a /my *walked* grandmother

"一个长大的孩子"　　　　　　　　　　（a grandmother that walked）

　　　　　　　　　　　　　　　　　　"一个 / 我散步的祖母"

a *fallen* log（a log that fell）　　　　?a *sneezed* child（a child that sneezed）

"一根掉落的原木"　　　　　　　　　　"一个打喷嚏的孩子"

some *melted* ice cream　　　　　　　?a *jumped* athlete

（ice cream that melted）　　　　　　（an athlete that jumped）

"一些融化了的冰激凌"　　　　　　　　"一个跳跃的运动员"

a *changed* man（a man that changed）　?a *breathed* baby（a baby that breathed）

"一个变化了的人"　　　　　　　　　　"一个喘着气的婴儿"

　　　这个测试在英语里是相当隐晦的，但其他语言会根据不及物动词主语的语义角色，对不及物动词的亚类做出更为明显、更为系统的语法区分。例子见第 8 章。

正如同一幅图画能出现在不同的画框中，同一个信息世界
的场景也可以出现在不同的论元结构（或"格框架"）中

　　　在不及物动词之外，所有语言都有一些动词可以唤起要求不止一个参与者的场景。例如，在英语动词 *to eat*（吃）所描绘的情景里，两个实体发生互动——一个"吃者"（典型情况下是人或动物）和一个"被吃"的事物（典型情况下是食物）。没有这两个参与者，就没有"吃"这一事件。对于英语的动词 *eat* 来说，表达这些语义角色的一种主要途径是，在一个论元结构中，**施事**是主语，**受事**是宾语。这个结构及可能例示该结构的小句如（29）所示：

108

（29）场景：**施事**　　**吃**　　**受事**

　　　　　　↓　　　↓　　　↓

小句：NP~主语~　　动词　　NP~宾语~

　　　Aileron　　ate　　ice cream. "Aileron 吃冰激凌。"

论元结构在一定程度上独立于个体动词。例如，动词 *eat* 通常可能出现在（29）这样的论元结构中，但在会话中也可能会出现在其他很多论元结构中，这取决于交际需要和说话人的创新。这里有一些富有启发性的例子：

（30） a. She ate her way through her first year of college. "大学的头一年她一路吃了下来。"

　　 b. I fished, I ate, I slept. "我钓鱼了，我吃了，我睡了。"

　　 c. This soup eats like a meal. "这种汤吃（喝）起来像主食。"

　　 d. The battery acid ate a hole in my jeans. "电池的酸液把我的牛仔裤烧了个洞。"

好的词典一般会列出每个动词的主要论元结构，而不可能列出一个动词所能进入的所有想象得到的框架。另一方面，动词的意义似乎限制了它所可能出现的论元结构——动词不是任意地出现在任何可想象到的论元结构中。下面是对动词 *pound* 和 *eat* 的某些论元结构的比较：

（31） a. 主语 = **施事**，宾语 = **受事**，旁语 = **工具**

　　　　 She pounded the table with a hammer. "她用锤子敲打桌子。"

　　　　 She ate the ice cream with a spoon. "她用勺子吃冰激凌。"

　　 b. 主语 = **施事**，宾语 = **工具**，旁语 = **受事**

　　　　 She pounded the hammer on the table. "她在桌子上敲打锤子。"

　　　　 She ate the spoon on the ice cream. " 她在冰激凌上吃勺子。"

（31a）中的论元结构对两个动词都适用，（31b）的论元结构对 *pound* 适用而对 *eat* 不适用，这些都与动词的意义有关。这样，我们可以明白，在会话中要想对动词的使用被人理解，动词可能的论元结构就得是每个说话人都应具备的语言知识。

我们已经看到，一个动词的意义与它所能合理进入的论元结构有很大关系。特别是，许多动词都能够出现在及物和不及物论元结构里，它们的不同之处在于及物和不及物框架如何彼此关联。

例如，例（25）中的 *grow* 所显示的这类动词带上一个**受事**做主语。大部分这类动词还能出现在**施事**是主语、**受事**是宾语的及物框架中：

109

（32） a. 主语 = **受事**　　　　　　 b. 主语 = **施事**，宾语 = **受事**

melt	The ice melted.	Milton melted the ice.
"融化"	"冰融化了。"	"Milton 把冰融化了。"
grow	The tomatoes grew.	Milton grew the tomatoes.
"成长"	"番茄长起来了。"	"Milton 种植了番茄。"

change	The city changed.	The mayor changed the city.
"变化"	"城市变了。"	"市长改变了城市。"
break	The stick broke.	Aileron broke the stick.
"折断"	"木棍折断了。"	"Aileron 折断了木棍。"
move	The cow moved.	The cowboy moved the cow.
"移动"	"奶牛动了。"	"牛仔移动了奶牛。"
burn	Dinner burned.	Mable burned dinner.
"烧煳"	"饭烧煳了。"	"Mable 烧煳了饭。"

其他一些出现在论元结构 b 中的动词为不及物用法时，带上**施事**做主语：

（33） a. 主语 = **施事**　　　　　　　　　　b. 主语 = **施事**，宾语 = **受事**

jump	Milton jumped.	Milton jumped the burglar.
"跳"	"Milton 跳起来。"	"Milton 突然扑向窃贼。"
run	Mable runs（to school）.	Mable runs the program.
"跑"	"Mable 跑（到学校）。"	"Mable 主管这个项目。"

c. 主语 = **施事**，宾语 = **客体**

nod	Frank nodded.	Frank nodded his head.
"点头"	"Frank 点头。"	"Frank 点了点他的头。"
swim	Maynard swims.	Maynard swam the channel.
"游泳"	"Maynard 游泳。"	"Maynard 游过海峡。"

还有其他一些动词出现在不及物论元结构中表示经历。这些动词出现在任何类型的及物框架中时，它们要么表达特定的隐喻义，要么看起来很别扭：

（34） 主语 = **经历者**　　　　　　　　及物框架（存疑）

sneeze	Jane sneezed.	Jane sneezed her head off.
"打喷嚏"	"Jane 打喷嚏。"	"Jane 打喷嚏把头都震下来了。"
cry	The baby cried.	?Milton cried the baby to sleep.
"喊，叫"	"婴儿喊叫。"	"?Milton 喊婴儿去睡觉。"
sweat	The athlete sweated.	Orual sweated the final exam.
"流汗"	"运动员流汗了。"	"Orual 汗洒期末考试。"
blush	Martin blushed.	?Everett blushed her cheeks.
"脸红"	"Martin 脸红了。"	"?Everett 红了脸颊。"
doze	Alfred dozed.	Ilongo dozed the night away.
"打瞌睡"	"Alfred 打瞌睡了。"	"Ilongo 打了一夜瞌睡。"

除根据合理的论元结构区分出来的动词亚类外，语言中的动词还可以根据它们在

信息世界所唤起的理想化场景的其他特征来划分亚类。例如，涉及天气现象的场景（*to rain* "下雨"、*to snow* "下雪"、*wind to blow* "刮风"等）不可能有任何明确的参与者。因此，唤起这些场景的动词不会有任何论元，或者带上一个不表示任何实体的"假位"（dummy）论元。英语的小句就是这样：

（35） ???   **下雨**
      ↓   ↓
    NP~主语~ 动词
    It   rained last night. "昨夜下雨了。"

什么下雨了？*it* 指的是什么？天气？天空？实际上什么都不指。那儿有个 *it* 是因为英语动词必须有主语。

下面的清单描述语言学家已经发现的有助于对语言中动词进行分类的一些情状类型。这些语义属性常常以特有的方式影响个体动词的语法表现，其中一些方式将在下文讨论。这里提供的分类主要基于 Chafe（1970）、Talmy（1985）、Jackendoff（1988）等，尽管还有一些语义分类方案也有助于分析语言的语法结构。在任何特定的语言里，表达不同情状类型的动词可能但未必在语法上彼此区分。如果一种语言对两种情状类型的表达不做语法上的区分，那么，将那种区分纳入该语言的描写确实毫无意义。对语法而言，重要的是语法特征。不过，在一些特定的语义空间领域周围似乎有大量语法特征的"丛集"。因此，从动词以特有的方式所唤起的场景的语义这一角度来考察动词是很有用的。

状态（states）

状态是指信息世界里没有任何变化和行为的情状。因此，在语言使用者大脑里典型地唤起状态的动词，常常不会用于表示进行或其他动态行为的结构。例如，英语的**进行体**（**PROGRESSIVE ASPECT**）结构式由助动词 *be* 加上另一个带后缀 *-ing* 的动词组成。这种体是**动态的**（**DYNAMIC**），因为它表达进行中的事件，即内在地涉及活动和变化的情状。状态本质上不会涉及活动或变化，因此，表达状态的动词用于进行体时，要么听起来很别扭，要么必须被解释为非状态义：

（36） a. ?He is being tall.   c. ?They are knowing the answer.
      "? 他正在高。"   "? 他们正在知道答案。"
     b. ?She is seeing the airplane.   d. ?Sudha is having a cow.
      "? 她正在看见飞机。"   "?Sudha 正在有一头牛。"

所有这些结构在恰当的语境里都能使用，但要注意其结果是将状态变成动态的事件。如果某人"正在高"（*being tall*），那可能是指他正在做些什么以使自己变高。这与小句 *he is tall* 所描述的状态是很不相同的。在英语的一些方言里，（36d）中的 *to have a cow* 是个习语，意思大致是"以一种极度冲动的方式做出反应"。这是表达式 *having a baby* 的引申，后者意思是"分娩"。注意，分娩和冲动地做出反应都是高度动态的事件——它们涉及某种活动和变化。这与小句 *Sudha owns a cow*（Sudha 有一头牛）或 *Aileron has three children*（Aileron 有三个孩子）通常所唤起的状态是很不相同的。

状态小句一般只需一个参与者，因为没有任何行为从一个参与者传递到另一个参与者，尽管有可能存在第二个不受影响的参与者，如状态情状 *she knew the answer*（她知道答案）中的 *answer*，或 *she saw the mountain*（她看见山）中的 *mountain*。状态的概念通常由形容词或名词来表达。但是许多语言有一个语法界定的"静态动词"的类，具有如（*be*）*hot/cold*（热 / 冷）、*broken*（折断）、*rotten*（腐烂）、*melted*（融化）、*skinned*（剥去皮的）、*dead*（死的）、*alive*（活的）、*born*（出生）、*unborn*（未出生）、111 *to know*（知道）、*to have*（有）、*to see*（看见）等这些意义。

过程（processes）

过程是指在时间进程中发生变化的情状。过程可以是非自主的，也可以是自主的。任何非自主的过程都只有一个参与者，该参与者：

- 经历了一种状态变化，
- 不自主地发出行为，
- 不一定在空间里运动，
- 不是运动物体的源点。

例如，不及物义的 *grow*（成长）、*die*（死）、*melt*（融化）、*wilt*（凋谢）、*dry up*（干）、*explode*（爆炸）、*rot*（烂）、*tighten*（变紧）和 *break*（碎裂）都属此类。[5]这些动词常用来回答"X 怎么了？"，不大容易用来回答"X 做了什么？"：

（37）　What happened to Sylvan?　　He died.
　　　　"Sylvan 怎么了？"　　　　　　"他死了。"
　　　　What did Sylvan do?　　　　??He died.
　　　　"Sylvan 做了什么？"　　　　　"?? 他死了。"
　　　　What happened to the mustard?　It dried up.
　　　　"芥末酱怎么了？"　　　　　　"它干了。"
　　　　What did the mustard do?　　??It dried up.
　　　　"芥末酱做了什么？"　　　　　"?? 它干了。"

运动（motion）

基本运动动词 *come/go*（来 / 去）与 *swim*（游泳）、*run*（跑步）、*walk*（走路）、*crawl*（爬）、*fly*（飞）、*jump*（跳）等表达特定方式的运动动词具有不同的语法特征。所有这些动词都是自主的，而下面这些则可能是非自主的位移活动：*fall*（倒下）、*drop*（掉下）、*flow*（流）、*spew*（涌出）、*squirt*（喷射）等。

有些运动动词只指明部分而不是整个位移轨迹。这些动词包括 *depart*（离开，指明轨迹的起点），*arrive*（到达，指明轨迹的终点），*pass*（通过，指明轨迹的一段），等等。这些动词可能但不一定要与其他运动动词在语法上同等对待。

有时，描述**平移运动**（TRANSLATIONAL MOTION）（从一个地方到另一个地方的运动）的动词与描述简单运动的动词在语法上不大相同。例如，平移运动动词如 *escape*，义为"从监禁之地移动到自由之地"，可以用作形容词［例（38a）(38b)（38c)］，而简单运动动词则不可［例（38d）(38e)（38f)］：

（38）　平移运动　　　　　　　　简单运动

       a. an escaped prisoner　　　d. *a gone student
         "一个脱逃的囚犯"　　　　　"* 一个离开的学生"

       b. the deplaned passengers　e. *a flown bird
         "这些下飞机的乘客"　　　　"* 一只飞走的鸟"

       c. a departed loved one　　　f. *a swum child
         "一个离开的爱人"　　　　　"* 一个游泳的孩子"

位置（position）

描述物体静态位置的动词，如 *stand*（站）、*sit*（坐）、*crouch*（蹲）、*kneel*（跪）、*lie*（躺）、*hang*（挂）等，常常与运动动词具有相似的形态句法特征。例如，英语里位置动词和运动动词都能出现在**呈现**（PRESENTATIVE）结构中。其他类型的动词不那么容易用于这种结构：

112

（39）运动　　　　　　Here comes my bus. "这边开来我坐的公共汽车。"
               Under the bed scurried the cat. "床下乱窜着那只猫。"

     位置　　　　　　There sits my bus. "那儿停着我坐的公共汽车。"
               Under the bed crouched the cat. "床下蹲着那只猫。"

     其他　　　　　　?There burns my bus. "? 那边着火了我坐的公共汽车。"
               ?Under the bed died the cat. "? 床下死了那只猫。"

行为（actions）

行为是指由某些有意识或无意识的作用力所引发的但不一定涉及一个受影响的参

与者的情状，如 *dance*（跳舞）、*sing*（唱歌）、*speak*（说话）、*sleep/rest*（睡觉 / 休息）、*look*（*at*）（看）、*read*（读）、*deceive*（欺骗）、*care for*（照顾）等。注意，这种行为可以是**动态的**（**DYNAMIC**），即涉及变化（*dance*、*sing*、*speak*），也可以是非动态的（*rest*、*look at*），还可以介乎两者之间。这些动词可以用来回答"X 做了什么？"，但不大容易回答"X 怎么了？"，除非需要一种轻微的讽刺、反语或引申的意义：

（40） What did Sally do?　　　　　She danced the tango.
　　　 "Sally 做了什么？"　　　　　"她跳了探戈。"
　　　 What happened to Sally?　　　?She danced the tango.
　　　 "Sally 怎么了？"　　　　　　"? 她跳了探戈。"
　　　 What happened to the tango?　?Sally danced it.
　　　 "探戈怎么了？"　　　　　　　"?Sally 跳了它。"

（41） What did Inigo do?　　　　　He read *War and Peace*.
　　　 "Inigo 做了什么？"　　　　　"他读了《战争与和平》。"
　　　 What happened to Inigo?　　　?He read *War and Peace*.
　　　 "Inigo 怎么了？"　　　　　　"? 他读了《战争与和平》。"
　　　 What happened to the book?　?Inigo read it.
　　　 "那本书怎么了？"　　　　　　"?Inigo 读了它。"

（42） What did Carol do?　　　　　She cared for her son.
　　　 "Carol 做了什么？"　　　　　"她照顾她的儿子。"
　　　 What happened to Carol?　　　?She cared for her son.
　　　 "Carol 怎么了？"　　　　　　"? 她照顾她的儿子。"
　　　 What happened to Carol's son?　?Carol cared for him.
　　　 "Carol 的儿子怎么了？"　　　"?Carol 照顾了他。"

行为－过程（action-processes）

行为－过程是指由某种有意识或无意识的作用力所引发的并影响一个明确的**受事**的情状，如 *kill*（杀死）、*hit*（击打）、*stab*（刺）、*shoot*（射杀）、*spear*（用矛刺）等等暴力事件，以及及物意义上的 *break*（折断）、*melt*（融化）、*crash*（撞击）、*change*（改变）等。表达行为－过程的动词可以回答"X 做了什么？"，也可以回答"Y 怎么了？"：

（43） What did Michael do?　　　　He melted the ice.
　　　 "Michael 做了什么？"　　　　"他把冰融化了。"
　　　 What happened to the ice?　　Michael melted it.
　　　 "冰怎么了？"　　　　　　　　"Michael 把它融化了。"

What did Aileron do?	She broke Trevor's nose.
"Aileron 做了什么？"	"她打断了 Trevor 的鼻子。"
What happened to Trevor's nose?	Aileron broke it.
"Trevor 的鼻子怎么了？"	"Aileron 打断了它。"

述实（factives）

述实动词描述某种实体的产生，如 *build*（建造）、*ignite*（点燃）、*form*（形成）、*create*（创造）、*make*（制作）、"a crowd gathered"（人群聚集起来）中的 *gather*（聚集）等。产生的实体的语义角色有时是**产品**，有时是**客体**。

113

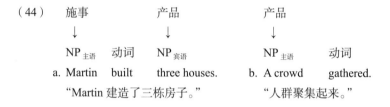

（44）　施事　　　　　产品　　　　　　产品
　　　　↓　　　　　　↓　　　　　　　↓
　　　　NP 主语　动词　NP 宾语　　　　NP 主语　　动词
　　a. Martin　built　three houses.　b. A crowd　gathered.
　　　"Martin 建造了三栋房子。"　　　"人群聚集起来。"

认知（cognition）

认知动词表达 *know*（知道）、*think*（想）、*understand*（理解）、*learn*（获悉）、*remember*（记住）和 *forget*（忘记）这些概念。认知概念唯一需要的语义角色是**经历者**，尽管还有可能出现经历的**源点**。很多语言里，所有或很多这些概念都是建立在身体内部器官名称的基础上的，如 *heart*（心）、*liver*（肝）、*stomach*（胃）。例如，英语中动词 *think*、*remember*、*remind*（提醒）、*ponder*（思考）等表达的概念在亚瓜语（Yagua）中用基于词根 *jaachiy*（义为"心脏"）的动词来表达：

（45）jaachiy　　　　　　'heart'"心脏"
　　　jaachipíyaa　　　　'to think/ponder'"想／思考"
　　　jaachííy　　　　　'to remember'"记得，想起"
　　　jaachíítya　　　　'to remind（cause to remember）'"提醒（使想起）"
　　　jaachipúúy　　　　'to forget'"忘记"

感知（sensation）

感知（或感知印象）动词表达的概念含有感觉，如 *see*（看见）、*hear*（听见）、*feel*（感觉）、*taste*（品尝）、*sense*（感觉）、*observe*（观察）、*smell*（闻）、*perceive*（察觉）等。与认知概念一样，涉及感知印象的场景有两个潜在的参与者。一个是**经历者**，另一个是感知的**源点**。不同的语言在语法上处理这两个参与者时存在差异。有时，**经历者**语法上被视为及物结构里的**施事**，如英语：

（46）

这里的**经历者** *we* 语法上被视为结构中的主语。而有些语言将感知的**源点**视为主语，**经历者**则以其他方式来处理。瓜伊米语（Guaymí）正是如此：

（47）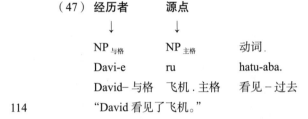

114

在这个例子里，看见飞机的人（**经历者**）以**与格**（DATIVE）形式出现。这种格在类似英语动词 *give* 描述的情境中，经常用来表达被转移物体的接受者（参看第 8 章）。视觉感知的**源点**是飞机，它以主格的形式出现。

情绪（emotion）

与认知概念一样，表示 *fear*（害怕）、*like/love*（喜欢 / 热爱）、*be angry/sad/mournful*（生气 / 难过 / 悲伤）、*be happy/joyful/pleased*（高兴 / 快乐 / 喜悦）、*grieve/mourn*（哀伤 / 悲伤）等情绪的概念需要一个**经历者**，也常常建立在诸如 *heart*（心）、*liver*（肝）、*stomach*（胃）等身体部位名词的基础上。在玛阿语（Maa）里，身体部位词语和颜色词经常连用表达情感状态（Payne and Kotikash 手稿 2004）：

（48）a. a -dɔ́（r） ɔ́ŋʉ̀

　　　　INF.SG-be.red eye.NOM

　　　　不定 . 单 – 是 . 红色的 眼睛 . 主格

　　　　'to be fierce, angry and dangerous'

　　　　"暴躁、生气、危险"

　　b. a-rɔ́k ɔ́ŋʉ̀

　　　　INF.SG-black eye.NOM

　　　　不定 . 单 – 黑色的 眼睛 . 主格

　　　　'to be envious'

　　　　"嫉妒"

    c. a-rók   táʉ̀

       INF.SG-black   heart.NOM

       不定 . 单 – 黑色的   心脏 . 主格

       'to be taciturn（not expressing emotion）'

       "沉默（不表达情绪）"

    d. a-rok-ú   óshókɛ

       INF.SG-black-INCEP   stomach.NOM

       不定 . 单 – 黑色的 – 起始   胃 . 主格

       'to become angry'

       "生起气来"

言说（utterance）

    言说动词，如 *speak*（说话）、*talk*（谈论）、*say*（说）、*tell*（告诉）、*ask*（问）、*answer*（回答）、*shout*（叫喊）、*yell*（嚷）、*whisper*（低语）、*call*（叫）、*assert*（宣称）、*imply*（暗示）、*state*（陈述）、*affirm*（证实）、*declare*（宣布）、*murmur*（细语）、*babble*（唠叨）、*converse*（交谈）、*chat*（聊）、*discuss*（讨论）和 *sing*（歌颂）等，只需要有一个**施事**，但还可能涉及一个表示说话内容的**客体**。这些动词经常显示出不规则的音系、形态和 / 或句法特性。例如，言说动词经常允许非正常的语序：

（49）a. "I'll be there in a minute," said John.

          "我很快到那儿"，John 说。

      b. "Where are we going?" asked Marilyn.

          "我们要去哪儿？" Marilyn 问。

      c. "Pop!" went the toy.

          "'砰！'玩具发出一声。"

    这些小句里，语法主语位于动词之后，而英语里大多数其他动词都不允许这样。例（49c）特别有意思，因为我们看到，典型地表达运动的动词 *go* 被用作"言说"动词（玩具"说'砰'"）。这样，它通过允许非正常的"动词 + 主语"语序而与言说动词的语法模式一致。

操控（manipulation）

    操控动词表达的概念包含一个**施事**，其运用物理的或言辞的力量使得他人做某事。例如 *force*（强迫）、*oblige*（迫使）、*compel*（驱使）、*urge*（促使）、*make*（使）、*cause*（致使）、*let*（让）、*allow*（允许）和 *permit*（准许）。*forbid*（禁止）、*prevent*（阻止）、*prohibit*（严禁）等也是操控性动词，它们表示运用力量使得某人不做某事（参看第 9 章的使成结构）。

上节旨在帮助读者形成一种意识：语义特征如何影响动词的语法行为。重要的是要记住，并非所有这些语义类别的动词在每种语言里都通过语法特征来加以区别。而且，还有更多基于语义的动词亚类，有些语言在语法上可能对它们非常敏感。这里列举的亚类代表了语义空间的"区域"，在其周围常常聚集着许多具有特定语法特性的动词。但是，动词聚集的实现方式会因语言而异。语言学家感兴趣的是与该语言有关的分类，同时小心谨慎，不把某种在他眼里看似合理、但在被描写语言里没有任何具体语法证据的分类方案强加给这种语言。

形容词

形容词（**ADJECTIVE**）能用在名词短语中指明短语里核心名词的某种属性，如颜色、大小、形状、性向（temperament）或其他**属性概念**（**PROPERTY CONCEPTS**，见 Thompson 1988）。形容词的另一个主要功能是表达动词短语的主要语义内容，例如：

（50） My holiday was *very long*. "我的假期很长。"

短语 *very long*（很长）是一个形容词短语（AP），因为形容词 *long* 决定（或投射）其分布特征（参看上文对名词短语句法核心的讨论）。整个短语又是动词短语 *was very long* 的主要部分。该动词短语的句法核心是动词 *was*。证据是，线性组合 *was very long* 具有动词短语的所有分布特征而没有形容词短语的特征。例如，不能用短语 *was very long* 修饰名词［例（51b）］，但可以用短语 *very long* 修饰名词［例（51a）］：

（51） a. That *very long book* was fascinating. "那本非常长的书很有趣。"
　　　 b. *That *was very long book* was fascinating. "* 那是非常长的书很有趣。"

例（50）中短语 *was very long* 的句法核心是 *was* 的另一个证据是，它表达了该短语所需要的所有屈折范畴（时、体、人称等）。不过，虽然 *was* 明显是该短语的句法核心，但形容词短语 *very long* 是语义核心则是可论证的，因为它表达了 VP 的主要语义内容。在某种意义上说，动词 *was*（更准确地说，是 *be* 恰当的屈折形式）的出现只是为了带上屈折的信息。它并没有增加任何实质性的意义。实际上，很多语言在这种小句里根本不用动词。

与名词、动词不同，形容词不能按照原型来描述其特性。这是因为，形容词处在名词和动词"之间"，它唤起的是属性概念，而不是事物或事件。事实上，有些语言在语法层面上并没有明确的形容词类。这些语言里，所有属性概念要么用名词要么用动词来表达。另有很多语言表达属性概念既可用名词又可用动词，这取决于它们在话语中如何使用（Thompson 1988）。

英语有一个明确的形容词类，这一点非常清楚。因为，绝大多数表示属性概念的词都不具有名词或动词的任何语法特征。例如，英语动词的语法特征包括：（1）能带过去时标记，见例（52a）；（2）在一般现在时中与第三人称单数主语保持一致，见例（52b）。名词的特征包括：（1）能带复数标记，见例（52c）；（2）能充当带有冠词、修饰语和量化词的名词短语的核心，见例（52c）和（52d）。

（52） a. He sang all evening.　　　　　　e. *He sicked all evening.
　　　　　"他唱了一整晚。"　　　　　　　　　"? 他病的了一整晚。"

　　　 b. She sings every morning.　　　　f. *She sicks every morning.
　　　　　"她每天早上唱歌。"　　　　　　　　"* 她每天早上病的。"

　　　 c. We saw thirty-five patients.　　　g. *We saw thirty-five sicks.
　　　　　"我们看见了三十五位病人。"　　　　"* 我们看见了三十五位病的。"

　　　 d. The patient is sitting on the sofa.　h. *The sick is sitting on the sofa.
　　　　　"那个病人正坐在沙发上。"　　　　　"* 那个病的正坐在沙发上。"

英语里的形容词没有任何这些特征［（52e）—（52h）］。⑥这个证据很好地说明，英语有一个语法上界定的形容词类。

副词

任何实义词汇词（参看第 1 章），如果明显不是名词、动词或形容词，一般会被放进**副词**（**ADVERB**）这个类。语义上，被称为副词的形式所涵盖的概念范围极为广泛。正因如此，它们不能按照个体化或任何其他明确的语义参数来确定。此外，有些副词作用于小句或话语层面，即它们的语义效果［或**辖域**（**SCOPE**）］不仅与短语、还与整个小句或更大的单位相关。跟形容词一样，没有原型副词。形式上，副词主要按照分布来描述。就其在小句的位置而言，副词是典型的最不受限制的词类。下面的几个小节将列举英语里各种类型的副词。正如前文描写动词亚类时所提到的，并非每种语言都显示所有这些亚类，但另一方面，有些语言也可能具有这里未被提及的副词亚类。　117

方式（manner）

任何语言里，方式副词通常都是最大的副词亚类。英语里，方式副词常常由形容词加上后缀 -ly 构成，如 *quickly*（迅速地）、*slowly*（慢慢地）、*patiently*（耐心地）、*frequently*（经常）。

时间（**time**）

时间副词包括 *yesterday*（昨天）、*today*（今天）、*tomorrow*（明天）、*next/last year/ week/month*（明 / 去年、下 / 上周 / 月）、*early*（早先）、*late*（后来）等。

方向 / 处所（**direction/location**）

表达方向和 / 或处所的副词包括如下一些：*up/downriver*（上 / 下游）、*up/downhill* （山上 / 下）、*up/down*（*ward*）（朝上 / 下）、*north*（*ward*）（朝北）、*south*（*ward*）（朝南）、 *east*（*ward*）（朝东）、*west*（*ward*）（朝西）、*left*（*ward*）（朝左）、*right*（*ward*）（朝右）、 *hither*（朝这儿）、*thither*（朝那儿）等。

示证 / 认识（**evidential/epistemic**）

示证（**EVIDENTIAL**）副词指明小句中所表达的信息的来源（例如：直接观察、 间接观察、道听途说、推理或纯推测）。英语里，示证副词包括 *apparently*（显然）、 *undoubtedly*（无疑）和 *obviously*（明显）。英语还使用似为言说或知觉动词的成分来 实现这个功能，例如 *I understand*（我理解）、*they say*（他们说）、*I hear*（我听说）、*it seems*（看起来）、*I guess*（我猜）等。

认识（**EPISTEMIC**）副词指明说话人对小句的真实性做出何种程度的表态。英 语的例子有：*maybe*（也许）、*possibly*（可能）、*surely*（当然）、*definitely*（绝对）和 *really*（的确）。有时，认识副词跟那些在话语中起**闪避**（**HEDGING**）作用的副词之间 仅有细微差别或构成一个连续统。闪避是指说话人在不能确定听话人对其话语做出何 种理解时所做出的表现。它是说话人使自己远离关于话语真实性的社会责任的一种方 式。英语里闪避副词的确切例子应该是 *sorta*（有几分）、*kinda*（有点儿）、*nstuff*（就 那样）这类固定表达式。

其他词类

名词和动词几乎总是"开放"的词类，就是说，一种语言里可能有的名词和动词 的数目理论上没有任何限制。当说话人发现有表达新概念的需要时，新的名词和动词 就会不断地加入每一种语言。大多数语言都有成千上万个名词和动词。[⑦]许多语言也有 数百个形容词和副词，尽管这两个词类似乎比名词和动词要更受限制。有些语言据报 道没有真正的形容词或者可能只有不多的几个。副词也是如此。

不过，名词、动词、形容词和副词通常被视为语言的主要词类。它们表达要交 流的信息的主要内容。这是因为，它们表达复杂多维的概念，如 *sincerity*（真诚）、 *absolutism*（绝对主义）和 *underwear*（内衣）。而次要词类里的词则常常表达非常有 限的、直截了当的概念。有时把主要词类里的词描述成对"词汇内容"或"词汇意义"

的表达。

语言通常还有几种次要词类，如代词、**助动词**（**AUXILIARIES**）、小词（particles）、连词，等等。这些词类表达的不是词汇意义，而是"语法"意义或"关系"意义。换句话说，它们的意义更限于那些界定明确的概念范畴，如（表并列的）**和**（**AND**）、**单数**（**SINGULAR**）、**过去时**（**PAST TENSE**），而不是像 *mother*（母亲）或 *yesterday*（昨天）这些复杂的词汇意义。次要词类一般是"封闭的"（closed），即任何特定的范畴其内部成员清单数目有限，界定明晰。在次要词类里增加一个成员相对困难。

下面列出语言里可能存在的一些次要词类并略举数例（大部分来自英语）。任何特定语言中的次要词类都可能少于或多于所列这些。

代词和复指附着词

代词（**PRONOUNS**）是自由形式（跟词缀不同），可单独用来填充小句中名词短语的位置。一种语言通常有好几"套"代词。这里只讨论人称代词（**PERSONAL PRONOUNS**），其他类型，包括**关系代词**（**RELATIVE PRONOUNS**）、**属格代词**（**POSSESSIVE PRONOUNS**）、**指示词**（**DEMONSTRATIVE PRONOUNS**）和**疑问代词**（**INTEROGATIVE PRONOUNS**），将在后面的章节讨论。表 4.1 是大多数英语标准变体里的人称代词。

表 4.1 英语的人称代词

		主语	非主语
单数	第一人称	I	me
	第二人称	you	you
	第三人称阴性	she	her
	第三人称阳性	he	him
	无生命	it	it
复数	第一人称	we	us
	第二人称	you	you
	第三人称	they	them

有些英语变体还增加一个代词（*y'all*、*you'ns*、*youse*、*youse guys* 等）以弥补第二人称单复数不分的情况。不过，这种变化要很长时间才能成为规范，而且肯定不如增加新名词和新动词常见。

许多语言都难以区分**代词**和**一致关系**（**AGREEMENT** 或 concord）词缀。但要牢记的是，一种语言里某个特定系统与其他语言里形式上相似的那些系统在功能上未必有什么关联，这里我们还是要给出严格的形式上的界定。举例来说，英语里自由代词与西班牙语里人称一致标记的功能大体相当。西班牙语里，动词的屈折形式足以表达一个完整的小句，如 *baila* "他 / 她跳舞"。因此我们想说，西班牙语动词上的人称标记是一种**复指手段**（**ANAPHORIC DEVICE**）。就是说，它算得上是动词主语的唯一指称形式（reference）。英语的标准变体里，动词的一致关系不能构成参与者的唯一指称形式，例如 *dances* 并不是一个完整的小句，尽管 *-s* 后缀在某种意义上 "指向"（refers to）一个第三人称单数的主语。因此，英语动词上的人称标记是**非复指的**（**NON-ANAPHORIC**）。

现在我们来比较一下代词。西班牙语自由代词很少在话语里使用，通常被描述成是 "强调的"（emphatic）或 "对比的"（contrastive），而英语代词的使用频率高得多。但是，更仔细地审视英语的人称代词之后，我们发现它确实有两类——**重读**（**STRESSED**）和**非重读**（**UNSTRESSED**）。英语话语里大多数人称代词是非重读的。如果重读，它们与西班牙语的代词有相当类似的功能，即表达某种**对比性**（**CONTRASTIVENESS**）。因此，西班牙语里含有代词的一个小句，如 *ellos vinieron*，功能上大致相当于英语里一个含有重读代词的小句 *THEY came*（"他们来了"，与别人形成对比）。西班牙语不含代词的小句 *vinieron*，大约对应于英语含非重读代词的小句 *they came*。看来，英语和西班牙语各自都有两种复指手段用于指称事件参与者。西班牙语人称标记功能上相当于英语非重读代词，而西班牙语代词相当于英语重读代词（大体而言）。这表明，相似的结构（如英语和西班牙语的代词）在话语中可以具有大不相同的功能。

复指附着词（**ANAPHORIC CLITICS**）似乎处在代词和一致词缀（agreement affixes）"之间"。形态上它们不自由——它们必须附着于另一个词（参看第 1 章）。但像人称代词一样，它们可以替代名词短语。就是说，典型情况下，要么是一个限定的名词短语，要么是一个附着形式，可在小句的特定位置指称一个参与者，但二者不可同时出现。例如在亚瓜语里，动词前的主语指称形式可以是一个实义名词短语［例（53）］，也可以是一个前附词（proclitic）［例（54）］，但两者不能共现［例（55）］：

（53）　Manungo　murrááy.　'Manungo sings.' "Manungo 唱歌。"

120　　　M.　　　唱歌

（54）　Sa-murrááy.　　　　'He sings.' "他唱歌。"
　　　　3 单 – 唱歌

（55）　*Manungo sa-murrááy.

sa- 不能单用，这个事实表明它不是一个代词。例如在亚瓜语里，不能只用 *sa* 这个形式来回答 "Who's singing?"（谁在唱歌？）这样的问题；有一个明确的第三人称单

数代词 *nii* 用在这样的语境里。另外，*sa-* 只能紧连在动词词干前，而代词（如 *nii*）则与名词短语享有同样的分布特权（即它们几乎能出现在小句的任何位置）。

此外，有很好的形态证据表明，*sa-* 一定是黏附于后面的动词。例如它受到不跨词界的形态音位规则的影响。

下面的区分通常表现在代词 / 复指附着词的词形变化上。并非所有这些区分都适合所有语言，并且还有许多此处未曾提到。

1. **人称**（PERSON）。"第一人称"指正在说话的人。"第二人称"指听话人［有时叫**受话人**（ADDRESSEE）或听众］。第一、第二人称有时合称为**言语行为参与者**（SPEECH ACT PARTICIPANTS，或 SAPs）。"第三人称"通常指任何非言语行为参与者。⑧

许多语言的第一人称有**包括式 / 排除式**（INCLUSIVE/EXCLUSIVE）之分。第一人称包括式包括说话人和听话人，但不一定包括非言语行为参与者。第一人称排除式排除听话人。

2. **数**（NUMBER）。像名词一样，代词和复指附着词有数的变化。一般说来，任何语言中所有数的类别都会在代词系统中得到例示，即便它们不适用于其他类型的名词。例如，许多语言的代词系统里有**双数**（DUAL），但实义名词短语上没有。此外，代词系统中表达的数范畴在实义名词上可能是"非强制性的"，或者只会与特定类的实义名词同现，如有生名词。

3. **性**（GENDER）或**名词类**（NOUN CLASS）。典型的性类（gender classes）包括阳性、阴性和中性或无生命。许多语言会为名词的分类提供一个更为丰富的系统，通常以形状、大小或功能为依据（参看 Craig 1986 和 Aikhenvald 2000）。这个系统常常在代词、复指附着词和所谓**分类词**（CLASSIFIERS）的特殊语素上表达出来。

4. **语法关系**（GRAMMATICAL RELATION）。主语、宾语、作格、通格（参看第 8 章）。

5. **格**（CASE）或**语义角色**（SEMANTIC ROLE）。施事、受事等（参看上面动词部分）。

6. **可识别性 / 特指性**（IDENTIFIABILITY/SPECIFICITY）。许多语言里，不同的代词用于非特指（non-specific）和 / 或非可识别的（non-identifiable）所指对象。例如，英语将 *whoever*（无论谁）、*whatever*（无论什么）、*wherever*（无论哪儿）等形式用作非特指代词。第三人称复数形式（*they*、*them*）常用来指非特指或不可识别的所指对象（参看第 9 章的无人称被动式）。 121

7. **敬语**（HONORIFICS）。不同的代词或复指附着词的运用，常常取决于言语行为参与者的相对社会地位。英语里，在某些不寻常的场合使用特殊形式来代替标准的第二人称代词 *you*。例如，在法庭这一情景里对法官说话时，使用 *your honor*（大人您）仍然是惯例。另有很多语言在日常场合也使用敬语。例如，说话方式较为随便时，标

准的西班牙语使用 *tú* 和 *te* 表示第二人称主语和宾语代词，而在更为正式的场合，*Usted* 和 *le* 更为得体。

助动词

助动词（**AUXILIARIES**，略作 AUX）有时称作"帮助性动词"（helping verbs）。它们像动词，因为它们表达的概念范畴常与动词相同。但是，它们有许多特征将其与典型的动词区分开来。首先，助动词具有语法语素而非实义词汇词的全部特征（参看第 1 章，15 页）；助动词的音位数目通常比动词少，它们组成一个很小的封闭类，表达较少的语义特征。助动词的分布特征与动词也不同，因此，将其看作一个不同于动词的类是合理的。将助动词和动词区分开来的一个主要特征是，助动词是其所在短语的句法核心，但不是语义核心（参看上文 96 页对短语的句法核心和语义核心的差别的讨论）。其他动词则一般能充当所在短语的句法核心和语义核心。

所有作为短语句法核心而非语义核心的成分必须带一个**补足语**（**COMPLEMENT**）。补足语是表达主要语义内容的成分。这很合理，因为，如果某种成分（如助动词）只表达语法意义，那它就需要依靠别的成分来表达某种交际内容，它需要别的成分来"补足"，因此叫"补足语"。例如，助动词 *will* 只表达将来时。如果不想象将来可能发生的某种场景，我们无法抽象地谈论将来时间。换句话说，下面这样的小句只能被理解为缺少某些重要的信息：

（56）Frodo will. "Frodo 将要。"

Frodo 将要什么？上面的话能用来回答 "*Who will challenge Sauron?*"（谁将要挑战 Sauron？）这样的问题，但在那种情况下，我们知道补足语是 *challenge Sauron*。没有 "将要什么东西"（*willing something*）的话，Frodo 不能抽象地"将要"（*will*）。因此，助动词以及短语的所有其他句法核心而非语义核心的成分都必须带补足语。

英语里，助动词位于补足语之前。动词通常出现在小句末的语言，如日语、土耳其语、盖丘亚语（Quechua）等，助动词位于其补足语之后。

跟许多语言一样，英语的某些动词，如著名的 *be*、*do* 和 *have*，能做助动词：

（57）Slumbat *is* sleeping. "Slumbat 在睡觉。"
Slumbat *does* need his rest. "Slumbat 的确需要休息。"
Slumbat *has* slept for three hours. "Slumbat 已经睡了三小时了。"

尽管它们还能做普通动词：

（58）Slumbat *is* a doctor. "Slumbat 是个医生。"

Slumbat *does* watercolors for a living. "Slumbat 以画水彩画为生。"

Slumbat *has* three pigs. "Slumbat 有三头猪。"

英语里另一组助动词有时被称作**情态动词**（**MODALS**）或**情态助动词**（**MODAL AUXILIARIES**），因为它们表达了说话人对所表达信息的各种态度或评价：

（59）Slumbat　　*would* encourage her to renunciate. "Slumbat　会　鼓励她放弃。"

　　　　　　　　should　　　　　　　　　　　　　　　　　　　应该

　　　　　　　　might　　　　　　　　　　　　　　　　　　　可能

　　　　　　　　must　　　　　　　　　　　　　　　　　　　必须

　　　　　　　　may　　　　　　　　　　　　　　　　　　　可能

　　　　　　　　can　　　　　　　　　　　　　　　　　　　能够

　　　　　　　　could　　　　　　　　　　　　　　　　　　可能

　　　　　　　　hasta（'has to'）　　　　　　　　　　　　　必须

　　　　　　　　oughta　　　　　　　　　　　　　　　　　　应该

　　　　　　　　will　　　　　　　　　　　　　　　　　　　将要

句法上，英语的情态助动词确实与助动词性动词（auxiliary verbs）（*be*，*do* 和 *have*）很不相同，在有些语法框架里被看作一个完全不同的词类。语法上，"将来时"助动词 *will* 属于这个类，尽管它大多用于标记时态（参看 Payne 1997，第 8 章，对情态范畴的充分描写）。第 6 章将详细讨论英语助动词的句法特征。

标补语

标补语（**COMPLEMENTIZERS**）是引导一个完整小句的词，而该小句又是另一个小句或短语的一部分。英语里出现在下面句中的非重读的 *that* 就是标补语的一个例子：

123

（60）I know *that* Elvis lives. "我知道 Elvis 活着。"

注意，句中 *that* 引导的成分本身就是一个小句。"Elvis lives"是英语里的一个非常完备的句子。第 10 章将详述这种类型的**内嵌小句**（**EMBEDDED CLAUSES**）。

附置词

像助动词一样，**附置词**（**ADPOSITIONS**）这个词类也是其所在短语的句法核心，但通常不是语义核心。正因如此，附置词必须带一个补足语以表达交际内容。附置词表达的是其补足语（有时称作该附置词的宾语）和其所在小句其他部分之间的关系。附置词可以分成前置词和后置词。英语有**前置词**（**PREPOSITIONS**），如 *on*（在……上）、*in*（在……里）、*over*（在……上方）、*through*（通过）和 *above*（在……上）。称之为前置词是因为它们出现在补足语之前：

（61） *in* the basket "在篮子里"　　　　*under* the palace "在宫殿下"

许多其他语言（包括日语）有**后置词**（**POSTPOSITIONS**）——出现在补足语之后的附置词：

（62） a. biku　　*no*　　'*of/inside/near* the fishbasket'"鱼篮的 / 里 / 边"
　　　　fishbasket　in
　　　　鱼篮　　　在……里
　　　b. kookyu　*ue*　　'*above* the palace'"宫殿上"
　　　　palace　　above
　　　　宫殿　　　在……上

第 6 章将对附置词和附置词短语做比较详细的讨论。

连词

连词（**CONJUNCTIONS**）是表达诸如 *and*（和）、*but*（但）或 *or*（或）这类关系概念（relational ideas）的小词。有时，引导**状语小句**（**ADVERBIAL CLAUSES**）的词称作**从属连词**（**SUBORDINATING CONJUNCTIONS**）。英语中 *because*（因为）、*though*（虽然）、*therefore*（因此）、*even though*（即便）和 *although*（尽管）这些词或短语就是这一类。第 10 章将讨论小句的并列（coordination）和从属（subordination）。

限定词

许多语言学理论用**限定词**（**DETERMINER**）这个术语来描述句法结构中的一个位置或"槽"（slot），而不是一个词类（参看第 6 章）。英语和其他几种印欧语里，限定词的位置靠近名词短语的开头。不过，有几种理论提出，所有语言都一定存在限定词。填充限定词槽的词用来指定（specify）、识别（identify）或量化（quantify）后面的名词短语。它们可以源自很多个词类，甚至可以是完整的短语。下面是英语的例子：

（63） a. *a* system error; *the* system error　　冠词：*a*、*the*、*an*
　　　　"一个系统错误；这个系统错误"

b. ø systematic errors; ø clean air.	零（或"空"）冠词用于
"系统错误；清洁空气"	非识别的复数名词短语、
	物质名词和专有名词

c. *this* ridiculous textbook　　　　　　指示代词：*this*、*that*、*these*、*those*
　"这本可笑的教材"

d. *each* student　　　　　　　　　　　量化词：*each*、*every*、*all*、*many*、
　"每个学生"　　　　　　　　　　　　*any*、*much*、*some*、*few* 等

e. *either* end
　"每一端"

f. *What* fingerprints?　　　　　　　　某些疑问词
　"什么手印？"

g. *My* fingerprints.　　　　　　　　　属格代词和名词短语
　"我的手印。"
　Aileron's fingerprints
　"*Aileron* 的手印"
　The Queen of England's crown
　"英国女王的皇冠"

h. *You* linguists, *We* intellectuals　　某些人称代词
　"你们语言学家，我们知识分子"

与助动词和附置词一样，限定词应是所在短语的句法核心。理由是，在区分限定的名词短语（带限定词的名词短语）和"非限定的"名词短语的语言里，这两者具有不同的句法特征（参看第 6 章对英语限定词、限定的名词短语的进一步讨论）。

小词

小词（**PARTICLES**）是"小的"、无屈折变化的词或附着词，常常表达与时、体、**情态**（**MODE**）、示证性、话语结构相关的信息或其他细微的意义差别。例如，英语里有几个可以出现在动词短语里的小词（参看第 6 章）：

（64）You shine *up* like a new penny.　（*up* 表示行为充分完成）
　　　"你像枚新硬币那样发光。"
　　　Aileron will *not* wear that dress.　（*not* 是否定小词）
　　　"Aileron 将不穿那条裙子。"
　　　I want *to* raise turnips.　　　　　（*to* 是"不定式小词"）
　　　"我想种芜菁。"

还有一些作用于小句层面：

（65）That's her, *um*, friend.　　　　　（*um* 是"表迟疑小词"）

"那是她的，嗯，朋友。"

So, what are you doing this summer?（*so* 是话语组织小词）

"那么，这个夏天你在做什么？"

You're going to Toronto, *eh*?　　　　（*eh* 是是非问小词）

"你要去多伦多，呃？"

许多语言里，小句层面的小词广泛用在话语中来组织信息流。这些小词总是靠近小句的开头，或出现在小句的最末尾，很难用一致的方式对它们进行注解［参看（65）所例示的小词 *so* 的用法］。下面这些引自亚瓜语文本的例子例示了三个话语组织小词125 *jį́įta*、*niy* 和 *dáy*：

（66）a.

Núú	jį́įta	tạạry-į́į.
one	JIITA	return-NOM:AN
一个	JIITA	回来－主格：有生

'One of them returned.'

"他们中的一个回来了。"

b.

Níi	niy	jį́įta	mísa	dáy.
3SG	NIY	JIITA	heal	DAY
3 单	NIY	JIITA	治愈	DAY

'HE got well.'

"他治愈了。"

c.

Núú	jį́įta	jaa-ñuvį̈į̈	tį̇įtáju	roorí-vï̈ïmú-ju̇.
one	JIITA	enter-ARR1	all	house-inside-towards
一个	JIITA	进入－到达 1	全部	屋子－里面－向

'One went right into the house.'

"一个人直接走进屋子。"

d.

Níi	NIY	jį́įta	díiy	tį̇įtáju.
3SG	NIY	JIITA	die	all
3 单	NIY	JIITA	死	全部

'HE died completely.'

"他彻底死了。"

jį́įta 的用法表明，每个小句都描述了故事中的一个重要的相续事件。小句（66b）和（66d）中出现的小词 *niy* 加强了两个人物之间的对比，这与英语代词上的额外重音相似。最后，（66b）中的 *dáy* 把这篇引文中的两个部分从中分开。它表明，说话人不仅将两个人物进行对比，而且对两人身上所发生的两个不同事件进行对比。由于这些意义难以通过简明的"一个语素对一个语素"的注解方式来"获取"（capture），我们就

用小型大写字母简单地重复这些语素的形式，尝试对它们做出"注解"。对那些特别难以驾驭的语素来说，这也许是一种可以接受的权宜之计。不过，随着对某一语言的研究不断进展，语言学家总会力求为所有语素都提供简明而深刻的注解。

第 4 章概念提要

Ⅰ．每种语言都有主要词类和次要词类。所有语言（至少在话语层面上）都有名词和动词。绝大多数语言还有形容词和副词。名词、动词、形容词和副词是四种主要词类。所有语言都还有几种"小的"或"次要的"词类，如代词、连词和小词。

Ⅱ．典型的名词指称信息世界事件中的参与者，它们一般不会在时间进程中发生重大变化。名词可据其语法特征从语法上进行界定。

名词可以分出语义促动的亚类。名词亚类中典型的语义区别包括：

- 可数与物质
- 专有与普通
- 可领属与不可领属
- 可让渡领属与不可让渡领属
- 生命度
- 性

126

Ⅲ．典型的动词指称行为或事件。动词可据其语法特征（分布上的和结构上的）从语法上进行界定。

Ⅳ．语义角色指在信息世界事件中参与者所扮演的角色，它们与那些事件的任何语言表达都大不一样。基于动词所描述的场景中参与者的语义角色，动词常常分成不同的"亚类"。

Ⅴ．形容词一般表达"属性概念"，但可根据其语法特征进行语法上的界定。并非所有语言都有从语法上界定的形容词类。

Ⅵ．副词具有丰富的语义内容，它们不属于前三种主要词类中的任何一种。

练习

练习 4.1：乔第语（Chorti'）

根据 England（1988）改编

1. kotor	'kneeling'	7. pakar	'drunk'
2. wa'rwa'r	'always standing'	8. sitz'sitz'	'like a boy'
3. tzi'i'	'dog'	9. rumrum	'full of dirt'
4. rum	'dirt'	10. lukur	'hanging'
5. ja'	'water'	11. sitz'	'boy'
6. lukurlukur	'always hanging'	12. ja'ja'	'soaked'

13. ji¹	'sand'	17. ji¹ji¹	'full of sand'
14. tuntun	'hard, like rock'	18. wa¹r	'standing'
15. kotorkotor	'always kneeling'	19. tzi¹i¹tzi¹i¹	'like a dog'
16. pakarpakar	'always drunk'	20. tun	'rock'

A. 乔第语属于什么语系？

B. 在这些材料中，你看出什么样的形态过程？请具体说明。

C. 上面这些例子里出现了三个词类，这三个词类是什么？请证明你给出的这些词的类别，并且针对每一类，描写由材料显示出的那一种形态模式所表达的那个（或那些）概念范畴（换句话说，根据词根所属词类的不同，所表达的概念范畴可能是不同的）。

练习 4.2：阿皮纳热语（Apinajé）

Ronnie Sim

127	1. kukrẽ kokoi	'The monkey eats.'
	2. kukrẽ kra	'The child eats.'
	3. ape kra.	'The child works.'
	4. kukrẽ kokoi ratš	'The big monkey eats.'
	5. ape kra mɛtš	'The good child works.'
	6. ape mɛtš kra	'The child works well.'
	7. ape ratš mɨ mɛtš	'The good man works a lot.'
	8. kukrẽ ratš kokoi punui	'The bad monkey eats a lot.'
	9. ape punui mɨ piŋetš	'The old man works badly.'
	10. ape piŋetš mɨ	'The man works a long time.'

A. 阿皮纳热语（也叫 Apinaye 语）在哪里使用？有多少人说这种语言？

B. 将这些材料中的所有语素列举出来并加以注解。

C. 阿皮纳热语里的形容词和副词如何区别（如果有区别的话）？

练习 4.3：英语的词类

Tom Payne

下面是英语的 10 个词干。你的任务是尽可能确定这些词干所能分出的具有语法区别的词类及其亚类的数目和性质。作为问题核心的这 10 个词干是：

1. destroy	4. suspicious	7. hair	10. cry
2. destruction	5. very	8. slice	
3. sympathy	6. owe	9. block	

下面的材料例示了这些词干在各种形态句法环境，包括许多不合语法的环境（星号标记）里的用法。这些材料能使你识别出可以区分词类及其亚类的形态句法特征。运用本章所描述的分析方法，识别出这些词类和亚类。重要的是要为你的分析提供证据，因为这个问题可能有不止一种"正确的"解决办法。

1. destroyed
2. *destructioned
3. *sympathied
4. * suspicioused
5. *haired
6. *veryed/*veried
7. owed
8. cried
9. sliced
10. blocked
11. *three destroys
12. ?three destructions
13. *three sympathies
14. *three suspiciouses
15. three hairs
16. *three verys/veries
17. *three owes
18. three cries
19. three slices
20. three blocks
21. *very destroy
22. *very destruction
23. *very sympathy
24. very suspicious
25. *very hair
26. *very owe
27. *very cry
28. *very slice
29. *very block
30. completely destroy
31. *completely destruction
32. *completely sympathy
33. completely suspicious
34. *completely hair

35. *completely very
36. ?completely owe
37. ?completely cry
38. completely slice
39. completely block
40. destroy an apple
41. *destruction an apple
42. *sympathy an apple
43. *suspicious an apple
44. *hair an apple
45. *very an apple
46. owe an apple（a dollar/a favor...）
47. *cry an apple（a dollar/a favor...）
48. slice an apple
49. block an apple（as it flies）
50. *a lot of destroy
51. a lot of destruction
52. a lot of sympathy
53. *a lot of suspicious
54. a lot of hair
55. *a lot of very
56. *a lot of owe
57. *a lot of cry
58. *a lot of slice
59. a lot of block
60. She is destroying it.
61. *She is destructioning it.
62. *She is sympathying it.
63. *She is suspiciousing it.
64. *She is hairing it.
65. *She is verying it.
66. ?She is owing it.
67. *She is crying it.
68. She is slicing it.

128

69. She is blocking it.
70. *their destroy
71. their destruction
72. their sympathy
73. *their suspicious
74. their hair
75. *their very
76. *their owe
77. their cry
78. their slice
79. their block

80. *the obvious destroy
81. the obvious destruction
82. the obvious sympathy
83. *the obvious suspicious
84. the obvious hair
85. *the obvious very
86. *the obvious owe
87. the obvious cry
88. the obvious slice
89. the obvious block

练习 4.4：玛阿语（Maa）的词类

Doris Payne and Tom Payne

下面是玛阿语［东非肯尼亚、坦桑尼亚马赛人（Maasai）、桑布鲁族（Samburu）以及其他某些族群使用的语言］的 11 个词根。你的任务是尽可能确定这些词根所分出的具有语法区别的词类及其亚类的性质和数目。我们对这些词根所唤起的概念给出了粗略的英语描写作为注解，尽管有些词根本身不能充当完整的词。作为问题核心的这11 个词根是：

1. ayíónì   'boy'
2. dɔ   'red'
3. duŋ   'cut'
4. nyɔrr   'like, love'
5. ŋirô   'grayish-brown'
6. kɪtí   'small, young, little（amount or size）'

7. olêŋ   'very'
8. or   'sweep'
9. Pir   'fat'
10. sídáí   'good'
11. títo   'girl'

下面的材料例示了这些词根在各种形态句法环境，包括许多不合语法的环境（星号标记）里的用法。运用本章所描述的分析方法，识别出这些材料所显示的一些词类和亚类。重要的是要为你的分析提供证据，因为可能有不止一种"正确的"解决办法。

注：ɔ(l)- 和 o(l)- 是语法上表阳性的前缀。ɛ(n)-、e(n)- 和 ɛnk- 是语法上表阴性的前缀。á- 表示"1SG 主语"（第一人称单数主语）。任何声调的差异都跟本练习无关。

1. ɛnkayíónì   'a little boy'
2. ɔlayíónì   'a boy'
3. entíto   'a girl'

4. oltíto　　　　　　　　　　'a huge oafish girl'（offensive）

5. entíto ayíònì　　　　　　　'a boyish girl'

6. *entíto nayíònì　　　　　　（'a girl that is boyish'）

7. *ɔlayíònì títo　　　　　　　（'a girlish boy'）

8. árá ɔlayíònì　　　　　　　'I am a boy'

9. *ɔlayíònì olêŋ　　　　　　（'a very boy'）

10. esìdáí　　　　　　　　　　'a good（fem.）thing'

11. osídáí　　　　　　　　　　'a good（masc.）thing'

12. entíto sídáí　　　　　　　'a good girl'

13. *entíto násídáí　　　　　　（'a girl that is good'）

14. *esídáí títo　　　　　　　（'a good girl'）

15. *osídáí ayíònì　　　　　　（'a good boy'）

16. árá sídáí　　　　　　　　'I am good'

17. sídáí olêŋ　　　　　　　　'very good'

18. eŋirô　　　　　　　　　　'donkey' / 'a brownish-gray one'

19. ɔlayíònì ŋirô　　　　　　　'a dirty boy'

20. *entíto naŋirô　　　　　　（'a girl that is dirty'）

21. árá ŋirô　　　　　　　　'I am brownish-gray'

22. etóŋírònò　　　　　　　　'It became brownish-gray'

23. ŋirô olêŋ　　　　　　　　'very brownish-gray'

24. ɛnkɪtí　　　　　　　　　'a small/young one'

25. entíto kɪtí　　　　　　　'a small/young girl'

26. *entíto nakɪtí　　　　　　（'a girl that is small/young'）

27. ɛnkɪtí ayíònì　　　　　　'a small/young boy'

28. árá kɪtí　　　　　　　　'I am small/young'

29. kɪtí olêŋ　　　　　　　　'very small'

30. *enduŋ/*olduŋ　　　　　（'a cut/cutting'）

31. *entíto duŋ　　　　　　　（'a cutting girl'）

32. entíto nádúŋ　　　　　　'a girl that cuts'

33. *enduŋtíto　　　　　　　（'a cut girl'）

34. *árá duŋ　　　　　　　　（'I am cut' / 'I am a cut thing' / 'I am a section'）

35. árá endúŋótó　　　　　　'I am a section'

36. átúdúŋò　　　　　　　　'I have cut it'

37. âdúŋítò　　　　　　　　'I am cutting it'

38. *adúŋu　　　　　　　　（'I will start/begin to cut'）

39. ádúŋolêŋ　　　　　　　'I cut a lot'

40. *ɛnyɔrr　　　　　　　　（'a/the love'）

41. *entíto nyɔrr　　　　　　（'a loving girl'）

42. entíto nányɔ́rr　　　　　　'a girl that loves'

130

43.	*ɛnyɔrr títo	('a loving girl')
44.	*árá nyɔrr	('I am love/loving')
45.	árá ɛnyɔrrátá	'I am love'
46.	átɔ́nyrrà ɔlayíónì	'I (have) loved the boy'
47.	*ányɔ́rrítà	('I am loving it')
48.	enyɔ́rrù entíto	'She will begin to love the girl'
49.	ányɔ́rr olêŋ	'I love a lot'
50.	*ɛndɔ/*ɔldɔ	('a red one')
51.	*entíto dɔ	('a red girl')
52.	entíto nádɔ́	'a girl that is red'
53.	*ɛndɔ títo	('a red girl')
54.	*árá dɔ	('I am red')
55.	ádɔ́	'I am red'
56.	átɔ́dɔ́rɔ́	'I have become red'
57.	*ádɔ́rɨtà	('I am being red')
58.	ádórù	'I will become red'
59.	ádɔ́ olêŋ	'I am very red'
60.	*empir/*ompir	('the fat one')
61.	empirón	'fatness'
62.	*entíto pir	('a fat girl')
63.	entíto nápír	'a girl that is fat'
64.	*ɛmpir títo	('a fat girl')
65.	*árá pir	('I am fat')
66.	ápír	'I am fat'
67.	átópírò	'I have become fat'
68.	*ápírítò	('I am being fat')
69.	ápírù	'I will become fat'
70.	ápír olêŋ	'I am very fat'
71.	eorét	'broom'
72.	entíto náór	'the girl that sweeps'
73.	átóórò	'I swept'
74.	áórítò	'I am sweeping'
75.	*áórù	('I will start to sweep')
76.	áór olêŋ	'I sweep a lot'

练习 4.5：英语动词的论元结构

Tom Payne

A. 请给出能适合下面每个框架的 3 个英语动词的例子（一共用 9 个不同的动词）：

a. Carlos ＿＿＿ his way through the PhD program.

b. ＿＿＿

c. ＿＿＿

d. Aileron ＿＿＿ the tissue off the table.

e. ＿＿＿

f. ＿＿＿

g. These papers ＿＿＿ easily.

h. ＿＿＿

i. ＿＿＿

B. 给出例 a、d 和 g 中 *Carlos*、*Aileron*、*the tissue* 和 *these papers* 的语义角色和语法关系。

C. 上面你已经提供了 9 个动词，请为每一个动词另造一个句子，将该动词用于一个不同的论元结构。换句话说，每一个动词使用的语义角色和语法关系的配置（arrangement）要与第一次的 9 个例子不同。指出你所给出的每一个新例子中主语和宾语论元的语义角色。

131

附注

① 有些语言学家认为，有些语言对名词和动词不做区分。有些语言似乎确实有极少数词根本身就是名词或动词两可。但是，我相信所有语言学家都会同意，在所有语言的句子结构层面，名词和动词都是重要的类别。换句话说，当一个词用在某种语境里时，它就能被划定为名词、动词或其他什么词类。正因如此，名词和动词是普遍重要的概念。本书的观点是，词类的区分要根据词在语境中的形态句法特征。有时，即使脱离任何特定的语境，词根本身也能够分出类别，但这无论如何都不是本质的或普遍的。

② 尽管很有可能将专有名词用作非独一无二的普通名词，例如："my Canada"（我的加拿大）、"it's not the Canada I used to know"（这不是我所知道的加拿大）和 "there are really two Canadas"（的确有两个加拿大）。

③ 我用"想象的"（imaginary）来指"由心理意象组成的"。这并不等同于"不真实的""错误的"或"不重要的"。任何进行交流的信息在可以用语言表达之前都必须被想象，即在人们的头脑里被概念化。如果这个概念化主体想用语言中的一个话段来表达一个概念，这个话段的形式将取决于概念化场景中的角色和关系，正如任何工具的形式取决于它要实现的功能一样。正是这种概念化的场景（而不是任何直接的客观现实）影响和/或决定语言中话段的形式。

④ 参看 DeLancy（1990）对**施事**的另一个定义。我认为，DeLancy 将**施事**界定为"小句中的第一个**致事**"本质上兼容了 Fillmore 的定义加上"信息世界"的概念。就是

说，在小句这个语言单位里，信息世界的场景被视点化了（perspectivized）。只要"行为的发起者"等同于"第一个**致事**"，且信息世界的场景等同于"小句"，那么这两个定义就几乎是互为重述。

Foley 和 Van Valin（1984）描述了**施动者**和**遭受者**这两个"大角色"（macro-roles）之间的功能连续统。在经典的格语法观点里，典型的**施动者**是**施事**，典型的**遭受者**是**受事**。这就是他们的方法，这种方法一方面维持了客观主义者对**施事**和**受事**的界定，另一方面又解释了这些角色在语法表达上的变异性。

⑤ 这些动词的及物用法都是使成式（causatives）。这些都是行为 – 过程动词，下文将有描述。

⑥ 英语的有些场合，形容词被用作名词，例如 *The poor will always be with you*（穷人将永远和你在一起），或者用于省略的表达形式，例如 *Would you like to try the white or the red?*（你要试试白的还是红的？）

⑦ 有些语言，如查菲基语（Tsafiki，Dickenson 2004）和卡拉母语（Kalam，Pawley 1987），似乎是这一概括的明显例外。据报道，这两种语言，或许还有世界上其他少数几种语言，只有一个很有限的动词类。复杂的概念通过构建动词链（strings of verbs）或用一个真正的动词（这种动词数目很小）结合助动词或状语成分来表达。

⑧ "第四人称"这个术语已经以各种方式在文献里使用。以前使用这个术语来描述的功能中，没有一种是本书采用的其他术语所未涵盖的。因此我们将不再评述这一术语的各种用法。

132

第5章
探索亚类

上一章提到，每种语言的主要词类都有亚类。当某个词类中的一些词干跟别的词干具有不同的语法特征时，亚类就会存在。亚类的存在有很多原因，这些原因对第一次了解某种语言的语言学家来说可能并不明显，因此，确定亚类是什么，并在可能的情况下确定其**动因**（**MOTIVATIONS**），即亚类为什么存在，这是语法分析的内容。我们在下一节将看到，有些亚类由结构促动，另一些由功能促动。有些由结构和功能共同促动，还有一些没有什么明显的动因。

基于结构的亚类划分实例来自西班牙语动词的三种**动词变位类**（**CONJUGATION CLASSES**）。根据动词的不定形式是否以 -ar、-ir 或 -er 收尾，西班牙语的动词带上不同的词尾。并没有一项或一组意义特征与这几种亚类相关联。基于功能的亚类划分的实例来自英语那些确切的零形复数名词，如 deer（鹿）、fish（鱼）、elk（驼鹿）、sheep（羊）等。这些零形复数名词之间没有明显的结构相似性，不过它们有意义或功能的关联——这些名词中的绝大多数都指传统上被猎食的动物。另外，英语名词里带 -en 表示复数的这个类［oxen（牛）、children（小孩）及其他几个词］既没有结构的动因，也没有功能的动因。这只不过是英语早期阶段的历史遗留。

从语义的角度来看，词库中的亚类划分系统通常是很"不规则的"。这是因为，自然语言并不是语言学家发明的。尽管语言学家很想用整齐的范畴和规则来描述语言的结构模式，但现实是语言会遵循自身的路径。这些路径是隐喻的、历史的，有时是变幻莫测的。虽然交际的发生需要一些规则性和可预测性，但真实的语言很少像语言学家、语言教师和语言学习者所期望的那样有规则。

"几分结构的""几分功能的"以及"几分变幻无端的"名词亚类划分的好例子就是西班牙语的性系统。传统语法认为，西班牙语的绝大多数名词不是"阳性"就是"阴性"。这种基于语义的亚类划分对于那些生来非雄即雌的有生所指对象来说比较管用。133 但是，它同样适用于那些根本没有生物性别（biological sex）的无生所指对象，[①]如书、岩石、云和地面。"阳性"和"阴性"在西班牙语里是非常重要的**语法**亚类，因为一个名词是阳性还是阴性决定名词短语中形容词、冠词和其他成分如何与其一致，尽管语义上它不一定指某个具有生物性别的事物。实际上，一个词语法上的性和它所指对象的生物性别可能相反。例如 *persona*（人）这个词在语法上总是阴性的，即使在指男性的时候：

（1） El   es   un-a   person-a   buen-a.
　　 3SG.MASC   is   a-FEM   person-FEM   good-FEM
　　 3 单 . 阳性   是   一个 – 阴性   人 – 阴性   好 – 阴性
　　 'He is a good person.'
　　 "他是一个好人。"

因此，亚类的存在有很多交叉的原因。这一章我们将逐步展示所有语言中存在的语言单位亚类的分析过程，并为识别各种亚类提供一些分析方法和术语。

有时，动词的亚类称作**动词变位类**（**CONJUGATION CLASSES**），名词的亚类称作**名词变形类**（**DECLENSION CLASSES**）。这些术语来自古典传统（古代梵语、希腊语和拉丁语的研究），不同的语言学家和语法学家使用这些术语时存在细微差别。虽然本书经常坚持使用"名词亚类"和"动词亚类"这些术语，但了解前面说的这些术语非常重要。其他词类也会有亚类，但分析名词和动词亚类的相关原则同样适用于其他词类。

方法论

语言学家第一次观察一些材料时，他所做的第一件事就是确定有没有亚类。有没有一种模式适合材料里的所有形式，或者，材料里的某些词根或词干表现出一种模式而其他的则表现出另一种模式？语法特征大不相同的词很可能属于不同的词类或亚类。确定了每个亚类的语法特征，就可以解释其**动因**（**MOTIVATION**）或提出该亚类之所以存在的合理假说。亚类存在的动因有三大类：

结构动因——与词根和其他语素的形式［辅音、元音、**音节结构**（**SYLLABLE STRUCTURES**）和自主音段特征］有关的动因。

134　　功能动因——与语素的意义或它们在句子和会话中如何使用有关的动因。

变幻无端（capriciousness）——实际上是历史的偶然，但由于语言里一切都是历史的，"变幻无端"对这些因素来说可能是个更具描写性的标签。语言总是"喜欢有难度"，或者显得很难。

下面几段，我们将更多地使用一些英语动词和俄语名词的例子，说明如何去梳理这些不同的促动因素。

现代英语里，动词的最大亚类是通过某个词形为 *-ed* 的后缀来表达过去时。但是，还有几个更小的亚类带不同的过去时形式。表 5.1 例示了一些这样的**次类**（**MINOR CLASS**）动词。

表 5.1　英语的一些次类动词

"dive" 类	"grow" 类	"drink" 类	"不规则" 类
dive/dove（跳水）	grow/grew（生长）	drink/drank（喝）	hit/hit, cut/cut, fit/fit（打，切，适合）
drive/drove（驾驶）	know/knew（知道）	sink/sank（下沉）	eat/ate（吃）
strive/strove（奋斗）	throw/threw（投掷）	sing/sang（唱歌）	is/was（是）
ride/rode（骑）	blow/blew（吹）	ring/rang（鸣响）	go/went（去）
write/wrote（写）		sit/sat（坐）	win/won（赢）
smite/smote（猛击）		swim/swam（游泳）	run/ran（跑）
		stink/stank（发臭）	fly/flew（飞）
			come/came（来）
			lose/lost（丢失）
			choose/chose（选择）

　　面对这种材料，我们首先想弄清的就是，所有这些明显的次类词干能否由主类词干通过某种形态音位规则派生出来，并因此而被并入该主类。换句话说，能否从 lose /luz/ 加上主类的过去时后缀 {-d} 派生出一个 lost /lɔst/ 的形式？与第 3 章中讨论的所谓**清化**（**DEVOICING**）的形态音位规则将预期的 /lʊkd/ 变成 /lʊkt/ 一样，也许有某种形态音位规则将预期的 /luzd/ 变成 /lɔst/。

　　为完成这项工作，我们需要一个规则，将词干 /luz/ 末尾的 /z/ 和过去时后缀 /d/ 都清化，然后还需要另一个规则将词干的元音 /u/ 变成 /ɔ/。但是，有个很好的理由表明这些不可能是英语的形态音位规则——其他以 /-uz/ 收尾的动词不受这个规则的制约，例如动词 choose /tʃuz/ 和 bruise /bruz/（挫伤）。请记住，如果某种变异形式是特异的（只出现于一种情形），它就不是一个模式，因而不能成为该语言的语法规则。这样，lose 的过去时形式只能被描述为那个特定动词的一条词汇性（内在的）特征。

　　有人可能说，lose/lost 是个动词的次类，它只有一个成员。但是，这并没有多大用处。记住，语法分析旨在精确地表征或复制说话人对该语言的无意识的知识。人本质上是懒惰的，他们不可能在记忆中储存两条或三条专门的规则，只用来解释一个形式。为什么不直接储存那个过去时形式而忘掉那些规则呢？

　　前三列次类动词似乎确实遵循某些模式。虽然没有自然的方式从次类动词的词干添加规则的过去时后缀 {-d} 派生出其过去时形式，但每一类内部都有一些规律性。这样，次类动词都必须有只为它们而设的特殊规则。到了什么程度我们才可以认为某个变异形式不再是特异的而开始成为一种模式呢？两个例子？三个？

　　这个问题没有绝对的答案，尽管有时可以通过将一个存疑的模式用于新的或无意义的形式来搜集证据。例如，"drink" 类动词似乎遵循下面所表述的模式：

135

（2）如果词根里的元音在现在时中是 ɪ，那么它在过去时中是 æ。

第1章提到，这种模式是有其逻辑的，证据是，儿童会将这个规则用于成人知道不该用的场合：*I brang my new toy*（我带来了我的新玩具）。而且，如果我们发明一个遵循这种模式的新动词，比如 *ming*，我们就很容易想象，其过去时要么是 *mang*，要么是 *minged*。

那么，"grow"类的情况如何？运用某种表述为"词根元音 /o/ 在过去时中变成 /u/"的规则是不是也有其逻辑？你听过儿童说 *It snew last night!*（昨夜下雪啦！）（通过 *grow/grew*、*blow/blew* 等将 *snow* 类推成 *snew* 的一个假想的构形）吗？或者，我们能想象一个毫无意义的动词，比如 *trow*，派生其过去时 *trew* 吗？在我这个英语母语者听来，这与 *brang* 或 *mang* 不大可能一样，尽管这或许存在争议。如果我是对的，那么，"grow"类并没有显示出一种模式，因此它只是一个需要单个记忆的形式的清单。上面这种做法的意义只为表明，模式和清单之间实际上有一个连续统。各类别的次类词干有时遵循自身的规则模式，有时是一个必须记忆的清单，有时有点像模式又有点像清单。区分这两者有时是一种艺术。

在清查完是否有词干的次类可通过并入其他的类而被清除之后，我们再来看某一136 次类词干的形式在音系上是否有共同之处。如果有，我们就要尽可能清楚地对这种音系共性（phonological commonality）进行描述。例如，我们会发现，"dive"类动词都是单音节动词，其中**双元音（DIPHTHONG）** /ay/ 是核心，且都以一个辅音收尾。但是，并非所有具备这种形式的动词都属于"dive"类，如 *bite/bit*（咬）、*light/lit*（点燃）、*fight/fought*（战斗）、*griped/griped*（抱怨）等。因此，这并不完全是一个音系决定的动词类。这个类的所有成员都以 /-ayC/ 收尾（这里的 C 代表任何辅音），但并非所有这种形式的动词都属于这个类。这样，该类的每个动词在词库里必须专门加以标记。这意味着，说话人就必须记住这些动词过去时的特殊表现。

如果在某类形式的成员里找不到音系共性，我们接着就要找语义共性。在表 5.1 所列举的英语动词里，我想我们不会在任一类中找到任何语义一致性。比方说，并非某个类中的所有动词都是及物动词、不及物动词、位移动词、静态动词，等等。

但是，英语名词有基于语义的词干类。表 5.2 列举了英语某些次类名词的单复数形式。

表 5.2　英语的一些次类名词

"mouse" 类	"零形式" 类	"不规则" 类
mouse/mice（老鼠）	fish/fish（鱼）	child/children（孩子）
louse/lice（虱子）	sheep/sheep（绵羊）	person/people（人）
	deer/deer（鹿）	woman/women（女人）
	elk/elk（驼鹿）	man/men（男人）
	moose/moose（驼鹿）	ox/oxen（牛）
	antelope/antelope（羚羊）	
	buffalo/buffalo（水牛）	

观察这些类，我们发现，似乎具有音系一致性的唯一类别就是 "mouse" 类（*mouse* 和 *louse* 押韵）。不过，这个类显然只有两个词干，其他许多具有类似形式的名词并不属于这个类，如 *grouse*（松鸡）、*blouse*（上衣）和 *spouse*（配偶）。另外两类似乎并没有任何音系一致性。但是，如果考虑其意义，我们确实看出一些有趣的模式。例如，"零形式" 类名词都指动物。但并非所有指称动物的名词都属于这个类。尤其是，*mouse*、*louse* 和 *ox* 都不是，同时还有许多表动物的名词属于主类 [*cow*（牛）、*horse*（马）、*duck*（鸭）、*bird*（鸟）、*dog*（狗）、*cat*（猫）等]。哪类动物带零形式复数？不错，从某种程度上说，它们都是传统上被渔猎的动物。农养动物和非狩猎野生动物总体上都不属于这个类。那么，*sheep*（绵羊）呢？绝大多数绵羊都是驯养动物，但是为了复数形式的构成，它们似乎又落入狩猎动物类。这可能被看作一种不规则，或者，这也 137 许是一种追溯到英语文化早期阶段的返祖现象（throwback），那时绵羊主要还是狩猎动物。

语义决定的类通常都有例外。有些例外是**有动因的**（MOTIVATED），即讲得出道理，有些是没有动因的。例如，亚瓜语（Yagua）的有生（活的、可以活动的，如动物和人）和无生事物之间有一个非常清楚的形态区别。但是，菠萝、岩石和扫帚却归属于有生类。我们一直想找出促动因素，但亚瓜语中菠萝、岩石和扫帚为何归入有生类，其原因因无历史记载而消失无踪，我们将永远不能得知真正的原因。

实际上，一旦确定有真正的亚类（不能根据形态音位规则归入其他类别的类），有时就会用到**异缀交替**（AFFIX SUPPLETION）这个术语，又叫**异形变体**（SUPPLETIVE VARIANTS）或**异形语素变体**（SUPPLETIVE ALLOMORPHS）。这些术语和 "异干交替"（stem suppletion）相似，后者是一种词汇表达，在第 1、2 章中讨论过。虽然这两类术语之间存在有趣的联系，但它们确实有某种很不相同的含义。

作为一种词汇表达类型，"异干交替"是表达概念范畴的一种方式。比如，我们还记得，称作"过去时"的概念范畴，在英语动词 *go* 上通过异干交替来表达。该动词的过去式是 *went*，这与词干 *go* 截然不同。我们绝不能（合理地）认为，有一个形态音位规则从 *go*+*ed* 派生出 *went*（尽管有人这样尝试）。

另一方面，"异缀交替"这一术语则指一个概念范畴在不同的亚类中用两个完全无关的词缀来表示。例如，英语名词 *ox* 属于一个很小的亚类，其复数后缀是 |-ən|，*oxen*。就像 |-s|、|-ɪz| 和 |-z| 一样，|-ən| 这个形式是**复数**语素的一个变体。但是，|-ən| 不会与其他所有变体有任何音系上的联系。因此它是一个异干语素变体——它不能像其他变体一样从同一个"底层形式"派生出来。另一方面，词干 *go* 和 *went* 则代表不同的概念范畴（非过去和过去时），因此它们互相不是语素变体，只是异形交替的词干。

因此，"异形交替"（suppletion）和"异形交替的"（suppletive）常指一个形式替换另一个语音上完全不同的形式。但是，如果两个形式表达不同的概念范畴，那就是所谓"异干交替"这种词汇表达类型。如果两个不相似的词缀表达相同的概念范畴，却属于不同亚类的词干，那就是"异缀交替"。

现在来看一个处理名词变形的问题。请考察下面的俄语词（转写成罗马字母——符号 *y* 代表高、央、不圆唇元音，*j* 代表硬腭滑音）：

（3）　俄语单数名词：

主格	属格	工具格	注解
a. žénščina	žénščiny	žénščinoj	'woman'"女人"
b. sýn	sýna	sýnom	'son'"儿子"
c. máma	mámy	mámoj	'mom'"妈妈"
d. brát	bráta	brátom	'brother'"兄弟"

目前还不必过分担心这些"格"是什么意思，只要把它们当作不同概念范畴的标签就可以了。观察这些材料，我们会注意到，这些格是用后缀表示的。但是，对于任何一个特定的格，并非所有词的后缀都相同，因此，我们可能怀疑这是不同的词干类。分析的第一步是确定与每个类对应的形式特征。运用我们所熟悉的寻找形式变异和功能变异之间对应关系的系统，我们提出下面的类别：

（4）

	主格	属格	工具格
Ⅰ类［例（3a）和（3c）］	-a	-y	-oj
Ⅱ类［例（3b）和（3d）］	-∅	-a	om

我们可非正式地把这些看作"a、y、oj 类"和"零形式、a、om 类"。

　　既然已经按照其形式描述了这些类的特征，那么我们就想知道能否根据某种规则的形态音位模式将它们缩减到一个类。为此，我们首先必须提出一个规则将 Ⅱ 类词干中的主格 -a 删除。但是 Ⅱ 类词干中有什么可将 -a 删除呢？确实没有。尤其是，例（3a）和（3b）的词干都以相同的语音收尾。如果有一个规则删除了（3b）中的 -a，那它为什么不能同样用于（3a）？接下来，我们必须写出将 -y 变作 -a（反之亦然，这取决于我们将哪个形式定为底层形式）以及将 -oj 变作 -om（反之亦然）的规则。这些似乎都是很不合理的规则。看来，我们可能需要更多的材料，但我有点怀疑是不是能为这些不同的类找到形态音位的动因。

　　是不是语义动因呢？有可能。相对于"儿子"和"兄弟"，"女人"和"妈妈"的意义有什么共同之处？哈？！生物性别是决定名词亚类的一个最常见的语义参数。在俄语里发现它我们应该一点也不惊讶，因为俄语是一种印欧语，而印欧语通常都有一个基于有生所指对象性别的名词性类系统，尽管这个系统很不严格。[②]

　　这样，我们可以（尝试性地）把 Ⅰ 类重新命名为"阴性"，把 Ⅱ 类命名为"阳性"。另一种解决方法会认为，这些词尾是兼表性和格的并合语素（portmanteau morphemes）。

139

　　现在我们再多看一些俄语的材料，在已往讨论过的词之外再增加下面一些词：

（5）　俄语单数名词

	主格	属格	工具格	注解
e.	vodá	vodý	vodój	'water' "水"
f.	zakón	zakóna	zakónom	'law' "法律"
g.	paltó	paltó	paltó	'overcoat' "大衣"
h.	vól	volá	volóm	'ox' "牛"
i.	kómnata	kómnaty	kómnatoj	'room' "房间"
j.	úgol	uglá	uglóm	'corner' "角落"
k.	čisló	číslá	číslóm	'number' "数字"
l.	pólʲe	pólʲa	pólʲem	'field' "田地"
m.	metró	metró	metró	'subway' "地铁"
n.	rýba	rýby	rýboj	'fish' "鱼"
o.	úzʲel	uzlá	uzlóm	'knot' "结"
p.	posól	poslá	poslóm	'ambassador' "大使"
q.	derévnʲa	derévnʲi	derévnʲej	'village' "村庄"
r.	učítʲelʲ	učítʲelʲa	učítʲelʲem	'teacher' "教师"
s.	línija	líniji	línijej	'line' "线"

　　我们是不是在这些材料中看到什么"熟悉的面孔"？是不是有些词与（3）中的阴性或阳性名词具有相同的模式？没错，例（5i）和（5n）完全遵循 Ⅰ 类或阴性名词的模

式。它们都是"a、y、oj"名词。尽管"房间"或"鱼"并没有什么显著的阴性，但这些名词似乎确实和"女人、女孩"义的名词属于同一种变形类。那么（5e）呢？除了**重音（STRESS）**落在词尾之外，它跟其他阴性名词确实很像。重音和其他自主音段特征，必须跟其他结构成分（如辅音和元音）一样认真对待。一些有意义的差异或亚类区分很有可能由重音表达。但是在这个例子里，它似乎是名词 *vodá*（"水"）的一个词汇特征，因为它总是在最后一个音节上重读（顺便说一下，虽然这项练习中引用的所有形式碰巧都是如此，但并非这个词的所有形式都是如此）。因此，这似乎是个一致的模式，"水"可以归入阴性名词。

这套词里的另外两个例子与阴性模式也很接近，这就是（5q）和（5s）。它们的模式是 -a、-i、-ej，而不是 -a、-y、-oj。由于这些模式非常相似，我们想寻找某种可能的音系决定的因素，它将使得我们不必为这些词提出第三种语法的"性"。是词干 *derévn^j* 和 *línij* 有什么音系特征导致这些格尾的不同发音吗？确实，词干末位的一个硬腭化辅音或硬腭滑音 -j 正是这种能导致元音前化的语音。这样，我们就可以尝试提出如下规140 则，将例（5q）和（5s）归入阴性名词类：

（6）

$$\text{元音} \rightarrow [\text{前化}] / \begin{Bmatrix} j \\ C^j \end{Bmatrix} \underline{\quad}$$

这是一条很自然的规则，它抓住这个事实：当 /y/ 和 /o/ 位于一个硬腭音或硬腭化音之后时它们的发音发生前化。这个规则很有道理，因为硬腭音本身是靠前的，而同化规则又是最常见的形态音位规则（参看第 3 章）。它的道理还在于，一个硬腭音不会改变例（5q）和（5s）中主格形式的元音 /a/，因为俄语没有跟元音 /a/ 相对的 [前] 元音——它已经前到不能再前了（在不经历其他某种变化如高化的情况下）。

阴性类的所有候选项好像就这么多了。那么阳性呢？例（5f）完全符合这类中的"ø、a、om"原型，因此我们可以非常自信地称之为阳性名词。那么（5h）呢？它的模式是"ø、á、óm"。有没有什么手段导致在词根（*vól*）这个形式的基础形式上产生重音的差异？只看这个材料的话，看不出这一点来。也许这种差异在于 *vól* 是一个单音节词。但是 *sýn*［例（3b）］也是单音节，它的属格和工具格带了非重读的后缀。这样看来，名词 *vól* 的各种形式所采用的重音模式需要说话人记在大脑里，这应该是另一个词干类。若再补充一些材料，我们最终会认为，*vól* 实际上是阳性的，但它属于从音系上界定的阳性名词的一个亚类。不过，只看这些材料，我们只能猜测它可能是阳性的，同时又把它看成一个独立的、可能是特异（idiosyncratic）的类。

例（5j）、（5o）和（5p）同样如此。它们似乎代表了阳性名词在模式上的变异，但又很难离析出那些音系性决定因素。是的，它们都以 /l/ 收尾，但例（5r）也是如此，它却没有显示出完全相同的模式。

例（5j）、（5o）和（5p）有一个有趣的特征：属格和工具格的表达伴有词根内部的变异。注意，在这两种名词变形中，词根里的一个元音脱落了：词根 *úgol-* 变成 *ugl-*，*úz^jel-* 变成 *uzl-*，*posól-* 变成 *posl-*。除此以外，这三个词干似乎和 *vól* 同属一个亚类。由于没有规律性的音系规则能解释这种变异（至少在我们目前看到的材料范围内不能），这样，它也需要说话人记在大脑里。这就是我们以前所说的"弱异形交替词干"（weakly suppletive stems）。说它们是"弱"异形交替，那是因为，虽然这些形式的差异不能通过一个规律性的规则来预测，但它们彼此之间的确有一些相似之处。借用第 2 章介绍的术语，我们可以说，这个例子是采用弱异干交替兼添加后缀来表达一个概念范畴。

141

在结束对阳性名词的讨论之前，我们谈谈该如何看待例（5r）呢？它看起来像"ø、a、om"名词，不过它的工具格后缀是 *-em*。这个形式看起来是否相当眼熟？当然。我们知道，以硬腭滑音 *j*（或硬腭化辅音 C^j）收尾的阴性词干，只要有可能，其后缀元音就发生前化（记住元音 /a/ 不可能前化，因为在俄语的元音库藏里，/a/ 没有对应的［前］元音）。因此，（6）中提出的同一个规则也适用于此，*učít^jel^j* "教师"这个词可以归入阳性类。

现在，我们还剩下四个词干尚未解释，为方便起见，重复如下：

（7）俄语单数名词

	主格	属格	工具格	注解
g.	paltó	paltó	paltó	'overcoat' "大衣"
k.	čisló	čislá	čislóm	'number' "数字"
l.	pól^je	pól^ja	pól^jem	'field' "田地"
m.	metró	metró	metró	'subway' "地铁"

例（7g）和（7m）明显单属一类。我们管叫它什么呢？"零零零"类？这两个名词在各种格里都没有经历任何变化。要不是看到（7k），我们很可能会认为以重读的 /ó/ 音收尾的名词属于这个类。（7k）的名词以 /ó/ 收尾却不属于这个类。因此，我们又有了只能在大脑中记住的亚类。根据（6）中提出的规则，例（7k）和（7l）能互相关联起来。那么（7l）中，什么是底层词根，什么是主格后缀？应该是 *pol^j* + o。这样，（7k）和（7l）所代表的名词变形模式与任何其他模式都不相同："o、a、om"，而变体 *-e* 和 *-em* 则由一个规律性的规则来解释，这一规则在解释其他几种形式时我们也需要用到。这里我们或许没有足够的信息来确定这个类的名称，但是，既然它不是阴性，也不是阳性，那你猜它是什么好呢？"中性"（neuter）怎么样？实际上，俄语语法学家就是经常用这个标签来指这个类。它确实有某种语义基础，因为它很少用于有生物性别

的事物，即使有也很罕见。

表 5.3 是这项练习里俄语名词的分类简表：

表 5.3　一些俄语名词的分类

	词干	主格	属格	工具格	备注
阴性：	žénščin-"女人"				
	mám-"妈妈"				
	vod-"水"				重音在最后一个音节
	kómnat-"房间"	-a	-y	-oj	
	rýb-"鱼"				
	derévnʲ-"村庄"				V → [前化]/j __
	línij-"线"				
阳性：	sýn-"儿子"	-ø	-a	-om	
	brát-"兄弟"				
	zakón-"法律"				
	vól-"牛"				重音在最后一个音节
	úgol-/ugl-"角落"				属格和工具格词干缩短 且重音在最后一个音节
	úzʲel/uzl-"结"				
	posól-/posl-"大使"				
	učítʲelʲ-"教师"				V → [前化]/ʲ __
中性：	čisl-"数字"	-o	-a	-om	重音在最后一个音节
	pólʲ-"田地"				V → [前化]/ʲ __
"零"形式：	paltó-"大衣"	-ø	-ø	-ø	
	metró-"地铁"				

概括起来，对显示出不同词干类的材料进行分析时，主要有以下步骤：

对于明显是次类的词干，要看它们能否通过形态音位规则与其他的类合并。如果能，我们就可以把这两类合在一起——差异是可以基于第 3 章所述的一般形态音位规则来进行预测的。如果不能，我们就可以分出某种形式的"异形交替"（弱或强，词缀或词干），然后继续进行步骤 2、3 和 4。

142

如果任何次类都能根据其音系形式来确定，我们就可以分出基于形式的词干类。

如果任何次类都能在语义方面找到动因，我们就可以分出基于语义的词干类。

如果一个或多个词干类中找不到形式或语义的一致性，我们得到的只是一些任意的类。

永远首先寻找结构性的（即音系的）决定因素。如果没有结构性模式能解释次类词干的表现，那就尽量推断出这个（或这些）类的某种语义动因。某个特定的形式类，常常可能没有可以辨识的结构一致性或语义一致性。在这种情况下，各词条（lexical entries）就得具体指明每个词干的类。这是分析词干类别的一种"蛮力"（brute force）方式，是不太可取的。但是，因为语言总是在变化，结构或语义的决定因素遗失在历史长河中，这并不罕见。在这类情况下，从当代的**共时**（**SYNCHRONIC**）语法的角度来看，这些类看起来恰恰就是无规则的。 143

第 5 章概念提要

语言常常将其主要词类分成一些亚类。有时这些亚类对动词来说叫动词变位类，对名词来说叫名词变形类。分析语言里任何词类的亚类，可以使用下面的程序：

- 查看是否存在任何能被形态音位规则或规律性的音系规则所归并的类。
- 如果没有，查看是否存在具有任何形式上一致性（如单音节词干还是多音节词干，等等）的类。
- 如果没有，查看是否存在具有任何语义一致性（如生命度、性，等等）的类。
- 如果没有，我们得到的只是一些任意的类。

练习

练习 5.1：北特佩宛语（Northern Tepehuan）

Burt and Marvel Bascom

	意义	单数	复数
1.	'rabbit'	toši	totoši
2.	'man'	kʌli	kʌkʌli
3.	'foreigner'	obai	obai
4.	'tree'	uši	uši
5.	'son'	mara	mamara
6.	'stone'	odai	oxodai
7.	'friend, relative'	aduni	aaduni
8.	'arrow'	uyi	uxuyi
9.	'turkey'	tova	totova
10.	'elder brother'	šiʌgi	šišiʌgi
11.	'species of bird'	adatomali	aadatomali

12. 'needle'	oyi	oxoyi
13. 'younger brother'	sukuli	susukuli
14. 'species of fish'	aaši	aaši
15. 'rat'	dʌgi	dʌdʌgi
16. 'water jar'	ayi	axayi

A. 什么地方说北特佩宛语？

B. 根据构成复数的方式，将这些名词编入不同的类。请用直白描述的方式来描写
144 每一类单数如何构成复数。共有多少类？尝试给出形成这些类的动因。

练习 5.2：拉姆恩索语（Lamnso）

Vernyuy Francis Ndzenyuy and Tom Payne

下面是拉姆恩索语的一些词。拉姆恩索语中声调非常重要，标记如下：没有变音
符（diacritic）的元音带低调，有尖音符号（acute accent）的元音（á）带高调，有上横
杠（overbar）的元音（ā）带中调。

1. ntīr	'advice'	14. mbōm	'shape'
2. bi'	'to argue'	15. ntāv	'strong person'
3. táv	'to be strong'	16. kúr	'to tie'
4. bóm	'to build'	17. kúv	'to treat'
5. ŋkūr	'bundle'	18. nsān	'twin'
6. mbuy	'chimpanzee'	19. mbi'	'argument'
7. kem	'to disagree'	20. shún	'to vaccinate'
8. sán	'to give birth to twins'	21. fin	'to lock'
9. buy	'to go wild'	22. nshūn	'vaccination'
10. nsɔ̄'	'joint'	23. sɔ́	'to join'
11. mfin	'lock'	24. ŋkem	'disagreement'
12. fi'	'to measure'	25. mfi'	'measurement'
13. ŋkūv	'medication'	26. tír	'to advise'

A. 哪个地方说拉姆恩索语［或拉姆－恩索语（Lam Nso）］？

B. 有多少人说这种语言？

C. 这些材料显示了一个概念范畴。将这些词编为两列，并将相关的词并排放在一
起。其中一列包含不带词缀的词，另一列包含带词缀的词。

D. 描写出带词缀的那些词所表达的概念范畴。

E. 尽可能清楚地描写表达该范畴的形态模式。要解释该模式里的所有变异。

练习 5.3：卡纳达语（Kannada）

Mirjam Fried

卡纳达语是印度的一种主要语言，使用人口超过 2500 万，主要在南方。它是一种古老的语言，使用自己的书写系统。

提示：卡纳达语中没有与英语 the 对应的形式。

	主格：			与格：	
1.	mane	'house'	manege	'to（the）house'
2.	peeṭe	'market'	peeṭege	'to（the）market'
3.	tande	'dad'	tandege	'to dad'
4.	roṭṭi	'flat bread'	roṭṭige	'to（the）flat bread'
5.	chaṭni	'chutney'	chaṭnige	'to（the）chutney'
6.	hakki	'bird'	hakkige	'to（the）bird'
7.	taayi	'mother'	taayige	'to mother'
8.	jooḷa	'corn'	jooḷakke	'to（the）corn'
9.	pustaka	'book'	pustakakke	'to（the）book'
10.	simha	'lion'	simhakke	'to（the）lion'
11.	kalkatta	'Calcutta'	kalkattakke	'to Calcutta'
12.	manushya	'man'	manushyanige	'to（the）man'
13.	amma	'mom'	ammanige	'to mom'
14.	huḍuga	'boy'	huḍuganige	'to（the）boy'
15.	sneehita	'friend'	sneehitanige	'to（the）friend'
16.	hamsa	'swan'	_____	'to（the）swan'
17.	akka	'older sister'	_____	'to（the）older sister'
18.	tangi	'younger sister'	_____	'to（the）younger sister'

145

A. 将缺失的卡纳达语的词填入横线处。

B. 描写卡纳达语中构成与格的规则。

练习 5.4：罗托卡斯语（Rotokas）

根据 Merrifield *et al.*（1987）问题 #50 改编

1.	avaravere	'I'll go.'	6.	avaroepa	'He went.'
2.	avauvere	'You'll go.'	7.	puraravere	'I'll say it.'
3.	avarovere	'He'll go.'	8.	purauvere	'You'll say it.'
4.	avaraepa	'I went.'	9.	purarovere	'He'll say it.'
5.	avauepa	'You went.'	10.	puraraepa	'I said it.'

11.	purauepa	'You said it.'	30.	purareva	'He made it.'
12.	puraroepa	'He said it.'	31.	ruiparavere	'I'll want it.'
13.	pauavere	'I'll build it.'	32.	ruipauvere	'You'll want it.'
14.	paurivere	'You'll build it.'	33.	ruiparovere	'He'll want it.'
15.	paurevere	'He'll build it.'	34.	ruiparaepa	'I wanted it.'
16.	pauava	'I built it.'	35.	ruipauepa	'You wanted it.'
17.	pauriva	'You built it.'	36.	ruiparoepa	'He wanted it.'
18.	paureva	'He built it.'	37.	vokaavere	'I'll walk.'
19.	tapaavere	'I'll hit it.'	38.	vokarivere	'You'll walk.'
20.	taparivere	'You'll hit it.'	39.	vokarevere	'He'll walk.'
21.	taparevere	'He'll hit it.'	40.	vokaava	'I walked.'
22.	tapaava	'I hit it.'	41.	vokariva	'You walked.'
23.	tapariva	'You hit it.'	42.	vokareva	'He walked.'
24.	tapareva	'He hit it.'	43.	pauravere	'I'll sit.'
25.	puraavere	'I'll make it.'	44.	pauuvere	'You'll sit.'
26.	purarivere	'You'll make it.'	45.	paurovere	'He'll sit.'
27.	purarevere	'He'll make it.'	46.	pauraepa	'I sat.'
28.	puraava	'I made it.'	47.	pauuepa	'You sat.'
29.	purariva	'You made it.'	48.	pauroepa	'He sat.'

146

A. 将这些材料中所有的语素列举出来并加以注解。根据动词的类将这些动词分组。

B. 这些动词的类有语义基础吗？如果有，是什么？

练习 5.5："不规则"动词

Tom Payne

A. 将英语动词'be'和'go'的语音转写（phonetic transcription）填入下面的图表。必要时可向英语母语者咨询。

1. 'be'

1单	2单	3单	1复	2复	3复	
						NON-PAST（非过去）
						PAST（过去）
						PAST-PARTICIPLE（过分）

2. 'go'

1单	2单	3单	1复	2复	3复	
						NON-PAST（非过去）
						PAST（过去）
						PAST-PARTICIPLE（过分）

B. 将你熟悉的另一种语言中义为'be'（如果有）和'go'的动词的一些形式画一个图表。如果没有'be'义动词，就用'say'（说）义动词。不要使用超过两种时（tenses），即便该语言有两种以上的时。不过，要尽量将所有的人称和数范畴包括进去。如果这些动词不用形态手段表达这些概念范畴，请酌情将相关的代词和表时范畴的小词包括进去。

C. 你在 B 中画出的词形变化表是规则的还是不规则的？请用一段简短的文字描述它们与规则动词的词形变化的不同之处。

练习 5.6：凯欧瓦语（Kiowa）

根据 Merrifield *et al.*（1987）问题 #46 改编

注：符号"："表示前面的元音为长元音，元音下面的变音符"̨"表示鼻化。　　147

1.	àbá:nmạ̀	'I go.'	16.	yą́táy	'I wake up.'
2.	èmbá:nmạ̀	'You go.'	17.	gyáttáy	'You wake up.'
3.	bá:nmạ̀	'She goes.'	18.	ą́ntáy	'She wakes up.'
4.	gyàtkhɔ́:mɔ̨̀	'I read.'	19.	gyàthí:nmɔ̨̀	'I dig.'
5.	bátkhɔ́:mɔ̨̀	'You read.'	20.	báthí:nmɔ̨̀	'You dig.'
6.	gyátkhɔ́:mɔ̨̀	'She reads.'	21.	gyáhí:nmɔ̨̀	'She digs.'
7.	gyàtpɪ́ɔ̨̀:mɔ̨̀	'I cook.'	22.	yą́yáy	'I'm busy.'
8.	bátpɪ́ɔ̨̀:mɔ̨̀	'You cook.'	23.	gyátyáy	'You're busy.'
9.	gyápɪ́ɔ̨̀:mɔ̨̀	'She cooks.'	24.	ą́nyáy	'She's busy.'
10.	yátɔ̨́:zá:nmạ̀	'I talk.'	25.	àpɔ́ttɔ̀	'I eat.'
11.	gyáttɔ̨́:zá:nmạ̀	'You talk.'	26.	èmpɔ́ttɔ̀	'You eat.'
12.	ą́ntɔ̨́:zá:nmạ̀	'She talks.'	27.	pɔ́ttɔ̀	'She eats.'
13.	àphɔ̨̀	'I stand up.'	28.	gyàtgúttɔ̀	'I write.'
14.	èmphɔ̨̀	'You stand up.'	29.	bátgúttɔ̀	'You write.'
15.	phɔ̨̀	'She stands up.'	30.	gyágúttɔ̀	'She writes.'

A. 什么地方说凯欧瓦语，有多少人说？

B. 将这些材料中所有的动词词干列举出来并加以分类。为每一类给出主语前缀的词形变化表。描写任何能使你将一些类套叠起来的合理的形态音位规则。

C. 将你分出来的类减少到最低程度之后，试着从语义角度找出剩余的那些类的"动因"。

练习 5.7：德语

根据 Cowan and Rakušan（1998：82）改编

	单数	复数	英语注解	底层形式
1.	a:ʀt	a:ʀtən	'kind'	_____
2.	ait	aidə	'oath'	_____
3.	beʀk	beʀgə	'mountain'	_____
4.	di:p	di:bə	'thief'	_____
5.	dʀuk	dʀukə	'printing'	_____
6.	felt	feldəʀ	'field'	_____
7.	fiŋk	fiŋkən	'finch'	_____
8.	flek	flekən	'stain'	_____
9.	flu:t	flu:tən	'flood'	_____
10.	gelt	geldəʀ	'coin'	_____
11.	geʃtalt	geʃtaltən	'shape'	_____
12.	hi:p	hi:bə	'blow'	_____
13.	lump	lumpən	'scoundrel'	_____
14.	ʃtaik	ʃtaigə	'footpath'	_____
15.	ta:k	ta:gə	'day'	_____
16.	ty:p	ty:pən	'type'	_____
17.	zi:p	zi:bə	'sieve'	_____

148

A. 给出这些材料中每个名词词干的底层形式。

B. 你能否写出一些规则来确定每个名词使用了什么形式的复数语素？你的看法是什么？

练习 5.8：法语

Cowan and Rakušan（1998：96）

	阴性	阳性	英语			阴性	阳性	英语
1.	vɛʀt	vɛʀ	'green'		11.	movɛz	movɛ	'bad'
2.	gʀɑd	gʀɑ	'big'		12.	ętɛliʒat	ętɛliʒɑ	'intelligent'
3.	blɑʃ	blɑ	'white'		13.	kuʀt	kuʀ	'short'
4.	fɔʀt	fɔʀ	'strong'		14.	almɑd	almɑ	'German'
5.	gʀos	gʀo	'fat'		15.	ɑglez	ɑgle	'English'
6.	bas	ba	'low'		16.	famøz	famø	'famous'
7.	dus	du	'sweet'		17.	fos	fo	'false'
8.	øʀøz	øʀø	'happy'		18.	fʀɛʃ	fʀɛ	'fresh'
9.	pətit	pəti	'small'		19.	ot	o	'high'
10.	tut	tu	'all'					

A. 列出所有这些法语形容词的词根形式。

B. 法语里阴性和阳性形容词之间的差异涉及哪种形态过程?

C. 写出描述这一过程的形态规则。

练习 5.9:南巴拉撒诺语(Southern Barasano)

根据 Merrifield *et al.*(1987)问题 #107 改编

	单数	复数	单数小称	复数小称	注解
1.	ąya	ąya	ąyaka	ąyaka	'snake'
2.	bįcibą	bįci	bįcibąka	bįciaka	'vine'
3.	bitia	biti	bitiaka	bitiaka	'bead'
4.	cotɨ	cotɨri	cotɨaka	cotɨriaka	'pot'
5.	ga	ga	gaka	gaka	'eagle'
6.	gia	gi	giaka	giaka	'louse'
7.	gǫaro	gǫa	gǫaroaka	gǫaka	'bone'
8.	gu	gua	guaka	guaka	'turtle'
9.	habǫ	habǫa	habǫaka	habǫaka	'armadillo'
10.	hoabą	hoa	hoabąka	hoaka	'hair'
11.	kabųro	kabų	kabųroaka	kabųaka	'bench'
12.	kacabo	kacabori	kacaboaka	kacaboriaka	'platform'
13.	kahea	kahe	kaheaka	kaheaka	'eye'
14.	kįa	kį	kįaka	kįaka	'cassava'
15.	ohoro	oho	ohoroaka	ohoaka	'banana'
16.	race	racea	raceaka	raceaka	'toucan'
17.	wi	wiri	wiaka	wiriaka	'house'
18.	widiro	widi	widiroaka	widiaka	'pile'
19.	wihąi	wihąiri	wihąiaka	wihąiriaka	'shelter'
20.	yai	yaia	yaiaka	yaiaka	'tiger'

149

A. 什么地方说南巴拉撒诺语?

B. 将这些名词词干分成亚类,注意尽可能合理减少类的数量。

C. 将每个名词词根和后缀的底层形式列举出来并加以注解。

D. 写出由底层形式派生出表层形式的那些形态音位规则。

E. 尝试描述这些类的"动因"。

练习 5.10:地峡 – 萨巴特克语(Isthmus Zapotec)

Velma Pickett

1.	ri'ree	'goes out'	17.	ka'za		_____
2.	ri'bani	'wakes up'	18.	za'bani	'will wake up'	
3.	bi'ree	'went out'	19.	ru'yubi		_____
4.	zu'kaa	'will write'	20.	za'za		_____
5.	ku'yubi	'is looking for'	21.	ri'niʔ	'talks'	
6.	ka'dzela	'is finding'	22.	bi'kaa		_____
7.	ri'za	'walks'	23.	gu'niʔ		_____
8.	ri'dzela	'finds'	24.	zu'žoone		_____
9.	gu'za	'walked'	25.	bi'dzela		_____
10.	bi'žoone	'ran'	26.	ka'niʔ	'is talking'	
11.	zu'yubi	'will look for'	27.	ku'kaa		_____
12.	ka'ree	_____	28.	bi'bani		_____
13.	ru'kaa	_____	29.	za'niʔ		_____
14.	ku'žoone	_____	30.	za'ree		_____
15.	ka'bani	_____	31.	bi'yubi		_____
16.	ru'žoone	_____	32.	za'dzela		_____

A. 填入所有的英语翻译。

B. 这些材料里有多少词干亚类，它们如何区分？

C. 将你所发现的每一类中包含的所有语素（词干和词缀）列举出来并加以注解。

D. 这些类有没有什么语义动因？如果有，尽你所能对其进行描述。

附注

① 我们用"sex"（性别）这个术语指雄性和雌性之间的生物区别，"gender"（性类）
150 这个术语指名词的语法分类。语言学里，"gender"这个术语有时用来指任何基于语义
的名词亚类，而不仅仅是语义基础为生物性别的名词亚类。

② 实际上，俄语里"性"的语义基础甚至不如许多其他印欧语准确。例如，俄语
里甚至表"男人"的那个词也是阴性的！重要的是要认识到，语法的性类是由语法特
151 征（如"一致"）决定的，而不是直接由雌、雄这些语义范畴决定的。

第6章
成分结构

当语言结构变得越来越长、越来越复杂时，直白描述（prose）、"位置－类别图表"（position-class diagrams）和过程规则（process rules）也就失去了作为表征和分析语言结构工具的效用。尤其是**短语**（**PHRASES**）和**小句**（**CLAUSES**）这类结构，具有更多的内部复杂性，很难采用分析词的结构的方法来对之进行分析。这些较大结构内部的单位可以处于各种各样的位置，处于相同位置上的单位也可能比词结构的成分具有更多的功能。因此，语言学家通常在形态学（研究词的不同形式）和句法学（研究词在短语和小句中怎样组块在一起）之间做出重大的区分。

当然，这种区分的确是一个连续统。一种语言在某个历史时期的句法模式可能成为后一时期的形态模式（很少反向）。因为语言历时变化很少会发生大的飞跃，很多情况下是某个句法模式"正在变成"形态模式。在这种情况下，或者句法分析，或者形态分析，可能会有用。此外，正像我们前面章节所分析的那样，一种语言用句法手段完成的功能在另一种语言中可以由形态手段来完成。因此，尽管形态学和句法学的区分通常很有用，但实际上这种区分并不总是绝对清晰的。

本章我们将讨论短语和小句在世界语言中一般是怎样组织起来的，并提出一些方法来分析这些具有更大跨度的模式化语言行为。

关于句法的形式描述

既然本书基本上是一本谈方法的教材，那么在讨论处理句法结构的分析方法之前，先说说语言学中形式表征或**形式描述**（**FORMALISMS**）的地位，是很有帮助的。

有很多框架、模型和理论对理解句法结构很有用。事实上由于这些太多，以至于无法在一本书中全都展开讨论。有一位著名的语言学家，James McCawley，甚至写了一本题为《语法的三千万种理论》（1982）的书。虽然 McCawley 有些夸张，但他的中心思想是很清楚的——思考和分析语法有很多方式。每一种理论都有各自的形式描述体 152 系 —— 对句法结构和理想化模式加以简洁而深刻地表征的方式。当对一种特定的形式描述系统有了足够的了解，你在思考所研究的那种语言的句法结构时就会使用它。例如，你可以"勾勒出"关于短语和小句是怎样组合在一起的不同假设。这么做会帮助你想象出一些额外的语料，用来验证你的想法，从而对语言如何运作得出更深入的理解。

　　每一种形式描述体系都只不过是对某种语言或所有语言总体的实际句法事实的一种隐喻。某些形式描述对表达某些事实或处理某些语言可能特别有用，但所有的形式描述都只是隐喻。像所有的隐喻一样，句法的形式描述是用某种简单的东西（你会说"啊？"）来传达某种复杂的东西，并且希望这个隐喻能带来对所交流的现象更深刻的见解。如果隐喻比它想要表达的内容更为复杂，那么就失去了隐喻的价值。因此我希望学习语言学的学生不要过度迷恋于某个特定的表征语言结构的形式方法，因为任何形式描述都一定存在解决不了的问题。

　　心存这个告诫，我们将介绍一些语言学文献中广泛使用的形式描述。这些形式描述都是理解所有人类语言的层级结构的好方式。我们在这一章使用的形式描述是**短语结构规则**（**PHRASE STRUCTURE RULES**）和**树形图**（**TREE DIAGRAMS**），它们源自**生成语法**（**GENERATIVE GRAMMAR**）的著述（Chomsky 1965，1995；Radford 1988，1997，等等）。这里只打算做个简介——足以为语言学理论的高级课程奠定基础，但有很多理论概念、观点和问题必然会被忽略。本章的重点在于分析句法结构的那些方法，而非任何特定语言理论的细微差别。

句法

　　你对一种语言的了解，其部分便是这种语言怎样把词组合起来构成短语和小句这类更大的单位。**线性语序**（**LINEAR ORDER**）、**成分组构**（**CONSTITUENCY**）[我们也称它为**句法归并**（**SYNTACTIC MERGER**），"组配"（grouping）或"组块"（clumping）]和**层级结构**（**HIERARCHICAL STRUCTURE**）[也称为"嵌套"（nesting）]是所有人类语言**句法**（**SYNTAX**）的主要特征。所有这些特征都为说话人所想表达的意义提供了重要线索。

　　句法结构的基本建筑材料是**句法范畴**（**SYNTACTIC CATEGORIES**），它们与前面章节中讨论的概念范畴迥然有别。句法范畴有两个亚型：**词汇范畴**（**LEXICAL CATEGORIES**）和**短语范畴**（**PHRASAL CATEGORIES**）。词汇范畴酷似前面章节153 描述的词类，它们由本身没有内部句法结构的单位构成。例如，名词可以有形态结构（前缀、后缀等），而非由句法上彼此不同的单位组成。另一方面，短语范畴却具有内在的句法结构。例如名词短语一定包括一个名词，但也可以包括跟名词"组块在一起"的形容词和其他很多单位。注意，短语范畴也可以只由一个单位构成，这一点很重要。例如像 *Lucretia* 这样的一个名词，也是一个名词短语。这是因为它有跟名词短语相同的分布特征（见第 4 章）。表 6.1 列出了本书要讨论的所有句法范畴及其常见的缩略语形式。

表 6.1　本书使用的句法范畴

词汇范畴（缩写）	短语范畴（缩写）
名词（N）	名词短语（NP 或 "N-bar"）
动词（V）	动词短语（VP 或 "V-bar"）
形容词（Adj）	形容词短语（AdjP）
限定词（D）	限定词短语（DP）
副词（Adv）	副词短语（AdvP）
附置词（P）	附置词短语（PP）
助动词（Aux）	屈折动词短语（IP）

　　短语结构中的最大范畴是一个特殊范畴，有时用字母 S 来表示。在生成语法早期版本中它是"句子"（sentence）的助记符；我们这里仍称其为"小句"（clause）或"小句层面"。生成语法中一般认为，S 层面以上的语言结构不遵循短语结构分析；尽管一些理论学家，特别是 Van Dijk（1972），批评性地不赞成这一断言。最近的一些生成语法版本［尤其是**最简方案**（**MINIMALISM**）］干脆去除了对这个特殊范畴的需要，而将其归在"短语范畴"标签之下。不过，为了我们的研究目的，继续使用 S 标签将是比较方便的。在更高级的形式句法课程里，你将了解为什么不再需要 S 的一些有趣的理论内部的原因。

　　我们可以把小句看作**命题**（**PROPOSITION**）的语法表达。命题是语义概念，小句是语法概念。换句话说，命题要处理的是信息世界的实体及其间的语义关系，而小句要处理的是句法范畴及其间的句法关系。我们可以非正式地把命题当作一个"完整的思想"（complete thought），它由一个或更多的实体（有时称为"参与者"）以及一种特征或关系构成。例如语义概念 *IAGO BETRAYS OTHELLO*（Iago 背叛了 Othello）由两个实体 *IAGO* 和 *OTHELLO* 以及一个联系它们的关系 *betraying* 构成。这个命题可以由多个语法小句来表达，例如：

154

（1）a. Iago betrays Othello.

　　　　"Iago 背叛了 Othello。"

　　b. Othello is betrayed by Iago.

　　　　"Othello 被 Iago 背叛了。"

　　c. Othello is who Iago betrays.

　　　　"Othello 是 Iago 所背叛的那个人。"

　　d. Iago traiciona a Otelo.

　　　　"Iago 背叛了 Otelo。"（西班牙语）

　　很显然，人类思想和交际中的很大一部分是命题性的，因为它们正是由这样的实体和关系构成的。然而最近的研究（参看 Lakoff and Johnson 1999）开始显示，意象

（images），而非只是命题，与人类思想和交际的相关度要远远高于以前的看法。但大部分语言学理论，尤其是生成语法，主要关注的还是语言交际的命题性成分。

在下面几节里，我们将讨论句法结构的普遍特征，这些普遍特征是任何句法理论和框架都必须予以考虑的。

线性语序

因为语言单位，例如词，都是按时间一个接一个发音发出来的，所以次序的不同可以用来表达意义的差别。例如下面的英语小句里，线性语序是意义差别的唯一信号：

（2） a. Aileron saw the duke.
　　　 "Aileron 看见了公爵。"

　　 b. The duke saw Aileron.
　　　 "公爵看见了 Aileron。"

可以通过调整词序来表达意义的不同，这一观点对英语母语者而言是显而易见的；但正如我们在前面的章节中所看到的，不是每一种语言都跟英语一样使用线性语序。不过，也许这样说是保险的：在每一种语言中，线性语序的变化都可用来表达某些重要的意义差别。线性语序是一种太过强势且明显的结构变项，以至于那些语言不得不以某种方式使用它，从而实现重要的交际任务。

成分组构

如果线性语序只是语流中的单位相互联系的唯一方面，那么语言确实会非常简单。话段（utterances）将是简短的，所表达的思想将是相当有限的。事实上这样的语言会酷似动物学家研究的几种动物的交际系统。人类语言区别于其他自然交际系统的一个特征是，人类语言具有成分组构（constituency）和层级结构。成分组构是指语言单位在话语中的"组块"（clump together）或"归并"（merge）（Chomsky 1995）。所有语言的使用者都在无意识中懂得他们的语言，这是事实。例如，下面两个短语有完全相同
155 的词和线性语序，但意义却可能因为听者如何对这些词进行组块而发生变化。在这些例子中，直接成分（组块）用方括号表示：

（3） a. [Good girls] and boys
　　　 "［好女孩］和男孩"

　　 b. Good [girls and boys]
　　　 "好［女孩和男孩］"

在（3a）中 *good girls* 被视为一个直接成分，跟 *boys* 组合成一个复杂短语，该短

语指称一群好女孩加上一群可好可坏或不好不坏的男孩。在（3b）中 *girls and boys* 构成一个直接成分，受形容词 *good* 修饰从而产生一个复杂短语，该短语只是指称一群好男孩和好女孩。

当然，在实际会话中，语调和其他许多因素都可以帮助听话人推断说话人在特定语境中想表达的确切的成分结构。这个例子只是表明，成分组构（或语言单位是怎样组块的）是语言使用中的一个重要因素。线性语序和成分组构是一种语言的任何句法分析都必须加以描写的两个重要的变项。

层级结构

层级结构（**HIERARCHICAL STRUCTURE**）指语言单位和组块的相互"嵌套"。层级结构是一个好东西，因为它使生活更轻松。心理学实验（以及常识）表明人类的心智每次只能处理很少量的事物，最多四到六个。是否曾有人给你一个重要的电话号码，但你却没有纸笔记录？你是怎么做的？首先你可能是尽量多重复几次，让它在你的头脑中"根深蒂固"（有时这叫作"超量学习"）。然后你可能无意识地将它们"组块"成两个或更多的部分：928、4056 或 92、84、056。当你以这样的序列来记忆这些组块时，你会有效地将这些组块转变成记忆中的单位（连续不分的片块）。一旦它们成为单位，你就可以在更高的层次上进一步组块它们，形成一个更大的单位。一旦你超量学习了一个组块，你就不必再考虑它内部的复杂性——你可以把它视为一个整体，一个与其他同类型单位等值的单位，"从外部"来处理它。

电话公司非常清楚这一认知事实，因此他们通常以组块的形式来显示电话号码。此外，国家代码、城市或地区代码是进入更为复杂的电话号码层级结构的其他组块。试想如果电话号码都是长度为 12 位的任意数字，而又没有任何结构可以显示哪些数字表示的是国家、地区或城市的代码，那么要记住这些电话是多么困难啊。

语言中的层级结构也是人类认知这一相同事实的自然结果。例如，**名词短语**（**NOUN PHRASE**）既可以有很简单的内部结构，也可以有很复杂的内部结构：156

（4）a. 简单名词短语：the dog
　　　　　　　　　　　　"那只狗"

　　　b. 复杂名词短语：the big black dog that always barks at me as I try vainly to sneak past the junkyard on my way home from my piano lesson
　　　　　　　　　　　　"我在上完钢琴课回家的路上经过旧货栈时未能设法避开的那只总是朝我乱吠的大黑狗"

（4b）中的短语内部颇为复杂，因此需要很多的心理加工。不过，一旦经过加工，它就能像（好吧，几乎就像）（4a）的简单结构一样很容易地进入更大的结构。对于更大的小句结构，它们就只是个名词短语而已。例如：

（5）a. [The dog] attacked the postman.

"［那只狗］攻击了邮递员。"

b. [The big black dog that always barks at me as I try vainly to sneak past the junkyard on my way home from my piano lesson] attacked the postman.

"［我在上完钢琴课回家的路上经过旧货栈时未能设法避开的那只总是朝我乱吠的大黑狗］攻击了邮递员。"

（5b）方括号中的名词短语本身包含了好几个组块，包括一个完整的小句（*I try vainly to sneak past the junkyard...*）。但是一旦你把整个加括号的部分处理为一个名词短语，就不必考虑它的内部结构。它只是一个单位，像其他许许多多的单位一样，可被用于构成更大的结构。这种将某些符号单位嵌套在另一些符号单位之内的能力，是人类认知的非常重要的特征，它对将语言结合到一起的方式具有重要影响。

合语法性（grammaticality）

合语法性的判断，是所有理论派系的语言学家进行句法分析测试时所依据的最重要材料的一部分。通常情况下，语言学家给母语说话人出示一串词，问他能否合理预测有人会在会话中说出这样的词语串。然后，这些说话人做出判断："会""不会"或"也许"，语言学家必须对他的这些判断进行阐释，以构建出说话人无意识的语言知识模型。

这里有一个类比，有助于说明说话人语言知识模型建立的过程。设想一下你对国际象棋一无所知，但你却要跟某个通晓这种游戏的人进行一场国际象棋比赛。你的对手无法与你交流，除了会说"那是可以走的"或"那是不允许走的"。在反复尝试和出错之后，最终你学会了这种游戏，靠的就是通过尝试这样走、那样走以及被告知这是对的、那是错的来实现的。

理想的情况下（ideally）①，构建语法模型类似于此，当然一种语言的规则要比国际象棋规则复杂得多。语言的母语说话人完全了解这些"规则"，但不知道怎样直接描写它们。他们所知道的只是什么说得通，什么说不通。语言学家的工作就是从这些判断中推断无意识的"游戏规则"是什么。

每种语言都有某些**规约化（CONVENTIONALIZED）**的行为模式（或规则）以构建语言单位的组块。本章我们主要采用英语的例子，当然这些相同的总体原则（不是确切的规则）可适用于任何一种语言。某些词的组块与语言的规约化模式是一致的，另一些组块则不一致。这就像有些国际象棋的走法符合规则，而另一些走法则不合规则。例如英语中有一类组块是由限定词（D）和名词（N）构成的：

（6）　[D]　　　　　　　　　[N]

the "这 / 那"　　　　tree "树"

a "一"　　　　　　　dog "狗"

my "我的"　　　　　chair "椅子"

that "那"　　　　　　cat "猫"

　　　　　　　　　　television "电视"

　　这个简单的模式，加上四个限定词和五个名词，代表了 20 种可能的组块："从 A 栏中选择一个，从 B 栏选择另一个"。这种模式是很有用的，因为它可以使我们的生活更具可预测性；一旦我们听到了一个限定词，我们知道接下来最有可能出现的是名词（实际上是名词短语——见下文）。这不仅因为人本质上是懒惰的，也因为人类更喜欢可预测性而非随机性。因为成分结构有助于使生活更具可预测性，所有人都使用它，不论是记录电话号码、与朋友聊天，还是创作一部多卷本的文学著作。

　　因为类似（6）的这种模式被证明很有用，我们发展出一些将新词并入其中的方式。最后它成了我们内化语法的一条"规则"，即 D 在 N 前出现。而 "N+D" 序列则不是我们内化的、固化的语法的一部分：

（7）　*tree my, *dog the, *chair that, etc.

　　　　"*树我的、*狗那条、*椅子那把，等等"

　　语言单位序列前的星号（*）表明它与语言规约化的语法模式是不一致的。有时这样的序列被称为"不合语法"（ungrammatical）。这并不意味着你不能说这些东西。这样的序列在对话中偶尔也可以一起出现，但它们不能形成一个组块，即在一个更高层面的结构中充当一个单位的成分。此外，在英语的历史上可能会出现这样的阶段：由于某种不可预测的原因，人们开始将类似（7）的组合形式当作组块来使用，这也许是受到其他语言或社团的影响，也许是因为某人新创的表达形式得以"流行"。只是在英语当前的这个历史阶段，英语使用者并没有一个稳固的、运转顺利的心理习惯模式来生成 "N+D" 组块。

成分结构测试

　　现在我们已经看到，任何理论或框架在描写句法结构时必须考虑的主要因素是线性语序、成分组构和层级结构。在构建该结构的模型时，语言单位序列的合语法性判断是可用的证据。当然，句法结构的有些特征比另外一些特征更容易观察到，例如线性语序就不成问题。即使是在听（或在读）一种完全陌生的语言，你也可以很容易地辨别声音的顺序是怎样安排的。不需要任何专门的"测试"来确定句法结构的这个特性。

另外两个特性，即成分组构和层级结构，是很难通过只是看或听这种语言来判断的。正如前面所阐述的那样，像 good girls and boys 这样的单位序列，有不止一种成分结构。此外，母语的直觉虽然有用，但在确定（5b）这类较长语串的成分结构时也不太可靠。为了判断语言单位怎样组块起来、单位和组块的界限在哪儿以及这些组块是如何互相嵌套的等问题，我们需要一些"探测"句法结构的方法。本节将描述语言学家普遍使用的一些测试方法，这些测试方法可用于分析任何语言的成分结构，哪怕是语言学家没有母语直觉的语言。

我曾断言 the dog 这对词可以是一个组块，但如果我们有一个像例（8）这样较长的语串，我们如何知道 the dog 是不是一个直接成分，而不同于 dog watched、watched a fluffy 等语串或这一语串下其他某个随机的亚语串。

（8）The dog watched a fluffy cat.
　　　"那狗看见了一只毛茸茸的猫。"

有两种主要测试和三种次要测试可用来揭示这类语串的成分结构。两种主要测试是：

- 移位（Movement）
- 替换（Substitution）

三种次要测试是：

- 插入（Interposition）
- 并列（Coordination）
- 省略（Omissibility）

下面几段我们将简要地讨论每一种测试，然后尝试对一些简单的英语语料进行成分结构分析。

移位

每种语言都允许一些成分出现在句法结构的各种不同位置。这类位置变化经常被隐喻性地称作"移位"。例如在英语中，为了表达疑问或某类有特殊焦点的陈述，被限定的名词短语（DPs）可以放在非常规的位置：

（9）a. Beans I like.　　　　　（宾语 *beans* 置于主语之前）

　　　"蚕豆我喜欢。"

　　b. What does Frieda want?　（宾语 *what* 置于助动词前）

　　　"Frieda 想要什么？"

　　c. Here comes my bus.　　（主语 *my bus* 置于动词后）

　　　"我的公共汽车来了。"

　　这样的话，对于某个成分是不是短语的一部分，就有个好的测试方法，即看核心移动时它是否随核心一起移动。因此，如果例（8）中 *the dog* 是一个直接成分，我们就可以四处移动它、对比它，等等，而不影响小句的合语法性。序列 *the dog* 确实可以通过成分组构的这项测试：

（10）*The dog* is what watched a fluffy cat.

　　　"那只狗就是看见了一只毛茸茸的猫的东西"

　　　What watched a fluffy cat is *the dog*.

　　　"看见一只毛茸茸的猫的东西是那只狗。"

　　既然这些都是英语的合法语串，这就证明 *the dog* 是一个直接成分。

　　例（8）中的 *dog watched a* 是不是一个直接成分？有可能出于移位的目的将其视为一个直接成分吗？让我们来试试：

（11）*Dog watched a is the what a fluffy cat.

　　　*The what a fluffy cat is *dog watched a*.

　　显然 *dog watched a* 不能通过成分组构的这项测试。

　　现在让我们看一个有点棘手的问题。*watched a fluffy cat* 怎么样呢？在这个词语序列中有组块结构或嵌套结构吗？看看下面的例子：

（12）a. *Watched a fluffy cat* is what the dog did.

　　　　"看见了一只毛茸茸的猫是那只狗所做的事。"

　　b. *Watched is what the dog did a fluffy cat.

　　例（12a）显示，*watched a fluffy cat* 可以作为一个单位移到小句之前，因此它是一个直接成分，我们称它为**屈折动词短语**（**INFLECTED VERB PHRASE**），或 IP。例（12b）表明动词 *watched* 不能移出这个直接成分。当然，一个 IP 仅由一个动词构成也是可能的［如（13a）］，这种情形下动词自身能够移动［如（13b）］：

（13） a. Finkelstein *sweated*.

"Finkelstein 出汗了。"

b. *Sweated* is what Finkelstein did.

"出汗是 Finkelstein 所做的事。"

但如果 IP 中有其他成分，它们必须随动词一起前置。

现在看看下面的例子：

（14） *A fluffy cat* is what the dog watched.

"一只毛茸茸的猫是那只狗看到的东西。"

What the dog watched is *a fluffy cat*.

"那只狗看到的东西是一只毛茸茸的猫。"

例（14）表明 *a fluffy cat* 是一个直接成分。但我们刚刚看到 *watched a fluffy cat* 也是一个直接成分，这是怎么回事呢？答案当然是层级结构！直接成分可以"嵌套"在其他直接成分之中。这些例子表明，位于动词后的名词短语 [英语中常称为**宾语** 160 （**OBJECT**），见第 8 章] 是一个嵌套在动词短语内部的直接成分。换句话说，例（8）中屈折动词短语正确的分析法是下面的（15a）而不是（15b）：

（15） a. 正确的句法分析：[watched [a fluffy cat]]

"[看见了 [一只毛茸茸的猫]]"

b. 错误的句法分析：[watched] [a fluffy cat]

"[看见了][一只毛茸茸的猫]"

现在看看下面的例子：

（16） a. Finkelstein sweated the final exam.

"Finkelstein 费力对付了期末考试。"

b. Sweated the final exam is what Finkelstein did.

"费力对付期末考试是 Finkelstein 所做的事。"

c. The final exam is what Finkelstein sweated.

"期末考试是 Finkelstein 费力对付了的东西。"

d. *Sweated is what Finkelstein did the final exam.

e. *Final is what Finkelstein sweated the exam.

f. *Exam is what Finkelstein sweated the final.

g. *The is what Finkelstein sweated final exam.

h. *The final is what Finkelstein sweated exam.

这些例子表明 the final exam 或 sweated the final exam 是屈折动词短语中仅有的可以被移出［或外置（**EXTRACTED**）］的部分。sweated、the、final、exam 或任何这类次级组合都不可能被移出这个结构。由此看来，sweated the final exam 是一个直接成分，the final exam 是内嵌于其中的另一个直接成分。同样，屈折动词短语又内嵌于整个小句 Finkelstein sweated the final exam。表示内嵌关系的方法之一就是使用多重加括法（multiple bracketing），例如：

（17） [Finkelstein [sweated [the final exam]]]
　　　"［ Finkelstein［ 费力对付了［ 期末考试 ］］］"

注意左边的括号刚好和右边的括号一样多。有时每一个括号都可以加上标签（通常用下标），以使左右两边括号的对应关系更加清晰：

（18） [$_1$Finkelstein [$_2$ sweated [$_3$ the final exam]$_3$]$_2$]$_1$
　　　"[$_1$ Finkelstein[$_2$ 费力对付了［$_3$ 期末考试 ］$_3$]$_2$]$_1$"

这样加标签可以清晰地显示组块 1 是这个结构中"最大的"组块，其他的组块均被包含在它之内。标为 3 的组块（到这一步）是结构中最小的组块，它被包含在组块 2 和组块 1 之中。

最后，这些括号有时会被标上意义标签，对应于它们所代表的组块的句法范畴。例（19）显示这种加标签法怎样运作（这些缩略语的解释请见上文表 6.1）。后面几节我们将尝试解释为什么这些特定标签对英语是有用的。其他不同的加标签的惯例也许适用于其他语言。

（19） [$_s$Finkelstein [$_{ip}$ sweated [$_{dp}$ the final exam]$_{dp}$]$_{ip}$]$_s$
　　　"[$_s$Finkelstein[$_{ip}$ 费力对付了 [$_{dp}$ 期末考试]$_{dp}$]$_{ip}$]$_s$"

替换

对于成分组构的第二种主要测试是**替换**（**SUBSTITUTION**）。这是指一个直接成分可以被代词或（so）do 这样的替代成分所代替，而语言单位中的任意语串则不行。这些替换词有时叫作**代语形式**（**PRO-FORMS**），在英语中代词（pronouns）和**代动词**（**PRO-VERB**）（so）do 是其亚型。例如 so do 可以替换下面的动词 escape（逃跑）：

161

（20） The Duke escaped and *so did* Aileron.
　　　"公爵逃跑了，Aileron 也如此。"

这里的意思是 Aileron 也逃跑了。因此 escape 本身就是一个直接成分。那么，*a fluffy cat* 这类短语位于动词后的情况是怎样的呢？ *so do* 替换的只是动词还是动词加上它后面的名词呢？

（21） a. The dog watched a fluffy cat and *so did* the elephant.
　　　　 "那只狗看见了一只毛茸茸的猫，那头大象也如此。"
　　　 b. *The dog watched a fluffy cat and *so did* the elephant a fluffy mouse.

这两个例子表明 *so do* 替换的是整个语串 *watched a fluffy cat*，而不只是动词 *watched*。这又进一步证明 *watched a fluffy cat* 是一个直接成分，而组块 *a fluffy cat* 一定是那个包含 *watched* 的短语的一部分。

移位和替换是对于成分组构的主要测试。其他三种测试，即插入、并列和省略，也可以用来证实或完善基于移位和替换所做的假设。

插入

插入（**INTERPOSITION**）是基于这样的事实：影响整个小句的成分，例如副词，更容易插在两个直接成分之间，而不是其他直接成分内部。这可以作为确定直接成分边界的一种方法。例如，英语中副词 *surreptitiously*（偷偷地）只能插入小句的某些位置：

（22） a. Surreptitiously the dog watched the fluffy cat.
　　　　 "偷偷地，这只狗看了那只毛茸茸的猫。"
　　　 b. *The surreptitiously dog watched the fluffy cat.
　　　 c. The dog surreptitiously watched the fluffy cat.
　　　　 "这只狗偷偷看了那只毛茸茸的猫。"
　　　 d. ?The dog watched surreptitiously the fluffy cat.
　　　 e. *The dog watched the surreptitiously fluffy cat.
　　　 f. *The dog watched the fluffy surreptitiously cat.
　　　 g. The dog watched the fluffy cat surreptitiously.
　　　　 "这只狗看了那只毛茸茸的猫，偷偷地。"

这说明这个副词在句中的自然位置是句首（22a）、句尾（22g）以及主要限定性名词短语和屈折动词短语之间这一大的直接成分边界上（22c）。它似乎可以出现在动词后面，但这是极不自然的（如 22d 句首的问号所示）。

并列

成分组构的另一种次要测试是**并列**（**COORDINATION**）。这一测试是基于这样一种普遍的语言学原则，即通常只有属于相同范畴的单位才能通过并列这种句法结构（英语中经常用 *and* 表达）连接在一起。例如下面是英语中可接受的并列结构：

162

（23） a. A boy and a girl
    "一个男孩和一个女孩"

 b. The boys and girls
    "那些男孩和女孩"

 c. The scruffy dog and fluffy cat
    "那只脏狗和毛茸茸的猫"

 d. over the river and through the wood
    "跨越那条河流并穿过那片树林"

 e. ... saw a fluffy cat and cried
    "……看见了一只毛茸茸的猫并哭了"

 f. Aileron cleaned the house and Slumbat watched television.
    "Aileron 打扫了屋子且 Slumbat 看了电视。"

两个组块能够并列就证明它们属于相同的句法范畴。假如我们试图并列两个不同的句法范畴，比如 DP 和 PP、DP 和 VP 或者 VP 和小句，就会产生不合语法的序列：

（24） * the boys and over the river
    "* 那些男孩和跨越那条河流"
 *a scruffy dog and saw a fluffy cat
    "* 一只脏狗和看见了一只毛茸茸的猫"
 *cleaned the house and Slumbat watched television
    "* 打扫了屋子且 Slumbat 看了电视"

这些序列在英语中不能成为合法的直接成分，尽管它们有可能作为一种随机的、非组块的序列出现，例如：

（25） I shouted at the boys and over the river they jumped.
    "我朝那些孩子呼喊然后他们跳过了那条河。"
 She heard a scruffy dog and saw a fluffy cat.
    "她听见了一只脏狗的叫声然后看见了一只毛茸茸的猫。"
 Aileron cleaned the house and Slumbat watched television.
    "Aileron 打扫了屋子且 Slumbat 看了电视。"

不过，移位和替换两种测试可以清晰地显示（24）中的序列不可能是组块：

（26） * the boys and over the river is what I shouted at they jumped

      * a scruffy dog and saw a fluffy cat is what she heard

      * cleaned the house and Slumbat watched television is what Aileron did

由此可见，并列可以作为一种方法来证实一个组块属于什么短语范畴，或者它到底是不是一个组块。不过它不可能是确定成分结构的主要方法。

省略

每种语言都允许**省略（ELLIPSIS）**——指对某些词或短语的删略，因为它们是什么在语境中是显而易见的。这在问答对话中最易于说明。例如下面的是非问可以引出很多肯定的回答：

（27）问：Do you always begin conversations this way?

       "你总是以这种方式开始谈话吗？"

     答 a：Yes, I always begin conversations this way.

       "是的，我总是以这种方式开始谈话。"

     答 b：Yes, I always do ~~begin conversations this way~~.

       "是的，我总是如此~~以这种方式开始谈话~~。"

     答 c：Yes, ~~I always begin conversations this way~~.

       "是的，~~我总是以这种方式开始谈话~~。"

（27a）的回答没有省去原始问句的任何内容。（27b）的回答省去了短语 *begin conversations this way*，（27c）的回答省去了整个小句 *I always begin conversations this way*。这证明那些被省略的部分是直接成分。这样的答语中其他某些序列则是不容易省略的：

163

（28）问：Do you always begin conversations this way?

       "你总是以这种方式开始会话吗？"

     答 d：*? Yes, I always begin ~~conversations this way~~.

     答 e：* Yes, I always ~~do begin~~ conversations this way.

     答 f：* Yes, ~~I always begin~~ conversations this way.

     ……

（28d）的回答在上文描述的意义上并非不合语法。作为一个话段，它可以被这种

语言的语法模式允准，但它作为这个问题的回答则是不恰当的。它不能构成完整答语
Yes, I always begin conversations this way 的简化形式。答语（28e）和（28f）更明显地
不合语法，而且也不适合作为对这个问题的回答。这些例子证明答语中的被省略部分
不是句法直接成分。

由于种种原因我们使用省略时需要小心。首先，在实际会话中，如果说话人认为
被省略的部分可以由听话人从语境中复原，那么任何成分都可以省略。请看下例：

（29） a. Been there, done that.

　　　　"到过那里，做过那事。"

　　　 b. How many on board, Mr. Murdoch?

　　　　"甲板上有多少，Murdoch 先生？"

在例（29a）中，*I have* 这一序列被省略了两次。然而，对成分组构的主要测试表
明 *I have* 并不是一个直接成分：

（30）　??Been there *I have*.　　　　　　　（*I have* 移到了句末）

　　　　*I have been there and *so* been here too.　（用 *so* 替代 *I have*）

同样，（29b）可被视为 *How many people are on board, Mr. Murdoch?* 的简化形式，
但被省略的部分 *people are* 显然不是一个直接成分：

（31）　*People are* how many on board, Mr. Murdoch?（*people are* 移到了句首）

　　　　* How many *people are* on board, and so/such/do on shore, Mr. Murdoch?
　　　　（各种可能的代语形式替代了 *people are*）

要小心使用省略的第二个原因是，至少是在英语中，省略只是在区分某些直接成
分的边界时是可靠的，而对其他方面并不可靠。例如，我们已经看到小句主语和动词
之间具有大的成分边界。同样，动词与其宾语之间肯定也有句法边界。最后，以下我
们还会看到，限定性名词短语中的限定词和剩余成分之间有个"小的"成分边界。这
些边界都不能用省略标准来测试：

（32）　问：Did you see the gnarly tree?

　　　　　"你看见了那棵多节瘤的树了吗？"

　　　　答 a：*Yes, I ~~saw the gnarly tree~~.

　　　　答 b：*?Yes, I saw ~~the gnarly tree~~.

　　　　答 c：*Yes, I saw the ~~gnarly tree~~.

a、b、c 都不适合作为问题的合适回答，这个事实似乎表明省略的部分不是直接成分。然而成分组构的主要测试却显示，在某些层面上这些部分都必须看作直接成分。因此，省略以及其他成分组构的"次要"测试方法，一定要小心使用。次要测试是"刺探"某个句法串以获得其内在结构某些线索的方法，但它们不一定适用于所有情况，只能作为主要测试的补充手段来使用。

短语结构规则

短语结构规则（**PHRASE STRUCTURE RULES**）是语言学家用来表征（represent）或模拟（model）语言中规约化的句法模式的一种方法。这一节我们将以英语作为示例语言，简要地描述短语结构规则的基本原则。在形式语法中，生成语法最近的版本业已消除短语结构规则的必要性。不过，在对广泛的结构类别进行概括时，假若不是为了分析单个小句，这些规则仍不失为有用的思考方式。

短语结构（或 PS）规则是表征成分结构的理想化模式的一种方法，这种理想化模式是说话人无意识语言知识的一部分。它们由三部分组成：一个被表征的理想化组块（短语或小句）标签，接着是一个箭头，然后是对该组块可能的内容的具体说明：

（33）标签（LABEL）→ 内容（CONTENTS）

例如，（6）中描写的简单模式可表征为下面的 PS 规则：

（34）NP → D N

这条规则读作"名词短语由限定词后接名词构成"。

注意：PS 规则中的箭头（→）与出现在音系规则和形态音位规则中的箭头很不相同。在 PS 规则中不涉及任何变化，箭头只表示左边的**短语范畴**（**PHRASAL CATEGORY**）由右边的一串成分组成。右边的序列是对左边命名的短语范畴一个更为具体的"内部"观察。在这个意义上 PS 规则中的箭头比某种过程规则中的箭头更像等号（=）。

更为复杂的短语结构规则可能会使用下文要讨论的一些额外的符号凡例。不过所有的 PS 规则都由一个组块标签、一个箭头以及组块的内容构成。

我们当下针对短语结构规则所必须说明的就是这些。你现在已经知道了书写短语规则的基本原则，以及它们为什么重要。下面我们要转到另一种符号系统，它是表征单个语串结构的一种更为普遍的方式。

成分结构树

我们刚刚看了短语结构规则的例子。这些规则尝试以数学式的精确明白的方式来表征那些规律性的行为模式 —— 所有说话人因习得一种语言而必定在其大脑中建立起来的行为模式。这样的行为模式"允准"一种语言的基本小句和短语,"不允许"或"排斥"那些不是该语言组成部分的成分序列。它们颇像很多社团颁布的"建筑条例"（building codes）,旨在告知建筑者什么是本社团可以接受的建筑。（Radford 1988：132）

现在我们来看另一个隐喻——**成分结构树**（**CONSTITUENT STRUCTURE TREES**）——这对描写单个句子的结构特别有用。成分结构树（也叫"短语标记"）颇像单个建筑物的"建筑平面图"（architectural plans）,而不是指明何为可接受建筑物、何为不可接受建筑物的建筑条例。成分结构树由短语结构规则来"评测""确认生效"或"允准",就像建筑平面图的评测也关系到建筑条例一样。这两种表征模式服务于完全不同的目的——短语结构规则提供总体模式,而成分结构树是对单个短语和小句成分结构的图形表征。

下面是成分结构树如何运作的一个例子。像 *the dog* 这样的组块是由一个 D（限定词）加上一个名词构成。我们已经运用加标签的括号来表征这个结构:

（35）[np D　　N]np
　　　　the　　dog
　　　　那　　狗

括号表示 D 和 N "归并"（merge）（Chomsky 1995）成一个直接成分或"组块",小写下标标明这个组块的短语范畴。更大的结构可以用多重加标签的括号来表示,如（19）所示。另一种展示这个结构的方式是一棵"树":

（36）
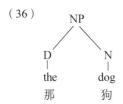

在这棵树中,短语范畴写在顶部（NP）,而短语的组成部分写在底部。组成部分与短语范畴标签用直线连接,这些直线称为**分枝**（**BRANCHES**）。每个带有标签的点叫作**节点**（**NODE**）,**短语节点**（**PHRASAL NODES**）是指明短语范畴的节点（本例中的 NP）,**终端节点**（**TERMINAL NODES**）是位于树底部的节点——分枝的末端 166

（本例中的 D 和 N）。终端节点标签指明词汇范畴（见上文表 6.1）。

你大概会注意到这根本不太像棵树，这种画树的方式其实更像一棵倒置的树，或者是生物树的根系。实际上成分结构树有时可以用另外一种方式书写——在底部写短语范畴标签，树枝向上延伸到作为"树叶"的词汇范畴标签。不过，这种相当古怪的、倒置的句法树表征方式还是更为常见。

正如我们在上文成分组构测试的讨论中看到的，处理由两个以上的词构成的组块时，事情就变得稍微复杂一些了。请看下面的例子：

（37） The gnarly tree
　　　 "那多节瘤的树"

这显然是一个组块，因为可以用一个代词来替换这整个语串（成分组构的主要测试 #2）：

（38） a. The gnarly tree fell down.
　　　　　 "那多节瘤的树倒了。"
　　　 b. It fell down.
　　　　　 "它倒了。"

但内部成分组构如何？这个简单短语的各成分之间具有下面这些可能的成分组构关系，是否有理由赞成或反对其中任何一个？

（39） a. [the gnarly tree]　　　　　　　（全部作为一个组块——没有内部成分组构）
　　　　　 "［那多节瘤的树］"
　　　 b. [[the gnarly] tree]
　　　　　 "［［那多节瘤的］树］"
　　　 c. [the [gnarly tree]]
　　　　　 "［那［多节瘤的树］］"

这三种可能的成分分析可以用三种不同的树来描述（稍后我们将给所有的节点添加标签）：

（40） a.

```
        D       ADJ       N      = (39a)
        |        |        |
       the     gnarly    tree
        那     多节瘤的    树
```

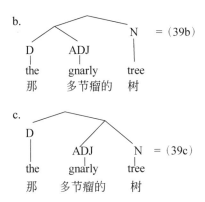

b.
```
        ╱╲
       ╱  ╲  N      = (39b)
      D   ADJ  │
      │    │
     the  gnarly  tree
      那   多节瘤的   树
```

c.
```
      ╱╲
     ╱  ╲
    D    ╱╲
    │   ADJ  N     = (39c)
    │    │   │
   the gnarly tree
    那  多节瘤的  树
```

如何"探测"这些结构以确定哪种分析最好？我们可以采用成分组构测试来看 *the gnarly* 或 *gnarly tree* 是否是一个直接成分。如果两者都不是直接成分，那么（40a）的分析一定是正确的。

167

移位如何？好吧，下面的例子显示移位并没告诉我们任何东西：

（41） *The gnarly is what tree fell down.

　　　 *Gnarly tree is what the fell down.

替换怎么样？请看下面的例子：

（42） You like this gnarly tree and I like that one.

　　　 "你喜欢这棵多节瘤的树而我喜欢那棵。"

单词 *one* 在这个例子中被用作非特指代词（non-specific pronoun）。它代替什么呢？我认为绝大多数英语说话人都会同意代替的是 *gnarly tree*，而不仅仅是 *tree*。这是一条小小的证据，证明 *gnarly tree* 是一个组块。

下面是包括替换的更多探测：

（43） a. *The gnarly tree* that it is, I still love it.

　　　　　 "那多节瘤的树，它是，我依然喜爱它。"

　　　 b. **The gnarly* that it is, I still love it.

　　　 c. *Gnarly tree* that it is, I still love it.

　　　　　 "多节瘤的树，它是，我依然喜爱它。"

这显示了什么？（我确信你自己能够弄明白。）

插入又如何呢？嗯，我想你可以把形容词插在这个短语中 *gnarly* 的任何一边，因此我认为插入没有帮助。

（44） a. The old gnarly tree
　　　　　"那古老的多节瘤的树"

　　　　b. The gnarly old tree
　　　　　"那多节瘤的古老的树"

　　并列怎样呢？看看下面的表达：

（45） a. The gnarly and rotten tree
　　　　　"那多节瘤且腐烂的树"

　　　　b. The gnarly tree and rotten log
　　　　　"那多节瘤的树和腐烂的木头"

　　　　c. The gnarly tree and the rotten log
　　　　　"那多节瘤的树和那腐烂的木头"

　　　　d. ?The gnarly and the rotten tree
　　　　　"?那多节瘤的和那腐烂的树"

　　例（45a）表明 gnarly and rotten 可以形成一个组块，但这并不奇怪，因为它们两个都是形容词，这相当清楚。记住，并列测试表明两个并列的成分属于相同的句法范畴，因此两个形容词可以并列在一起。（45b）表明了什么呢？它表明 gnarly tree 和 rotten log 可以并列，换句话说，它表明下面这棵树是对（45b）恰当的分析：

（46）

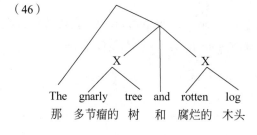

The　gnarly　tree　and　rotten　log
那　多节瘤的　树　和　腐烂的　木头

168

　　在这个例子中，符号 X 只是表示两个组块 gnarly tree 和 rotten log 一定属于同一范畴（否则就不能像这样并列在一起），但并没有认定它们是什么范畴。

　　这进一步证明，在短语中形容词可以脱离限定词而跟名词组块在一起。

　　例（45c）表明 the gnarly tree 和 the rotten log 属于同一个范畴，因此能够并列。这根本不奇怪，因为我们已经确定这样的语串是组块。

　　例（45d）有点问题。它好像试图把 the gnarly 和 the rotten 并列而把 tree 排除出去。

下面是这个短语可想象到的结构树：

（47）

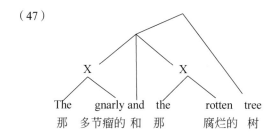

The　gnarly and　the　rotten tree
那　多节瘤的 和　那　腐烂的　树

　　然而许多母语使用者拒绝接受这种短语，这一事实表明它也许不是完全合乎语法的。即使是那些接受这个短语为合法的英语说话人，也同意（45b）多多少少听起来"更好"。实际上，如果我们对这个短语稍加思考，会发现名词是复数的话听起来更好一些：

（48）　The gnarly and the rotten trees.
　　　　"那些多节瘤的和那些腐烂的树。"

　　这告诉我们什么？似乎如果我们是在谈论一个小树林会更有道理，树林中一些树腐烂了，一些树长了很多节瘤。如果它们都既是多节瘤的又是腐烂的，我们更可能说 *the gnarly and rotten trees*。例（45d）也可能是 *the gnarly trees and the rotten trees* 的简化形式，只是省略了第一个 *trees*。因此，（45d）可以看作（45c）所示结构的另一个实例，只是其中一个名词被删除，因为它与同一短语中的另一个名词相同：

（49）

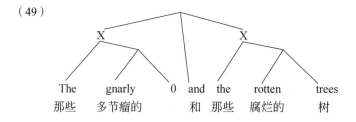

The　gnarly　0　and　the　rotten　trees
那些　多节瘤的　　和　那些　腐烂的　树

　　所有这些探测都证明，在简单的三词短语 *the gnarly tree* 中，首先是 *gnarly* 和 *tree* 构成组块，然后是这个组块跟限定词 *the* 构成组块。换句话说，上面（40c）中的树比（40b）的树更符合英语的句法事实。

169

　　下面讨论怎样给（40c）中的树加上标签。观察英语的整个语法，我们注意到限定性名词短语（determined noun phrases），即以众多可能的英语限定词之一[②]为开头的名词短语，跟"非限定性的"名词短语（undetermined noun phrases）相比有不同的分布特征。上文我们已经看到这方面的一些例子。其他一些动词主语必须被限定的例子如下：

（50） a. The tree fell down.

   "那棵树倒了。"

  b. That tree fell down.

   "那棵树倒下。"

  c. Farmer John's tree fell down.

   "农夫 John 的树倒了。"

  d. *Tree fell down.

  e. *Gnarly tree fell down.

注意，没有限定语的 *gnarly tree* 可以出现在（43c）这类例子中，但同样的短语不能出现在（50e）这类例子中。因此，很清楚的是，带限定词的 NP 和那些不带限定词的 NP 具有不同的句法特性。既然限定词的出现支配（govern）整个短语的句法特性，那么将限定词当作该短语的句法核心就是有道理的。通过投射原则（句法核心将其句法特性投射到它们的短语范畴），把整个限定性名词短语视为**限定词短语**（**DETERMINER PHRASE**）或 DP 就是合理的。那么，名词短语就是不包括限定词的那部分。按照这种分析，我们这个著名的短语完整的短语树形图如下[③]：

（51）

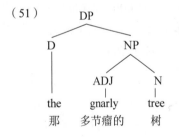

这棵树中有两个短语——一个限定词短语及一个内嵌于其中的名词短语。终端节点 D 和 N 分别代表这两个短语的句法核心。通常的惯例是短语总是与其句法核心有着同样的标签，此外另加一个 P（代表"短语"）。所以 D 是 DP 的句法核心，N 是 NP（句法和语义）的核心。

另一个可能在文献中遇到的惯例，是在主要词类的标签上面画一横杠，以表示一个该范畴所投射的短语。举例说，名词短语是 N 的投射，所以你可能会看到 N̄（读作 N-bar）而不是 NP。这样做有充分的理论内部（theory-internal）原因，但对我们的目的而言，使用 NP、DP 等术语就足够了。

现在我们来看一个更为复杂的结构。再来看例（8），为方便重写如下：

（52） The dog watched a fluffy cat.

"那狗看见了一只毛茸茸的猫。"

鉴于本章前面已做过的成分结构分析，加上上文对限定性名词短语的分析，我们对这个小句给出如下的带标加括分析以及树形图（我们即将谈到范畴标签，请不要着急！）：

（53） [s[dp [dThe]d[np [n dog]n]np]dp[vp? [vwatched]v[dp[d a]d[np[adj fluffy]adj[n cat]n]np]dp]vp?]s

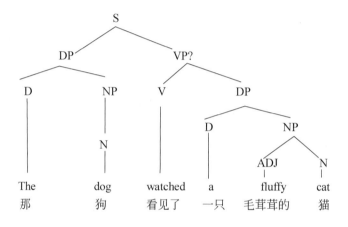

你可以看到，成分结构树逻辑上是与带标加括法等值的，尽管树通常比较容易阅读，尤其是涉及比较复杂的结构时。

在总结本节之前，我们来看另一个常见的短语范畴——动词短语。请看下面的小句：

（54） a. My daughter is reading an Igbo dictionary.

"我的女儿正在读一本伊博语词典。"

b. Is my daughter reading an Igbo dictionary?

"我的女儿正在读一本伊博语词典吗？"

这里的主要问题是"助动词 *is* 的句法地位是什么？"它是跟 *reading an Igbo dictionary* 构成一个组块呢，还是与 *my daughter* 构成一个组块？或者两者都不是？事实上，（54a）至少有五种可能的句法分析，详见（55）。在这些树中，三角形只是一些与当前讨论无关的结构的缩略：

（55） a.

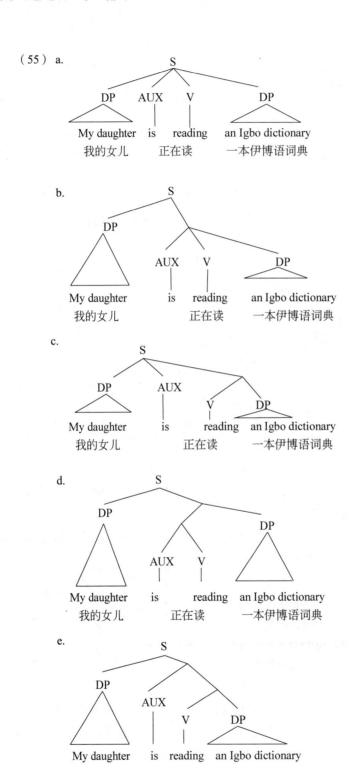

171

我们已经讨论了名词短语和限定词短语，所以不需要再纠结于这些成分的内部结构，以免使讨论变得复杂。我们现在的焦点是 DP 的外部关系，以及 AUX 和 V 的句法地位。同样，我们还留下了一些未加标签的节点，因为这里的分析在当前还只是一些可能性。我们需要"探测"这个结构，来看看这些分析中哪一种与英语的事实最为一致。在做完这些以后，我们就要开始考虑那些范畴标签了。

类似（55a）的分析有时称为**平铺结构**（**FLAT STRUCTURES**）。在平铺结构中，S 节点之下的所有成分之间再没有任何句法归并。这种结构提示这些成分的顺序可能是相当"自由"的（尽管有时仍有"基本的"或"常规的"成分语序）。有些语言［如第 1 章提到的那加语（Naga）、沃尔比里语（Warlbiri）以及其他很多语言］据说就呈现为这种高度平铺的句法结构。

下面采用我们业已熟悉的成分组构测试法来测试英语中的这个结构。例（54b）表明 AUX 能单独移到句首，因此在某种层面上它本身是一个直接成分。这似乎马上消除了（55b）和（55d）这两种可能，因为在这些结构里 AUX 直接和其他词汇范畴归并了。我们期望如果 AUX 移位，其"姊妹成分"也会跟着移位，但实际不是这样： 172

（56）试图把 *is reading an Igbo dictionary* 作为一个组块来移位：

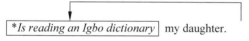

*Is reading an Igbo dictionary my daughter.

*Is reading an Igbo dictionary is what my daughter does.

......

（57）试图把 *is reading* 作为一个组块来移位：

*Is reading my daughter an Igbo dictionary.

*Is reading is what my daughter an Igbo dictionary does.

......

其他测试也表明 *is reading an Igbo dictionary*［例（55b）］和 *is reading*［例（55d）］不可能是直接成分；因此我们可以排除这两个分析，而集中于（55a）、（55c）、（55e）。

（55a）的分析提示，不仅 *is* 可以独立移位［（54b）表明能够］，而且 *reading* 应该也能够移位。但这不是事实：

（58）试图独立移动 *reading*：

* *Reading* my daughter is an Igbo dictionary.

* *Reading* is what my daughter is an Igbo dictionary does.

......

因此我们可以非常自信地得出结论：就英语而言，（55a）的分析"出局"了。因此只剩下（55c）和（55e）这两个结构，一个是 AUX 直接连在 S 节点上，另一个是 AUX 在较低层次与语义上的主要动词连接，这实际上是针对英语小句提出的两种最常见的句法分析。很多年来，就英语而言，（55c）这种将 AUX 直接连在 S 节点上的分析是最受欢迎的。然而最近一些年，与（55e）更为相似的分析已经后来居上。在下面的讨论中我们将从上述成分组构测试的角度，对这个结构做更多的"探测"，看看哪种分析最好。然后我们简要地讨论一下这两种可能的分析所引发的争论。不过，我们讨论的重点只是说明怎样运用成分结构树和成分组构测试来确定语言单位的层级结构——而不是要为英语中这种或那种特定的分析做结论性的辩护。

我们在例（56）中已经看到，序列 *is reading an Igbo dictionary* 不能作为一个组块进行移位。这是支持（55c）分析的一条证据。替换的情况怎样呢？看下面的例子：

（59） 试图用（*so*）*do* 替换 *is reading an Igbo dictionary*：

　　　*My daughter is reading an Igbo dictionary and *so does* my son.

相反，将 AUX 留在原位，只用 *so* 来替换序列 *reading an Igbo dictionary* 似乎更容易一些：

（60） 用 *so* 替换 *reading an Igbo dictionary*：

　　　My daughter is reading an Igbo dictionary and *so is* my son.
　　　"我女儿在读一本伊博语词典，我儿子也如此。"

况且，回答"你女儿在做什么？"（What is your daughter doing?）这类问题时，更为合适的答案是（61a）而非（61b）：

（61） a. Reading an Igbo dictionary.
　　　　"在读一本伊博语词典。"
　　　b. *Is reading an Igbo dictionary.

插入测试同样表明，*is* 后有一个主要的成分边界，而 *is* 前和 *reading* 后也许是多少显得更为次要的边界：

（62） a. My daughter is avidly reading an Igbo dictionary.
　　　　"我女儿正在狂热地读一本伊博语词典。"
　　　b. ?My daughter avidly is reading an Igbo dictionary.
　　　c. ?My daughter is reading avidly an Igbo dictionary.

这似乎支持（55c）的分析，这种分析下 AUX 和 V 的边界处于最高层次。

最后，并列测试也证明 *reading an Igbo dictionary* 是一个直接成分，而 *is reading an Igbo dictionary* 不是：

（63）　a. My daughter is reading an Igbo dictionary and chewing gum.

　　　　　　"我女儿正在一边读伊博语词典一边嚼口香糖。"

　　　　b. ?My daughter is reading an Igbo dictionary and is chewing gum.

　　总之，成分组构的两个主要测试和一些次要测试都表明（55c）的树形结构是这个英语小句最合理的分析（大概英语中所有带助动词的小句都是如此，尽管每一个都需要测试后才能确定）。

　　现在我们简单考虑一下，为什么（55e）的分析在最近的理论著作中被认为是最恰当的。其理由是，在（54a）这类结构中，AUX 是小句剩余部分的句法核心。AUX 为句法核心的证据是什么？首先，所选的特定 AUX 决定后面动词的形式。请看下面的例子：

（64）　a. Frodo is leaving the Shire.

　　　　　　"Frodo 正要离开夏尔郡。" [1]

　　　　b. Frodo has left the Shire.

　　　　　　"Frodo 离开了夏尔郡。"

　　　　c. Frodo will leave the Shire.

　　　　　　"Frodo 将离开夏尔郡。"

　　　　d. Frodo ought to leave the Shire.

　　　　　　"Frodo 应该离开夏尔郡。"

　　（64）中分别出现了四个不同的助动词 *be*、*have*、*will*、*ought*。每个助动词都要求后面的动词具有不同的形式。例（64a）表明助动词 *be* 后的动词带 "*-ing* 形式"［传统上叫**现在分词（PRESENT PARTICIPLE）**］。（64b）表明助动词 *have* 后面的动词带**过去分词（PAST PARTICIPLE）**形式（*left*）。（64c）表明助动词 *will* 后面跟的语义上的主要动词使用**光杆形式（BARE FORM）**（*leave*）。最后（64d）表明助动词 *ought* 要求主要动词采用**不定式（INFINITIVE）**形式（*to leave*）。这些事实证明，AUX 和动词相互之间具有紧密的句法关系。特别是，这些事实还证明：既然语义上的主要动词的语 174 法特性（特定的动词形式）取决于 AUX，那么 AUX 是动词的句法核心，或者说 AUX

　　[1]　Frodo 和下文的 Bilbo 都是英国作家 J. R. R. Tolkien 的小说《指环王》（*The Lord of the Rings*）中的人物，"the Shire"（夏尔郡）是小说中虚构的地名。——译者

支配（**GOVERNS**）其后语义上的主要动词。

AUX 是包括其后动词在内的整个短语的核心，还有第二个证据：AUX 带上了整个短语的主要屈折信息（时和一致关系）。请看下面的例子：

（65） a. Frodo is leaving the Shire.

"Frodo 正要离开夏尔郡。"

b. Frodo was leaving the Shire.

"Frodo（过去某个时候）正要离开夏尔郡。"

c. Frodo and Bilbo are leaving the Shire.

"Frodo 和 Bilbo 正要离开夏尔郡。"

d. Frodo and Bilbo were leaving the Shire.

"Frodo 和 Bilbo（过去某个时候）正要离开夏尔郡。"

在这些例子中，*leaving the Shire* 显然是被描写的主要行为。不过，是助动词 *be*（*is*、*was*、*are*、*were*）根据时以及主语的数而变化。语义上的主要动词 *leaving* 在所有的例子中保持不变。这是英语助动词一条主要的决定性特性——它们表达与后面语义上的主要动词相关的屈折信息。请看下面另外一些助动词：

（66） a. I have seen the lady.

"我见过那位女士。"

b. I had seen the lady.

"我见到过那位女士。"

c. I can only eat organic food.

"我只能吃有机食品。"

d. I could only eat organic food.

"我只能吃有机食品。"

这些例子表明助动词 *have* 和 *can* 也带上了整个小句的时的屈折变化，尽管是动词 *see* 和 *eat* 分别表达主要的语义内容。

总结起来，尽管传统的成分组构测试似乎支持在英语中 S 节点下有三向分枝 [（55c）的分析]，但显而易见的是，AUX 与其右边动词的联系比其左边的 DP 更紧密。如从另一角度看待这一问题，S 的三个主要直接成分（第一个 DP，AUX 和 VP）之间的关系是不对称（asymmetrical）的。也就是说，AUX 在句法上 "更靠近" 动词而非句子的主语。

既然我们已经论证了 AUX 是这个包括其后动词在内的直接成分的句法核心，那么你也许认为这个直接成分的合理标签应该是助动词短语（Auxiliary Phrase），AP 或

AuxP（用后者有助于把这个短语范畴跟形容词短语、副词短语区别开来）。这就如同我们用"限定词短语"（Determiner Phrase）来指称核心为限定词的短语那样。

不过，最新的一些论述使用**屈折短语**（**INFLECTIONAL PHRASE**，IP）这一术语来指称这类以助动词为核心的结构。这样做有很充分的理论原因，我们这里只是稍做分析。简单地说，并非所有具有屈折短语句法特性的直接成分都含有助动词。请看下面这样的小句：

（67）　a. Frodo ought to leave the Shire.

　　　　　　"Frodo 应该离开夏尔郡。"

　　　 b. Frodo has to leave the Shire.

　　　　　　"Frodo 不得不离开夏尔郡。"

175

虽然是助动词 *ought* 和 *has* 支配其后整个直接成分的形式，但是小词 *to* 支配动词 *leave* 的形式却是有道理的——*to* 后面的动词永远必须是光杆形式（没有屈折或其他任何加缀变化），不论助动词是什么。这提示（67）的句法分析应如下：

（68）

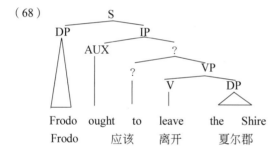

对于这种类型的结构通常的分析是第一个 IP 节点之下的直接成分是另一个 IP。这与助动词和 *to* 支配其右边的直接成分这一事实相一致。然而，我们不能说 *to* 是一个助动词。为什么？因为它没有助动词的句法特性，尤其是它不带屈折信息：

（69）　a. *Frodo to-s leave the Shire.

　　　 b. *Frodo and Bilbo to leave the Shire.

　　　 c. *Frodo to-d leave the Shire，

　　　　……

这种结构中小词 *to* 的常用标签是**不定式小词**（**INFINITIVE PARTICLE**），这个范畴的缩略语就是一个"I"。因此例（67a）最终的树形图应该是（70）：

（70）

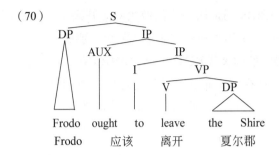

　　能把屈折短语嵌套在其他屈折短语之内这一点与助动词和不定式小词支配其右边的直接成分这一事实相一致。这也顾及到了**助动词堆叠**（**AUXILIARY STACKING**），一种英语以及其他许多语言句法中引人注目的现象。请看下面的小句：

（71）　a. The winning side has paid you much better.
　　　　　　"赢的一方已经付了你更多的钱。"
　　　　b. The winning side would have paid you much better.
　　　　　　"赢的一方应该已经付了你更多的钱。"
　　　　c. The winning side would have been paying you much better.
176　　　　"赢的一方应该已经一直在付你更多的钱。"

　　我们已经看到助动词 *have* 支配其后动词的过去分词形式。在（71a）和（71b）中，*have* 出现在动词 *pay* 之前，因此要求它的过去分词形式 *paid*。（71c）中，助动词 *have* 出现在助动词 *be* 之前。你瞧，*be* 就以过去分词 *been* 的形式出现，而 *pay* 以现在分词 *paying* 的形式出现。这是为什么？因为在这个例子中 *pay* 受到助动词 *be* 的支配，而不是助动词 *have*。

　　（71b）中是什么支配 *have* 的形式呢？是助动词 *would*。如果不是，*have* 的形式就会与在（71a）中的一样——是 *has*。因此我们看到有力的证明，结构中不论是 AUX 还是不定式小词 *to* 都递归性地支配它右边的成分（它的补足语）。讲英语的人这些方面的语法知识，可以很好地从下面这种树形图中展示出来：

（72）

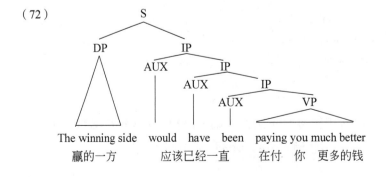

我们已经图示的最后几个小句都由最高层面上的 DP 加 IP 构成。如果要把这个概括转换成短语结构规则，那么 S 的规则应该是：

（73） S → DP IP

这个规则抓住了英语句法的总体原则，也就是（大致上说）任何小句都是由 DP 加上 IP 构成的。不过对于没有显性助动词或不定式小词的句子，情况如何呢？就目前为止我们描写 IP 的方式而言，下面这类句子，其实并不包含一个 IP：

（74） He roped himself a couple of sea turtles.
　　　　"他给自己绑了几只海龟。"

因为这个小句当中没有助动词，我们可以把它图示为（75）：

（75）

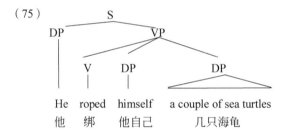

如果这是该小句合适的树，那我们就必须使这个短语结构规则（PS rule）复杂一点，以使 S 节点可以包括一个出现在最高层面的 VP 而非 IP：

177

（76）
$$S \to DP \left\{ \begin{array}{c} IP \\ VP \end{array} \right\}$$

这个规则中的大括号与我们在第 3 章讨论形态音位规则中所用的大括号相似，意思是大括号里面的项目是可选的——要么是 IP，要么是 VP。

这种分析不能令人完全满意，有几条原因。第一，（76）中的规则比上面只包括 IP 的规则更加复杂。记住，包含最简部件（apparatus）的分析才是最好的分析 [**最简标准**（the **MINIMALIST CRITERION**）]。第二，如果 IP 真的代表"屈折短语"，那么 *roped himself a couple of sea turtles* 也应该被包括进去，因为它的确有屈折变化（它表达过去时）。只是这个短语里的屈折变化是动词的一部分，而不是用一个独立的助动词来表达。如果我们把屈折变化看作一种"隐形范畴"，当没有助动词接收它时，它就迁移到动词上，这样如何？这种分析可以图示如下：

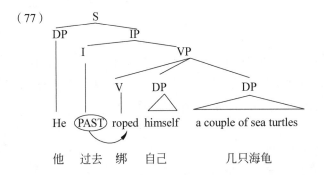

（77）

他　过去　绑　自己　　　　几只海龟

这种分析保留了小句由 DP 加上 IP 构成这一概括，尽管它确实需要一个节点，该节点的逻辑（被理解的）内容被表达为处于另一节点之下的词的一部分。如果我们打算提出这样一种抽象的分析，除了只是消除对（76）那样一个更复杂的短语结构规则的需求之外，还能有更多的助益，它将更令人信服。毕竟，如果你在一个领域减少了分析的复杂性，采用的办法却是增加另一个领域的复杂性，那实际上并没有使你的语法总体上更简单。在这个特定的实例里，如果能够显示这种分析对于抓住英语句法的其他某些事实是必须的，将有助于我们评价这个隐形范畴假设。好了，我们看看英语中这个有时被称作**主语 – 助动词**倒置（**SUBJECT-AUX** inversion）的规则。

主语 – 助动词倒置发生在英语的各种疑问句中。例如，基于 *I can't have a normal boyfriend*（我不能有一个正常的男友）这一陈述，如果你想问某人一个问题，你可能会说：

（78）Why can't I have a normal boyfriend?
　　　"为什么我不能有一个正常的男友？"
　　　Can't I have a normal boyfriend?
　　　"难道我不能有一个正常的男友吗？"

注意在这些问题中助动词 *can't* 发生了什么？在两个例子中它都出现在主语 *I* 的前面，而不是像陈述句一样在 *I* 后面。对英语所有的助动词而言，这种疑问句中主语和助动词倒置完全是规则的。

现在我们可能会问，当运用主语 – 助动词倒置规则时，（74）这类小句会发生什么？毕竟，看起来这个小句中没有助动词，对吗？好，我们来核查一下：

178

（79）　Why did he rope a couple of sea turtles?

"他为什么绑了几只海龟？"

Did he rope a couple of sea turtles?

"他绑了几只海龟吗？"

瞧瞧，抽象的屈折成分以助动词 *do* 的形式出现了，并带上了时的屈折变化。同时语义上的主要动词 *rope* 还原为原来的光杆形式。这就几乎像是助动词一直在那儿，潜伏在屈折动词里面。倒置结构只是把它驱赶到了明处。

英语中还有另外的一些结构式揭示出无助动词屈折短语中存在着隐形的屈折成分。我们来看一下标准的否定结构。当肯定句有一个助动词时，否定小词 *not* 跟在该助动词后面：

（80）　否定：

I am *not* being fired.

"我不是正在被解雇。"

I can *not* see why you would be upset.

"我不能明白为什么你会难过。"

You would *not* believe how much I weigh.

"你不会相信我有多重。"

肯定：

I am being fired.

"我正在被解雇。"

I can see why you would be upset.

"我能明白为什么你会难过。"

You would believe how much I weigh.

"你会相信我有多重。"

在现代英语中，否定小词跟在动词后面并不常见：

（81）　*I am being *not* fired.

*I can see *not* why you would be upset.

*You would believe *not* how much I weigh.

那么，当你否定一个没有助动词的肯定句时会发生什么呢？

（82）　否定：

I do *not* feel like parting with it.

"我没感觉好像离开它了。"

I do *not* even exercise.

"我甚至不锻炼。"

I do *not* even have a picture of him.

"我甚至没有他的相片。"

肯定：

I feel like parting with it.

"我感觉好像离开它了。"

I even exercise.

"我甚至锻炼。"

I even have a picture of him.

"我甚至有他的相片。"

助动词 *do* 再一次自动出现了。可以说它的出现就是为了否定词能够跟在它的后面。这再次证明对英语中无助动词屈折动词短语进行的这类隐形成分分析是正确的。

行文至此，关于树形图和成分组构测试大概已经足够了。当然，我们这里忽略掉了更多需要考虑的因素和一些重要的理论原则；不过关于 21 世纪早期生成语法的形式描述如何运作，总体思想应该已经给你了。这里要记住的重要思想是：

179

语言的形式描述都是隐喻，设计这些隐喻是为了帮助我们分析和理解一种语言的内在语法知识，这种知识是该语言的每一位说话人都必定具备的。

短语结构规则提供了一种理解和模拟内在语法知识的方式。

成分结构树提供了一种表征单个语串可能的成分结构分析的方式。

为更好地理解语串的成分结构，语言学家运用某些成分组构测试来对语串进行"探测"。

歧义

有些语言话段是有歧义的。这就意味着它们可以有一种以上的解读。**歧义**（**AMBIGUITY**）描写的是表达不止一种可能意义的属性。语串存在歧义有多个原因。也许最明显的歧义还是**词汇歧义**（**LEXICAL AMBIGUITY**）。例如我所在的镇上一家银行在它的广告中就利用这种歧义玩了个文字游戏：

（83） The right bank is on your left.

"正确的 / 右边的银行在你左边。"

right 的意思可以是"正确的"或者是"左边的反方向"。这个歧义在（83）中通过介词短语（PP）*on your left* 而消解了——*right* 的方向意义被否定。因为银行不可能既在"你的左边"，又在"左边的反方向"。下面是另一个利用歧义词 *bank* 的例子：

（84） Let's try another bank.

"让我们试试另一家银行 / 一条河岸。"

在渔民寻找理想的钓鱼地点的语境中，它是一种意思；在人们厌倦了他们存钱的机构的语境中，它是另一种意思。这就叫作词汇歧义，因为两个不同的解读都与同一个语音形式 [bæŋk] 相联系。

当一个语词序列因为具有一种以上可能的短语结构而导致一种以上的意义时，就产生了**结构歧义**（**STRUCTURAL AMBIGUITY**）。本章开头例示的短语 *good girls and boys* 展现的就是这种类型的歧义。这个短语的歧义不是因为词汇有歧义，而是因为有两个不同的树形结构都可以运用到它上面：

（85）

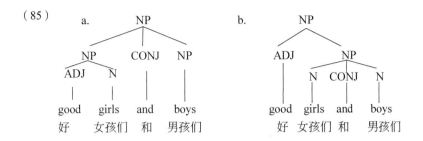

（85a）中的两个 NP, *good girls* 和 *boys* 是由连词 *and* 连接的。这个例子中，形容词 *good* 只作用于 *girls*。另一方面，（85b）中，名词 *girls* 和 *boys* 被连接起来，形容词 *good* 作用于整个被连接的 NP。

另一个著名的例子是：

180

（86）Lincoln wrote the Gettysburg address while traveling from Washington to Gettysburg on the back of an envelope.

"当林肯从华盛顿向葛底斯堡行进时，他在信封的背面写下了葛底斯堡演说 / 当林肯从华盛顿向葛底斯堡在信封的背面行进时，他写下了葛底斯堡演说。"

为什么这个话段（据说是一篇学生作文中的真实句子）会给我们留下好笑的印象呢？有两种可能的短语结构分析：*on the back of an envelope* 可以是 *traveling* 或者 *wrote* 的修饰语。每种情况下话段都有不同的意思。作者的意思是把它与 *wrote* 组块在一起，但读者通常会把它与 *traveling* 组块在一起，因为 *traveling* 离它更近些。

下面是另一个有歧义的例子：

（87）They are moving stairways.

"他们正在移动楼梯 / 它们是正在移动的楼梯。"

也许你想到的第一种意思是一些工人正处在对楼梯进行物理移动的进程中。这可能是对问题"他们在干什么？"的回答。（88）给出了这种意思的成分结构树：

（88）

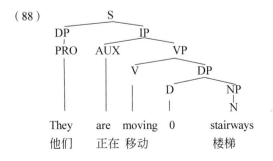

（87）的小句还有另一种可能的意思，你能想出来吗？词语 *moving* 可以是以名词 *stairways* 为核心的 NP 之内的一个形容词。换句话说，这个小句的意思是："那边那些东西是正在移动着的楼梯。"下面是（87）这一意义的成分结构树：

（89）

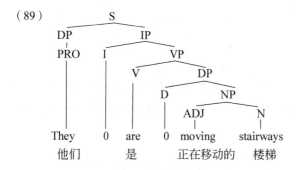

注意，两种意思的表层形式是相同的，唯一的区别是成分结构。这被称为结构歧义，因为这种歧义是起因于两种可能的短语结构被应用到了相同的语词序列。在本章结尾的练习中，你将有机会分析多种类型的结构歧义。

第 6 章概念提要

Ⅰ. 将词组合成短语和小句的模式是一种语言的说话人潜在知识的一部分。这部分语法知识叫作句法。

Ⅱ. 语法学家已发展出多种用来表征句法结构的形式描述系统。形式描述是隐喻，它可以帮助语言学家理解一种语言或总体语言的事实。每一种形式描述都有自己的强项和弱项。

Ⅲ. 形式描述必须能解释的句法结构的普遍特性包括：
- 线性序列
- 成分组构（"组块"或"归并"）
- 层级结构（"嵌套"或"内嵌"）

Ⅳ. 因为下述原因，人类语言表现出以上这些特性是合理的：
- 发音器官的性质（语音是一个接一个依次发出的）
- 人类心智的性质（人们一次只能注意四到六个事物）
- 人类有能力并需要表达的复杂思想

Ⅴ. 语言学家业已发展出多种方法或"测试"来确定语串的句法结构。这些测试是不同的"探测"方式，与化学家用来分析未知化合物的方法颇为相似。

Ⅵ．"合语法性判断"用于评判与句法结构相关的假设。使用成分组构测试将被"探测"的结构展示给母语说话人进行评判。如果母语说话人认为某个语串是这种语言可能的话段，那么这个语串就被认定为"合语法的"，即被这种语言的语法模式所允准。

Ⅶ．表征句法结构的三种方法：
带标加括法
短语结构规则（PSRs）
成分结构树（"树形图"或"短语标记"）

Ⅷ．短语结构规则是表征某一语言总体句法模式的方式。这些是很有用的方式，尽管它们不再（21 世纪早期）被作为语言形式描写的必要手段。带标加括法和成分结构树是表征单个语 182 串成分组构和层级结构的方式。

Ⅸ．语串可以有不止一种有效的句法结构。这种情况下，这个语串在结构上就是有歧义的。这种歧义不同于因一词多义而引发的词汇歧义。结构歧义这个概念表明成分组构关系的真实性以及成分结构分析的有效性。

练习

练习 6.1：把加括法转换成树形图

Tom Payne

把下面的带有标签和括号的语串"转换成"成分结构树。务必给每个节点写上正确标签。

1. $[_x\,[_y\,A\,[_z\,B]_z\,[_x\,C\,]_x\,]_y\,[_w\,[_z\,D\,]_z\,[_z\,E\,]_z\,]_w\,]_x$
2. $[_x\,[_y\,[_z\,A\,]_z\,[_z\,B\,]_z\,C\,]_y\,[_w\,[_y\,[_z\,D\,]_z\,E\,]_y\,F\,]_w\,]_x$
3. $[_s\,[_{dp}\,[_d\,0\,]_d\,[_{np}\,[_n\,Death\,]_n\,]_{np}\,]_{dp}\,[_{ip}\,[_i\,cannot\,]_i\,[_{vp}\,[_v\,stop\,]_v\,[_{dp}\,[_d\,0\,]_d[_{np}\,[_{adj}\,true\,]_{adj}[_n love\,]_n\,]_{np}\,]_{dp}\,]_{vp}\,]_{ip}\,]_s$
4. $[_s\,[_{dp}\,[_d\,0\,]_d\,[_{np}\,[_n\,Wesley\,]_n\,[_{conj}\,and\,]_{conj}\,[_n\,Buttercup\,]_n\,]_{np}\,]_{dp}\,[_{ip}[_i\,0\,]_i\,[_{vp}\,[_v\,raced\,]_v\,[_{pp}\,[_p\,along\,]_p\,[_{dp}\,[_d\,the]_d\,[_{np}\,[_n\,ravine\,]_n\,[_n floor\,]_n\,]_{np}\,]_{dp}\,]_{pp}\,]_{vp}\,]_{ip}\,]_s$

练习 6.2：树形图

Tom Payne

A．为下面的英语小句画一个可能的成分结构树。务必包括所有的短语节点和终端节点：

The scruffy dog watched the fluffy cat through the window.

B．下面的英语小句结构上有歧义。画出两个成分结构树，为这个小句所隐含的每种可能的结构各画一个：

She saw a man with a telescope.

练习 6.3：短语结构规则

Tom Payne

A．列出下面短语结构（PS）规则和词汇允准的所有的句子：

短语结构规则：
S→VP NP
NP→D N
VP→V（NP）
词汇：
N→dog，cat，mouse
D→the
V→chased，bit

B．写出允准下面每一个语串的 PS 规则（每个例子写一条规则）。可以假定这些词类与英语的注解一样———一般来说做这种假定不太好，但你可以为了本练习而这样做：

1. 地峡－萨巴特克语（Isthmus Zapotec，南墨西哥）：

    čupa   ležu   wiini   'two little rabbits'
    two   rabbit   little

2. 阿皮纳热语［Apinajé，巴西的一种热（Jé）语］：

    ape   kra   'the child works'
    works   child

3. 特令吉特语［Tlingit，加拿大艾伯塔省的一种阿萨巴斯肯语（Athabaskan）］：

    hit   yix'   'in the house'
    house   in

4. 马达加斯加语（Malagasy，马达加斯加的一种南岛语）：

    manasa   lamba   Rashu   'Rasoa washes clothes'
    wash   clothes   Rasoa

练习 6.4：句法推导

Tom Payne

看看本书第 5 页引用过的 Lewis Carroll 诗歌的第一段：

'Twas brillig, and the slithy toves

Did gyre and gimble in the wabe;

All mimsy were the borogoves,

And the mome raths outgrabe.

最后一句 *the mome raths outgrabe*（为本练习目的而忽略 *and*）有两种可能的结构。

A. 画出对应两种可能结构的树形图。

B. 在这个语境中为什么其中一种结构比另一种更合理，请给出证据。

注意：完成这个练习不需要对任何单词的"意义"有特殊的知识（也许 *the* 除外）。换句话说，不需要你给出这个小句的"正规的"分析，这种分析实际上在原书中提供 184 了。只需根据你的英语知识回答：对于语串 *the mome raths outgrabe* 来说，什么样的成分结构分析是可能的，为什么你会选择这种分析而不是另一种？正规的分析实际上会使这个问题更复杂。

练习 6.5：埃维语（Ewe）的短语结构

根据 Yule（1996）改编

下面是埃维语（Ewe，读作 [εβε]，一种在西非加纳使用的语言）里一个"toy"（即"小的，不完整的"）短语结构语法和词汇。运用这些规则写出至少六个完整的埃维语的句子：

短语结构规则：

S→DP VP

DP→N（D）

VP→V DP

词汇：

名词	限定词	动词
oge	ye	xa
ika	la	vo
amu		

练习 6.6：苏格兰盖尔语（Scottish Gaelic）的短语结构

Yule（1996）

这里是苏格兰盖尔语一些简化了的短语结构规则：

S→V NP NP

$$NP \rightarrow \left\{ \begin{array}{l} DN（ADJ） \\ PN \end{array} \right\}$$

词汇：

限定词	名词	专有名词	形容词	动词
an	cu	Tearlach	beag	chunnaic
	gille	Calum	mor	bhuail

根据上面的规则，下面语串中只有两个是形式完好的。第一，指出形式错误的句子，用星号（*）标记。第二，画出两个形式完好的句子的树形图：

1. Calum chunnaic an gille.　　3. Bhuail an beag cu.

185　2. Bhuail an gille mor an cu.　　4. Chunnaic Tearlach an gille.

练习 6.7：伊拉克阿拉伯语

根据 Cowan and Rakušan（1998）改编。

1. ilbinit tigdar tiʃtiri ilkitaab.	'The girl can buy the book.'
2. haay ilbibit triid tiʃtiri ilkitaab.	'This girl wants to buy the book.'
3. ilbinit tiʃtiri ilkitaab.	'The girl buys the book.'
4. iwalad raaħ ʕal beet.	'The boy went to the house.'
5. haaða iwalad raaħ ʕal masdʒad.	'This boy went to the mosque.'
6. ilbinit raaħit ʕal mustaʃa.	'The girl went to the hospital.'
7. haay ilbinit iʃtarit xubuz.	'This girl bought bread.'
8. ðaak irradʒʒaal maat.	'That man died.'
9. ðiitʃ ilbinit maatit.	'That girl died.'

提示：这道题不需要你做形态分析，不过问题 C 的答案需要你使用动词正确的形态形式。

A．写出该伊拉克阿拉伯语语料的词汇表，并为每个单词标上词类标签和英语注解。

B．以你所做的词汇表为基础，写出短语结构规则，这些规则应允准该语料中所有的例子。

C．另外写出两个该语料中没有出现而你的短语结构规则允准的小句。

练习 6.8：成分组构

Tom Payne

A．把下面摘引材料（摘自 F. Scott Fitzgerald 著《冰宫》）中的 DP 加上括号，并在 VP 下面画上横线。记住可能会有多重的内嵌，也就是短语之中还有短语。

The sunlight dripped over the house like golden paint over an art jar, and the freckling shadows here and there only intensified the rigour of the bath of light.

B．给下面短语中的语义核心画上圈，在句法核心下面画上横线：

a. the Queen of England's crown

b. a bunch of flowers

c. a lot of apples

d. the attorney general of the United States

e. a sensitive but not too brilliant boyfriend

f. a decorated camel-litter, which carried the daughters of the sheikh

g. a hole in the wall

h. a tall, spare, weatherbeaten man of few words

i. the tribal equivalent of regimental colors

186

j. a large number of people

k. one of my best friends

l. the entrance to the building

练习 6.9：树形图

Tom Payne

从报刊文章中选择两个句子。如有必要，可以缩写这些句子，但不得编造 —— 要用你在真实文本中找到的句子。如果缩写句子，缩写后应该仍旧合语法。

一个句子必须是及物的，并且含有对直接宾语的明确指称。另一个句子必须是不及物的。两个句子都应该含有：

一个前置词短语；
一个副词；
一个被修饰的名词短语。

给这两个句子画出句法树形图。

练习 6.10：结构歧义

Tom Payne

下面的英语句子在结构上有歧义。为每个句子每一种可能的意义画出树形图。

1. The mother of the boy and the girl left early.
2. Visiting relatives can be boring.
3. The police killed a man with a knife.
4. I saw her duck.
5. The missionary is ready to eat.

附注

① 这里 ideally 这个术语很重要。实际上现在有相当多的文献资料表明，合语法性不是一个"二者选一"（either/or）的概念。所有的语言都有"核心的"结构类型——那些很明显是所有母语说话人语法知识中一部分的句法模式 —— 和"边缘的"结构 —— 它们或多或少地接近于核心结构（Goldberg 1995）。母语说话人为什么不说语言单位中某个特定的语串，也有很多原因，从本书提示的传统生成意义上的不合语法性到说话人的尴尬都包括在内。一个特定的句子可以是语法上相当完整的，但就是没意义，或是有语言学家在场的情况下说话人太尴尬而说不出口，或是其他某个原因而不可接受。不管怎样，语言学家们对合语法性的判断似乎是爱恨兼备：很多现代研究有意回避它
187 们，不将其当作句法知识的合法语料来源，但同时合语法性和不合语法性的概念又被所有理论传统下的语言研究者们广泛使用着（假如未被广泛认可的话）。

② 包括某些情况下的零形式，例如专有名词、无定的复数形式和物质名词。很快我们就会看到其中的一些例子。

③ 名词性直接成分在许多语言包括英语中都是限定词（显性的或零形的）的投射，这一观点被广泛地称作**限定词短语假说**（**DETERMINER PHRASE HYPOTHESIS**），或者 **DP 假说**（**DP HYPOTHESIS**）（Radford 1997：98）。许多语言学家发现这个观点不那么可信，也无疑不支持将它作为语言的普遍特征。在很多也许是绝大多数语言里，就像我们在后面章节中将要看到的，对于名词性直接成分的恰当的短语范畴就是名词短语。然而，考虑到如本节所描写的那些句法测试，对于英语来说，在包含限定词的节点之下，拟定一个包含修饰语和名词的节点是必要的。把这种更大一些的直接成分称为限定词短语还是其他什么术语，是个人的偏好问题。已经使用过的一些术语包括
188 NP" 和 NP^{max}。

第 7 章
语言类型

　　类型学（**TYPOLOGY**）就是将一系列现象归为不同类型的一种范畴化（categorization）。对某事物进行"类型划分"（typologize）就是将其组成部分归入不同的类型。例如，我们常听到这样的笑话："有三类人——会数数的人，以及不会数数的人。"类型语言学家就是想要将语言划分为界定明确且有用的类型的人。

　　但怎样的类型划分才有用呢？一种类型划分如果能对分类对象的多重特征做出"预测"，它就是有用的。例如，假设我们要对机动车辆进行分类，哪种分类是最有意义的，A 还是 B ？

　　·分类 A：公共汽车（bus），厢式送货车（van），汽车（automobile），拖拉机（tractor）
　　·分类 B：红车，绿车，蓝车，白车

　　假如你知道某一辆机动车是公共汽车，那么关于它你还知道些什么吗？实际上多得很——它大概会是个大型车辆，有许多座位，主要用于载人，等等。另一方面，假如你只是随机知道某一辆机动车是蓝色的，那你就无法推测出它的其他很多特征。因此，分类 A 更有用，因为它反映了结合在一起的结构特征与功能特征的"丛集"，而不是仅仅显示一些孤立的特性。

　　转到语言学的例子。我们可以说世界上有两种语言——一种是在其语音库藏中具有辅音 [r] 的语言，另一种是不具有这一语音的语言。但是，知道某一语言是否有 [r] 并不能对了解该语言的其他部分产生很大影响，因而这不是一种特别有趣或有用的分类。但是，有好几种另外的语言分类对于那些有兴趣探索人类心智特征的人则十分有用。通过这些分类可以识别语言可能具有的特征丛。

　　对语言进行类型划分的价值在于帮助语言学家理解人类语言可能的变异范围与限度。如果逻辑上可能的类型却被发现是极为罕见或不存在的，那将有助于洞察人类心智的运作方式。因此语言类型学可为我们提供一扇通向人类心智和交际的"窗户"。继续讨论我们那个非语言学的例子，如果我们根据车轮的数量来对世界上所有的机动车辆进行类型划分，我们可以发现不存在或极少见到有五个轮子的车子。这一事实引发我们去探讨为什么机动车恰恰在这一方面受限制。看似将五轮车这一类型排除在外的 189

机动车辆，其起源、历史或功能如何？

在语言科学的历史上，已有好几种语言类型被提出来。本章我们将讨论形态和句法的类型。在后面几章我们将探讨语法关系的类型（第 8 章）、语态和配价的类型（第 9 章）以及小句连接的类型（第 10 章）。句法类型学已被证明在促进**类型语言学**（**TYPOLOGICAL LINGUISTICS**）和**功能语言学**（**FUNCTIONAL LINGUISTICS**）这些分支领域的发展方面富有成效。

形态类型

考量某一语言的形态类型的参数有两项，Comrie（1989）将其描述为**综合指数**（**INDEX OF SYNTHESIS**）和**熔合指数**（**INDEX OF FUSION**）。综合指数指某种语言的每个词里通常出现的语素的数量，而熔合指数是指通常与每一个语素相联系的意义的数量。

综合指数确立了一个以**孤立语**（**ISOLATING** languages）为一端、以高度的**多式综合语**（**POLYSYNTHETIC** languages）为另一端的连续统。图 7.1 例示了这个连续统。

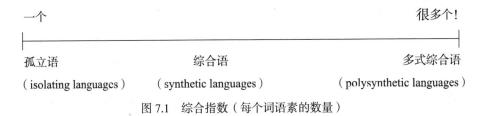

图 7.1　综合指数（每个词语素的数量）

严格的孤立语是每个词只包含一个语素，汉语接近这一端。高度的多式综合语是每个词通常包含多个语素，盖丘亚语（Quechuan）和爱斯基摩－爱留申语（Eskimo-Aleut languages）便是很好的例子。下面是中部尤皮克语（Central Yup'ik）中的一个多式综合结构的例子（感谢 Eliza Orr）：

（1）　Tuntussuqatarniksaitengqiggtuq

　　　 tuntu-ssur-qatar-ni-ksaite-ngqiggte-uq.

　　　 reindeer-hunt-FUT-say-NEG-again-3SG.IND

　　　 驯鹿－打猎－将来－说－否定－再－3 单.直陈

　　　 'He had not yet said again that he was going to hunt reindeer.'

　　　 "他还没有再说他要去猎驯鹿。"

熔合指数（图 7.2）描述了一个从高度**黏着语**（**AGGLUTINATIVE** languages）到高度**熔合语**（**FUSIONAL** languages）之间的连续统。高度黏着语是绝大多数语素有一个且仅有一个意义。高度熔合语（有时称"屈折语"，但由于这个词有其他含义，我们将使用"熔合语"这一术语）是一个语素通常表达多个意义。比如西班牙语 *habló* 等词中的后缀 *-ó* 至少表达五种概念范畴：直陈语气（indicative mood）、第三人称、单数、过去时以及完整体。如果其中任意一种概念范畴改变了，该后缀的形式也一定会发生变 190化。土耳其语中，每一个词汇意义和概念范畴总体上都由其自身的语素来表达，因此土耳其语是一种高度黏着语。对高度孤立的语言而言，熔合指数并不适用。如果英语可以划入某个类型，那么它是黏着语而非熔合语，比如在 *anti-dis-establish-ment-arian-ism*（反对教会与国家分开学说）一词中，每一个语素包含一个专有的且相当清晰的意义。不过，英语中这类词绝大多数源自拉丁语。熔合在英语的现在时第三人称单数后缀 *-s*［如在 *he walks the line*（他循规而行）中］以及 be 动词的词形变化上表现得很明显，但除此之外没有太多其他表现。

图 7.2 熔合指数

　　没有普遍接受的定量方法来精确确立某一特定语言的综合指数和熔合指数。关于综合指数的经验之谈是：如果特定语言能仅用一个动词来表达整个句子，那么它就是多式综合语；如果不能，则是孤立语。可以利用"有点"或"高度"之类的形容词来说明一种语言在每一个连续统上位于何处。如英语是"有点孤立语的"，汉语官话（Mandarin）是"高度孤立语的"，土耳其语是"有点多式综合语和高度黏着语的"，而尤皮克语是"高度多式综合语和有点熔合语的"。了解某一语言的形态类型，有助于语言学家对各种结构可能的意义做出更好的假设，更是大大有助于理解某一语言的历史起源和发展。

句法类型

　　语言学家早就注意到，有些语言倾向于将动词置于小句之末，有些置于小句之首，还有一些则将它置于小句中间的某一位置。最后，还有很多语言似乎可将动词置于任何一个位置。在小句的名词性［或"像名词的"（noun-like）］成分中，传统上已对主语 191

和宾语做出重要区分（在早期类型学研究中缩写为 S 和 O）。[①]就树形图而言，可以将主语视为直接位于 S 节点之下的 DP，将宾语看作直接位于 VP 节点之下的 DP：

（2）
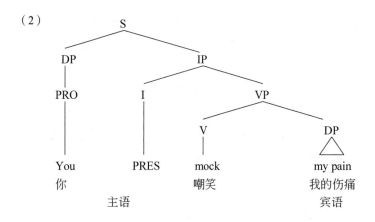

事实证明，在那些宾语居于动词之后的语言（VO 型语言）和宾语居于动词之前的语言（OV 型语言）之间存在着一项非常大的**类型**（**TYPOLOGICAL**）差异（参看 Greenberg 1963 等）。按照短语结构规则，这可以看作英语类语言与日语类语言之间的差别，前者的 VP 规则中非必有的 DP 居于核心动词之后，后者非必有的 DP 居于核心动词之前：

（3） VP → （DP） V　　　　OV 型语言（日语、芬兰语、印地语……）
　　　 VP → V （DP）　　　　VO 型语言（汉语官话、印尼语、英语……）

这种类型分类的有趣之处是，动词短语中宾语和动词的语序往往与该语言句法的其他方面相关联。例如，如果某一语言具有 OV 语序，那它几乎肯定具有后置词而非前置词。反之，如果一种语言具有 VO 语序，那它几乎肯定具有前置词。同样，在 OV 型语言中，屈折助动词（inflected auxiliaries）几乎总是位于动词之后；而在 VO 型语言中，助动词通常位于动词之前。简而言之，总体来说，世界上的语言有两大类型：一是句法核心通常位于其补足语（complements）之前，一是句法核心通常位于其补足语之后：

（4）

		VO 型语言：		OV 型语言：	
		核心语	补足语	补足语	核心语
VP	→	V	DP	DP	V
IP	→	AUX	VP	VP	AUX
PP	→	P	DP	DP	P
DP	→	D	NP	NP	D

因为每种语言都总是处于变化的状态之中，并且特定短语范畴中核心语与补足语的语序是一个可能随时间发生变化的变量，所以这些关联并不是绝对的。不过，从统计学角度看它们则是十分显著的。语言以这种方式互相关联，当然不仅仅是巧合。对于语言学理论来说，问题在于为什么会如此。很多语言学家已从不同角度探讨这一问题，这里我们不打算进行总结。相反，我们将简要介绍一些非常重要的基础性研究的成果，然后提供一些代表各主要类型语言的例子。 [192]

句法类型学领域的基础性研究是 Joseph Greenberg 于 20 世纪 60 年代初完成的。Greenberg 比较了 30 种语言的句法特征并发现了多种有趣的关联。特别是，他注意到其取样中的语言往往具有一种基本的或无标记的句法结构，并且这种基本结构中的某些成分的语序与另一些成分的语序相关联。表 7.1 概括了 Greenberg（1963）观察到的 VO 型语言和 OV 型语言中的一些关联。这些就是著名的"Greenberg 共性"，因为它们被认为反映了普遍有效（即适合于所有语言）的关联。

表 7.1 Greenberg 共性的概括（引自 Greenberg 1963，附录 2）

Greenberg 共性	参数	关联	
# 1	主句	动词－宾语	宾语－动词
# 3，4	附置词	前置词	后置词
# 2	领属语（领有者）和核心名词	核心名词－领属语	领属语－核心名词
# 17	核心名词和形容词	核心名词－形容词	形容词－核心名词
# 24	关系小句和核心名词	核心名词－关系小句	关系小句－核心名词
# 22	比较句	形容词－比较标记－基准	基准－比较标记－形容词
# 16	屈折助动词	助动词－动词	动词－助动词
# 9	疑问小词	句首	句尾
# 12	疑问词	句首或其他位置	句首
# 27	词缀	前缀	后缀

重要的是，要认识到 Greenberg 只是观察到某些关联。他并没有试图为那些关联提供原因（即"动因"），甚至连统计学上的显著性测试也没有做。从这个意义上说，Greenberg 并没有试图对那些尚未经研究的语言中的成分语序做出预测。自 1963 年以来，许多研究已揭示 Greenberg 首创的类型学存在不少问题。对 Greenberg 研究的一些重要修正、批评和扩展，见 Hawkins（1983）、D. Payne（1985）、Mithun（1987）、Dryer（1988，1992）以及 Hawkins（1994）。在一项重要修正中，Dryer（1988）指出，当考虑更大的语言样本时，Greenberg 共性第 17 条（形容词与核心名词的语序）并不成立。然而，Greenberg 的研究促成了类型语言学这一领域的产生，并且持续发挥着重要影响。

在下列几节中，我们将运用日语和马达加斯加语这两种不同类型语言的例子，来

193 解释和例示表 7.1 描述的一些关联。

OV 型语言和 VO 型语言的实例

日语和马达加斯加语与 Greenberg 的观察非常一致。大多数语言没有这么理想，不过这两种语言已足以例示在世界语言的句法结构中存在一个相当显著的反复出现的模式。

下面的例子说明了日语的 OV 成分语序。该小句中，屈折动词短语（inflected VP）位于括号内。请注意，宾语 *inu* 居动词 *mita* 之前：

（5）OV：

Taro	ga	[inu	o	mita]
Taro	NOM	dog	ACC	saw
Taro	主格	狗	宾格	看见

'Taro saw a dog.'

"Taro 看见了一只狗。"

下面是该小句可能的树形图：

（6）

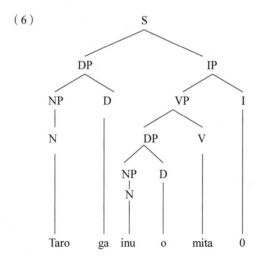

请注意，在 IP 节点下，该树向左"分枝"，每个短语范畴的句法核心居右，其补足语向左分枝。在英语句子的树形图中，你会注意到，分枝往往向右扩展［参看第 6 章例（72）］。因此，日语这类语言有时被称作**左分枝**（**LEFT-BRANCHING**）语言，跟英语及其他 VO 型语言形成对照，后者被称为**右分枝**（**RIGHT-BRANCHING**）语言。这两类语言有时也分别被称作"核心居末"（head-final）语言和"核心居首"（head-initial）语言，或者"补足语＋核心语"（complement+head）语言和"核心语＋补足语"（head+complement）语言。

在下面这个日语例子中，我们看到名词短语中领有者 *hito* 位于被领有物 *inu* 之前。与"领有者"这一功能性概念最为对应的语法关系是属格。因此，用 Greenberg 的术语来说，日语的名词短语采用"属格 + 名词"语序：

（7）GEN N：　　Taro　　ga　　[　hito　　no　　inu　　o　　]　mita
　　　　　　　　　　　　NOM　　　man　　GEN　　dog　　ACC　　　saw
　　　　　　　　　　　　主格　　男人　　属格　　狗　　宾格　　　看见
　　　　　　　'Taro saw the man's dog.'
　　　　　　　"Taro 看见了这个男人的狗。"

194

在例（8）中，意为"大的"的词语 *ookii*，居于它所修饰的名词之前。因此，日语的名词短语呈现"形容词 + 名词"语序：

（8）ADJ N：　　Taro　　ga　　[　ookii　　inu　　o　　]　mita.
　　　　　　　　　　　　NOM　　　big　　dog　　ACC　　　saw
　　　　　　　　　　　　主格　　大　　狗　　宾格　　　看见
　　　　　　　'Taro saw a big dog.'
　　　　　　　"Taro 看见了一只大狗。"

在上述两例中我们再次看到，日语中分枝是向左边延伸的。下面是对应的树形图：

（9）

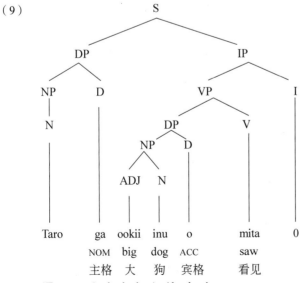

　　　　　　　'Taro saw (or looked at) a/the dog.'
　　　　　　　"Taro 看见了（或看着）一只/这只狗。"

（10）

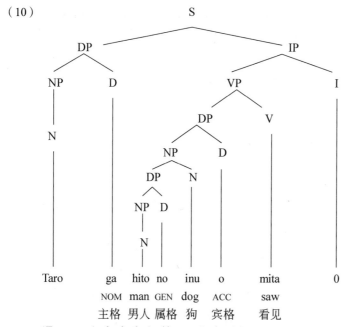

'Taro saw (or looked at) a/the man's dog.'
"Taro 看见了（或看着）一个/这个男人的狗。"

请注意，例（10）的 IP 节点下有一个 VP，然后是一个 DP，接着是一个 NP，再往下是另一个 DP。在众多事实中，该树形图抓住了一个重点，即属格名词，日语中其限定词是 *no*）嵌套于另一个名词短语之中。换言之，属格名词是其他名词的一种修饰语195 或非必有补足语。

例（11）例示了日语中的**关系小句**（**RELATIVE CLAUSE**）。关系小句是修饰名词并内嵌于名词短语的小句。在第 10 章中我们将更详细地讨论关系小句，现在只需注意关系小句（用大括号"{ }"括起来）居于它所修饰的名词 *inu* 之前：

（11）RC N：　Taro　　ga　　　[{ niku　o　　　tabeta } inu　　o　　] mita
　　　　　　　　　NOM　　　meat　ACC　　ate　　　dog　ACC　　saw
　　　　　　　　主格　　　肉　　宾格　吃　　　狗　　宾格　　看见
　　　　　'Taro saw the dog that ate the meat. '
　　　　　"Taro 看见了吃肉的那只狗。"

日语具有后置词短语（*post*positional phrases）而非前置词短语（*pre*position phrases），这是动词居末语言的另一共同特征。例（12）中，我们看到后置词 *kara* 位于跟它有关的名词之后：

（12）N Postposition：Taro ga   [mado   kara]   inu   o   mita

               NOM   window   from   dog   ACC   saw

               主格   窗户   从   狗   宾格   看见

    'Taro saw a dog from the window.'

    "Taro 透过窗户看见了一只狗。"

日语中的助动词也位于主要动词之后：

（13）V AUX：   Taro-ga   inu   o   [miru   bekida]

           -NOM   dog   ACC   see   should

           －主格   狗   宾格   看见   应该

    'Taro should see a dog.'

    "Taro 应该看见了一只狗。"

这是一个日语小句的可靠的树形图，这个小句含有后置词短语以及位于动词之后的屈折成分（类助动词成分）：

（14）

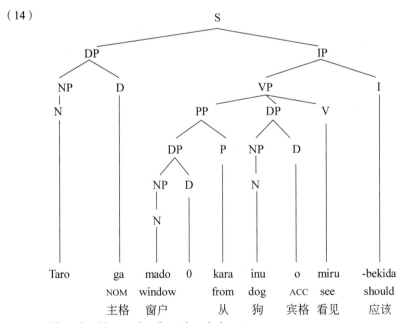

'Taro should see a dog from the window.'

"Taro应该从窗户中看见了一只狗。"

现在我们要看一些马达加斯加语的例子，这种语言在很多方面展现出句法结构是日语的"镜像"（mirror image）。

马达加斯加语的小句中，动词通常居首，其次是宾语，最后是主语（例句蒙 Andoveloniaina Rasolofo 惠示）：

（15）V O： [Nahita   alika]   Rashu.
　　　　　　 saw   dog   Rasoa
　　　　　　 看见   狗
　　　　　　 'Rasoa saw a dog.'
　　　"Rasoa 看见了一只狗。"

在名词短语中，属格（领有者）位于被领有名词之后：

（16）N GEN： Nahita   [ni   alika   n'ilai   rangahi]   Rashu
　　　　　　 saw   the   dog   the   man   Rasoa
　　　　　　 看见   这   狗   这   男人   Rasoa
　　　　　　 'Rasoa saw the man's dog.'
　　　　　　 "Rasoa 看见了这个男人的狗。"

同样，形容词位于其核心名词之后：

（17）N ADJ： Nahita   [alika   be]   Rashu
　　　　　　 saw   dog   big   Rasoa
　　　　　　 看见   狗   大的   Rasoa
　　　　　　 'Rasoa saw a big dog.'
　　　　　　 "Rasoa 看见一只大狗。"

马达加斯加语中助动词位于动词之前：

（18）AUX V： [afaka   maita]   alika   be   Rashu
　　　　　　 can   see
　　　　　　 能   看见
　　　　　　 'Rasoa can see a big dog.'
　　　　　　 "Rasoa 能看见一只大狗。"

另外，马达加斯加语将关系小句置于其核心名词之后，这一点正好与日语相反。

在下面这个例子中，核心名词是 *alika*（狗），修饰它的关系小句紧随其后：

（19）N RC：

Nahita	ilai	[alika	{ nihinana	ilai	hena }]	Rashu
saw	the	dog	ate	the	meat	Rasoa
看见	这	狗	吃	这	肉	Rasoa

'Rasoa saw the dog that ate the meat.'
"Rasoa 看见了吃肉的那只狗。"

最后，马达加斯加语呈现的是前置词而非后置词：

（20）PREP N：

Nahita	alika	[avi	varavarana	kely]	Rashu
saw	dog	through	door	small	Rasoa
看见	狗	从	门	小的	Rasoa

'Rasoa saw a dog through the window.'
"Rasoa 从窗户里看见一只狗。"

由此我们看见，就基本的句法结构而言，马达加斯加语正好表现为日语的镜像。下面是一个马达加斯加语小句可能的树形图，它例示了我们所提到的各种短语结构：

（21）

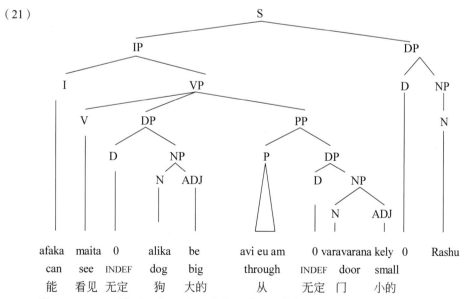

'Rasoa can see a big dog through a window (lit. small door).'
"Rasoa能从窗户（字面意思：小的门）里看见一只大狗。"

请注意，该树形图中 IP 节点下的分枝向右延伸而不是向左。在这方面，马达加斯
197 加语可被视为"右分枝"语言。

重要的是，Greenberg 的开创性研究有两点事实需强调。第一，大多数语言并不像
日语和马达加斯加语那样跟 Greenberg 的总体发现如此一致。第二，Greenberg 的语言
样本在诸多方面很不充分。最近的研究（如 Dryer 1988，1992）显示，当考虑到一个更
大、更具统计学意义的语言样本时，Greenberg 的一些结论就站不住脚了。

语用成分语序的语言

尽管 Greenberg（1963）及其他早期类型学家的研究对于建立类型语言学和功能语
言学领域起到了推动作用，但早期的研究仍存在几个概念上的问题。特别是，其假设
之一是，所有语言都采用成分语序来表达语法关系。换句话说，使用 SVO、SOV 等这
一类的术语来描写语言类型，就是想当然地认为，"主语"和"宾语"是语言中决定语
序的相关术语。这对于英语及其他许多语言确实有效，但对于所有语言而言都必然正
确吗？是否会有这样的情况：一种语言可能在小句中采用语序来表达其他一些重要的
交际信息？这种语言会是什么样的？

作为一项思维实验，设想一种语言，它用语序来表达物体的相对形体大小而非语
法关系。在该语言中，当小句描述两个相互作用的参与者时，不论哪个是主语哪个是
宾语，大的参与者先说，小的参与者后说。因此，如下小句可能是有歧义的：

（22）假想的语料：　　Bear　　kill　　man.
　　　　　　　　　　　熊　　　杀死　　男人

通过将 *bear* 置于小句之首，说话人只是宣称熊比男人大，并未说"熊"是该小句
的主语还是宾语。可见这个句子的意思可能是"这只熊杀死了这个男人"或"这个男
人杀死了这只熊"。

这种歧义在语言中常常是不被容忍的，因为这是有功能缺陷的（dysfunctional）——
作为交际任务，表达谁实施行为以及谁 / 什么遭受行为是如此重要，以至于它不可能
被任何自然语言的形态句法所忽视。因此，如果该语言确实采用语序来区分形体大小，
那么它可能会采用其他办法来解决关于表达哪个参与者是施动者、哪个是受影响者这
一问题。

用形态上的解决办法会怎样呢？这是第 1 章中用那加语（Naga）例示的解决
198 方法：

假想的语料：

（23）a. Bear-a kill man. 'Bear kills man.' "熊杀死了男人。" （后缀 -a 标记**施事**）
      b. Bear kill man-a. 'Man kills bear.' "男人杀死了熊。"

（24）a. Bear kill man-p. 'Bear kills man.' "熊杀死了男人。" （后缀 -p 标记**受事**）
      b. Bear-p kill man. 'Man kills bear.' "男人杀死了熊。"

（25）a. Béar kill màn. 'Bear kills man.' "熊杀死了男人。" （高声调标记**施事**，
                                                    低声调标记**受事**）
      b. Bèar kill mán. 'Man kills bear.' "男人杀死了熊。"

（23）、（24）和（25）中的例子例示了三种可能的办法，在语序被用于其他目的时，如何来表达**施事**和**受事**。当然，第 1 章和第 2 章中讨论的形态、词汇或句法表达类型中的任意一种都可以使用。这只是无数表达可能性中任意的几种，在第 8、9 章我们将更详细地论述各语言实际上是如何表达语法关系和语义角色的。

正如你至此一直在想的那样，事实上真有这样的语言，它们将语序用于表达语法关系之外的其他用途。可能并不存在用语序表达相对形体大小的语言，尽管这样的语言是想象得到的。更常见的是语言在小句中用词的线性语序来表达**语用**（**PRAGMATIC**）信息，如**可识别性**（**IDENTIFIABILITY**）、**话题性**（**TOPICALITY**）、**指称性**（**REFERENTIALITY**），等等。本节我们将举一些来自这类语言的例子，然后就如何分析基于语用的成分语序语言提出一些建议。

在恩甘第语（Ngandi）（Heath 1978：206，引自 Mithun 1987）中，成分语序受如下原则支配：

（26）新的、无定的或者"有报道价值的"（newsworthy）信息在小句中居先。已知的、有定的或者已被引介的信息在小句中居后。

在来自恩甘第语的例（27）中，我们发现，当主语指称一个非特指的（non-specific）、新提及的参与者时，句子的语序是"主语—动词"［例（27a）］；而当主语表示一个特指的（specific）、已识别（identified）的参与者时，句子的语序是"动词—主语"［例（27b）］。

（27）a.

	主语	动词
Načuweleñ-uŋ	gu-jark-yuŋ	gu-ja-walk,…
then-ABS	GU-water-ABS	GU-now-go:through
然后 – 通格	GU– 水 – 通格	GU– 现在 – 去：通过

'Then water passes through,'

"然后水穿过去了，"（首次提及"水"）

b. | | 动词 | | 主语 |
|---|---|---|

Načuweleñ-uŋ　　gu-ja-geyk-da-ni　　　　gu-jark-yuŋ

then-ABS　　　　GU-now-throw-AUG-PR　　GU-water-ABS

然后－通格　　　GU－现在－投－大称－现在　　GU－水－通格

'Then the water rushes through,'

199　　"然后大水冲过去了，"（再次提到"水"）

库斯语（Coos）（Frachtenberg 1913：7）也遵循这一"无定居先"原则。例（28a）中，"席子"是受影响的参与者，当它被初次提及时居于动词之前。例（28b）中，"席子"也是受影响的参与者，但是这次它居于动词之后，因为在这个小句中"席子"已在话语中被提及过，因而可以看作已知信息（**GIVEN INFORMATION**）。

（28）a.　宾语　　　　　主语　　　动词

　　　　TE tc!i'cil　　yüL is　　yö'qat...

　　　　that matting　we two　split:it

　　　　那个 席子　　　我们 两　　撕：它

　　　　'Let's split this mat.'

　　　　"我们撕了这张席子吧。"（初次提到席子）

　　　　（他们果真这样做了，并下来检查地面。地面仍然不坚固，甚至……）

　　　b.　　　　　　　　　动词　　　　　　　宾语

　　　　i　　lau　tci　uxhi'touts　　　hE　　tc!icil.

　　　　when　that　there　they:two:put:it:down　the　matting

　　　　当……时　那　那儿　他们：两：放：它：下　这个　席子

　　　　'after they had put down the mat,'

　　　　"他们放下了席子之后，"（再次提到席子）

在上述两种语言中，所有名词性小句成分的位置（即主语、宾语和其他成分）很大程度上取决于语用因素。

对于有些语言来说，某一名词性成分展现出相当固定的位置（仅在极端的语用压力之下可能发生变化），而另一名词性成分的位置则更易变动。以下是一些像这样运作的语言：

- 西班牙语。相当固定的动－宾语序，语用上可变位的主语（Bentivoglio 1983）。
- 瓜伊米语［Guaymí，哥斯达黎加和巴拿马的一种齐布查语（Chibchan）］。固定的宾－动语序，语用上可变位的主语。

· 帕纳雷语 [Panare，委内瑞拉的一种加勒比语（Cariban）]。固定的动-主语序，语用上可变位的宾语。

· 阿普利纳语 [Apuriná，巴西的一种阿拉瓦克语（Arawakan）]。固定的主-动语序，语用上可变位的宾语（Aberdour 1985）。

从世界范围来看，语言对语用排序原则（pragmatic ordering principle）特别敏感的地区是美洲和澳洲，其次是南岛和南亚。在非洲，因为话语中的成分语序研究还不够充分，目前尚不允许我们在非洲语言对语序安排中语用原则的敏感性方面做出概括（尽管已做了一些有趣的研究，参看 Watters 1979 及 Dooley and Levinsohn 2001）。印欧语系中，斯拉夫语言大概是语用上最为敏感的。

不过，应该强调的是，所有语言中语用因素对成分语序都有或多或少的影响。只是在有些语言中，语用因素占绝对优势，以至于很难或无法按照主语和宾语来描述"基本"成分语序。另一方面，即使是语用优先的语言也可能在一定程度上显现出对语法关系的敏感性。

最后，有些语言具有语用决定的成分语序，只有在产生歧义时，句法因素才被优先考虑。为理解这点是如何运作的，让我们稍稍拓展一下我们的思维实验。设想一下例（22）代表的这种假想的语言，假如它不具有表达例（23）—（25）所示的语义角色的任何形态句法手段，那么，在这个语言中，类似下例的句子会有歧义吗？

（29） Car drove Lucretia. "汽车驾驶 Lucretia。"

请记住，形体大小决定成分语序，因此 car（汽车）首先出现，因为它指称一个比 Lucretia 大的参与者。然而，除了语序之外，另有很好的理由推测 Lucretia 指的是施动者（actor），而 car 是受影响的参与者。那是什么？哈？！人驾驶车辆，但车辆从不驾驶人！这是每个人（至少是那些了解何为汽车何为人的人们）都默认知道的关于这个世界的语用事实。考虑到这一点，我们所使用的含两个参与者的小句绝大多数属于这一类——只有其中一个参与者是语用上合格的**施事**。对于诸如读书、吃苹果、做饭、打扫房子、擦地板、搬行李箱等很多常见活动而言，甚至没有必要用形态句法的信号来区分哪个参与者实施行为、哪个参与者遭受行为。除非在两个参与者均可实现任一角色这种相对罕见的场景中，歧义才有可能产生。只有在那种情形下，才会需要用形态句法来表达这一区分。例如，在追逐、辱骂、拥抱、掌掴等这类活动中，人既是行为的控制者又是行为的承受者，因此在我们假想的语言中，描写这种活动的小句更可能是有歧义的：

（30）形体最大的参与者居前的假想语言：

  a. Apollo chased Daphne. "Apollo 追逐了 Daphne。"

  b. Cyclops insulted Sinbad. "Cyclops 辱骂了 Sinbad。"

  c. Coliath killed David. "Coliath 杀死了 David。"

在我们假想的形体大小决定成分语序的语言中，上述例子都是有歧义的，而下面这类例子不会：

（31）Camel rode Ali. "Ali 骑了骆驼。"

为什么不会有歧义呢？因为在例（30）所描述的活动中，任一参与者都可能成为**施事**。另一方面，在例（31）中，Ali（一个人的名字）骑骆驼是合理的，而骆驼骑 Ali 则不合理。因此可能存在（事实上的确具有）这样一些语言，它们仅在类似例（30）这样的情境下才会诉诸形态句法手段来解决区分参与者角色的问题，但在例（31）这类情形则无须费事，因为在这类情形中，语境和常识足以澄清要表达的意思。

如何分析一种语言的句法类型

大多数语言学家认为语言的"基本"成分语序至少会在**语用中性**（**PRAGMATICALLY NEUTRAL**）的小句里得到体现。语用中性小句是指那些没有任何部分呈现出被特别突出、强调或对比的小句。例如，英语中例（32）这样的小句就不是语用中性小句：

（32） O   S V

   Beans I like. "蚕豆我喜欢。"

这类小句将特殊的对比加在 O 论元上，如在 *Beans I like; rice I hate*（蚕豆我喜欢，米饭我讨厌）这种语境下所示。我们不会以这类小句为基础来分析英语的句法类型。如果这样做了，我们可能会说英语是一种 OV 型语言，而这显然是不正确的。同样，我们也不会使用下面这类句子：

（33）   V   S

  a. Once there was a Hobbitt. **存在句**（**EXISTENTIAL CLAUSE**）

  "从前有一个霍比特人。"

    O   S V

  b. Whom did Frodo see? 疑问句

  "Frodo 看见谁了？"

　　　　　　　　V　S　O
　　c. Have you a match?　　　　　疑问句

　　　　"你有火柴吗？"

　　上面这些结构都是**语用上有标记的**（**PRAGMATICALLY MARKED**），即在会话中它们仅用于特殊的情境，例如参与者初次被带上话语舞台（discourse stage）时，或者提问某些特定的信息时。正如你所看到的，这些英语小句表现为不同寻常的成分语序（VS、OSV 和 VSO）。因此，我们不会使用这类例子来确定一种语言的"基本"句法类型。相反，我们希望使用语用中性的小句。

　　然而，要确定某种小句类型为语用中性常常是很困难的。解决这一问题的一般方法，是从一个大型文本语料库（故事，转写的会话或其他话语类型）着手，将一些语言中被视为有标记成分语序的小句类型排除在考虑之外。这些小句类型包括：

202

- 依附小句（dependent clauses）（参看第 10 章）
- 引介参与者进入话语舞台的小句［例（33a）］
- 疑问句［例（33b）、（33c）］
- 否定小句
- 明显对比的小句［如例（32）］
- 用代词表达宾语和 / 或主语的小句［即基本成分语序取决于**实义名词**（**FULL NOUNS**）与动词的语序］

　　这里有一个西班牙语的例子，显示含有代词的小句可以表现出异乎寻常的语序。在西班牙语中，当主语和宾语是实义名词时，基本语序是 SVO［（34a）］。但正如许多罗曼语族语言那样，当宾语为附着代词（clitic pronoun）时，它就位于屈折动词之前［（34b）］：

（34）a. Frodo　　　vió　　　　　　　a　　　Gandolfo.

　　　　Frodo　　　see.PAST.3SG　　DAT　　Gandolph

　　　　Frodo　　　看见.过去.3 单　　与格　　Gandolph

　　　　'Frodo saw Gandolph.'

　　　　"Frodo 看见了 Gandolph。"

　　b. Frodo　　*lo*　　vió.　　（*Frodo vió lo）.

　　　　　　　　3 单

　　　　'Frodo saw him.'

　　　　"Frodo 看见了他。"

一旦上面所列的这些小句类型都被排除在考虑之外，剩下的小句可能在很大程度上是语用中性的。如果剩下的这些小句里存在以实义名词短语充当及物动词的主语和宾语的例子，并且那些名词短语相对于动词表现出一致的语序，那么这种语序就可以被认为是基本语序。不幸的是，现实中这种情况很罕见。一旦排除掉上面所列的所有小句类型，剩下的小句往往确实非常少。剩下的这些小句往往缺少显性表达出来的**核心论元**（**CORE ARGUMENTS**，用 Greenberg 的术语则是 S 或者 O）。D. Payne（1986）已经指出语用中性的小句通常由一个动词和一个或一个以下的名词短语构成。在许多语言里，话语中对任何实义名词的使用都是在语用上有标记的。

如果运用上述标准仍不能确定基本成分语序，那么该语言很可能就是世界上采用成分语序来表达语用地位的诸多语言中的一种。在这种情况下，你就需要对话语中使用各种成分语序的可能性进行统计学研究。进行这类研究的分析方法不在本书的讨论范围之内，但是，如果你在语言学领域继续学习下去，就一定有机会学习话语分析方面的课程。在那些课程中，你将学到的内容之一，就是如何进行一项研究来确定任一语言的成分排序背后的语用原则。

关于如何确定一种语言的基本语序，最后还有一点要说明。动词短语、名词短语或附置词短语内部的成分语序，并不是主句内特定语序的证据。例如，Greenberg 指出具有后置词的语言（在他的样本中）总是呈现出 OV 类型。但是，如果知道该语言具有后置词而非前置词，我们并不能利用 Greenberg 的观点来断定其主句的基本语序一定是 OV。Greenberg 没有进行预测——只有基于一个很小的语言样本而提出的一些观点。
203 语言各部分不一致的情况太常见了，因而不宜将非主句的语序当作主句语序的证据。

第 7 章概念提要

Ⅰ. 语言可以根据很多参数进行分类，最有趣的类型参数是那些描述了语法特征"丛"的参数。本章讨论的两种类型是：
- 形态类型
- 句法类型（也称"成分语序类型"）

Ⅱ. 形态类型由两项参数构成：
- 综合指数（每个词包含语素的数量）
- 熔合指数（每个语素包含意义的数量）

Ⅲ. 根据句法类型，语言可分为三大类：
- 句法核心位于其补足语之后的语言（称作 OV 型语言、左分枝语言、核心居末语言或"补足语 + 核心语"语言）。
- 句法核心位于其补足语之前的语言（不同的名称有：VO 型语言、右分枝语言、核心居首语言或"核心语 + 补足语"语言）。

- 成分语序由语法关系之外的某项原则决定的语言。

Ⅳ. 在最后一种语言类型里，指称性、可识别性和对比性等这类语用地位是最有可能由成分语序表达的功能变量（functional variables）。在这些语言中，参与者的语义角色必须由其他形态句法手段来表达，至少在有一个以上参与者能合理充当**施事**这样的情形中如此。

Ⅴ. 要确定一种语言的"基本语序"（如果有），重要的是离析出语用中性的小句。

练习

练习 7.1：亚瓜语（Yagua）

Tom Payne and Matthew Dryer

亚瓜语是一种**孤立语言（LANGUAGE ISOLATE）**，在秘鲁东北部约有 4000 人使用。

A. 在下面所示的例句的基础上，确定亚瓜语基本语序是一种 O–V 语言还是 V–O 语言，以及它是 S–V 语言还是 V–S 语言。为你的观点提供证据。 204

B. 列举这些材料所例示的亚瓜语的其他成分语序特征。在上面确定的 V 和 O 的基本语序的基础上，说明每一项特征是符合预期的，还是不符合预期的，或者二者都不是。举例说明你的每一个观点。

1. a. Sa-munaa-dee   Alchíco. 'Alchico's placenta.'
   3SG-placenta-DIM   Alchico
   弹 – 胎盘 – 小称   Alchico

   b. Alchíco munaadee.   'Alchico's placenta.'
     *Munaadee Alchíco,   *Alchíco samunaadee.

   c. Samunaadee.   'His placenta.'

2. Jirya munaadee.   'This placenta.'
   *Munaadee jirya.

3. Tinkii munaadee.   'One placenta.'
   * Munaadee tinkii.

4. Samunaadee kúútya.   'His placenta whispers.'
   *kúútya samunaadee.

5. Sakúútya Alchíco munaadee.　　　　'Alchico's placenta whispers.'

6. Jíryoonú　　　　sj́ j́y-anú　　　　sa-roori-myú　　　　Alchíco-níí
bushmaster　　　　bite-PAST　　　　3SG-house-LOC　　　　Alchico-3SG
巨蝮　　　　咬－过去　　　　3 单－屋子－处所　　　　Alchico－3 单
'A bushmaster（snake）bit him in Alchico's house.'
*Jíryoonú　sasj́ j́yanuníí.（'A bushmaster he bit him.'）

7. Sa-sj́ j́y-anú　　　　jíryoonu　　　　Alchico　　　　roori-myú- níí
3SG-bite-PAST　　　　bushmaster　　　　Alchico　　　　house-LOC-3SG
3SG－咬－过去　　　　巨蝮　　　　Alchico　　　　屋子－处所－3 单
'A bushmaster（snake）bit him in Alchico's house.'

8. sa̧-a̧　　　　rj́ j́ - kyu.　　　'He will jump!'
3SG-FUT　　　　jump-POT
3 单－将来　　　跳－潜在
*rj́ j́kyu sa̧a̧, *sarj́ j́kyu sa̧a̧, *sarj́ j́kyu a̧.

9. Sa-niy　　　　suvj́-tya̧　　　　jiñu　munátya　　　　sj̧-j̧mutę̧ęsá
3SG-MALF　　　　fear-INTS　　　　this　ancestor　　　　3SG-behind
3 单－受损　　　　害怕－强化　　　　这个　祖先　　　　3 单－在……后面

munaa　　　　játiy　　　　sa-rę̧ę-ñíí.
placenta　　　　REL　　　　3SG-jump-3SG
胎盘　　　　关系化　　　　3 单－跳－3 单
'This ancestor is really afraid behind the placenta that makes him jump.'

10. Ra̧-a　　　　jj́ j́-charatá　　　　jiyu-dáy[1]　　　　koodí-vyiimú.
1SG-FUT　　　　fall-might　　　　here-DAY　　　　snake-inside
1 单－将来　　跌倒－可能　　这里－DAY　　蛇－在……里面
'I might fall here inside a snake.'

练习 7.2：长拉语（Tshangla）

Eric Andvik

---

[1] *dáy* 是亚瓜语中将引文前后部分分开且进行对比的语法语素，参看本书第 4 章例（66）下的说明。——
译者

1. | Ja-ga | ata | yigi | ringmu | thur | dri-ba. |
   |-------|-----|------|--------|------|---------|
   | 1SG-DAT | eld.brother | letter | long | one | write-PAST |
   | 1 单 – 与格 | 老的 . 兄弟 | 信 | 长的 | 一 | 写 – 过去 |

   'My elder brother wrote one long letter.'

205

2. | Ro-ka | gari | otha | phai | yanglu | jap-kai | tsuk-pa | cha. |
   |-------|------|------|------|--------|---------|---------|------|
   | 3SG-DAT | car | that | house | green | behind-ABL | put-PAST | is |
   | 3 单 – 与格 | 汽车 | 那个 | 屋子 | 绿色的 | 在……后 – 夺格 | 放 – 过去 | 是 |

   'His car is parked behind that green house.'

3. | Ja-ga | | usin-ga | | chharo | nan-gi | ye-khan |
   |-------|--|---------|--|--------|--------|---------|
   | 1SG-DAT | | young.sis-DAT | | friend | 2SG-ERG | speak-REL |
   | 1 单 – 与格 | | 年轻的 . 姐妹 – 与格 | | 朋友 | 2SG – 作格 | 讲 – 关系化 |

echha	ngo-le	re-be.
book	buy-NPAST	can-NPAST
书	买 – 非过去	能 – 非过去

   'My younger sister's friend can buy the book that you talked about.'

A. 长拉语在什么地区使用？其系属关系如何？有多少使用者？

B. 请描述上面所示的各种句法成分中核心语与补足语的语序。这些数据在哪些方面与 Greenberg（1963/1966）的观点一致，又有哪些方面不一致？请注意有歧义或有问题的材料。

练习 7.3：舒格南语（Shugnan）

M.E.Alexeev，经 Tom Payne 改写

这里是舒格南语的一些名词短语及其英语译文：

1. kuzaa hats　　　　　'jar of water'
2. chalak zimaadj　　　'bucket of dirt'
3. tambal byuyun　　　'beard of a lazybones'
4. biig dyuyunaa　　　'pot of corn'
5. kuzaa gjev　　　　　'lid of a jar'
6. beechoraa zimaadj　'dirt of a beggar'

A. 舒格南语属于哪个语系，在什么地区使用？

B. 翻译为舒格南语：

7. 'bucket of water'

8. 'corn of a beggar'

9. 'jar of a lazybones'

C. 舒格南语中领属语与核心名词的语序是由什么决定的？

练习 7.4：将树形图改写为加括法

Tom Payne

下面是来自三种不同类型语言的成分结构树形图。

206　A. 将每一个树形图"改写"为带标加括号的语串。

B. 指出每一种语言的句法类型（"核心语＋补足语"语言或"补足语＋核心语"语言）。

a.　帕纳雷语（Panare）：'I took the sugar cane out of the room.'

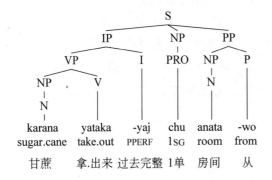

带标加括号的语串：Karana　yataka　-yaj　chu　anata　-wo

语言类型：＿＿＿＿＿＿＿＿＿＿＿＿＿＿＿＿＿＿＿＿＿＿＿＿＿

b.　尤皮克语（Yup'ik）：'Nuk'aq and father are using my boat.'

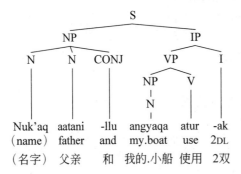

带标加括号的语串：Nuk'aq   aatani   -llu   angyaqa   atur   -ak

语言类型：_____

c. 泰语（Thai）：'The girl will ask for your number.'

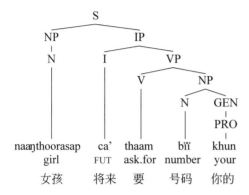

带标加括号的语串：naaŋthoorasap   ca'   thaam   bïï   khun

语言类型：_____ 207

练习 7.5：将加括法改写为树形图

Tom Payne

下面是来自三种不同类型假想语言的带标加括号的句子。

A. 将这些语串"改写"为成分结构树形图。务必要正确标明每一个节点。

B. 为每一个例句提供合理的注解和意译。

a. [s [ip [aux vro]aux [vp[v olin]v [dp [np [n fim]n]np [d gron]d]dp]vp]ip [dp [np [n smu]n [adj nid]adj]np [d rad]d]dp]s

b. [s [np [n olnik]n]np [ip [np [adj iops]adj [n poms]n]np [vp[v anterrettim]v]vp[aux bim]aux]ip]s

c. [s [ip[i ei]i [vp[v apa'a]v [dp[d ek]d [np[n eliam]n [adj gib]adj]np]dp[pp[p iva]p [dp[d ila]d [np[n i' ot]n]np]dp]pp]vp]ip [dp [d ila]d [np [n anar]n[adj ipso]adj]np]dp]s

练习 7.6：小型日语语法——一种 OV 型语言

Mitsuyo Hamaya, Naoaki Tai and Tom Payne

A. 在小句（12）中填入缺失的日语译文，在小句（13）中填入缺失的英语译文。

B. 写出能允准下列所有日语小句的短语结构规则和词汇表。

C. 请再举出三个能被你的规则和词汇表允准的小句，以及三个不合语法的语串。

1. Taro ga hashitta.   'Taro ran.'
2. Taro ga ookina inu o mitsuketa.   'Taro found the big dog.'
3. Mitsuyo ga neta.   'Mitsuyo slept.'
4. Taro ga ookina koen de hashitta.   'Taro ran in the big park.'
5. Mitsuyo ga boru o nageta.   'Mitsuyo threw the ball.'
6. Taro ga boru o koen de nageta.   'Taro threw the ball in the park.'
7. Taro ga nageta.   'Taro threw（something）.'
8. Taro ga inu to hashitta.   'Taro ran with the dog.'
9. Taro ga Mitsuyo ni ookina boru o nageta.   'Taro threw the big ball to Mitsuyo.'
10. Mitsuyo ga inu ni gohan o koen de ageta.   'Mitsuyo gave rice to the dog in the park.'
11. Mitsuyo ga inu ni hone o ageta.   _____
12 _____   'Taro gave the ball to the dog.'

208

13. Taro ga Mitsuyo ni inu o ageta.   _____

练习 7.7：匈牙利语（Hungarian）

A. N. Zhurinsky，经 Tom Payne 改写

这里是六个匈牙利语的句子（用官方字母表转写）及其英语译文：

1. Az asztalon a térkép van.   'The map is on the desk.'
2. Az asztalokon a térképek vannak.   'The maps are on the desks.'
3. A füzetnél az újság van.   'The newspaper is near the notebook.'
4. Az újságokon a füzetek vannak.   'The notebooks are on the newspapers.'
5. Az ablakoknál a pad van.   'The bench is near the window.'
6. A székeken a kasok vannak.   'The baskets are on the chair.'

A. 将下面的英语句子译成匈牙利语（提示：请记住匈牙利语有元音和谐，在此问题上没有不规则现象）。

7. The notebook is on the desk.
8. The newspapers are on the notebook.
9. The chairs are near the desk.
10. The benches are near the chairs.
11. The basket is on the window.

B. 请描述匈牙利语中 *a* 和 *az* 用法的区别。

C. 基于这些材料，你对匈牙利语的基本成分语序有什么了解？它与 Greenberg（1963）的观点是一致还是不一致？

附注

① 已有多套术语在语法关系领域内使用，这可能是语言学历史上一个不幸的事实。本章的重点是 Greenberg（1963）在句法类型学方面的开山之作。在该著作以及其后的许多研究中，术语 S、O 和 V 分别用来指主语、宾语和动词这些概念。对于学习语言学的学生来说，重要的是要知道这些术语并能够运用自如。不过，后来的研究对这一套术语做了重大修改，我们将从第 8 章开始讨论那些更新的术语。同样重要的是，不要将作为句法范畴的术语 S（"最高层级"范畴标签）和作为"主语"缩略语的 S 混淆起来。

209

第8章
语法关系

　　语法关系（grammatical relations，略作 GRs）是指短语和小句中词与词之间从结构上界定的关系。用于特定语法关系的常见术语有：**主语**（**SUBJECT**）、**直接宾语**（**DIRECT OBJECT**）、**间接宾语**（**INDIRECT OBJECT**）、**作格**（**ERGATIVE**）、**通格**（**ABSOLUTIVE**）、**属格**（**GENITIVE**）和**旁语**（**OBLIQUE**）。有时旁语关系（下文讨论）被认为是语法关系的缺位。跟其他结构概念一样，语法关系的界定是独立于功能的（比如语义或话题性），尽管它们明显具有交际功能。甚至就像任何工具的结构在逻辑上都有别于其功能（尽管密切相关）一样，语法关系在逻辑上也与其所表达的功能相区别。然而，需要认识到的是，语法关系在表达谁对谁实施行为、哪个是话题等这类意义上的区分时具有重要作用。

　　语法关系的第二个重要特点是它们本质上是关系概念（relational concepts），换句话说，至少存在两个相关的成分才有语法关系可言。一个名词性成分自身是不"具备"语法关系的。只有当它出现在一个含有动词的结构中时我们才可以说它是"主语"或"宾语"。事实上，使用类似"……的主语"或"……的宾语"之类的说法更好一些，因为这类术语清楚地交待出在这个结构中一定还存在另一个成分。确认语法关系的语法属性（grammatical properties）是由句法结构决定的，而不只是由单个名词或动词的语义属性决定的。

　　举一个现实生活中类似的例子。像"男孩"这样的概念本质上并非关系性的，因为它完全取决于个体的特性。另一方面，"兄弟"则是关系性的，因为如果不参照另一个人，某个人就不可能成为兄弟。再回到语法上来，像复数这样的范畴是非关系性的，因为它通常只是依赖于名词的个体所指（individual referent）的语义属性。这种语义属性在很多语言中由某种"复数标记"从结构上反映出来。另一方面，主语则是一个取决于整个小句结构的范畴。某个名词性成分只能是某个其他语法成分的主语。

　　论元（**ARGUMENT**）这个术语有时用来指与动词或另一名词具有语法关系的任何名词性成分。术语"论元"的这个意义借自数学，数学中论元是指函数中一个独立210的变量，或者说一个具有某种属性或跟某物具有某种关系的事物。一个名词性成分如果与其他词没有语法关系，就被称为"非论元"（non-argument）或旁语。

　　语法关系可由很多特征从结构上表现出来。小句中经常表现语法关系的三种主要结构特征是：

- 名词上的格标记
- 动词上的**参与者指称**（**PARTICIPANT REFERENCE**）标记［即一致关系（agreement, concord）］
- 成分语序

下面的篇章中，我们将通过一些例子来看不同的语言是如何运用这些结构特征（还有其他一些特征）来组织语法关系系统的，同时我们还将提出一些分析语法关系的方法。

名词短语内部的语法关系

语法关系最简单的实例是名词短语中名词之间具有的领属关系。例如在英语限定性名词短语（DP）中：

（1）Caitlin's quilt "Caitlin 的被子"

Caitlin's 一词指某个人，即说话人把它描写为广义上与被子关系密切的那个人。虽然我们会直觉地认为属格论元（例中的 *Caitlin*）表达"领属"（possession），但事实上，*Caitlin* 这个名字所指的信息世界人物和 *quilt* 一词所指的信息世界物件之间的真实关系是相当开放的。被子可能是 Caitlin 过去制作的，比如在比赛中，一些自制的被子正在被评判，这种语境下，尽管 Caitlin 已把被子卖给别人。或者这条被子现在恰巧被 Caitlin 使用，而她并不是被子法律意义上的主人。也可能是 Caitlin 刚买的被子，或者是她最喜欢的被子。在很多"属格 + 名词"结构的例子中，属格名词并不能合理地分析为另一个名词的"所有者"。例如：

（2）a. Hiro's mathematics professor "Hiro 的数学教授"

　　　b. Milicent's favorite political party "Milicent 最喜欢的政党"

　　　c. the car's color "这辆汽车的颜色"

　　　d. Madaline's home town "Madaline 的家乡"

　　　e. the book's main point "这本书的主题"

虽然在这些例句中属格成分和核心名词的语义关系非常不同，但在英语中表达这些关系的形态句法（语法）特征是相同的，即"领有者"位于核心名词之前，并由拼写为 *'s* 的后缀标记。这些语法特征证明这两个名词相互之间具有一种语法关系。这种关系在一定程度上限制了可能推断出来的语义关系的范围，但是语法属性本身（线性 211

语序和格标记）在逻辑上是独立于语义关系的。正因为如此，我们使用中性的语法术语"属格"来指称例（1）中 *Caitlin* 和 *quilt* 之间的语法关系，而不是用"领有者"（possessor）这类语义负载过重的术语。

像所有语法关系一样，领属关系在不同的语言中有很多种表达方式。有些语言将这种语法关系标注在核心名词而非属格名词上，这些语言有时被称为**核心标注**（**HEAD-MARKING**）语言（Nichols 1986）。例如，在帕纳雷语（Panare）中，当一个名词表示某个被其他人或事物领有的东西时，该名词后面加上后缀。我们将用缩略语 HGEN（核属，head of a noun phrase that contains a genitive noun "含有属格名词的名词短语的核心"）来表示这个后缀：

（3） a. matá
　　　　'shoulder'
　　　　"肩膀"

　　 b. matá-n
　　　　shoulder-HGEN
　　　　肩膀－核属
　　　　'someone's shoulder'
　　　　"某人的肩膀"

　　 c. Tomán máta-n
　　　　Tom　shoulder -HGEN
　　　　Tom 肩膀－核属
　　　　'Tom's shoulder'
　　　　"Tom 的肩膀"

　　 d. a-matá-n
　　　　2- shoulder -HGEN
　　　　2– 肩膀－核属
　　　　'your shoulder'
　　　　"你的肩膀"

在帕纳雷语中，领有者可以从语境中获知［例（3b）］，或者由一个实义名词来表达［例（3c）］，或者仅由核心名词的前缀来表达。在所有这些例句中，领属关系都标注在核心名词"肩膀"而不是属格名词本身之上。

有时我们会使用总称性术语 G 来指称处于属格关系的名词，不管它在语法上如何表达。如例（4）所示帕纳雷语和英语的情况：

（4）　G　　　　　　　HEAD
　　 a. Toman　　　　máta-n

Tom   shoulder-HGEN

Tom   肩膀 – 核属

'Tom's shoulder'

"Tom 的肩膀"

G   HEAD

b. Caitlin-'s   quilt

Caitlin– 属格   被子

"Caitlin 的被子"

    语言表达名词之间的领属关系还有很多其他方式。我们将在本章后面的练习中看到这方面的例句。下面我们转到小句内部的语法关系。

小句中的语法关系

    小句中的语法关系，最简单的实例也许就是名词和动词（更确切地说，是名词短语和动词短语）之间的主语关系。例如下面所有的英语小句中，代词 *I*（我）是主语： 212

（5）a. I exercise every evening. "我每天晚上锻炼。"

       b. I can see the Statue of Liberty already! "我已经能看见自由女神像了！"

       c. I carry nothing. "我什么也没带。"

       d. I hate pills. "我讨厌药丸。"

       e. I was smeared by the *New York Times*. "我被《纽约时报》诋毁了。"

    代词 *I* 的所指的语义角色之于小句内其他成分在每个例句中都非常不同。例（5a）中，*I* 指的是**施事**——能掌控动词所描述的行为并能有意进行该行为的人（参看第 4 章关于语义角色的讨论）；（5b）中，*I* 指的是**经历者**——只能接受感官印象而不能掌控事件或有意实施它的人；（5c）中，*I* 指的是没有做任何与动词有关的行为的人；（5d）中 *I* 指情感上有所反应的人，这种情感极可能是无目的的或未受控制的；最后，（5e）中，*I* 指近似于**受事**的某个东西。

    尽管 *I* 在这些例句中的语义角色十分不同，但它和小句内其他成分之间的语法关系则完全一样。何以见得？让我们看看一般用来区别语法关系的语法属性（有时我们称之为"结构特征"）。为方便起见重复如下：

- 名词上的格标记
- 动词上的参与者指称标记（一致关系）
- 成分语序

英语中的主语关系，部分是由人称代词的格表达的，其他名词短语的主语关系没有形态标记。英语中代词 *I* 只代表第一人称单数主语。如果第一人称单数的参与者不是主语，则使用这个代词的其他形式，*me* 或者 *my*：

（6）a. Mr. Frodo's not going anywhere without *me*.

　　　　"没有我 Frodo 先生哪儿也不会去。"

　　　b. American girls would seriously dig *me*… "美国女孩会非常喜欢我……"

　　　c. …with *my* cute British accent. "……带着我漂亮的英国腔。"

　　　d. Do you mean you wish to surrender to *me*? "你的意思是要向我投降吗？"

这些形式在主语位置上则是不合语法的：

（7）a. **Me* exercise every evening.

　　　b. **Me* can see the Statue of Liberty already!

　　　c. **My* carry nothing.

　　　d. **My* hate pills.

213　e. **Me* was smeared by the *New York Times*.

相应地，*I* 出现在其他语法位置上也是不合语法的：

（8）a. **Mr. Frodo's not going anywhere without *I*.

　　　b. **American girls would seriously dig *I*…

　　　c. **…with *I* cute British accent.

　　　d. **Do you mean you wish to surrender to *I*?

这就是英语中主语的一项语法属性：代词做主语时用主语格（subject case）形式（*I*、*we*、*they*，等等）。

动词上的参与者指称标记（一致关系）是怎样的呢？虽然英语的一致关系系统跟其他语言相比显得相当贫乏，甚至在印欧语系之内也是如此，但英语确实存在一个动词一致关系系统。英语主类动词（major class verbs）的现在时中，当主语是第三人称单数时，就会有一个后缀 *-s*（不带撇号）出现：

（9）He hates pills. "他讨厌药丸。"

当主语是其他人称或不是单数时，*-s* 就没了（至少标准英语如此）：

（10） a. They hate pills. "他们讨厌药丸。"　　　*They hates pills.

b. We hate pills. "我们讨厌药丸。"　　　*We hates pills.

c. You hate pills. "你们讨厌药丸。"　　　*You hates pills.

小句中其他名词或代词改变了，这个 -s 也不变：

（11） a. She digs me. "她喜欢我。"　　　c. She digs him. "她喜欢他。"

b. She digs us. "她喜欢我们。"　　　d. She digs them. "她喜欢他们。"

所以说，在英语中这个 -s 表达的是动词与主语的一致关系，是主语关系概念的另一个语法属性。

最后，成分语序如何呢？在英语中，语序的确可以帮助我们在小句中区分主语和其他名词性成分，但我们对这方面的概括进行表述时要十分小心。我们也许想说类似这样的话："主语是小句中第一个名词短语。"这个说法大多数时候是正确的，但并非总是如此。请看下面的例句：

（12） a. The King's stinking son fired me. "国王的坏儿子解雇了我。"

b. Fezzik, are there rocks ahead? "Fezzik，前方有礁石吗？"

c. On the horizon appeared a ship. "地平线上出现一艘船。"

d. "A giant!" yelled Frodo. "'巨人！'Frodo 喊道。"

e. What house do you live in? "你住在哪种房子里？"

在这些例子中，第一个名词短语分别为：*the King*、*Fezzik*、*the horizon*、*a giant* 和 *what house*，它们中没有一个具备主语的其他语法属性，并且不论根据哪种可靠的语言学理论它们都不会被视为主语。因此，我们需要对英语中主语位置所做的表述做某些修正。

那么如果说"主语是紧挨在主要动词或助动词之前的名词性成分"呢？从例（12）中我们也可以看出这个概括同样并不总是正确的。（12b）中，*Fezzik* 紧挨在主要动词 *are* 之前，而（12c）、（12d）和（12e）中，紧挨在动词或助动词之前的名词短语也都不是主语。

尽管判定小句中主语的位置存在这些问题，但我们仍然存在"主语居前"（subject comes first）这样共识性的观念。为什么呢？原因是主语确实经常出现在小句前面，而且一般位于动词或助动词之前。这是英语中一个行之有效的习惯模式。这个模式可以依据特定的功能目的而有所改变，如疑问［（12b）和（12e）］、**呈现式**（**PRESENTATIVES**）（12c）和**引用式**（**QUOTATIVES**）（12d），这些都是在**语用上有标记的**（**PRAGMATICALLY MARKED**）结构式，因为它们只用于特定的语境，比如询问信息或新的参与者被引入话语等。主语紧挨在动词或助动词之前的小句在语用上是中性的（参看第 7 章）。因此在描写英语中的主语位置时，需要澄清我们谈论的只是那些语用中性的小句：

（13）主语是在语用中性的小句中紧挨在动词或助动词之前的名词短语或代词。

对于这个表述，也许你可以想出明显的反例，但它仍是对英语中主语位置的一个合理的好的概括。

我们已经看到，像主语这样的语法关系是通过语法属性（如格、一致关系和线性语序）来确定的，而不是通过语义角色（**施事**、**经历者**等）来确定的。这一事实即便用同一个动词也可以证明。请看下面英语的例子：

（14）a. I opened the door with the key. "我用钥匙开了门。"　　**主语 = 施事**
　　　b. The key opened the door. "钥匙开门。"　　**主语 = 工具**
　　　c. The door opened. "门开了。"　　**主语 = 受事**

在这些小句中，主语的形式范畴（英语中由动词前位置、代词形式以及潜在的动词一致关系等来识别）表达了三种不同的语义角色：**施事**、**工具**和**受事**。而且，*the key* 在（14a）中没有直接的语法关系（它是个旁语），而在（14b）中则是主语，虽然在这两句中它具有同样的语义角色。同样，*the door* 在（14a）和（14b）中是直接宾语，而在（14c）中是主语，虽然在这三句中，它的语义角色都是**受事**。所以，判断哪个参与者是主语，是个**视点化**（**PERSPECTIVIZATION**）的问题（Fillmore 1976）。也就是说，（14a）、（14b）和（14c）描写的是相同的信息世界情状，但是是从不同的视点来描写的。

所有语言都使用少量的语法关系来表达大量的语义角色，但有些语言似乎比其他语言对语义角色更敏感。例如，在瓜伊米语［Guaymí，哥斯达黎加和巴拿马境内的一种齐布查语（Chibchan）］中，有一种语法格表示施事以及特别像**施事**（AGENT-like）的其他语义角色。这个格是由零后缀标记的，如例（15）中的 *Toma* 一词所示：

（15）Toma-Ø　　Dori　　dëma-e.
　　　Tom　　　Doris　　greet-PR
　　　Tom　　　Doris　　迎接 – 现在
　　　'Tom greets Doris.'
　　　"Tom 迎接 Doris。"

而**经历者**则以与格的形式出现：

（16）　Davi-e　　　　　Dori　　　gar-e.

　　　David- DAT　　　Doris　　　know-PR

　　　David– 与格　　　Doris　　　认识 – 现在

　　　'David knows Doris.'

　　　"David 认识 Doris。"

（17）　Toma-e　　　　　Dori　　　tir-ɨ.

　　　Tom-DAT　　　　Doris　　　remember-PR

　　　Tom– 与格　　　Doris　　　记得 – 现在

　　　'Tom remembers Doris.'

　　　"Tom 记得 Doris。"

（18）　Ti-e　　　　　　ru　　　　hatu-aba.

　　　1SG-DAT　　　airplane　　see-PAST

　　　1 单 – 与格　　　飞机　　　看见 – 过去

　　　'I saw the airplane.'

　　　"我看见了飞机。"

（19）　Ti-e　　　　　　tɨmëna　　nib-i.

　　　1 SG-DAT　　　thirst　　　feel-PR

　　　1 单 – 与格　　　渴　　　　感觉 – 现在

　　　'I feel thirst.'（'I'm thirsty.'）

　　　"我感觉到渴。"（"我渴了。"）

　　某些其他瓜伊米语动词如果描写非自主的行为（involuntary actions），则将其核心论元之一标记为**处所格**：

（20）　a. José-**biti**　　　　Maria　　köinigwi-ani-nggö.

　　　　 José-LOC　　　　　Maria　　forget-PAST1-ASP

　　　　 José– 处所　　　　Maria　　忘记 – 过去 1– 体

　　　　 'José forgot Maria.'

　　　　 "José 忘记了 Maria。"

　　　b. Köinigwit-ani-nggö　　ti-**biti**.

　　　　 forget-PAST1-ASP　　　I-LOC

　　　　 忘记 – 过去 1– 体　　　我 – 处所

　　　　 'I forgot it.'（lit: 'It was forgotten upon me.'）

　　　　 "我忘记了它。"（字面意思："它在我这里被忘了。"）

（21） **Davi-bötö**　　　Dori　　huröö　　rib-aba.

　　　　David-LOC　　　Doris　　fear　　　feel-PAST2

　　　　David－处所　　　Doris　　害怕　　　感到－过去 2

　　　　'David was afraid of Doris.'

　　　　"David 害怕 Doris。"

（22） **Ti-bötö**　　　　kö　　　nib-i　　　tibo.

　　　　I-LOC　　　　　place　　feel-PR　　cold

　　　　我－处所　　　　地点　　感到－现在　冷

　　　　'I'm cold.'

　　　　"我冷。"

由此可见，语法关系是语言表达语义角色的一种主要手段，尽管不可能仅凭语义角色来确认语法关系。比如，对任何语言来说，将主语概念定义为"表示**施事**的名词"可能都是错误的。正如我们所看到的，很多主语不是**施事**，而**施事**除了主语关系外还可以通过其他一些方式来表达。事实上，如果主语可以定义为**施事**或反过来，那就不需要这两个术语了。

组织语法关系的系统

为了深入讨论小句内的语法关系系统，方便的做法是确定三个基本的"语义－句法角色"（semantico-syntactic roles），称为 S、A 和 O（Dixon 1972，1979，1994）。Comrie（1978）和 Silverstein（1976）也使用了类似的术语。这些术语假定有以下两个典型的小句类型：

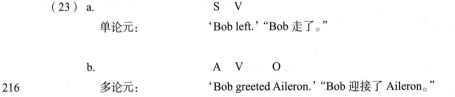

（23） a.　　　　　　　　　　S　　V

　　　　单论元：　　　　　'Bob left.' "Bob 走了。"

　　　　b.　　　　　　　　　A　　V　　O

216　　　多论元：　　　　　'Bob greeted Aileron.' "Bob 迎接了 Aileron。"

S 定义为单论元小句中唯一的名词性论元，这和第 7 章讨论的 Greenberg 在其成分语序类型描述中所使用的 S 是很不一样的，与早期生成语法用以指称成分结构的最高节点 S 也不同。虽然 S 这个术语容易使我们联想到语法关系中的主语，但是这一章的 S 只用来非正式地表示单论元小句中的"唯一"（Single）论元。这类小句有时被称为**不及物**（**INTRANSITIVE**）小句。

A 定义为多论元小句中最像**施事**的论元，这类小句有时被称为**及物**（**TRANSITIVE**）

小句。如果没有任何一个论元是特别好的施事，则 A 指在形态句法上被与典型的施事做相同处理的那个论元。每个动词性小句通常都会有一个表现出该属性的论元，尽管个别情况下也可能没有。下面将会描写一些更复杂的系统。

O 指的是多论元小句中最像**受事**的论元（参看第 4 章）。虽然 O 这个术语经常使我们想到语法关系中的"宾语"，但 O 在这里非正式地指称多论元小句的"其他"（Other）论元。同样，如果没有一个论元非常像**受事**，那么与典型**受事**做相同处理的论元就被认为是 O。

在这个方案中，**主语**（SUBJECT）这种语法关系可以在普适意义上（即适合所有语言而非某一特定语言）被定义为 S 和 A 的相加，同时**直接宾语**（DIRECT OBJECT）或只是"宾语"，可被定义为单独的 O。每种语言在语法上对这些概念的关注或多或少。下面我们将进一步讨论表达 S、A 和 O 的各种形态句法系统。

有些语言在形态句法上把 S 和 A 等同对待，而 O 则区别对待。下面英语的例子就是用代词的格形式来说明这种系统——同一种形式 *he*，在 S 角色和 A 角色中都用作阳性第三人称单数代词；而另一种形式 *him*，则在 O 角色中用作阳性第三人称单数代词。

（24）a. He left. "他走了。"
　　　b. He greets him. "他迎接他。"

主格　｜　宾格
（主语）（宾语）

上图中围住 S 和 A 的长圈表明在英语语法中 S 和 A 被处理为"相同的"，就像上面讨论主语属性时所证明的那样［紧挨在动词之前，使用主语格形式，如（24）中的 *he*］。而单独围住 O 的圈则表明对 O 有不同的处理，因为要使用另外一种代词形式 *him* 来表示。*him* 还出现在小句中一个不同的位置，即动词之后。这个系统通常被称为**主 / 宾格**（NOMINATIVE/ACCUSATIVE）系统。在形态句法上 S 与 A 合为一类，被称为**主格**（NOMINATIVE CASE）；而在形态句法上区别对待的 O 角色是**宾格**（ACCUSATIVE CASE）。

盖丘亚语言（Quechuan languages，广泛使用于南美洲安第斯山脉的一组语言）也采用同样的分派方式。不过，除了代词形式和成分语序，盖丘亚诸语还在自由名词短语的形态格标记上表达这个系统。下面来自瓦亚加 - 盖丘亚语（Huallaga Quechua）（Weber 1989）的例子中，相同的格标记 Ø（零形式）出现在表达 S 角色［例（25a）］

和 A 角色［例（25b）］的名词短语中，而另外一个格标记 -ta，出现在表示 O 角色［例（25b）］的名词短语中（所有盖丘亚语言的例子蒙 David Weber 私人通信惠告）：

（25） a. S

Juan-Ø	aywan.
-NOM	goes
－ 主格	走

'Juan goes.'
"Juan 走。"

b. A   O

Juan-Ø	Pedro-ta	maqan.
-NOM	-ACC	hits
－ 主格	－ 宾格	打

'Juan hits Pedro.'
"Juan 打 Pedro。"

对印欧语说话人而言，主／宾格系统似乎非常合理，因为大部分印欧语都表现为这种系统。[①]

下面尤皮克语（Yup'ik，阿拉斯加）的例子例示的是另外一套给 S、A 和 O 分类的系统：

（26） a. S

Doris-aq	ayallruuq.
-ABS	traveled
－ 通格	旅行

'Doris traveled.'
"Doris 旅行了。"

b. A   O

Tom-am	Doris-aq	cingallrua.
-ERG	-ABS	greeted
－ 作格	－ 通格	迎接

'Tom greeted Doris.'
"Tom 迎接了 Doris。"

在这些例句中，格标记 -aq 加在不及物小句的 S 论元［例（26a）］和及物小句的 O 论元［例（26b）］上。格标记 -am 则只标记及物小句的 A 论元。如果某种形态格只标记 A，那么它可称为**作格（ERGATIVE CASE）**。同样，如果某种形态格标记 S 和 O 两者，则可称为**通格（ABSOLUTIVE CASE）**。

（27）

　　　作格　|　通格 　　　　　　　　　　　　　　218

　　这种分派方式被称为作 / 通格（**ERGATIVE/ABSOLUTIVE**）系统，在欧洲和非洲的语言中只零星可见，但在世界上其他一些区域很常见。作格作为组织语法关系的基本系统，出现在澳洲、中亚和美洲的很多语言中。它作为部分格标记系统也出现于南亚以及美洲的其他很多语言中。很多南岛语据称也具有这一系统。

　　除了在代词和实义名词短语上的形态格标记外，一些语言还在动词的人称标记和 / 或成分语序上显示作 / 通格系统或主 / 宾格系统。

　　我们上文已经看到盖丘亚语在名词短语的格标记上显示为主 / 宾格系统。盖丘亚语在动词的人称标记上也显示出组织语法关系的主 / 宾格系统。看看下面的例子：

（28）a.　S

　　　　　Aywa-n.

　　　　　go-3SG

　　　　　走 –3 单

　　　　　'He goes.'

　　　　　"他走。"

　　　b.　S

　　　　　Aywa-a.

　　　　　go-1SG

　　　　　走 –1 单

　　　　　'I go.'

　　　　　"我走。"

　　　c.　O　A

　　　　　maqa-ma-n.

　　　　　hit-1SG-3SG

　　　　　打 –1 单 –3 单

　　　　　'He hit me.'

　　　　　"他打了我。"

　　例（28a）中，不及物动词的单数第三人称 S 论元由后缀 *-n* 指称。在（28b）中，第一人称 S 论元由后缀 *-a* 表达（实际表现为词根末尾元音的长度）。（28c）显示后缀 *-n*

也用于及物动词的第三人称 A 论元。所以，在盖丘亚语的人称标记系统中，A 和 S 在形态上被做了相同的处理。(28c) 中表达论元 O 的第一人称后缀是 -ma 而不是 -a，这说明 O 与 S 受到不同的处理。再次看到，把 S 与 A 同等对待而 O 区别对待的方式构成了主 / 宾格系统。

正如你所预料的，语言也可以在动词的人称标记上显示出作 / 通格语法关系系统。再拿尤皮克语作为这个系统的例子：

（29） a.　　　S
　　　　　　　Ayallruu-nga.
　　　　　　　traveled-1SG
　　　　　　　旅行 –1 单
　　　　　　　'I traveled.'
　　　　　　　"我旅行了。"

　　　 b.　　　S
　　　　　　　Ayallruu-q.
　　　　　　　traveled-3SG
　　　　　　　旅行 –3 单
　　　　　　　'He traveled.'
　　　　　　　"他旅行了。"

　　　 c.　　　A　O
　　　　　　　Cingallru-a-nga.
　　　　　　　greeted-3SG-1SG
　　　　　　　迎接 –3 单 –1 单
　　　　　　　'He greeted me.'
219　　　　　　"他迎接了我。"

在例（29a）中，后缀 -nga 表示不及物动词的第一人称单数 S 论元。(29b) 中，后缀 -q 标记第三人称 S 论元。(29c) 中，后缀 -nga 标记及物小句中的第一人称 O 论元。因为这个后缀同样也用来标记第一人称 S 论元，所以它把 S 和 O 在形态上组合到一起成为一个通格范畴。及物小句中的第三人称单数 A 论元由后缀 -a 表达。因为这个后缀与表达第三人称 S 论元的后缀不同，所以可以说它确认出作格论元。同样，这种把 S 和 O 归在一起而与 A 相区分的处理就构成作 / 通格系统。

既然成分语序作为表达语法关系的主要手段具有普适性，有人也许会问"作 / 通格"和 / 或"主 / 宾格"系统是否在成分语序上也有所表现。当然，答案是"没错"。英语作为具有强烈的主 / 宾格取向的语言，将 S 和 A 同等对待，因为不及物动词的 S 论元和及物动词的 A 论元在中性语境下绝大多数都会位于动词之前。另一方面，及物动词的 O 论元则受到不同的处理，它出现在动词之后的位置。

　　在某些动词居中的（verb-medial）语言中，及物小句的动词和 O 论元组成一个"紧密"的直接成分，而不及物小句的动词和 S 论元也组成一个类似的直接成分。在库伊库罗语（Kuikúro，巴西的一种加勒比语言）中，SV（不及物）和 OV（及物）两种结构非常严格，而 A 论元最中性的位置是跟在 OV 复合形式之后［例（30b），引自 Franchetto 1990］：

（30）a.　　S　　　　　　　　　V

karaihá　　　　　　kacun-tárâ.

non-Indian　　　　　work-CONT

非印第安人　　　　　工作－持续

'The non-Indian is working.'

"这个非印第安人在工作。"

　　　b.　　O　　　　　　　　　V　　　　　　　　A

kuk-aki-sâ　　　　ta-lâígo　léha　karaihá-héke.

1INC-word-POS　　hear-FUT　ASP　non:Indian-ERG

1 包括－话－被领有　听－将来　体　非印第安人－作格

'The non-Indian will hear our words.'

"这个非印第安人将听见我们的话。"

　　例（30a）中，不及物动词的 S 论元位于动词之前。（30b）中，及物动词的 O 论元位于动词前，A 论元位于动词后。因为 S 和 O 都出现在同一位置，我们可以说这种语言在成分语序上表现出作 / 通格系统。

　　还有一种语言，萨努马语［Sanuma，分布于巴西和委内瑞拉的一种亚诺玛米语（Yanomamɨ）的方言］，是一种动词居末的语言，据称它也表现出成分语序作格（constituent order ergativity）。在这种语言中，SV 和 OV 是紧密的直接成分。在及物小句中，A 在 O 和 V 之前，但如果还有其他成分（我们称之为 X），它必须位于 A 之后。这样语序即为 AXOV 和 XSV（Borgman 1990，引自 Dixon 1994：52）。因为 A 分离于 OV 组合而被区别对待，这种模式可被认为是一种成分语序作格。

220

　　综上所述，任何把 S 和 A 做相同处理而跟 O 对立的系统即为组织语法关系的主 / 宾格系统；任何把 S 和 O 做相同处理而跟 A 对立的系统即为作 / 通格系统。下节将提供一些关于如何分析语法关系的建议。

分析语法关系系统

　　这一节我们将解决分析语法关系系统中的几个基本问题。首先我们看一些古典拉丁语的语料，然后再看看马纳加拉西语（Managalasi，巴布亚新几内亚的一种语言）中一个稍微复杂一点的问题。下面是拉丁语的例子：

（31） a. puella columbam liberat   'The girl is freeing the dove.'
"那个女孩正在放飞那只鸽子。"

      b. puellae columbam liberant   'The girls are freeing the dove.'
"那些女孩们正在放飞那只鸽子。"

      c. puella arat   'The girl is plowing.'
"那个女孩正在犁地。"

      d. puellae arant   'The girls are plowing.'
"那些女孩们正在犁地。"

      e. puella columbas liberat   'The girl is freeing the doves.'
"那个女孩正在放飞那些鸽子。"

      f. columba volat   'The dove is flying.'
"那只鸽子正在飞。"

      g. columbae volant   'The doves are flying.'
"那些鸽子正在飞。"

      h. columba puellam amat   'The dove loves the girl.'
"那只鸽子喜欢那个女孩。"

      i. columbae puellam amant   'The doves love the girl.'
"那些鸽子喜欢那个女孩。"

      j. columba puellas amat   'The dove loves the girls.'
"那只鸽子喜欢那些女孩。"

既然语法关系最直接地反映在（1）名词短语上的格标记、（2）动词上的一致关系、（3）成分语序上，那么我们需要检视一下所有这三个领域，看看是否能获得一些语法关系方面的证据。完成这项任务的方法之一是画一个三栏的表格，然后把表达 S、A 和 O 的方式分别填入每一栏：

	S	A	O
格标记			
动词一致关系			
成分语序			

你可能要在每个标题下留很多空间，因为事先不知道每一栏要填入多少不同的形式。

现在我们只列入表达 S、A 和 O 角色的形式。在进行形式和意义的常规比较时，我们很快就注意到这种语言的小句结构似乎是 AOV 语序。事实上，拉丁语的成分语序是高度基于语用的。不过，即使它是稳定的 AOV，我们也不能依赖语序来表达组织语法关系的系统。为什么？想想，如果及物小句和不及物小句中成分的语序分别是 AOV 221 和 SV，那么及物小句中的哪个论元跟不及物小句中的 S 被同等对待？你可以说 A 与 S 被同等对待，因为二者都出现于句首。另一方面，你也可以说 O 与 S 被同等对待，因为二者都紧挨在动词之前！这表明在这种类型的语言中，成分语序不适合作为确定组织语法关系系统的方式。② 既然拉丁语不能依靠成分语序来表达语法关系，那我们就可以把语序那行从表格中删除。

从例（31a）我们可以看出义为"女孩"的形式一定是 *puella*。既然这个词用作 A 角色，我们把这个形式放在 A 栏中：

	S	A	O
格标记		puella "女孩"	
动词一致关系			

例句（31a）中的下一个名词是 *columbam*，意思一定是"鸽子"。从对译中我们可以看出"鸽子"用作 O 角色。（31b）中，*puellae* 一定是"女孩们"的意思，用作 A 角色，同样我们发现 *columbam* 用作 O 角色。（31c）和（31d）是单论元小句，所以它们只有 S 论元，没有 A 或 O 论元。（31c）的 S 论元是 *puellae*，而（31d）的 S 论元是 *puella*。这样我们就解决了所有语料，并将它们填入表格的上排：

	S	A	O
格标记	puella "女孩" puellae "女孩们" columba "鸽子" columbae "鸽子_复"	puella "女孩" puellae "女孩们" columba "鸽子" columbae "鸽子_复"	puellam "女孩" puellas "女孩们" columbam "鸽子" columbas "鸽子_复"
动词一致关系			

我们注意到 S 和 A 两栏中的形式都相同，而 O 栏则不同。因此这一定是主 / 宾格的格标记系统。基于上述语料，这些格尾的最佳分析如下：

（32）单数主格：-Ø（零形式，即无标记）
　　　复数主格：-e
　　　单数宾格：-m
　　　复数宾格：-s

现在让我们来看动词。例（31a）和例（31b）中动词词尾由 *-t* 变为 *-nt*。这两个小句之间意义上的唯一差别就是 A 论元的复数性（plurality）。因此，看来是当 A 为单数时使用 *-t*，而 A 为复数时使用 *-nt*：

222

	S	A	O
格标记	puella "女孩"	puella "女孩"	puellam "女孩"
	puellae "女孩们"	puellae "女孩们"	puellas "女孩们"
	columba "鸽子"	columba "鸽子"	columbam "鸽子"
	columbae "鸽子复"	columbae "鸽子复"	columbas "鸽子复"
动词一致关系		-t 单	
		-nt 复	

只看（31a）和（31b）的话，我们还不能判断动词是否随着 O 的复数性变化而变化，因为 O 在这两例中都是单数。但（31a）和（31e）除了 O 的复数性之外，其他都相同。而且，看见了吧，动词没有变化。因此，从这些语料看出 O 论元根本就没在动词上被标记。我们看了所有的例句［尤其是（31c）和（31d）］后，就可以填写剩余的表格了，如下：

	S	A	O
格标记	puella "女孩"	puella "女孩"	puellam "女孩"
	puellae "女孩们"	puellae "女孩们"	puellas "女孩们"
	columba "鸽子"	columba "鸽子"	columbam "鸽子"
	columbae "鸽子复"	columbae "鸽子复"	columbas "鸽子复"
动词一致关系	-t 单	-t 单	-0 单
	-nt 复	-nt 复	-0 复

我们再次看到，S 和 A 被同等对待，而 O 被区别对待。因此这种语言在动词一致关系和名词格标记上都表现为主 / 宾格系统。

分裂系统

我们已看到语法关系可以按照主 / 宾格系统或作 / 通格系统来组织，还看到有三个结构特征可以最直接地确定语法关系：格标记、动词上的参与者指称标记（动词一致关系）和成分语序。这一节我们将观察一些语言样例，它们既可分析为主 / 宾格系统，又可分析为作 / 通格系统，取决于语境。这样的语言有时被认为在组织语法关系方面呈现出一个"分裂"系统。在绝大部分这类分裂系统中，此系统或彼系统的出现，要么跟不及物小句的语义 / 语用有关［**分裂不及物性（SPLIT INTRANSITIVITY）**］，要么跟及物小句的语义 / 语用有关［**分裂作格性（SPLIT ERGATIVITY）**］。关于分裂不及物性的更多讨论参看 Merlan（1985）和 Mithun（1991），关于分裂作格性的更多讨论参看 Silverstein（1976）、DeLancy（1982）以及上文讨论作格时引用的参考文献。

223

分裂不及物性

有些语言在表达不及物动词的 S 论元时，有两种甚至更多不同的形态方式。这样的语言有时被认为呈现出**分裂不及物性**（**SPLIT INTRANSITIVITY**）。最常见的分裂不及物系统是将某些 S 论元处理为与 A 论元相同，而将另一些 S 论元处理为与 O 论元相同。用于这种系统的其他术语包括：**静态 / 动态**（**STATIVE/ACTIVE**）、**主动态**（**ACTIVE**）、**分裂 S 论元**（**SPLIT-S**）和**流动 S 论元**（**FLUID-S**）系统等。分裂不及物性最常体现在动词一致关系上，尽管下文我们将举一个表现在格标记上的分裂不及物性的边缘性实例（瓜伊米语）。例（33a）、（33b）和（33c）例示了拉科塔语（Lakhota）的基本及物小句（引自 Mithun 1991，或由南达科他州小鹰城的 Walter Taken Alive 和 Delores Taken Alive[1] 提供）：

（33） a. a-ma-ya-phe
　　　　 DIR-1SG-2SG-hit
　　　　 方向 – 1 单 – 2 单 – 打
　　　　 'you hit me'
　　　　 "你打我"

　　　 b. wa-ø-ktékte
　　　　 1SG-3SG-kill
　　　　 1 单 – 3 单 – 杀
　　　　 'I kill him'
　　　　 "我杀他"

　　　 c. ø-ma-ktékte
　　　　 3SG-1SG-kill
　　　　 3 单 – 1 单 – 杀
　　　　 'he kills me'
　　　　 "他杀我"

　　例（33a）和（33c）显示前缀 *ma-* 指称的是及物小句中的第一人称单数 O 论元，例（33b）显示前缀 *wa-* 表示及物小句中的第一人称 A 论元。有些不及物动词，如义为"fall"（摔倒）、"die"（死）和"shiver"（发抖）的那些，用表示 O 的前缀 *ma-* 来表示第一人称 S 论元：

（34） a. ma-hîxpaye
　　　　 1SG-fall
　　　　 1 单 – 摔倒
　　　　 'I fall'
　　　　 "我摔倒"

---

[1] Walter Taken Alive 和 Delores Taken Alive 是两名印第安人。——译者

b. ma-t'e'
1SG-die
1 单 – 死
'I die'
"我死"

c. ma-č'âča
1SG-shiver
1 单 – 发抖
'I shiver'
"我发抖"

而另一些动词，如 "play"（玩）、"swim"（游泳）、"sing"（唱歌）等，则用表示 A 论元的前缀 *wa-* 来表示第一人称 S 论元：

（35） a. wa-škate
1SG-play
1 单 – 玩
'I play'
"我玩"

b. wa-nûwe
1SG-swim
1 单 – 游泳
'I swim'
"我游泳"

c. wa-lowâ
1SG-sing
1 单 – 唱歌
'I sing'
"我唱歌"

由此可见，拉科塔语中有两种 S 论元：S_a 论元是在语法上像及物小句中的 A 论元那样处理的那些 S 论元［如例（35a）、（35b）、（35c）］，而 S_o 论元是像 O 论元那样处 224 理的那些 S 论元。这种系统可图示如下：

（36）
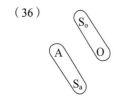
不及物非自主或静态小句

及物小句

不及物自主或主动态小句

这两类 S 论元的区分通常有非常明显的语义基础，尽管这种语义基础在每种语言中显然并不相同（Mithun 1991）。例如，在现代瓜拉尼语（Guaraní，分布于巴拉圭）口语中，描写变化事件的不及物动词归为 S$_a$ 类，而描写状态的动词归为 S$_o$ 类。少数语言是基于篇章语用而表现出分裂不及物性。例如，在亚瓜语（Yagua）中，某些运动动词［特别是**平移运动（TRANSLATIONAL MOTION**）动词，参看第 4 章］根据篇章语境的不同可以采用 S$_a$ 类或 S$_o$ 类主语：

（37）a. Muuy   sii-myaa-si-ñíí
       there   run-COMPL-out-3:O
       那儿   跑－完结－出去－3:O
       'There he rushed out.'
       "那儿他冲了出去。"
     b. Sa-sii-myaa-síy
       3:A-run-COMPL-out
       3:A－跑－完结－出去
       'He rushed out.'
       "他冲了出去。"

在例（37a）中，S 由后附词（enclitic）-ñíí 来表达，而这是用于表示及物动词 O 论元的那个形式。在（37b）中，S 由前缀 sa- 表达，而这是用于表示及物动词 A 论元的那个形式。很显然这一区分不是基于语义的，因为这两个小句中 S 论元同样都是施事性的、自主的。一项有关叙事体文本的实证研究表明，S$_o$ 主语出现于场景转换和情节高潮部分［例（37a）］，而 S$_a$ 主语则出现于其他场合［例（37b）］（T. Payne 1992）。帕约纳尔－康帕语（Pajonal Campa, Heitzman 1982）和阿申宁加－康帕语（Asheninca Campa, J. Payne and D. Payne 1991）也有类似现象。这两种语言跟亚瓜语在相同的区域使用，但发生学上与亚瓜语则没有任何关系。

分裂作格性

如果一种语言在一部分语法领域中呈现出主/宾格系统而在另一部分语法领域中呈现出作/通格系统，那么这种语言可视为呈现出了分裂作格性。在这样的语言中，决定这种分裂模式的主要因素有两个，一个是论元的语义和/或语用特征，另一个是时/体。下面几节中我们简要描写一下这两种类型的分裂作格。

第一类分裂作格系统是，某些类型的名词性论元参与主/宾格系统，而另一些参与作/通格系统。为说明这种系统，我们进一步观察另一种语言，即分布于巴布亚新几内亚的马纳加拉西语（Managalasi）：

（38）a. a　　　　　va'-ena
　　　　　2SG　　　　 go-FUT.2SG
　　　　　2 单　　　　 去－将来 .2 单
　　　　　'You will go.'
　　　　　"你将去。"

　　　 b. na　　　　　va'-ejo
　　　　　1SG　　　　 go-FUT.1SG
　　　　　1 单　　　　 去－将来 .1 单
　　　　　'I will go.'
　　　　　"我将去。"

　　　 c. nara　　　　 a　　　　 an-a'-ejo
　　　　　1SG　　　　 2SG　　　 hit-2SG- FUT.1SG
　　　　　1 单　　　　 2 单　　　 打 －2 单－将来 .1 单
　　　　　'I will hit you.'
　　　　　"我将打你。"

　　　 d. ara　　　　　na　　　　 an-i'-ena
　　　　　2SG　　　　 1SG　　　 hit-1SG- FUT.2SG
　　　　　2 单　　　　 1 单　　　 打 －1 单－将来 .2 单
　　　　　'You will hit me.'
　　　　　"你将打我。"

我们又看到这是一种动词居末的语言，因此我们只考察名词格标记和动词一致关系。例（38a）和（38b）是不及物（单论元）小句，所以它们只有 S 论元。这个 S 论元在两例中都是代词，我们把它们列入下表：

	S	A	O
代词	a 2 单 na 1 单		
动词一致关系			

（38c）中单数第一人称代词是 *nara*。既然根据对译，第一人称单数论元（*I*）是最像**施事**的，我们把 *nara* 置于 A 栏。此小句中另一个论元是第二人称单数 *a*，我们把 *a* 放入 O 栏。（38d）中，单数第二人称论元 *ara* 是最像**施事**的，我们把 *ara* 放入 A 栏，而（38d）中的另一个论元 *na*，放入 O 栏。这样我们就完成了表格的第一排：

	S	A	O
代词	a 2 单 na 1 单	ara 2 单 nara 1 单	a 2 单 na 1 单
动词一致关系			

因为 S 栏和 O 栏的形式一样，而 A 栏的形式不同，所以这代表的是一种作 / 通格标记系统。格尾可以分析如下：

（39）作格标记：-ra
    通格标记：-Ø（零形式）

现在我们再来看动词一致关系。例（38）的注解清楚地表明，这种语言中，动词一致关系与将来时结合在一起。因为这些例句中的时都是一样的，所以我们不需要专门考虑时的问题——所有后缀的变化一定是因为论元人称的变化。既然（38a）和（38b）的后缀不同，我们知道动词一定与 S 具有一致关系。（38c）中动词与单数第一人称 A 论元具有一致关系，（38d）中动词与单数第二人称 A 论元具有一致关系。我们还注意到后缀 -a' 指称单数第二人称 O 论元，而 -i' 指称单数第一人称 O 论元。这样我们可以完成表格的第二排：

	S	A	O
代词	a 2 单 na 1 单	ara 2 单 nara 1 单	a 2 单 na 1 单
动词一致关系	-ena 2 单 -ejo 1 单	-ena 2 单 -ejo 1 单	-a' 2 单 -i' 1 单

在第二排我们注意到 S 栏和 A 栏的形式一样，而与 O 栏不同。因此，从动词一致关系来看，这种语言显示的是主 / 宾格系统。我们的结论是，这种语言具有一个分裂作格系统，在这个系统中，代词呈现出作 / 通格系统，动词一致关系则呈现出主 / 宾格系统。

第二类是基于时和 / 或体的分裂作格。在所有这样的语言中，作 / 通格系统出现在过去时或完整体里，而主 / 宾格系统出现在非过去时或未完整体里（DeLancey 1982）。下面是格鲁吉亚语（Georgian，格鲁吉亚的国语）的例子（Comrie 1989）：

（40）a. Student-i   midis.
        -NOM   goes
        － 主格   走
        'The student goes.'
        "那个学生走。"
    b. Student-i   ceril-s   cers.
        -NOM   letter-ACC   writes
        － 主格   信 － 宾格   写
        'The student writes the letter.'
        "那个学生写信。"

    c. Student-i   mivida.

          -ABS   went

          －通格   走了

    'The student went.'

    "那个学生走了。"

    d. Student-ma   ceril-i   dacera.

          -ERG   letter-ABS   wrote

          －作格   信－通格   写了

    'The student wrote the letter.'

    "那个学生写了信。"

在这些例句中，格标记 -i 标记"现在时"中的 S 和 A 名词性成分［例（40a）和（40b）］。所以，把这个格标记分析为主格标记是很合适的。但是，同样是这个格标记，还标记"过去时"中的 S 和 O 名词性成分［例（40c）和（40d）］。[③]在这些小句中，把 -i 描写为通格标记也很合适。下表是对格鲁吉亚语系统做的总结：

格鲁吉亚语	S	A	O
格标记：现在时	-i	-i	-s
格标记：过去时	-i	-ma	-i

这个表格清楚地表明，在现在时中，S 和 A 被做相同处理而不同于 O，因此显示出主/宾格系统；同时在过去时中，S 和 O 被做相同处理而不同于 A，因此显示出作/通格系统。这是一个经典的基于时/体的分裂作格系统。

在结束组织语法关系的分裂系统这个话题之前，我们还想提供一个有趣的例子，它把分裂不及物性和分裂作格性的格标记系统融合在一起。这个例子来自巴拿马和哥斯达黎加的瓜伊米语（Guaymí）。瓜伊米语在几种过去时中有一套清楚的分裂不及物格标记系统，如例（41a）、（41b）和（41c）所示。在其中一种过去时中，作格标记 -gwe 只能出现在及物动词的 A 论元或施事性不及物动词的 S 论元中。标记 -gwe 不能出现在（41b）的 S 论元中，因为动词 ŋat-（"死"）是非自主的；这只是发生在狗身上的某件事，而不是狗有意去做的某件事。这些例子表明该语言在名词性格标记以及动词一致关系上显示出组织语法关系的分裂不及物系统：

（41） a. Dori-gwe   blit-ani.

         Doris-ERG   speak- PAST1

         Doris－作格   说话－过去 1

         'Doris spoke.'

         "Doris 说话了。"

b. Nu   ŋat-ani.

   dog   die- PAST1

   狗   死 - 过去 1

   'The dog died.'

   "狗死了。"

c. Toma-gwe   Dori   dëma-ini.

   Tom-ERG   Doris   greet- PAST1

   Tom - 作格   Doris   迎接 - 过去 1

   'Tom greeted Doris.'

   "Tom 迎接了 Doris。"

d. Dori   blit-e.

   Doris   speak-PR

   Doris   说话 - 现在

   'Doris speaks.'

   "Doris 说话。"

e. Toma   Dori   dëma-e.

   Tom   Doris   greet-PR

   Tom   Doris   迎接 - 现在

   'Tom greets Doris.'

   "Tom 迎接 Doris。"

f. Nu   ŋat-e.

   dog   die-PR

   狗   死 - 现在

   'The dog dies.'

   "狗死。"

但是，-gwe 从不出现在现在时或任何非过去时中，不管其中动词的语义和及物性如何［例（41d）、（41e）和（41f）］。可以说瓜伊米语有两种截然不同的格标记系统，即过去时中的分裂不及物系统和现在时中的中性系统：

（42）瓜伊米语组织语法关系的分裂系统：

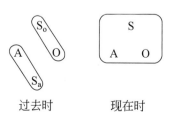

过去时   现在时

228   本章后面的练习题将为你提供练习辨认各种语言组织语法关系的不同方法。

第 8 章概念提要

Ⅰ．语言一般使用三到四种形态句法方式中的一种来处理小句中的每一个名词性成分。这些处理名词性成分的不同形态句法手段被称为语法关系。已提出的用于各种语法关系的术语包括：属格、主语、（直接）宾语、间接宾语、旁语、作格和通格。最直接地表达语法关系的结构特征有：

- 名词上的格标记
- 动词上的参与者指称标记（一致关系）
- 成分语序（通常不适用于动词居末和动词居首的语言）

Ⅱ．可能的组织语法关系的"系统"有多种。本章讨论的系统有：

- 主 / 宾格系统
- 作 / 通格系统
- 分裂不及物系统
- 分裂作格系统

Ⅲ．世界语言中有两种基本的分裂作格系统，尽管也会出现这两种系统的融合形式：

- 基于论元表达方式（动词一致关系标记 vs. 代词 vs. 实义名词短语）的分裂作格系统
- 基于时和 / 或体的分裂作格系统

Ⅳ．提供了一套针对所有语言的分析方法，用以分析组织语法关系的系统。

练习

练习 8.1：伊拉克阿拉伯语（Iraqi Arabic）

根据 Cowan and Rakušan（1998：100）改编

1. ilwalad yiʃuuf ilbeet.   'The boy sees the house.'
2. ilwalad yihibb ilbinit.   'The boy loves the girl.'
3. ilwalad yiktib ilmaktuub.   'The boy writes the letter.'
4. ilbinit tiʃuuf ilwalad.   'The girl sees the boy.'
5. ilbinit tiktib iddaris.   'The girl writes the lesson.'
6. ilwalad yigi.   'The boy is coming.'

A. 在伊拉克阿拉伯语中，"The girl loves the boy"（那个女孩喜欢那个男孩）怎么说？

B. 描写伊拉克阿拉伯语组织语法关系的系统。这里显示的是何种系统？务必考虑
所有表达语法关系的结构特征。

229

练习 8.2：古吉拉特语（Gujarati）

Tom Payne

1. Ramesh　　pen　　khəridto həto.　　　'Ramesh was buying the pen.'
   （男性名字）笔（阴性）
2. Rameshe pen khəridyi.　　　　　　　'Ramesh bought the pen.'
3. Ramesh　　awyo.　　　　　　　　　'Ramesh came.'
4. Sudha　　awyi.　　　　　　　　　　'Sudha came.'
   （女性名字）
5. Sudha　　awti həti.　　　　　　　　'Sudha was coming.'
6. Ramesh　　awto həto.　　　　　　　'Ramesh was coming.'
7. Sudhae　pen　khətidyi.　　　　　　　'Sudha bought the pen.'

A. 在古吉拉特语中，什么结构特征区别语法关系？
B. 该语言使用哪一种或哪几种组织语法关系的系统？请给出证明。

练习 8.3：阿瓦尔语（Avar）

Yakov Testelets

1. Vas vigiana.　　　'The boy got up.'
2. Vas vegana.　　　'The boy lay down.'
3. Yas yigiana.　　　'The girl got up.'
4. Yas yegana.　　　'The girl lay down.'
5. Vasas yas yettsana.　　'The boy praised the girl.'
6. _____　　　　'The girl praised the boy.'

A. 阿瓦尔语属于哪个语系？
B. 第 6 句用阿瓦尔语该如何翻译？
C. 阿瓦尔语中哪些结构特征反映语法关系？
D. 描写阿瓦尔语中组织语法关系的系统。给出所有的证据。

练习 8.4：恩多语（Endo）

Tom Payne

1.	Kícho	Pëëlyòn		'Elephant came.'
2.	Kícho	Kíplêkwà		'Hare came.'
3.	Kílëchí	Kíplêkwà	Pëëlyón	'Hare told Elephant…'
4.	Kílëchí	Pëëlyón	Kíplêkwà	'Hare told Elephant…'
5.	Kílëchí	Kìplêkwà	Pëëlyòn	'Elephant told Hare…'
6.	Kílëchí	Pëëlyòn	Kìplêkwà	'Elephant told Hare…'
7.	Kípka	píîč		'People came.'
8.	Kíro	píîč		'People saw（him/her/it）.'
9.	Kíro	pîîč		'He/she saw people.'
10.	Kíro	Kìplêkwà		_____
11.	Kíro	Kíplêkwà		_____

230

A. 恩多语在哪里使用？它属于哪个语系？

B. 恩多语中用什么结构特征来区分实义名词短语的语法关系？

C. 该语言采用哪种组织语法关系的系统？

D. 翻译第 10、11 句。

练习 8.5：斯瓦希里语，萨菲方言（Swahili，Safi dialect），第 1 部分

David Perlmutter, Mary Rhodes and Paul Thomas

1.	Mtoto alipoteka.	'The child got lost.'
2.	Kitabu kilipoteka.	'The book got lost.'
3.	Watoto walipoteka.	'The children got lost.'
4.	Vitabu vilipoteka.	'The books got lost.'
5.	Mtoto aliona kisu.	'The child saw a knife.'
6.	Mtoto anaona kisu.	'The child sees a knife.'
7.	Mtoto aliona vitabu.	'The child saw books.'
8.	Watoto walileta vitabu.	'The children brought books.'
9.	Wewe ulileta kitabu.	'**You** brought a book.'
10.	Mimi ninataka vitabu.	'**I** want books.'
11.	Sisi tulipoteka.	'**We** got lost.'
12.	Nilipoteka.	'I got lost.'
13.	Aliona visu.	'He saw knives.'

除了已给出的动词前缀，使用其他动词前缀都是不合语法的。例如：

14.   a. *Mtoto kilipoteka.（'The child got lost.'）

      b. *Mtoto walipoteka.

不使用任何前缀也是不合语法的。

根据上面这些语料列出动词的位置 - 类别图表。在表中列出并注解所有的语素。

练习 8.6：斯瓦希里语，萨菲方言（Swahili，Safi dialect），第 2 部分

David Perlmutter, Mary Rhodes and Paul Thomas

（此练习是上一练习的继续。回答下面问题时，请务必记住练习 8.5 的相关数据。） 231

15.	Mtoto alimwona mganga.	'The child saw the doctor.'
16.	Mtoto aliwaona wanyama.	'The child saw the animals.'
17.	Watoto wanakitaka kitabu.	'The children want the book.'
18.	Mtoto anavitaka vitabu.	'The child wants the books.'
19.	Mimi niliwaona wao.	'**I** saw them.'
20.	Yeye aliniona mimi.	'**He** saw me.'
21.	Mgeni alivileta visu.	'The visitor brought the knives.'
22.	Watoto wanakipenda kitabu.	'The children like the book.'
23.	Watoto waliwupenda wewe.	'The children liked you.'
24.	Watoto waliwapenda waganga.	_____
25.	Mganga anamleta mtoto.	_____
26.	_____	'The visitors brought the knives.'
27.	_____	'**I** like the child.'
28.	_____	'The visitors like the children.'
29.	_____	'I like books.'
30.	_____	'They see knives.'

A. 请给例 24、25 填上英语句子、例 26—30 填上斯瓦希里语句子。

B. 修正你在练习 8.5 中所制表格，将本练习的资料整合进去。

C. 指出这里运用的所有形态句法规则。

D. 这些语料中使用何种系统来组织语法关系？

练习 8.7：古古 - 伊米德希尔语（Guugu Yimidhirr）

John Haviland

1.	Ngayu nhangu nhaadhi.	'I saw him/her.'
2.	Gudaangun yarrga nhaadhi.	'The dog saw the boy.'
3.	Nyulu nganhi nhaadhi.	'He/she saw me.'
4.	Yarrgangun gudaa nhaadhi.	'The boy saw the dog.'

5. Ngayu dhadaa.	'I am going to go.'
6. Gudaa dhadaa.	'The dog is going to go.'
7. Nyulu dhadaa.	'He/she is going to go.'
8. Yarrga dhadaa.	'The boy is going to go.'
9. Ngayu yarrga gunday.	'I hit the boy.'
10. Yarrgangun nganhi gunday.	'The boy hit me.'

A. 古古－伊米德希尔语在哪里使用？它属于什么语系？有多少使用者？

B. 列出上面语料中的每个语素，并解释其意义。

C. 古古－伊米德希尔语在哪些方面以作／通格为基础组织语法关系，在哪些方面
232 以主／宾格为基础组织语法关系？是否与普适预期一致？

练习 8.8：俄语

Sam Hanchett and Deborah Fink

1. d'évačka ísit sabáku	'The girl is looking for the dog.'
2. sabáku ísit d'évačka	'The girl is looking for the dog.'
3. sabáka ísit b'élku	'The dog is looking for the squirrel.'
4. ísit sabáka b'élku	'The dog is looking for the squirrel.'
5. ísit b'élku d'évačka	'The girl is looking for the squirrel.'
6. p'ísit d'évačka	'The girl is writing.'
7. sabáka lájit	'The dog is barking.'
8. ísit sabáka d'évačku	_____

A. 俄语中哪些结构特征区分语法关系？

B. 俄语采用何种系统来组织语法关系？请给出证明。

C. 翻译例句 8。

练习 8.9：霍语（Ho）

John and Sally Mathai

下面每一个句子在霍语中都有两种说法。其他说法则不合语法。

1. I am going.	senɔtanaŋ	/	aŋ senɔtana
2. You are going.	senɔtanam	/	am senɔtana
3. He/she is going.	senɔtanae	/	aʔe senɔtana
4. I am beating you.	ṭammeṭanaŋ	/	ameŋ ṭammeṭana

5.	I am beating him.	ʈamiːʈeneŋ	/ aʔeɲ ʈamiːʈene
6.	You are beating me.	ʈamiɲʈenem	/ aɲem ʈamiɲʈene
7.	You are beating him.	ʈamiːʈenem	/ aʔem ʈamiːʈene
8.	He is beating me.	ʈamiɲʈene	/ aɲeʔe ʈamiɲʈene
9.	He is beating you.	ʈammeʈanae	/ ameʔe ʈammeʈana
10.	He is beating him.	ʈamiːʈene	/ aʔeʔe ʈamiːʈene
11.	I went.	senɔjanaŋ	/ aŋ senɔjana
12.	You went.	senɔjanam	/ am senɔjana
13.	He/she went.	senɔjanae	/ aʔe senɔjana
14.	I beat you.	ʈamkeɲɖmijaŋ	/ ameŋ ʈamkeɖmija
15.	I beat him.	ʈamkijeɲ	/ aʔeŋ ʈamkije
16.	You beat me.	ʈamkiɖɲem	/ aɲem ʈamkiɖɲe
17.	You beat him.	ʈamkijem	/ aʔem ʈamkije
18.	He beat me.	ʈamkiɖɲe	/ aɲeʔe ʈamkiɖɲe
19.	He beat you.	ʈamkeɖmijae	/ ameʔe ʈamkeɖmij
20.	He beat him.	ʈamkije	/ aʔeʔe ʈamkije

233

A. 霍语在哪儿使用？它属于什么语系？

B. 列出并注解上面语料中所有的语素。

C. 使用简洁的英语直白描述法（English prose），描写霍语用于表达 S 论元、A 论元和 O 论元的系统。

练习 8.10：库尔曼吉 – 库尔德语（Kurmanji Kurdish）

Nick Bailey

库尔德人口至少有 2500 万。库尔德语是印欧语系伊朗语支的一个重要成员。其方言库尔曼吉 – 库尔德语的使用者大概有 1500 万，居住在土耳其、伊朗、伊拉克、叙利亚等地。这种方言通常使用西里尔字母（Cyrillic script，像俄语一样）书写，但这里用改进的拉丁字母转写。

1.	ez diçim	'I am going.'
2.	tu diçî	'You（sg.）are going.'
3.	ew diçe	'He/she/it is going.'
4.	ew diçin	'They are going.'
5.	gulistan diçe	'Gulistan is going.'
6.	ez çûm	'I went.'
7.	tu çûyî	'You（sg.）went.'
8.	ew çû	'He/she/it went.'

9. ew çûn	'They went.'
10. gulistan çû	'Gulistan went.'
11. ez gulistanê dikişînim	'I am pulling Gulistan.'
12. tu gulistanê dikişînî	'You（sg.）are pulling Gulistan.'
13. ew gulistanê dikişîne	'He/she/it is pulling Gulistan.'
14. ew gulistanê dikişînin	'They are pulling Gulistan.'
15. gulistan min dikişîne	'Gulistan is pulling me.'
16. gulistan te dikişîne	'Gulistan is pulling you（sg.）.'
17. gulistan wî dikişîne	'Gulistan is pulling him.'
18. gulistan wê dikişîne	'Gulistan is pulling her.'
19. gulistan wan dikişîne	'Gulistan is pulling them.'
20. min gulistan kişand	'I pulled Gulistan.'
21. te gulistan kişand	'You（sg.）pulled Gulistan.'
22. wî gulistan kişand	'He pulled Gulistan.'
23. wê gulistan kişand	'She pulled Gulistan.'
24. wan gulistan kişand	'They pulled Gulistan.'
25. min ew kişand	'I pulled him/her/it.'
26. min ew kişandin	'I pulled them.'
27. min tu kişandî	'I pulled you（sg.）.'
28. te ez kişandim	'You（sg.）pulled me.'
29. te ew kişandin	'You pulled them.'
30. gulistanê ez kişandim	'Gulistan pulled me.'

234　　A. 库尔德语中什么结构特征区分语法关系？

B. 库尔曼吉－库尔德语使用何种系统组织语法关系？请提供所有相关形式的图表（做这部分练习需要单独的一页纸）。

练习 8.11：萨摩亚语（Samoan）Ⅱ

Olga Uryupina，经 Tom Payne 改写

在美属萨摩亚有 38700 人使用萨摩亚语（Samoan），在萨摩亚（一个独立国家）有153000 人使用萨摩亚语。另外还有大约 162000 位萨摩亚语使用者生活在新西兰、夏威夷、斐济和美国本土的西海岸。萨摩亚语是一种波利尼西亚语（Polynesian language）。

1. 'Ua lafi le pua'a.	'The pig hid.'
2. 'Ua tutuli e tagata maile.	'The people chased away the dogs.'
3. 'Ua pupu'e e le pusi 'isumu	'The cat caught the mice.'
4. 'Ua pu'e e le tama le pusi.	'The boy caught the cat.'
5. 'Ua fefefe teine.	'The girls got scared.'

6. 'Ua fasi e tama le 'isumu.   'The boy killed the mouse.'

A. 将萨摩亚语句子译成英语：

7. 'Ua fefe le pusi.
8. 'Ua tuli e 'isumu le pusi.

B. 将英语句子译成萨摩亚语：

9. 'The boy hid.'
10. 'The mice caught the dog.'
11. 'The girl killed the pigs.'

C. 萨摩亚语采用哪种或哪些系统来组织语法关系？请给出证据。

附注

① 主格和宾格这两个术语来自古典语言的传统语法。那些语法中它们的用法在很大程度上与这里所给出的定义一致。但是这些用于古典语言的术语严格限于指称那些形态格。指示那些格的标记除了用来标记 A 论元、S 论元和 O 论元外，还经常用在其他很多方面。例如，拉丁语的宾格就标记某些前置词的宾语。在这里我们使用主格和宾格这两个术语来描写语法关系的表达，而不管那些角色在形态句法上是如何显示的。因此，比如一个特定的名词短语，只要它是 S 论元或 A 论元，不管它是否带有清晰的主格标记，我们都可以把它指称为主格名词短语。

② 注意这并不等于说"成分语序不区分语法关系"。在 AOV 语言中，A 和 O 的相对位置显然可以帮助我们确认哪个是哪个。但是，组织语法关系的系统必须还要包括 235 不及物小句，故而就像文中提到的，在 AOV/SV 语言中，利用成分语序无法以一致的方式来将 A 和 S 归为一组或将 O 和 S 归为一组。

③ 在格鲁吉亚语中，"过去时"实际上是对这一概念范畴意义的简单化处理，但对我们的目的来说已经足够了。
236

第 9 章
语态和配价

　　每种语言都有一些影响小句中语义角色和语法关系之间配列（alignment）的结构式（constructions）。这样的结构式有时被称为**语态**（**VOICES**）。例如，在英语典型的**主动语态**（**ACTIVE VOICE**）结构中，**施事**是小句的主语，**受事**是宾语。**被动语态**（**PASSIVE VOICE**）则产生一种不同的论元结构，其中受事具有主语关系，施事以旁语（oblique）角色出现。

（1）a. **主动语态**：Orna baked these cookies.　　　　主语 = **施事**
　　　　　　　　"Orna 烤了这些甜饼。"　　　　　　　　宾语 = **受事**
　　　b. **被动语态**：These cookies were baked by Oran.　主语 = **受事**
　　　　　　　　"这些甜饼被 Orna 烤了。"　　　　　　　旁语 = **施事**

　　本章我们要使用**配价**（**VALENCE**）这一概念来探讨这些影响语法关系和语义角色之间关系的结构式，包括传统上置于语态标题之下的一些结构式，尽管有几种涉价结构式（valence-related constructions）通常并不被认为是语态。不过，因为这些涉价结构式在功能上具有相似性，且许多语言也用结构上相似的方式来处理它们，出于分析或解释的目的，把它们放在一起讨论不失为便利之举。

　　配价（**VALENCE**）既可以认为是个语义概念，也可以认为是个句法概念，或是二者的结合。**语义价**（**SEMANTIC VALENCE**）指通常由动词表达的信息世界场景中参与者的数目（参看第 4 章有关动词及其论元结构的内容）。例如，英语动词 *eat*（吃）的语义价是 2，因为对任何一个特定的"吃"事件而言，必须有两个参与者——吃者和被吃之物。如果其中一个参与者在场景中缺失，那么再把这个场景描述为"吃"事件是难以想象的。

　　语法价（**GRAMMATICAL VALENCE**）[或**句法价**（**SYNTACTIC VALENCE**）]指出现在任何特定小句中的论元数目（参看第 8 章讨论"论元"这一术语的内容）。英语动词 *eat* 在小句中的语法价可以是 1，也可以是 2，取决于这个动词怎么使用。在像 *Calvin already ate*（Calvin 已经吃了）这样的小句中，没有直接宾语，因此动词唯一的核心论元即指"吃者"。不过，在这个小句所表达的场景中，人们的理解还是有某个东

西被吃了，只是被吃之物的身份不为人所知，或者对当前特定的交际任务而言并不重 237
要。这可以用第 4 章介绍的论元结构图来表示，如下：

（2）"吃" 事件（语义价 =2）：　　施事　　　受事

（语法价 = 1）：　Calvin already ate ø. "Calvin 已经吃了。"

同样，像 *She ate away at the bone*（她吃光了骨头）这样的小句，动词只有一个核心论元。*bone* 是旁语，因此不是核心论元：

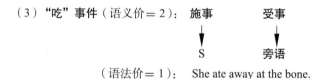

（3）"吃" 事件（语义价 =2）：　　施事　　　受事

（语法价 = 1）：　She ate away at the bone.

变价结构（valence-adjusting constructions）是影响小句的语义和 / 或句法价的形态句法结构。

进一步讨论这个问题之前，我们得讨论一下动词论元省略和使用**零形代词**（**ZERO PRONOUN**）的重要区别。在（2）这样的小句中，可以认为动词 *ate* 之后有一个 "零形式"（某个预期中的名词或代词的缺失）。在（4）中动词 *grabbed*（抓住）之前有另一种 "零形式"：

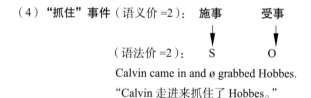

（4）"抓住" 事件（语义价 =2）：　　施事　　　受事

（语法价 =2）：　S　　　　O

Calvin came in and ø grabbed Hobbes.
"Calvin 走进来抓住了 Hobbes。"

在这个例子中，动词 *grabbed* 前的零形式是一种**复指手段**（**ANAPHORIC DEVICE**）。它指向前面的小句中提及的某个特定的参与者。参与者是谁太明显了，以至于在有人说出这句话之后，你几乎不会问 "是谁抓住了 Hobbes" 这样的问题。因此例（4）所示小句的语法价仍然是 2，同时它所表达的情状的语义价也是 2。

另一方面，例（2）代表了一种减价结构（宾语省略）。它的语法价是 1，但它所表达的情状的语义价是 2。*ate* 后的零形式并不是复指语；它并不指向任何特定的实体。在别人说出 "Calvin 已经吃了" 这句话后，你可以很自然地问 "他吃了什么？"

因此，语言中至少有两种"零形式"——其一是零形代词，即复指语，指向话语舞台（discourse stage）上的参与者；其二是被删略的论元，它们并非复指语，并不指向任何特定的事物。

许多语言中的零形代词化（zero pronominalization）（也常称为"零形复指"或"代语脱落"）要比在英语中普遍得多。在这些语言中，要把语法价减价结构和零形代词结构区分开来，可能会很困难。极端的实例是，有些语言没有表达语法关系的形态手段，对零形复指也几乎没有限制，这种情况下唯一的判断办法是考察话语语境。不过，对于这样的语言，某个特定的结构到底是否构成配价删减，很大程度上还是个争论未决的问题。语法价这一概念很重要，因为它有助于理解语法关系的备选安排（比如可选的格标记模式、动词一致关系或者成分语序）。假如某种语言很少有这种备选形式，语法价就不那么重要了。

配价这一概念与传统观念中的**及物性**（**TRANSITIVITY**）密切相关：**及物**（**TRANSITIVE**）情状表达两个参与者之间的一种关系，即一个参与者作用于另外一个参与者；**不及物**（**INTRANSITIVE**）情状则是一种属性、状态或其他只包含一个参与者的情状。有时不及物情状称为**单价**（**UNIVALENT**）情状，即它们的语义价是 1。同样，及物情状如 He killed a bear（他杀了一头熊）之类称为**二价**（**DIVALENT**）情状。**三价**（**TRIVALENT**）情状指那些包含三个核心参与者的情状，如 He gave us the gate key（他给了我们大门钥匙）。也许有点令人费解的是，有时三价情状也被称为**双及物**（**DITRANSITIVE**）情状或**二及物**（**BITRANSITIVE**）情状。这些术语基于这样一个事实，即像 give 这样的动词可以带两个宾语——被给物和接受者。当然，配价理论更为全面，它关注所有可能的论元，而不只是宾语。从这一点看，对像 give 这样的表达三价情状的动词而言，有三个潜在的核心论元，包括主语在内。

很多研究（以 Hopper and Thompson 1980 为首要代表）都把"及物性"这一术语作为一个相关性概念，指某个事件从主动的、自主的**施事**传递至**受事**的程度。不过，以传统的方式来使用这一术语也常常见到。

也许不幸的是，语言学家们并不总是区分语义价和语法价。因此，比如，有些人就会说 eat 永远是个及物动词——假如没有"吃者"和"被吃物"，就不可能有"吃"这一事件。这些语言学家所用的术语"及物"在这个意义上相当于我们正在用的术语"语义及物"。另外一些人会说 eat 有时是及物的，有时是不及物的。这些语言学家很可能指的是句法的及物性。还有一些人会说，在英语的词库中有两个相关的动词 eat，其中一个是及物的，另一个是不及物的。不管怎样，为了便于理解变价结构式（在大多数语言的语法系统中占相当大的比例，参看 Bybee 1985：31），将语义价和语法价清楚地区分开来是很有用处的。

有个隐喻对理解配价理论特别有用，已被语言学家们反复使用，即交际就是演戏。很多有关话语理解和生成的研究，都以某种形式使用这个比喻，来提出一些关于人们如何交际的重要的假说和论断。比如，Fillmore（1976）提出动词同其特有的论元结构一起激活语言使用者头脑中的**场景**（SCENES）。Lakoff（1987）中**认知模型**（**COGNITIVE MODEL**）的概念也与场景的概念有关。场景和认知模型是理想化的心理结构，也可说是一幅幅"图画"，人脑用它们对经验和知识进行分类、存储和交流。这些研究都注意到一个事实，即所有知识的习得和存储都与语境相关。理解这种语境 239 的一个途径便是通过**话语舞台**（**DISCOURSE STAGE**）这一隐喻。

涉价结构可以按照它们如何影响由特定动词激发的理想化场景来分类。增加句法价的交际效果，往往可以描述为将一个在正常情况下并非场景的一部分或者只在场景边缘的参与者带入"中央舞台"（center stage）。另一方面，减少句法价的效果，则是将正常情况下居于中央舞台的参与者降格（downplay）至边缘地位，或者将其从舞台上完全移除。再者，带入或移出中央舞台的参与者可以是控制者（controllers），即**施事**或类似施事的参与者，也可以是受影响的或类似受事的参与者，还可以是其他任何边缘性的角色，如**接受者**、**工具**或**受益者**（参看第 4 章有关语义角色的部分）。

心存"话语舞台"这一隐喻，我们就可以开始勾勒变价结构的功能分类。接下来我们会简单地讨论一下这个分类，并介绍一些描述论元结构及其变化的分析方法。变价结构的功能分类如下：

减价结构：

将控制性参与者和受影响参与者"合并" 为单一参与者的结构：	反身式（REFLEXIVES） 交互式（RECIPROCALS） 中动式（MIDDLES）
降格控制性参与者的结构：	主语省略（SUBJECT OMISSION） 被动式（PASSIVES）
降格受影响参与者的结构：	宾语省略（OBJECT OMISSION） 逆被动式（ANTIPASSIVES） 宾语降级（OBJECT DEMOTION） 宾语并入（OBJECT INCORPORATION）

增价结构：

增加控制性参与者的结构：　　　　　　　使成式（CAUSATIVES）

提升边缘性参与者的结构：　　　　　　　升宾式（APPLICATIVES）
　　　　　　　　　　　　　　　　　　　与格转换（DATIVE SHIFT）
　　　　　　　　　　　　　　　　　　　领有者提升（POSSESSOR RAISING）
240　　　　　　　　　　　　　　　　　　利益与格（DATIVE OF INTEREST）

减价结构

语言可以采用词汇、形态以及句法表达类型来减少配价。下面几节将描写并举例说明各种不同的减价结构是如何由这三种表达类型来表达的。

反身式和交互式

我们要考虑的第一组减价结构类型，打个比方说，是通过"合并"及物小句的两个核心论元来减少配价的。这些类型是：反身式、交互式和中动式结构。本节只讨论反身式和交互式。中动式结构在下一节讨论。

反身（REFLEXIVE）结构中，A 论元和 O 论元是同一个实体，例如 *She saw herself*（她看见了自己）。所有真正的反身结构都指明不涉及两个不同的实体，而是由一个实体充当两种语义角色和/或语法关系，以此来减少及物小句的语义价。词汇型或形态型的反身式和交互式，其语义价的减少反映在其语法价的相应减少上。句法型反身式和交互式并不减少语法价，这一点在下面将会看到。

词汇型反身式（LEXICAL REFLEXIVE）[①]与某个特定动词的词汇意义密切相关。比如，英语动词 *to get dressed*（穿衣服）、*wash up*（盥洗）、*shave*（刮胡子）等，当它们作为不及物动词使用时，都暗指**施事**和**受事**是同一个实体，例如：

（5）Calvin shaved, washed, and got dressed. "Calvin 刮了胡子，洗了脸，穿上衣服。"

这句话暗指 Calvin 给自己刮胡子，给自己洗，给自己穿衣服。如果想表达的是另外某个对象，则要被明确提及：

（6）Calvin shaved Hobbes. "Calvin 给 Hobbes 刮了胡子。"

词汇型反身式的论元结构可以表达如下：

（7）　施事　受事

S

Calvin shaved.　施事 =S，受事 =S

换句话说，**施事**和**受事**这两个语义角色都是由这个单论元小句的唯一论元来表达的。241

有一些行为最可能以反身形式来完成，这主要是些"梳洗"活动，如 *wash*（盥洗）、*shave*（刮胡子）、*dress*（穿衣）等。这些概念通常由语言中可得到的最简（即语音上最简、成分最少）类型的反身结构表达。这种结构经常是词汇型反身式。

形态型反身式（**MORPHOLOGICAL REFLEXIVE**）由在第 2 章讨论过的形态过程中的一种来表达。英语没有形态型反身式。形态型反身式最著名的例子大概是那些罗曼语族语言。不过，这些语言的文字系统常常会掩盖这一事实：反身语素事实上是黏着的附着语，而不是自由词。例如，西班牙语中反身式由及物动词加上一个前附词 *se* 构成〔例（9）〕：

（8）非反身式：施事　　　　受事

A　　　　　　O

Matilde quemó la cena.

'Matilde burned dinner.' "Matilde 烧饭。"

（9）反身式：施事　　受事
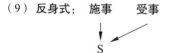

S

Matilde *se*-quemó.

'Matilde burned herself.' "Matilde 烧她自己。"

西班牙语中，所有语义上及物的动词都必须加上一个反身前附词才能被理解成反身式，而没有英语中的那种词汇型反身式：

（10）　a. Matilde lavó el carro.　'Matilde washed the car.' "Matilde 洗汽车。"

　　　　　Matilde se-lavó.　　　'Matilde washed（herself）.' "Matilde 洗（她自己）。"

　　　　　*Matilde lavó.

　　　b. Horacio afeitó el tigre.　'Horace shaved the tiger.' "Horace 给老虎刮了胡子。"

　　　　　Horacio se-afeitó.　　　'Horace shaved（himself）.' "Horace（给他自己）刮了胡子。"

　　　　　*Horacio afeitó.

　　　c. Aleida vistió al niño.　　'Aleida dressed the boy.' "Aleida 给男孩穿衣服。"

Aleida se-vistió.　　　'Aleida got dressed.' "Aleida 穿上衣服。"
*Aleida vistió.

　　西班牙语形态型反身式有时称为**和谐反身式**（**HARMONIC REFLEXIVE**），因为反身标记与 S 论元的人称（以及非第三人称的数）"和谐"。注意在例（11）中反身前附词 *se* 只出现第三人称中，如例（11a）。当 S 是第一人称单数时，前附词是 *me*，如例（11b）；是第二人称单数时，前附词则是 *te*，如例（11c）：②

（11） a. Milton *se* mordió.　　　'Milton bit himself.' "Milton 咬了自己。"
　　　 b. Yo *me* mordí.　　　　　'I bit myself.' "我咬了自己。"
　　　 c. Tu *te* mordiste.　　　　'You bit yourself.' "你咬了自己。"

　　俄语提供了形态型反身式的另外的例子。俄语反身式通过增加一个后缀 *-ся*（*-s'a*）构成，如例（13）：

（12）非反身式：

施事　　　　受事
　↓　　　　　↓
　A　　　　　O
boris umyvajet d'et'ej
Boris washes　children
Boris　洗　　孩子们
'Boris washes the children.'
"Boris 给孩子们洗。"

（13）**反身式：**

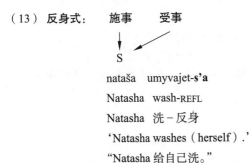

施事　　　受事
　↓　　↙
　S
nataša　umyvajet-**s'a**
Natasha　wash-REFL
Natasha　洗 – 反身
'Natasha washes（herself）.'
"Natasha 给自己洗。"

　　同西班牙语相对的是，俄语中形态型反身式是**非和谐**（**NON-HARMONIC**）的，因为 *-s'a* 的词形并不根据 S 论元的任何特征而变化：

（14） a. я　　умываю-съ.
　　　　 ja　　umyvaju-*s'*

1SG   wash.PR.1SG-REFL

1 单   洗 . 现在 .1 单 – 反身

'I wash myself.'

"我给自己洗。"

b. Ты   умываеш-ся.

ty   umyvaješ-*s'a*

2SG   wash.PR.2SG-REFL

2 单   洗 . 现在 .2 单 – 反身

'You wash yourself.'

"你给自己洗。"

c. Мы   умываем-ся.

my   umyvajem-*s'a*

1PL   wash.PR.1PL-REFL

1 复   洗 . 现在 .1 复 – 反身

'We wash ourselves.'

"我们给自己洗。"

我们要讨论的最后一类反身结构是**分析型反身式**（**ANALYTIC REFLEXIVES**）。英语中分析型反身式由**反身代词**（**REFLEXIVE PRONOUNS**）*myself*（我自己）、*yourself*（你自己）、*himself*（他自己）、*herself*（·她自己）、*ourselves*（我们自己）、*yourselves*（你们自己）、*themselves*（他们自己）以及 *itself*（它自己）来表达。例如：

（15）

Do you have any control over how creepy you allow *yourself* to get?

"你让你自己变得有多可怕，对此你能控制得住吗？"

这是一个分析型反身式，因为其反身性是通过一个与动词相区别的独立的词来表达的。从纯粹的句法的角度来看，英语的分析型反身结构并不是减价结构，因为仍然 243 有两个句法论元——*you*（你）和 *yourself*（你自己）。我们要说的是，不管怎样，这个小句在语义上是不及物的，因为这两个句法论元指的是单一实体。

语言常常有一种以上类型的反身结构。我们已经看到，英语有词汇型和分析型反身式。俄语是众多既有形态型［例（14）］、又有分析型反身式的语言之一，其分析型反身代词是 *себя*（*seb'a*），这个词显然与反身后缀 *-ся*（*s'a*）有关：

（16）Она   поднимает   сеэя.

     ona   podnimajet   seb'a

3SG.F	raise.PR.3SG	REFL.PN.ACC
3 单 . 阴性	举起 . 现在 .3 单	反身 . 代 . 宾格

'She lifts herself.'
"她举起她自己。"

同形态型反身式一样，俄语中的分析型反身式也是非和谐的。也就是说，反身代词没有人称和数的变化（尽管它有格的变化）。同样，分析型反身式并不减少句法价，因为仍然有独立的 A 论元和 O 论元。

交互（RECIPROCAL）结构在概念上与反身式十分相似。正因为这个原因，交互式和反身式在许多语言中用完全相同的方式来表达。典型的交互式小句中，两个参与者平等地作用于对方，即两者同为**施事**和**受事**。例如，英语中 *they saw each other*（他们互相看见了对方）就是一个交互式。交互式与反身式在概念上相似，这表现在两者都表明**施事**和**受事**是**同指**（COREFERENTIAL）的（指向同一个人），尽管同指的原因并不一样。

词汇型交互式（LEXICAL RECIPROCALS）指一些动词，其交互性是其意义内在的组成部分。英语中的词汇型交互动词包括 *kiss*（接吻）、*meet*（遇见）、*shake hands*（握手）等，如 *Matilde and Mary kissed*（Matilde 和 Mary 接吻）表示的意思通常是 *Matilde and Mary kissed each other*（Matilde 和 Mary 互相吻了对方）。可以图示如下，注意 *Matilde* 和 *Mary* 都指向**施事**和**受事**：

（17） 施事　　受事

Matilde and Mary kissed.
"Matilde 和 Mary 接吻。"

假如要交流的是其他某种情状，则宾语必须明确地说出来，如 *Matilde and Mary kissed Grandma*（Matiled 和 Mary 吻了奶奶）。

许多有形态型反身式的语言也有**形态型交互式**（MORPHOLOGICAL RECIPROCALS）。这些语言往往用相同的语素来表达反身式和交互式。这里我们举几个西班牙语的例子。

（18）**反身式**：

	Matilde	se-quemó.
	M	REFL-burn.3SG.PAST
	M.	反身 – 烧 .3 单 . 过去

'Matilde burned herself.'
"Matilde 烧她自己。"

（19）　　　　　　Matilde y　　　María　　　se-conocieron　　　　en Lima.
　　　　　　　　 M.　　and　　M.　　　REFL-meet.3PL.PAST　　in Lima
　　　　　　　　 M.　　和　　 M.　　　反身－遇见 .3 复 . 过去　　在利马
　　　　　　　　 'Matilde and Maria met（each other）in Lima.'
　　　　　　　　 "Matilde 和 Maria 在利马遇见了（对方）。"

（20）　　　　　　Matilde y　　　María　　　se-quemaron.
　　　　　　　　 M.　　and　　M.　　　REFL-burn.3PL.PAST
　　　　　　　　 M.　　和　　 M.　　　反身－烧 .3 复 . 过去
　　　　　　　　 'Matilde and Maria burned themselves.' or 'Matilde and Maria burned each other.'
　　　　　　　　 "Matilde 和 Maria 烧他们自己。" 或 "Matilde 和 Maria 互相烧对方。"

　　严格地讲，这样的结构往往是有歧义的，就像上举例（19）和（20）一样，每个结构都既可以理解为反身式，也可以理解为交互式。不过有一些办法可以解决这个歧义问题。当主语是单数时，必须理解为反身式，如例（18）。然而当主语是复数时，理解为反身或者交互则都有可能。这种情况下，只有依靠语境来区别。所以例（19）不太可能是 *Matilde and Maria met themselves*（Matilde 和 Maria 遇见了他们自己）的意思，因为这尽管也是可以想象得到的一种解释，但在逻辑上却不合常理。另一方面，脱离了语境，例（20）才是真正有歧义。

　　在塞科－巴当语（Seko Padang，印度尼西亚苏拉威西岛的一种南岛语）中，反身式是分析型的［例（21）］，而交互式却是形态型的，由动词前缀 *si-* 来表达［例（22）］（例子蒙 Tom Laskowske 惠示）：

（21）　　na-kakoang-i　　　　　　　kalai-na
　　　　　3-call-APL　　　　　　　　body-3POSS
　　　　　3－叫－升宾　　　　　　　身体 –3 被领有
　　　　　'He called himself.'（Lit: 'He called his body.'）
　　　　　"他叫他自己。"（字面意思："他叫他的身体。"）

（22）　　si-kakoang-i
　　　　　RECIP-call-APL
　　　　　交互－叫－升宾
　　　　　'They called each other.'
　　　　　"他们互相叫对方。"

　　英语有分析型的反身式和交互式，但是二者并不相同。反身式用反身代词，这在上文已做描述，而交互式则用专门的复指表达形式 *each other*（互相）：

（23）Melinda and Stephanie saw *each other*. "Melinda 和 Stephanie 互相看见了对方。"

我们举例描述了世界语言中的反身结构和交互结构的一些主要类型。除典型的反身和交互功能之外，许多语言还利用反身结构和交互结构来完成其他一些任务。以下几段我们将简要地讨论一下反身和交互形态句法的这些"扩展"用法。

在有些语言中，反身 / 交互形态也出现在名词短语中，来表明名词的领有者和动词的一个论元同指，这可以称为**同指领属**（**COREFERENTIAL POSSESSION**）。关于这种现象，瓜伊米语（Guaymí）有个现成的例子。我们先给出一个非反身的及物小句的例子［例（24）］，然后是形态型反身结构的例子［例（25）］，最后是反身领属的例子245［例（26）］：

（24）非反身式：

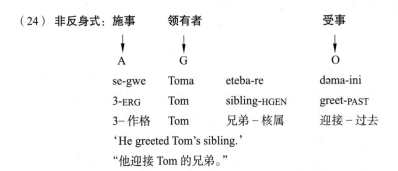

```
          施事        领有者                    受事
           ↓           ↓                        ↓
           A           G                        O
        se-gwe       Toma     eteba-re        dəma-ini
        3-ERG        Tom      sibling-HGEN    greet-PAST
        3-作格       Tom      兄弟 - 核属      迎接 - 过去
```
'He greeted Tom's sibling.'
"他迎接 Tom 的兄弟。"

（25）反身式：

```
          施事    受事
           ↓  ↙
              S
        se-gwe *ha*-dəma-ini
                 REFL
                 反身
```
'He greeted himself.'
"他迎接他自己。"

（26）反身领属：

```
          施事    领有者      受事
           ↓  ↙               ↓
           A                   O
        se-gwe    ha-eteba-re       dəma-ini
                  REFL-sibling-HGEN
                  反身 - 兄弟 - 核属
```
'He greeted his own sibling.'
"他迎接他自己的兄弟。"

在例（26）中，反身前缀 *ha-* 加在指称小句 O 论元的名词上。这个前缀指明 O 的领有者与 A 论元是同指的。这个前缀之所以可以注解为"反身代词"，是因为它和用在（非和谐）形态型反身式中的语素是同一个，如例（25）。注意 *ha-* 的两种用法之间的共性在于，在两个例子中它都是将两个语义角色与一个表层论元联系起来。例（25）中，这种结构导致了句法价的减少，而在例（26）中则没有。这是因为在例（26）中，小句所表达的仍然有两个核心论元 A 和 O。

反身 / 交互形态句法的另外一个常见扩展用法，是指明一种特殊的强调。例如在英语和其他很多语言中，反身代词用来强调其所指是某个特定的参与者本身：

（27）Edsel washed the car *himself*. "Edsel 本人清洗了汽车。"
　　　Mercedes washed the car all by *herself*. "Mercedes 独自一人清洗了汽车。"
　　　Porsche *herself* washed the car. "Porsche 自己清洗了汽车。"

（28）The car *itself* is worth $10,000. '汽车本身价值 10000 美元。'
　　　Celica paid $10,000 for the car *itself*. "Celica 为汽车本身支付了 10000 美元。"

中动结构

中动式（**MIDDLE**）或**中动语态**（**MIDDLE VOICE**）这个术语有多种不同的用法。所有这样的结构的共同之处在于它们都包含了配价的削减。这个术语的得名之由，是这些结构既非被动式，也非主动式——它们介于二者之间，或者说"中间"。我们认为中动结构指的是这样的结构：它通过某个**受事**所经历的过程而非某个明确的**施事**所实施的行为，来表达一种语义上的及物情状。 246

典型的中动结构是由某种特定的动词形式表达的（见下面的例句）。不过，很多语言都有这样一些动词，它们可以作为中动意义来使用，但并不添加任何形态标记。这些动词可以被视为**词汇型中动**（**LEXICAL MIDDLE**）动词。有时这类动词被称作**易变动词**（**LABILE VERBS**）（Haspelmath 1993）。我们使用"中动动词"这一术语，意在强调由这类动词构成的不及物结构与其他语言的形态型中动结构在功能上的相似性。英语动词 *change*（改变）是中动动词的一个很好的例子。做及物动词使用时，*change* 典型地表达一个 A 论元角色的**施事**和一个 O 论元角色的**受事**。可是，当它做不及物动词使用时，是**受事**而非**施事**成了 S 论元：

（29）及物：　施事　　　　　　受事

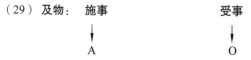

Even the smallest person can change the future.
"即便是最渺小的人物也可以改变未来。"

（30）**中动态：**　　　　**受事**

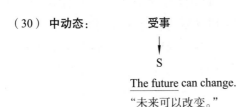

The future can change.
"未来可以改变。"

这种属性把 *change*（改变）、*break*（折断）、*grow*（生长）这类动词与其他一些及物不及物两用的动词（英语中大概绝大多数动词均如此）区别开来。例如，动词 *hit*（撞击）既可用作及物动词，也可用作不及物动词，但是，当它用作不及物动词时，S 论元是**施事**而非**受事**。把下面这些 *hit* 的论元结构图跟（29）、（30）做个比较：

（31）**及物：**　　施事　　　受事

Fezzik hit the door. "Fezzik 撞了门。"

（32）**"中动态"**（不合语法）：　　　　受事

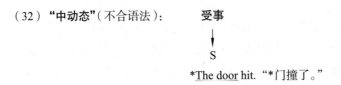

*The door hit. "*门撞了。"

（33）**不及物：**　施事

Fezzik hit. "Fezzik 撞了。"

英语也采用句法型中动结构。假如后面跟着某个表方式的副词或介词短语，那么
247 几乎所有能被方式状语合理修饰的及物动词都能在中动结构中使用：

（34）a. This soup eats *like a meal*（*by children）. "这种汤吃起来像主食（* 被小孩）。"

b. These trousers wear *well*（*by women）. "这些裤子穿起来很好（* 被妇女）。"

c. That old Volvo of his drove *like a tank*（*by him）.
"他那辆旧沃尔沃开起来像坦克（* 被他）。"

d. Chomsky's books read *easily*（*by psychologists）.
"乔姆斯基的书读起来很简单（* 被心理学家们）。"

这些是句法型中动结构，因为这种结构要合语法的话，一些独立的词语 —— 例句中斜体的表方式的状语成分 —— 是必须出现的［（对照：*this soup eats*（这种汤吃）、*his Volvo drove*（他的沃尔沃开），等等）］。

中动式与被动式（下文详细讨论）在功能上具有重要的相似之处。唯一的区别是，被动式将情状处理为由某个**施事**实施的行为，但同时**施事**的身份被降格了；而另一方面，典型的中动结构则将情状处理为一种过程，即它完全忽视**施事**这一角色。注意，在（34）的那些例子中，那个经历由动词所表达的行为的参与者是 S 论元，而不是**施事**。当然，这些例句不可能是被动语态，因为**施事**不能用"*by* 短语"表达出来。任何由某个明确的**施事**所发出的使因性的行为，都不是中动结构所激发的场景的组成部分。

正因为被动式和中动式在功能上如此相近，许多语言都用相同的形态来表达这两种结构。例如，在古希腊共通语（Koiné Greek）中，除不定过去时（aorist）外，中动和被动态结构在所有时 / 体上都是一样的（例句来自 Swetman 1998）：

（35）　　　动词　　　　　λύω　　　　'to loose' "松开"

（现在时）　主动态　λύω　　　lúo　　　'I let（someone）loose.'
　　　　　　　　　　　　　　　　　　　　"我让（某人）松开。"

　　　　　被动态　λύομαι　　lúɔmai　　'I am let loose（by someone）.'
　　　　　　　　　　　　　　　　　　　　"我被（某人）松开。"

　　　　　中动态　λύομαι　　lúɔmai　　'I become loose.' / 'I let myself loose.'
　　　　　　　　　　　　　　　　　　　　"我松开。" / "我让自己松开。"

（不定过去时）主动态　ἔλυσα　　élusa　　'I let（someone）loose.'
　　　　　　　　　　　　　　　　　　　　"我让（某人）松开了。"

　　　　　被动态　ἐλύσην　　ɛlusēn　　'I was let loose（by someone）.'
　　　　　　　　　　　　　　　　　　　　"我被（某人）松开了。"

　　　　　中动态　ἐλύσάμην　ɛlusámēn　'I became loose.' / 'I let myself loose.'
　　　　　　　　　　　　　　　　　　　　"我松开了。" / "我让自己松开了。"

当然也有其他一些语言，总是把中动结构和被动式清楚地区别开来。以下是帕纳雷语（Panare）的例子：

（36）动词　　*amaika*　　'to keep' '保持'
　　　主动式　　amaika　　'keep' '保持'
　　　被动式　　amaikasa'　'be kept' '被保持'
　　　中动式　　samaika　　'stay/sit/remain' '停留 / 坐 / 保留'

通常，中动结构所表达的概念中，主语既是掌控者，又是受影响的参与者。然而这个特征并不能把中动结构的功能同反身式的功能区别开。实际上，许多语言中，反身式和中动式就是用同一种形态句法来表示的。为了一以贯之地将中动式和反身式的功能区别开，我们必须采用过程（process）和行为（action）这一组相对应的概念。中动结构表达的场景是一种过程，而反身式和被动式表达的场景是一种行为。

有时候形态型中动结构也称为**反使成式**（**ANTICAUSATIVES**），这是因为它们在逻辑上正好是使成结构的反面（参看本章后文关于使成结构的讨论）。中动结构是在内在的使成框架（causative frame）上产生出一个非使成框架（non-causative frame），而不是在一个非使成框架上增加动词词缀而形成使成式。看下面亚瓜语（Yagua）的例子：

（37） a. Sa-supatá-ra

　　　 3SG-pull.out-INAN

　　　 3 单 – 拉 . 出来 – 无生

　　　 'He pulled it out.'

　　　 "他拉它出来。"

　　 b. Rá-supáta-y.

　　　 INAN-pull：out-MID

　　　 无生 – 拉：出来 – 中动

　　　 'It came out.'

　　　 "它出来。"

这个简单的动词词干 *supata*（拉出来）[例（37a）]包含一个**使因**（CAUSE）概念作为其词条的一部分，也就是说，可以将此词的注解诠释为"使……出来"。形态型中动结构（37b）添加了一个语素，这个语素有效地从该动词的词汇意义中消减掉了使因概念。

主语省略

要降格小句中掌控性实体的中心性，最简单的办法就是根本不去提及它。对采用主/宾格系统来组织语法关系的语言而言，这个策略不大行得通。原因在于，在主/宾格语言中，假如及物小句省略了主格论元，剩下的就是动词加上一个宾格论元。这对于像英语这样的语言来说，往往是一种不可接受的组合形式：

（38） 及物小句：Hobbes greeted Calvin. "Hobbes 迎接了 Calvin。"
　　　 主语省略：*Greeted Calvin. "*迎接了 Calvin。"

不过，在采用作/通格系统来组织语法关系的语言中，假如及物小句省略了 A 论元，剩下的是动词加上一个通格论元。这对不及物小句而言是个正常的组合形式，因此在这些语言中，主语省略通常是完全合语法的。下面的例子来自瓜伊米语（Guaymí）：

（39）及物小句：

se-gwe　　　Mari　　　　　dəma-ini
3-ERG　　　 Mary.ABS　　　greet-PAST
3- 作格　　　Mary. 通格　　迎接 - 过去
'He greeted Mary.'
"他迎接了 Mary。"

（40）主语省略：

　　　　　　　　Mari　dəma-ini
'（someone）greeted Mary.' / 'Mary was greeted.'
"（某人）迎接了 Mary。" / "Mary 被迎接了。"

注意例（39）与例（40）之间唯一的区别是,（40）中 A 论元被省略。 249

被动式

典型的**被动**（**PASSIVE**）结构可据其形态句法形式和话语功能来描述。从形态句法上看，典型的被动式是个语义上的及物（两个参与者）结构，具有以下三种属性：

· A 论元要么省略（不是零代词化，见上文），要么降级为**旁语**角色。
· 另一个核心论元（O 论元）成为 S 论元。
· 动词成为语法上的不及物。

从话语功能上看，典型的被动式用于这样的语境：对于 O 论元而言，A 论元的话题性相对要低。下文首先讨论典型的被动式，有时也称为"人称被动式"（personal passives）。然后再简要地讨论一下几种不太典型的被动结构，如**无人称**（**IMPERSONAL**）被动式和**有损被动式**（**ADVERSATIVE PASSIVES**）。

人称被动式（**PERSONAL PASSIVES**）指这样一些结构，某个特定的施事隐含在其中，但要么并不表达，要么以旁语的形式出现。人称被动式可以是词汇型的，也可以是形态型的或句法型的。下面给出每一种类型的实例及其论元结构图。

词汇型被动式（**LEXICAL PASSIVE**）指那种以具有内在被动意义的动词为核心的小句。具有内在被动意义的动词，其表达的场景必须是，有个起因性的**施事**出现，但**受事**必须是语法主语。像英语中 *break*（破）这样的动词不是词汇型被动，因为做不及物动词使用时，它并不自动地激发出某个**施事**作用于某个**受事**的场景，如 *The window broke*（窗子破了）。

西非的几种尼日尔－刚果语［起码包括曼迪语族（Mande）和塞努佛语族（Senoufo）］具有相当典型的词汇型被动式。下面这个来自康康（Kankan）的马宁卡语（Maninka）的例子，以表"烹饪"义的动词为基础来例示主动态和被动态结构（例句来自 Grégoire 1985：193）：

（41） a. músó   bàra   kínin   tíbi   **主动态**
　　　　 woman   AUX   rice   cook
　　　　 女人   助动   米饭   煮
　　　　 'The woman cooked the rice.'
　　　　 "这个女人煮米饭。"

　　 b. kínim   bàra   tíbi   （músó   bòlo）   **被动态**
　　　　 rice   AUX   cook   woman   by
　　　　 米饭   助动   煮   女人   被
　　　　 'The rice was cooked（by the woman）.'
　　　　 "米饭（被这个女人）煮了。"

有两个理由可将例（41b）的结构分析为被动式而不是中动结构。首先，尽管**施事**可以省略，但是理解起来，事件中仍然包含一个使因性施事。而中动语态结构如 *the stick broke*（拐杖断了）是不能这样理解的。其次，**施事**可以表达为旁语。这一点对典型的中动结构而言也行不通［**The stick broke by Mary*（*拐杖被 Mary 断了）］。例（41b）代表了一种词汇型模式，而不是形态型或句法型模式，因为并没有添加任何额外的形态或句法成分。这是动词的主动态和被动态形式同构（参看第 1 章）的一个实例。

250

形态型被动式（**MORPHOLOGICAL PASSIVES**）十分普遍。被动语素有时候源自**完成体**（**PERFECT ASPECT**）语素、**系词**（**COPULAS**）或者**名词化标记**（**NOMINALIZERS**）。下面的例子来自卡拉姆－科希斯坦语（Kalam Kohistani），一种在巴基斯坦西北部使用的达尔德语（Dardic language）（Baart 1999：98）：

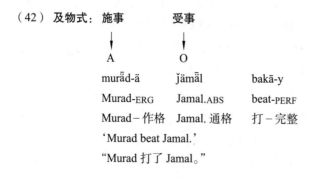

（42）**及物式：施事   受事**

　　　　　　 ↓   ↓
　　　　　　 A   O
　　　　 murãd-ä   ǰämãl   bakā-y
　　　　 Murad-ERG Jamal.ABS   beat-PERF
　　　　 Murad－作格 Jamal.通格   打－完整
　　　　 'Murad beat Jamal.'
　　　　 "Murad 打了 Jamal。"

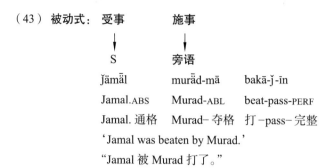

（43）被动式：
受事　　　　　　施事
　↓　　　　　　　　↓
　S　　　　　　　旁语
Jămāl　　　murăd-mā　　bakā-ǰ-īn
Jamal.ABS　Murad-ABL　　beat-pass-PERF
Jamal. 通格　Murad–夺格　打–pass–完整
'Jamal was beaten by Murad.'
"Jamal 被 Murad 打了。"

　　例（42）例示的是卡拉姆–科希斯坦语中标准的及物小句。例（43）例示的就是一个形态型被动式，注意动词带上了一个例（42）中没有的后缀 -ǰ。添加这个后缀的效果是改变这个结构式的论元结构。与例（42）中**施事**表达为 A 论元、**受事**表达为 O 论元，不同的是，例（43）中的被动态动词是不及物的，而且将**受事**表达为 S 论元。假如**施事**一定要表达出来的话，可以在旁语短语中被提及，并由夺格后置词 *mā* 来标记。

　　下面的例子来自塔利亚纳语（Tariana），一种使用于巴西和哥伦比亚沃河流域的阿拉瓦克语（Arawakan language）（Aikhenvald 2003：258—259），例示了某种形态型 / 分析型相混合的被动式。动词的被动形态由一个"关系"前缀（一种名词化标记）*ka-* 和一个被动后缀 *-kana* 构成 [例（45）、（46）]：

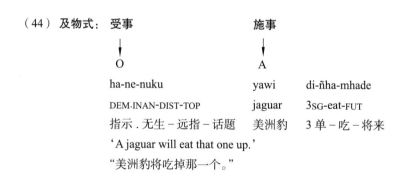

（44）及物式：
受事　　　　　　　　　　施事
　↓　　　　　　　　　　　↓
　O　　　　　　　　　　　A
ha-ne-nuku　　　　　yawi　　di-ñha-mhade
DEM·INAN-DIST-TOP　jaguar　3SG-eat-FUT
指示 . 无生–远指–话题　美洲豹　3 单–吃–将来
'A jaguar will eat that one up.'
"美洲豹将吃掉那一个。"

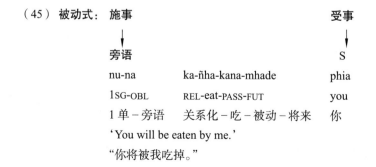

（45）被动式：
施事　　　　　　　　　　　　　　　受事
　↓　　　　　　　　　　　　　　　　↓
旁语　　　　　　　　　　　　　　　S
nu-na　　　ka-ñha-kana-mhade　　phia
1SG-OBL　　REL-eat-PASS-FUT　　　you
1 单–旁语　关系化–吃–被动–将来　你
'You will be eaten by me.'
"你将被我吃掉。"

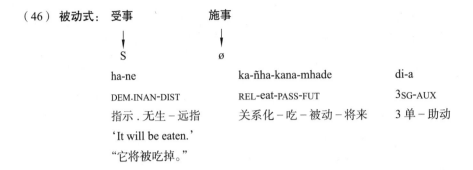

（46） 被动式： 受事　　　　　　　施事

　　　　　　　　↓　　　　　　　↓

　　　　　　　　S　　　　　　　ø

ha-ne　　　　　　　　ka-ñha-kana-mhade　　　　di-a

DEM.INAN-DIST　　　　REL-eat-PASS-FUT　　　　3SG-AUX

指示 . 无生 – 远指　　　关系化 – 吃 – 被动 – 将来　　3 单 – 助动

'It will be eaten.'

"它将被吃掉。"

　　注意在例（45）中，只有词缀 *ka-* 和 *-kana* 是用来表达被动语态的，因此可以认为这是个典型的形态型被动结构。另一方面，例（46）在表 "*eaten*"（吃）义的动词之后还使用助动词 *dia*，因此这个结构既有分析型的成分，也有形态型的成分。据 Aikhenvald（2003：258），这个助动词是可选的。

　　英语以及其他很多语言都有**分析型被动式**（**ANALYTIC PASSIVES**）。英语被动式必须使用**系动词**（**COPULAR VERB**）（*be* 或 *get*），再加上主动态动词的过去分词：

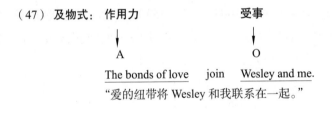

（47） 及物式： 作用力　　　　　　受事

　　　　　　　　↓　　　　　　　↓

　　　　　　　　A　　　　　　　O

The bonds of love　　join　　Wesley and me.

"爱的纽带将 Wesley 和我联系在一起。"

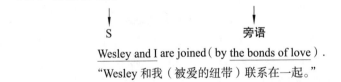

（48） 被动式： 受事　　　　　　　作用力

　　　　　　　　↓　　　　　　　↓

　　　　　　　　S　　　　　　　旁语

Wesley and I are joined（by the bonds of love）.

"Wesley 和我（被爱的纽带）联系在一起。"

　　例（48）就是分析型被动式，因为它要求一个独立的词——系词 *be*（*are* 是它的一种形式）的出现。这个被动式也包含一些形态因素，因为动词 *join* 是以**过去分词**（**PAST PARTICIPLE**）形式出现的。不过，因为这个结构要求一个独立的助动词，而过去分词形式也出现在其他许多结构当中，所以从根本上看它还是一个分析型被动式。另一方面，在塔利亚纳语（Tariana）语的例子中，助动词只是可选的，却包含了一个只出现在被动结构中的词缀 *-kana*，因此例（46）从根本上看是个形态型被动式，尽管它也有个分析型的组成成分。

　　许多语言都有一种以上的被动结构。例如，英语就既有常见的 *be* 型被动式（见上文），也有稍微不那么常见的 *get* 型被动式：

（49）a. I *got* well paid for it on both occasions. "两种情况下我都因它得到了很好的报酬。"

　　　b. We are *getting* bogged down by this textbook. "我们正受到这本教材的困扰。"

　　　c. *Get* paid more interest by First National Bank! "被第一国家银行支付更多的利息！"

　　get 型被动式暗含**受事**还对事件保留着一定程度的掌控，这一点可以从它能出现在祈使句中［例（49c）］得到证明。另一方面，*be* 型被动式却不太容易用于祈使句。这 252 显然是因为语用上的原因，即你不能要求某人做某件他并不能掌控的事情：

（50）a. ??*Be* well paid! "?? 被很好地付报酬吧！"

　　　b. ??*Be* bogged down by this textbook! "?? 被这本教材困扰吧！"

　　其他语言中，不同的被动式可能也有其他一些功能上的区别。比如，尤皮克语（Yup'ik）至少有三种形态型被动式，如下例所示（Reed *et al.* 1977）：

（51）**及物式**：

施事　　　　　受事
　↓　　　　　　↓
　A　　　　　　O

carayag-pi-im　tuntuva-k　　nere-llru-a
bear-real-ERG　moose-ABS　　eat-PAST-3SG/3SG
熊 – 真 – 作格　驼鹿 – 通格　吃 – 过去 –3 单 /3 单
'The real bear ate the moose.'
"真正的熊吃了驼鹿。"

（52）**有损被动**：

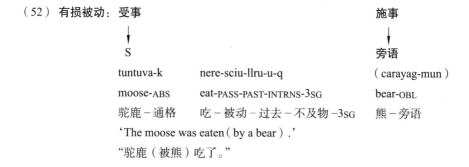

受事　　　　　　　　　　　　　　　　　施事
　↓　　　　　　　　　　　　　　　　　旁语
　S

tuntuva-k　　nere-sciu-llru-u-q　　　　（carayag-mun）
moose-ABS　　eat-PASS-PAST-INTRNS-3SG　bear-OBL
驼鹿 – 通格　吃 – 被动 – 过去 – 不及物 –3SG　熊 – 旁语
'The moose was eaten（by a bear）.'
"驼鹿（被熊）吃了。"

（53）**表能被动式**：　keme-k　　ner-narq-u-q　　　　　（yug-nun）
　　　　　　　　　　　meat-ABS　eat-PASS-INTRNS-3SG　　person-OBL
　　　　　　　　　　　肉 – 通格　吃 – 被动 – 不及物 –3 单　人 – 旁语
　　　　　　　　　　　'Meat can be eaten by people.'
　　　　　　　　　　　"肉能被人吃。"

（54）否定表能被动式：

tauna	ner-nait-u-q	（yug-nun）
this.ABS	eat-PASS-INTRNS-3SG	person-OBL
这 . 通格	吃－被动－不及物-3 单	人－旁语

'This one cannot be eaten（by people）.'

"这个不能（被人）吃。"

有损被动式［例（52）］表达一个对主语论元有害的事件。在这个例子中，被吃对驼鹿来说绝对是件有害的事情。

日语以及其他几种语言允许被动形态出现在语义上不及物的动词之上，以达到特定的表达目的。这种结构在日语语法中称为**有损被动式（ADVERSATIVE）**，尽管在类型上与上面所举尤皮克语的有损被动式大不相同。例（55b）显示的是普通的由语素 *-rare* 表达的形态型被动式：

（55）及物式：a.
Hanako-ga	Taro-o	kabat-ta
-NOM	-ACC	support-PAST
－主格	－宾格	支持－过去

'Hanako supported Taro.'

"Hanako 支持 Taro。"

被动式：b.
Taro-ga	（Hanako-ni）	kaba-rare-ta.
-OBL	-DAT	support-PASS-PAST
－旁语	－与格	支持－被动－过去

'Taro was supported（by Hanako）.'

"Taro（被 Hanako）支持。"

例（57）显示，*-rare* 加在不及物动词上，表明事件的发生对主语有害，有害行为的施事用旁语表达，就像普通被动小句的施事一样：

（56）不及物式：

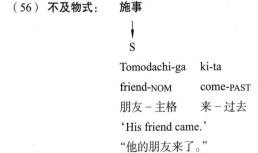

施事	
↓	
S	
Tomodachi-ga	ki-ta
friend-NOM	come-PAST
朋友－主格	来－过去

'His friend came.'

"他的朋友来了。"

（57）有损被动式：

受事	施事
↓	
S	旁语

Taro-ga	tomodachi-ni	ki-rare-ta
Taro-NOM	friend-OBL	come-PASS-PAST
Taro- 主格	朋友 – 旁语	来 – 被动 – 过去

'Taro was arrived by his friend（to Taro's disadvantage）.'
"Taro 被他的朋友到访了（对 Taro 不利）。"

许多语言有一种或几种可称为**无人称被动式**（**IMPERSONAL PASSIVES**）的结构。像人称被动式一样，无人称被动式降格某个类似**施事**的参与者的中心性。不过，在无人称被动式中，被降格的参与者不是某个特定的（specific）个体，它通常是某个非可识别的（non-identifiable）、未知的和 / 或未明确表达的实体。无人称被动式有时可由语义上的及物动词构成，也可由不及物动词构成。例如，在像德语"跳舞在这儿进行"［例（58）］这样一个不及物的无人称被动小句中，跳舞者的身份并非说话人交际目标的中心；其中心仅仅是"跳舞进行"这一事实：

（58）无人称被动式：

	施事
	↓

ø	Es	wird	hier	ge-tanzt.
	it	be	here	PASS-dance
	它	是	这儿	被动 – 跳舞

'Dancing takes place here.'
"跳舞在这儿进行。"

下面的英语例子在功能上很接近一些语言中的无人称被动结构。当然，这些英语例子是以其他小句模式为基础的，即例（59a）中普通的主动态动词加上第三人称复数主语，以及例（59b）中的存在结构：

（59）　a. *They* say it can puncture the skin of a rhino. "他们说它能刺穿犀牛皮。"

　　　b. *There* will be dancing in the streets. "街上将有人跳舞。"

西班牙语在一种无人称被动式中使用反身形态：

（60）西班牙语：

Se	caen	mucho	acá.
REFL	fall.3PL	a.lot	here
反身	摔跤 .3 复	很多	这儿

'They fall a lot here.'

"人们常在这儿跌倒。"

　　这个例子中，标注在动词上的第三人称复数 S 论元并不指任何特定的"他们"，只是一般意义上的"人们"。

　　我不知道有哪种语言采用专门的形态手段来表达无人称被动式。这并不算很意 254 外，人称被动式在大多数情况下也是这样——无论是形态型还是分析型的人称被动式，都常常"借用"一些结构，这些结构的基本功能大多是如下之一：（1）完成体标记；（2）系词；（3）受事名词化标记（过去分词）。同样，无人称被动式也常常与以下结构采用共同的形态：（1）反身 / 交互结构；（2）存在结构；（3）第三人称复数照应手段（*they*、*them*）以及人称被动式。

逆被动式

　　同被动式一样，**逆被动式**（**ANTIPASSIVES**）也是减价结构。逆被动式降格场景中一个参与者的中心性，采用的方式是降级指向该参与者的动词论元的句法地位。不过，与被动式不同的是，逆被动式降格的是 O 论元而非 A 论元的中心性。典型的逆被动式具有以下形式特征：

- A 论元变成 S 论元。
- O 论元省略，或者是以旁语出现。
- 动词变成语法上的不及物。

以下例子来自尤皮克语（Yup'ik）：

（61）**及物式**：

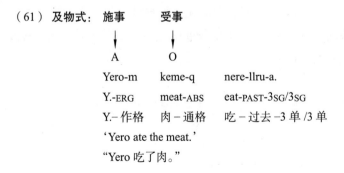

（62）**逆被动式**：

Y.-ABS　　　　meat-INST　　　　eat-PAST-INTRNS-3SG
Y.– 通格　　　肉 – 工具　　　　吃 – 过去 – 不及物 –3 单
'Yero ate（meat）.'
"Yero 吃了（肉）。"

例（62）中，受事 kemermeng（肉）以工具格出现，动词带上了不及物后缀 -u，**施事**变成了通格。

逆被动式最明晰的例子来自那些形态型作格语言，即那些具有从形态上定义的通格的语言。在非作格语言中，宾语降级或省略（见下文）基本上可实现同样的功能。

宾语降级和省略

跟逆被动式一样，**宾语降级**（**OBJECT DEMOTION**）结构降格 O 论元的中心性。事实上，有些语言学家（如 Heath 1976）就把宾语降级和**宾语省略**（**OBJECT OMISSION**）当作逆被动式的两类。如果必须将宾语降级 / 省略和逆被动式区分开来（比如某种特定的语言同时具备这两种结构），二者最重要的区别是，在逆被动式中，动词会带上专门的逆被动化或不及物性标记，而在宾语降级 / 省略结构中，并没有这样的动词标记出现。看下面布热杜霍语［Bzhedukh，一种西北高加索语（Caucasian）］的例子：

255

（63）及物式：**施事**　　　　**受事**

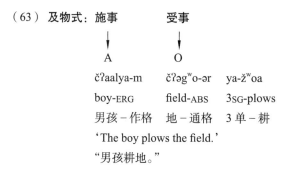

čʔaalya-m　　čʔəgʷo-ər　　ya-žʷoa
boy-ERG　　　field-ABS　　3SG-plows
男孩 – 作格　　地 – 通格　　3 单 – 耕
'The boy plows the field.'
"男孩耕地。"

（64）宾语降级：**施事**　　　　**受事**

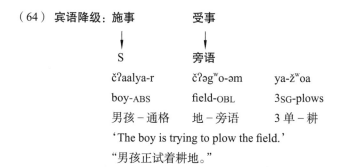

čʔaalya-r　　čʔəgʷo-əm　　ya-žʷoa
boy-ABS　　　field-OBL　　3SG-plows
男孩 – 通格　　地 – 旁语　　3 单 – 耕
'The boy is trying to plow the field.'
"男孩正试着耕地。"

例（63）的解读是那块地事实上就是被耕种的，而例（64）的解读则是那块地事实上可能受到、也可能没受到那个男孩行为的影响。因此我们可以说，例（64）的**受事**比例（63）的"卷入"耕耘这一活动的程度更低。很可能我们不愿把例（64）称作逆被动式的唯一原因是动词没有专门的标记。

宾语降级和省略也见于非作格语言中。例如：

（65）**及物式：**　　The hunter shot the deer.　"猎人射了鹿。"
（66）**宾语降级：**　The hunter shot at the deer. "猎人向鹿射击了。"
（67）**宾语省略：**　The hunter shot.　　　　"猎人射击了。"

像布热杜霍语一样，英语的宾语降级结构倾向于表达这样一种情形：与处于及物论元结构中的受事相比，类似**受事**的参与者卷入动词表达的行为的程度更低或者受其影响的程度更低。同样，宾语省略表明对类似**受事**的参与者（如果有的话）的身份确认是完全无足轻重的。

宾语并入

名词**并入**（INCORPORATION）结构是指该结构中，及物小句的一个论元"附着于"或"并入"动词。并入具有复合（compounding）的所有特征，即：（1）重音模式体现的是词的模式而不是短语的模式；（2）可能具有非常规的语序；（3）形态音位模式同于词而异于短语；（4）可能具有专门的形态表现；（5）比其个别组成部分之意义有更为特殊的意义。

256

世界语言中，宾语**并入**（INCORPORATION）比其他类型的名词并入更常见。英语中存在着 A 论元和 O 论元的并入，但都不是很能产（下面的例子中缩略式 INC 指一个并入的、丧失了独立的动词论元地位的成分）：

（68）O 论元并入：

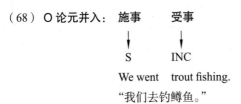

（69）A 论元并入：

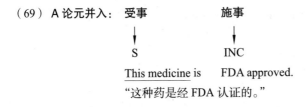

　　这些例子中的被并入成分已不再是动词的独立论元，证据是它们不具备独立的名词短语的任何属性，比如它们不能带上复数标记，不能带限定词，等等，如例（70a）、（70b）。同样，它们也不能在被动式中被提升到主语地位，如例（70c）：

（70）　a. *We went the trout fishing.

　　　　b. *We went trouts fishing.

　　　　c. *Trout was gone fishing by us.

　　英语中的并入形式要么是词汇化的表达，如 *baby sit*（代人临时照看小孩），要么其句法可能性方面受到严格限制，如 *to trout fish* 只能用于进行体：*I trout fished all morning* 或 *I trout fish for a living*。

　　从形式上看，宾语并入是个减价结构，因为宾语不再作为一个独立的论元，而是变成形式上不及物动词的一部分。宾语并入在世界上许多地方都很常见，在美洲印第安语（Amerindian）和西伯利亚（Siberian）语言中尤为常见。请看下面来自楚克奇语（Chukchee）的例子：

（71）及物式：

施事		受事
A		O
Tumg-e	na-ntəwat-ən	kupre-n
friends-ERG	3SG-set-TRNS	net-ABS
朋友－作格	3 单－布置－及物	网－通格
'The friends set the net.'		
"朋友们布了网。"		

（72）宾语并入：

施事	受事
A	INC
Tumg-ət	kupra-ntəwat-g'at
friends-NOM	net-set-INTRNS
朋友－主格	网－布置－不及物
'The friends set nets.'	
"朋友们布网了。"	

257

　　例（72）中 "net" 已被并入的证据是：（1）有一个形态音位规则将义为"网"的词干由 *kupre* 变成了 *kupra*，而这条规则是应用于词内而非词间的；（2）例（72）中的动词在形式上被标记为不及物（后缀 -g'at），这表明此例中的 *kupra* 不是个独立的 O

论元，而是复合动词的一部分。

增价结构

使成式

使成结构（**CAUSATIVE CONSTRUCTIONS**）在世界语言中十分普遍。其典型用例表达一个添加了致使者（causer）的普通事件或情状，这个致使者即指**施事**，而此**施事**对情状本身而言是外部的。"外部的"这个词是指使成式的**施事**并非该受致使事件的必有部分。即使不提及那个使因性**施事**，该事件也可以被完整地描述。举例来讲，请看下面的小句：

（73）Calvin broke the vase. "Calvin 打破了花瓶。"

这是一种使成式，因为**施事**（Calvin）是"打破"这一事件的致使者，然而即使施事并不在场景中出现，这一事件也仍然是完整的：

（74）The vase broke. "花瓶打破了。"

再看看下面的例子：

（75）Cortez ate possum. "Cortez 吃了负鼠。"

这个小句表达一个有**施事**（Cortez）的事件。但是，假如去掉**施事**的话，这个小句就不能完备地描述"吃"这一事件。没有了吃者，是不可能有"吃"这一事件的！因此例（75）不是使成式——Crotez 没有致使负鼠吃东西。我们可以通过给例（75）添加一个表达使因意义的独立的动词来造出一个使成式：

（76）Montezuma made Cortez eat possum. "Montezuma 使 Cortez 吃了负鼠。"

这是一个使成式，因为它包含了例（75）表达的事件，并且添加了一个外部致使者 Montezuma。

使成结构的组成部分包括：

· 结果（effect）：例（76）中的 *eat possum*（吃了负鼠）。

· 使因（cause）：例（76）中的 *made*（something happen）［使（某事发生）］。
· 受使者（causee）（或结果事件的**施事**）：例（76）中的 *Cortez*。
· 致使者（causer）（使因事件的**施事**）：例（76）中的 *Montezuma*。

　　使成式可以通过第 1、2 章中提到的三种表达类型中的任何一种来表达：词汇型、形态型以及句法 / 迂说 / 分析型。所有的使成结构都增加语义价，因为它们给场景增加了一个参与者（致使者）。形态型使成式还增加语法价，因为它们给该论元结构增加了一个论元（A 论元）。下面几段我们会给出这三种类型的例子及论元结构图。

258

　　词汇型使成式（**LEXICAL CAUSATIVES**）：绝大多数（如非所有的话）语言都有一些词汇型使成式。我们称为词汇型使成式的结构至少有三个亚类。所有这些亚类背后一个统一的因素是，每一类中的使因概念都包含在表达致使结果的动词的词汇意义之中，而不是用独立的一个或几个语素来表达。这三个亚类是：

　　同构（非使成动词和使成动词之间没有区别）：

（77）　a. **非使成式**：The vase broke. "花瓶打破了。"
　　　　b. **使成式**：Calvin broke the vase.（i.e., Calvin caused the vase to break.）
　　　　　　　　　　"Calvin 打破了花瓶。（即，Calvin 致使花瓶打破了。）"

　　弱异干交替（动词之间有某种特异的区别）：

（78）　a. **非使成式**：The tree fell.（verb = 'to fall'）"树倒了。（动词 = to fall）"
　　　　b. **使成式**：Bunyan felled the tree.（verb = 'to fell'）"Bunyan 砍倒了树。（动词 = to fell）"

　　（强）异干交替（完全不同的动词）：

（79）　a. **非使成式**：Inigo's father died. "Inigo 的父亲死了。"
　　　　b. **使成式**：You killed Inigo's father. "你杀死了 Inigo 的父亲。"
　　　　　　　　　　还有：see/show（见 / 示），teach/learn（教 / 学），等等。

　　形态型使成式（**MORPHOLOGICAL CAUSATIVES**）。形态型使成式包含动词词形上的能产性的变化。

　　土耳其语［阿尔泰语系（Altaic）］有两种特别能产的形态型使成式。后缀 *-dür*（元音据语境而发生相应的变化）实际上可用于任何不及物动词之上，从而构成该动词的使成式（Comrie 1989）：

（80） **不及物式**：**受事**

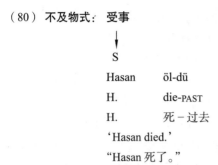

Hasan　　öl-dü

H.　　　die-PAST

H.　　　死－过去

'Hasan died.'

"Hasan 死了。"

例（80）中，不及物动词 *öl* 唯一的论元恰好是**受事**——死是件"发生"在某人身上的事，而不是某人自愿"做"的事。因此，这个动词的基本论元结构由一个充当 S 论元的**受事**构成。添加后缀 *-dür* 后，论元结构中出现了一个新的论元——使因性**施事**。在新派生出的及物结构中，这个新论元成为 A 论元，而不及物结构中的**受事**成为 O 论元：

（81） **使成式**：**施事**使因　　**受事**

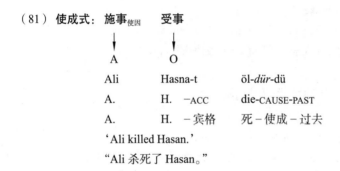

Ali　　　Hasna-t　　　öl-*dür*-dü

A.　　　H.　－ACC　　die-CAUSE-PAST

A.　　　H.　－宾格　　死－使成－过去

'Ali killed Hasan.'

259　　　　"Ali 杀死了 Hasan。"

在这个例子中，我们把 A 论元的语义角色标记为"**施事**使因（使因事件的**施事**）"，来表示这是由使成派生（以 *-dür* 为标志）而添加到场景中的论元。

及物结构构成的使成式，则是利用后缀 *-t* 来构成（例 83）：

（82） **及物式**：**施事**　　　　**受事**

Müdür　　　mektub-ü　　imzala-dı

director.NOM　letter-ACC　sign-PAST

导演 . 主格　　信－宾格　　签署－过去

'The director signed the letter.'

"导演签署了那封信。"

（83） 使成式： 施事_{使因}　　　受事　　　施事_{结果}

A	O	与格	
Dišçi	mektub-ü	müdür-e	imzala-*t*-tı
dentist.NOM	letter-ACC	director-DAT	sign-CAUSE-PAST
牙医 . 主格	信 – 宾格	导演 – 与格	签署 – 使成 – 过去

'The dentist made the director sign the letter.'

"牙医让导演签署了那封信。"

注意在例（83）中有两个**施事**。这造成了一种潜在的冲突。你对这样的情形大概很熟悉：两个不同的人都认为自己是某个群体、委员会或政府的领导者。这种情形导致的冲突可能会相当严重。而在语言中，这样的冲突通常都能友好地解决。土耳其语中，我们看到表结果的**施事**（**施事**_{结果}），即例中签署信件的导演，带的是**与格**（**DATIVE**）标记，而表使因的**施事**充当了 A 论元角色，标为主格。别的语言用不同的方式来处理这种论元结构的冲突。

关于形态型使成式，一个值得注意的事实是，除普通的使成外，它们还常常表达一系列意义。这些另外的意义通常包括"允许"（permission）或"使能"（enablement）。格鲁吉亚语（Georgian）就展示了这样的结构（来自 Comrie 1978：164）：

（84）	Mama	shvil-s	ceril-s	acer-*ineb*-s.
	father	son-DAT	letter-ACC	write-CAUSE-3SG
	父亲	儿子 – 与格	信 – 宾格	写 – 使成 –3 单

'Father makes/helps/lets his son write the letter.'

"父亲使 / 帮 / 让他的儿子写信。"

很多形态型使成式只能用于不及物词干（如上文土耳其语的 *-dür*）。下面来自中部尤皮克爱斯基摩语（Central Yup'ik Eskimo）的例子例示了一系列典型的、通常与形态型使成结构相联系的意义，而这些形态型使成结构只用于不及物词干（Reed *et al.* 1977：177）：

（85）　不及物词干　　　　　　　　使成词干

tuqu-	'die' "死"	tuqute-	'kill' "杀死"
tai-	'come' "来"	taite-	'bring' "带来"
uita-	'stay' "停留"	uitate-	'let stay/leave alone' "使停留 / 留下"
tatame-	'be startled' "吃惊"	tamate-	'startle' "使……吃惊"
ane-	'go out' "出去"	ante-	'put outside' "放在外面"
itr-	'go in' "进来"	iterte-	'put in/insert' "放进来 / 插入"

260

| atrar- | 'go down' "下来" | atrarte- | 'take down' "拿下来" |
| mayur- | 'go up' "上去" | mayurte- | 'put up' "放上去" |

可以看出，右栏的词干都表达一种"使……V"的意思，而 V 正是左栏相应的动词词干。尤皮克语也有独立的用于不及物或及物词干的后缀。这些后缀中首先就是 -vkar，如例（86）和（87）所示：

（86）不及物词干［go up（上去）］的使成式：

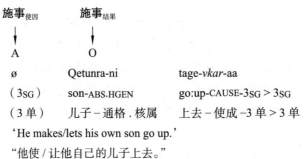

	施事使因	施事结果	
	↓	↓	
	A	O	
	ø	Qetunra-ni	tage-vkar-aa
	(3SG)	son-ABS.HGEN	go:up-CAUSE-3SG > 3SG
	（3 单）	儿子 – 通格 . 核属	上去 – 使成 –3 单 > 3 单

'He makes/lets his own son go up.'
"他使 / 让他自己的儿子上去。"

这个图示中，你会注意到有一个 A 论元，但是该 A 论元不是用某个名词或某个自由的代词来表达的。我们如何知道这个小句实际上是及物的，并且有一个 A 论元和一个 O 论元呢？为什么例（86）不能只是上节讨论的"主语省略"的一个例子呢［例（40）］？"His son was made to go up"（他的儿子被让上去）不能是其恰当的英语翻译吗？这样分析对例（86）不合适的原因在于，动词清楚地标记为及物。后缀 -aa 表明，一个特定的第三人称论元［he（他）］正作用于另一个第三人称论元［his son（他的儿子）］。从语法上讲，这个小句有个 A 论元，尽管并没有单独的名词或代词来指称它。这与论元省略（本章前面讨论的）大为不同。

例（87）中，我们又一次看到形态型使成后缀 -vkar，但这回它出现在一个及物词干 nere-［eat（吃）］上：

（87）及物词干［eat（吃）］的使成式：

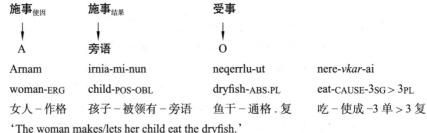

施事使因	施事结果		受事	
↓	↓		↓	
A	旁语		O	
Arnam	irnia-mi-nun		neqerrlu-ut	nere-vkar-ai
woman-ERG	child-POS-OBL		dryfish-ABS.PL	eat-CAUSE-3SG > 3PL
女人 – 作格	孩子 – 被领有 – 旁语		鱼干 – 通格 . 复	吃 – 使成 –3 单 > 3 复

'The woman makes/lets her child eat the dryfish.'
"女人使 / 让她的孩子吃鱼干。"

尤皮克语还有另一种形态型使成式标记 -cet（也作 -cess），既可以出现在不及物词干上，也可以出现在及物词干上。是用 -vkar 还是用 -cite[1] 来表使成，似乎是由动词词干来决定的：

261

（88） 不及物词干［go（去）］的使成式：

施事_{使因}	施事_{结果}	
↓	↓	
A	O	
ø	ø	Ayag-*cess*-gu.
（2SG）	（3SG）	go-CAUSE-IMP.SG >3SG
（2 单）	（3 单）	走－使成－祈使 . 单 >3 单

'Make/let him go.'
"使 / 让他走。"

例（88）中，A 论元和 O 论元都通过动词的词缀表达，而不是自由的代词或名词短语。动词尾 -gu 是个并合（portmanteau）后缀，表示祈使语气以及作用于第三人称单数 O 论元的单数 A 论元。对所有祈使语气小句而言，A 论元都理解为第二人称。例（89）显示的是一个添加相同使成语素 -cet 为后缀的及物动词词干。在动词上添加 -cet 对论元结构产生的影响，和添加 -vkar 一样——表使因的**施事**成为 A 论元，**受事**成为 O 论元，表结果的**施事**（或受使者）成为旁语（oblique）：

（89） 及物词干（dry（晾干））的使成式：

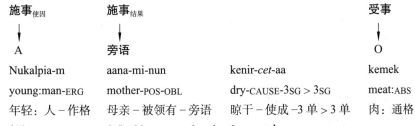

施事_{使因}	施事_{结果}		受事
↓	↓		↓
A	旁语		O
Nukalpia-m	aana-mi-nun	kenir-*cet*-aa	kemek
young:man-ERG	mother-POS-OBL	dry-CAUSE-3SG > 3SG	meat:ABS
年轻：人－作格	母亲－被领有－旁语	晾干－使成 -3 单 >3 单	肉：通格

'The young man made/let his own mother dry the meat.'
"年轻人使 / 让他自己的母亲晾干肉。"

盖丘亚语（Quechua）对不及物词干［例（91）］和及物词干［例（93）］都使用相同的形态型使成式：

---

[1] 原文如此，疑误，应为 -cet/-cess。——译者

（90） 不及物词干［sleep（睡觉）］：

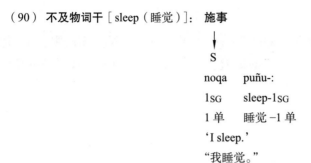

施事
↓
S

noqa　puñu-:
1SG　　sleep-1SG
1 单　　睡觉 –1 单
'I sleep.'
"我睡觉。"

（91） 不及物词干［sleep（睡觉）］的使成式：

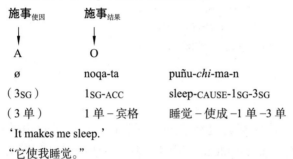

施事使因　　　施事结果
↓　　　　　　↓
A　　　　　　O

ø　　　　　　noqa-ta　　　puñu-*chi*-ma-n
（3SG）　　　1SG-ACC　　　sleep-CAUSE-1SG-3SG
（3 单）　　　1 单 – 宾格　　睡觉 – 使成 –1 单 –3 单
'It makes me sleep.'
"它使我睡觉。"

（92） 及物词干［hit（打）］：

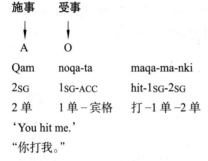

施事　　受事
↓　　　↓
A　　　O

Qam　　noqa-ta　　　maqa-ma-nki
2SG　　1SG-ACC　　　hit-1SG-2SG
2 单　　1 单 – 宾格　　打 –1 单 –2 单
'You hit me.'
262　　"你打我。"

（93） 及物词干［hit（打）］的使成式：

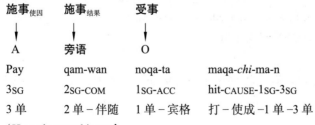

施事使因　　施事结果　　　受事
↓　　　　　↓　　　　　　↓
A　　　　　旁语　　　　　O

Pay　　　　qam-wan　　　noqa-ta　　　maqa-*chi*-ma-n
3SG　　　　2SG-COM　　　1SG-ACC　　　hit-CAUSE-1SG-3SG
3 单　　　　2 单 – 伴随　　1 单 – 宾格　　打 – 使成 –1 单 –3 单
'He makes you hit me.'
"他使你打我。"

上面这些例子例示了语义及物动词的形态型使成式一个十分常见的模式：受使者以旁语角色出现。在土耳其语和格鲁吉亚语中是与格，在尤皮克语中是终点格（一种趋向处所格，暂且缩略为 OBL），在盖丘亚语中是**伴随格**（**COMITATIVE**）。在所有这些语言中，受影响情状中的**受事**（如果有的话）仍然是宾格，或者如尤皮克语中的通格。另一种可能性是，及物动词的使成式允许带两个宾格成分。下面的例子来自梵语（Comrie 1974：16）：

（94） a. Rama-m   veda-m   adhyapa-yate.
     Rama-ACC   Veda-ACC   learn-CAUSE
     Rama－宾格   吠陀－宾格   学习－使成
     'He teaches Rama the Veda.'
     "他教 Rama 吠陀。"

    b. Batu-m   odana-m   bhoja-yati.
     boy-ACC   food-ACC   eat-CAUSE
     男孩－宾格   食物－宾格   吃－使成
     'He makes the boy eat food.'
     "他使男孩吃东西。"

在这两个使成结构中，我们看到受致使事件（caused event）的**施事**［例（94a）中的 Rama 和例（94b）中的 Batu］以宾格形式出现。

在我们结束形态型使成式这个话题之前，我还想给出至少一个例子，其表使成的语素不是后缀。在很多语言尤其是南岛语言中，形态型使成结构是用动词前缀来表达的。在宿务语（Cebuano，菲律宾南部的主要语言）中，该前缀是 *pa-*，它既可构成不及物小句［例（96）］的使成式，也可构成及物小句［例（98）］的使成式：

（95）**不及物式**［leave（离开）］：   **施事**
                           ↓
                           S
        Mi-layas   ang duruha.
        PERF.INTRNS-leave ABS[3] couple
        完整.不及物－离开 通格 夫妻
        'The couple left.'
        "那对夫妻离开了。"

（96） 不及物 [leave（离开）] 的使成式：

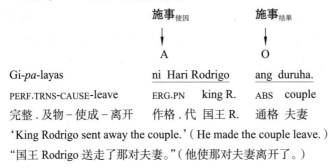

	施事_{使因}	施事_{结果}
	↓	↓
	A	O
Gi-*pa*-layas	ni Hari Rodrigo	ang duruha.
PERF.TRNS-CAUSE-leave	ERG.PN king R.	ABS couple
完整 . 及物 – 使成 – 离开	作格 . 代 国王 R.	通格 夫妻

'King Rodrigo sent away the couple.'（He made the couple leave.）

"国王 Rodrigo 送走了那对夫妻。"（他使那对夫妻离开了。）

263

（97） 及物式 [know/meet（知道 / 遇见）]：

	经历者	客体
	↓	↓
	A	O
Gi-ila	ni Doro	si Marco
PERF.TRNS-meet	ERG.PN Doro	ABS.PN Marco
完整 . 及物 – 遇见	作格 . 代 Doro	通格 . 代 Marco

'Doro met Marco.'

"Doro 遇见了 Marco。"

（98） 及物 [know/meet（知道 / 遇见）] 的使成式：

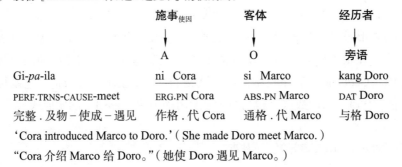

	施事_{使因}	客体	经历者
	↓	↓	↓
	A	O	旁语
Gi-*pa*-ila	ni Cora	si Marco	kang Doro
PERF.TRNS-CAUSE-meet	ERG.PN Cora	ABS.PN Marco	DAT Doro
完整 . 及物 – 使成 – 遇见	作格 . 代 Cora	通格 . 代 Marco	与格 Doro

'Cora introduced Marco to Doro.'（She made Doro meet Marco.）

"Cora 介绍 Marco 给 Doro。"（她使 Doro 遇见 Marco。）

宿务语是一种动词居首型语言（verb-initial language）（参看第 7 章），因此在很多方面展现出的句法结构，是上文例示的那些动词居末型语言（verb-final language）的"镜像"，尤其是动词带前缀且格标记位于名词之前。那么，这种语言中形态型使成式是动词前缀而非后缀，也就不足为奇了。

分析型使成式（**ANALYTIC CAUSATIVES**）：英语中大多数使成式是分析型的，因为它们都含有一个独立的使成动词，如：*make*（使）、*cause*（致使）、*force*（迫使）、*compel*（强迫），等等。

（99） He made me do it. "他使我做这件事。"

Gloucester caused Aileron to die. "Gloucester 致使 Aileron 死了。"

Melinda forced her hairdresser to relinquish his position.
"Melinda 迫使她的理发师放弃他的职位。"

Marie compelled Taroo to dance with her. "Marie 强迫 Taroo 和她跳舞。"

　　大多数情况下，分析型使成式由一个**母句动词**（**MATRIX VERB**）（表达**使因概念**）构成，其补足语（参看第 10 章）指向受致使事件。一般不把它们看作增价结构，因为它们并不增加某个单一小句的语法价。相反，它们通过添加一个动词（母句动词），完成了添加一个控制性**施事**的任务，所添加的这个动词为整个结构的配价贡献出它自己的论元。因此你可以说，分析型使成式增加了场景的语义价，但不是某个小句的句法价。

升宾式

　　有些语言具有这样的结构：通常情况下是个边缘的参与者，在这类结构中却作为直接宾语来表达。这里我们把这样的结构称为**升宾式**（**APPLICATIVES**），尽管它们也被称作向直接宾语的**提升**（**ADVANCEMENTS**）或升级（**PROMOTIONS**）。"新的"直接宾语有时被称为**升用**（**APPLIED**）宾语。对已经有一个直接宾语的动词来说，升宾式要么产生一个三元（双及物）动词，要么将原先的直接宾语降级为一个边缘角色，或者省略掉。在后一种情况下，升宾式不能看作增价结构，因为原先的动词和后产生的动词具有相同数量的论元。确切地讲，升宾式仅仅只是把一个新的、原本为边缘性的语义角色置于直接宾语的位置之上。

　　亚瓜语（Yagua）有一种升宾式，不管所应用的动词主要是不及物的还是及物的，它的确都能增加配价。升宾后缀 *-ta* 表示某个表处所或工具的参与者处在直接宾语的位置上。下面的论元结构图例示的是一个简单的不及物小句［例（100）］，带有一个旁语参与者［"it"（它），指称民间故事中的一支魔笛，这个例句来自该民间故事］，以及一个及物小句［例（101）］，句中旁语参与者变成了升宾结构中的 O 论元：

（100）**不及物式**［blow（吹）］

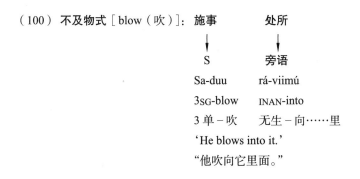

（101）升宾式［blow（吹）］：

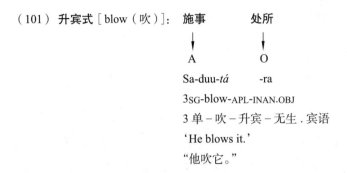

注意例（101）中处所格论元变成了直接宾语。这从如下事实可以证明：指称无生命直接宾语的后附词 -ra 出现在了动词上。实际上，升宾后缀 -ta 把不及物动词 duu 变成了及物动词 duuta，这个词的意思近似于"to blow（into）something"（吹东西）。这个升宾结构的交际效果是，它宣称该处所格参与者受到了"吹"这一行为更直接、更全面的影响。换句话说，通常交际场景中边缘部分的处所，可以被升宾结构更大程度地带向"中央舞台"。

同一后缀 -ta 也可以用于及物动词，这种情况下它将动词的配价数由 2 增为 3：

（102）及物，非升宾式［poke（刺）］：

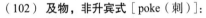

施事		受事	工具
↓		↓	旁语
A		O	
sị-ịchití-rya		javanu	quiichi-tya
3SG-poke-INAN.OBJ		meat	knife-INST
3 单 – 刺 – 无生 . 宾语		肉	刀子 – 工具
'He poked the meat with a knife.'			
"他用刀子刺肉。"			

265

（103）及物升宾式［poke-with（用……刺）］

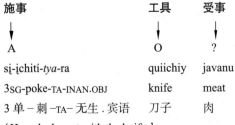

施事	工具	受事
↓	↓	↓
A	O	?
sị-ịchití-tya-ra	quiichiy	javanu
3SG-poke-TA-INAN.OBJ	knife	meat
3 单 – 刺 –TA– 无生 . 宾语	刀子	肉
'He poked meat with the knife.'		
"他用刀子刺肉。"		

例（102）中，标记一个名词性成分使之具有**工具**这一语义角色的后置词，与升宾动词后缀同形（-tya 和 -rya 分别是 -ta 和 -ra 在不同音系条件下的语素变体）。注意例（103）中**工具**不再带有这个后置词，相反，它具有直接宾语的所有语法特征——它直接跟在动词后面，后附词 -ra 与它具有一致关系。不过，**受事**的句法地位就有点儿说不清了，因此在例（103）中我们用一个问号来代替这个小句成分的语义 - 句法角色。事实上，这个论元具有直接宾语的某些属性，而不是全部。它也没有明显地具有旁语参与者的语法特性。在有些研究框架，特别是**关系语法**（**RELATIONAL GRAMMAR**）（Perlmutter 1980）的框架中，这一类小句成分，即那些被从其所在小句中的通常位置"踢出"的成分，被称为**无业语**（**CHÔMEURS**）——这是个法语词，义为"失业的"（unemployed），意思是这个名词短语已被从它的直接宾语位置上"开除"，而现在只是闲置在那儿，功能上既不是直接宾语，也不是旁语。

理解这类升宾结构的一种方式是将它看作一种转换：将一个义为"刺"的动词转换成一个有复合意义"用……刺"的动词。因为英语并不采用升宾结构，许多动词，如 poke（刺），都可以出现在多论元结构中，且根本没有任何特殊形态。例（104）中，宾语论元是"刺"的**工具**或**客体**，而不是**受事**：

（104）She poked her fork into the cabbage. "她把她的叉子刺入卷心菜。"

这里有另外一个或许有助于理解的例子。我曾听到有个小孩使用过一个英语表达，听起来特别像个升宾式。那个英语句子是这样的：

（105）Mommy, Billy messupped my picture! "妈，Billy 弄乱了我的画儿！"

这句话在任何标准英语中都是不合语法的；不过，它倒还真有它的逻辑，其逻辑正与升宾结构背后的逻辑相似。小词 up 在语句中通常跟在动词后面，如 he messed up my picture（他弄乱了我的画儿），但在例（105）中它并入动词，由此构成一个复杂动词，画儿成了它的直接宾语。小词成为动词一部分的证据是，时标记 -ed 跟在这个小词的后面。这个例子与例（103）中逐字直译的 poke-with（用……刺）并非完全一样，但也许有助于说明升宾式这一概念。

有些语言，依据被引入中央舞台的边缘参与者语义角色的不同，有不止一种升宾结构。基尼亚卢旺达语（Kinyarwanda），卢旺达的一种班图语（例子来自 Kimenyi 1980：32 及以下诸页），根据升用宾语语义角色的不同，有至少三种升宾后缀。下面两个例子例示的是这些升宾后缀中的两个，同时给出论元结构图。每个例子中，占据 O 论元位置的参与者，如果动词不带升宾后缀，它就是一个旁语成分：

（106）**受益格升宾式：**

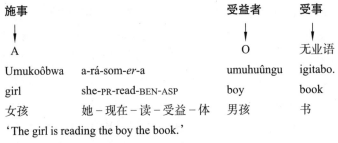

施事		受益者	受事
↓		↓	↓
A		O	无业语
Umukoôbwa	a-rá-som-*er*-a	umuhuûngu	igitabo.
girl	she-PR-read-BEN-ASP	boy	book
女孩	她－现在－读－受益－体	男孩	书

'The girl is reading the boy the book.'
"女孩在给男孩读那本书。"

（107）**第一处所格升宾式：**

施事	所处	
↓	↓	
A	O	
Umugabo	y-iica-yé-*ho*	íntebe
man	he-sit-ASP-LOC1	chair
男人	他－坐－体－处所 1	椅子

'The man is sitting on the chair.'
"那个男人坐在椅子上。"

在例（106）中，后缀 -*er* 表示动词后的第一个宾语具有**受益者**的语义角色。基尼亚卢旺达语中有一些句法测试显示，这个通常情况下的边缘成分，句法上的确是动词的直接宾语（Kimenyi 1980）。不过，请注意例（106）中的**受事**现在具有了无业语的句法地位。这是因为它已经被从动词直接宾语的位置上"开除"了。在例（107）中，后缀 -*ho* 显示第一个宾语是**处所**。同样，句法测试也表明这个参与者现在具有了直接宾语的句法地位。它已从旁语被"升级"或"提升"至直接宾语位置。

例（108）显示两个升宾后缀出现在同一个动词上。这个例子中，受益格升宾后缀 -*er* 把**受益者**提升到 O 论元位置，然后处所格升宾后缀 -*mo* 把**处所**参与者"car"（汽车）提升到 O 论元位置。这种多层级涉价结构式的论元结构可以用一个复杂的论元结构图来表示，如例（108）所示：

（108）**受益者升宾式 + 第二处所升宾式：**

	施事		受益者	处所
	↓		↓	↓
Ben. appl:	A		O	旁语
	↓		↓	↓
Loc.2 appl:	A		无业语	O

Umugóre	a-ra-geend-*er-á-mo*		ø	ímódóka
woman	she-PR-go-BEN-ASP-LOC2			car
女人	她-现在-去-受益-体-处所2			汽车

'The woman is driving the car for someone.'
"那女人正在为某人开车。"

267

在世界语言中，还能见到更为复杂的升宾式系统。例如在诺玛奇衮加语［Nomatsiguenga，一种秘鲁东部山麓的普雷安第斯-阿拉瓦克语（Pre-Andine Maipuran Arawakan Language）］中，至少有 9 个升宾后缀，将各种边缘语义角色"提升"至直接宾语位置（Wise 1971）。

有关升宾式的另一个有趣的事实是，工具升宾式常常与使成式相同。例如，在基尼亚卢旺达语中，使成式和工具升宾式都用同一个语素 *-iiš* 来表达。这种平行性的功能基础在下面一组例子中很明显（Kimenyi 1980：164）：

（109）**使成式：**

施事_{使因}		施事_{结果}	受事
↓		↓	↓
A		O	无业语
Umugabo	a-ra-andik-*ii*š-a	umugabo	íbárúwa
man	3SG-PR-write-CAUSE-ASP	man	letter
男人	3单-现在-写-使成-体	男人	信

'The man is making the man write a letter.'
"这个男人正在让那个男人写一封信。"

（110）**工具升宾式：**

施事		工具	受事
↓		↓	↓
A		O	无业语
Umugabo	a-ra-andik-*ii*š-a	íkárámu	íbárúwa
man	3SG-PR-write-APL-ASP	pen	letter
男人	3单-现在-写-升宾-体	钢笔	信

'The man is writing a letter with a pen.'
"这个男人正在用钢笔写一封信。"

这两个小句之间唯一真正的差别是受使者的生命度。例（109）中受使者是有生的，因此对结果保留了一定的掌控力；而在例（110）中，"受使者"是无生的，因此没有独立于**施事**作用于它之外的掌控力。两个例子中，致使者都作用于某物或某人，以完成某个行为。例（109）中他作用的对象是另外一个人，而例（110）中他作用的对象则是一支钢笔。其他具有这类同构现象的语言是亚瓜语［Yagua，参看上文例（102）］、马来语、迪尔巴尔语（Dyirbal，Croft 1990：242）以及玛阿语（Maa，Tucker and Mpaayei 1955）。在其他很多语言中，使成式标记和工具升宾式标记是不同的语素。

在塞科－巴当语（Seko Padang，一种西部南岛语）中，后缀 *-ing* 用于及物动词时［例（111b）］有受益者升宾式的功能，但用于某些不及物动词时［例（112b）］则具有使成式功能（例子蒙 Tom Laskowske 惠示）：

（111） a. Yeni   mang-ala   kinanne:

        Jenny   TRNS-get   rice

        Jenny   及物－获得   大米

        'Jenny is getting rice.'

        "Jenny 正在获得大米。"

      b. Yeni   mang-ala-*ing*   kinanne: adi-nna

        Jenny   TRNS-get-APL   rice   brother-3:POS

        Jenny   及物－获得－升宾 大米   哥哥－3: 被领有

        'Jenny is getting rice for her brother.'

268

        "Jenny 正在为她的哥哥获得大米。"

（112） a. jambu   mi-rène'

        guava   INTRNS-fall

        番石榴   不及物－掉

        'Guava fell.'

        "番石榴掉下来了。"

      b. Matius   mar-rène'-*ing*   jambu

        Matthew TRNS-fall-APL   guava

        Matthew 及物－掉－升宾 番石榴

        'Matthew dropped guava.'

        "Matthew 扔下番石榴。"

例（111b）不可能是 "Jenny 正在使她的哥哥获得大米" 的意思，尽管这是个人们有可能会表达的语用上合格的概念。用于及物词干表达升宾式以及用于不及物词干表达使成式，这正是后缀 *-ing* 的部分意义。

与格提升

很多语言在表达三价情状时有两种可选的形态句法手段。三价情状通常包括一个**施事**，一个**客体**（从一个地方位移到另一地方的实体），以及一个**接受者**、**目标**或**经历**

者。英语里经常表达三价命题的几个动词是 *show*（出示）、*give*（给）和 *send*（送），尽管其他很多动词也可以用于三价框架（比如参看 Goldberg 1995）。英语三价结构中，**接受者、目标**或**经历者**有时以由前置词 *to* 标记的与格形式出现，有时没有格标记。**接受者**不带前置词的结构可以称之为**与格提升**（**DATIVE-SHIFT**）结构。

（113） to 结构：　a. Ugarte gave the exit visas *to Rick*. "Ugarte 给出境签证给 Rick。"
　　　　　　与格提升： b. Ugarte gave *Rick* the exit visas. "Ugarte 给 Rick 出境签证。"

　　与格提升可以认为是个增价结构，因为它是一种将充当边缘语义角色（如**接受者**）的参与者带上中央舞台的方式，而不管别的什么参与者已经处于中央舞台。

　　升宾式同与格提升结构之间有两点非常细微的区别：（1）升宾式在动词上有某种形态标记而与格提升结构没有；（2）与格提升结构通常只允许**接受者、目标**以及**经历者**等变成直接宾语，而升宾结构往往也提升其他角色，如**工具**或者**处所**之类。

　　值得注意的是，很多语言在三价结构中表达**接受者、目标**以及**经历者**的通常的方式，与普通及物小句中类似受事的论元是完全一样的，它们从不会被编码为与格或旁语论元。在这样的语言里，谈论"与格提升"是没有意义的，因为没有任何成分被"提升"。举例说，惠乔尔语［Huichol，墨西哥北部的一种犹他－阿兹特克语（Uto-Aztecan）］就是这类语言之一（Comrie 1982：99, 108）。在例（114a）中我们看到一个普通的及物小句，有一个 A 论元和一个 O 论元。例（114b）例示的是一个三价结构，包括一个**施事**［I（我）］、一个**客体**［the man（那个男人）］以及一个**接受者**［the girls（女孩们）］。注意例（114b）中复数形式的**接受者**是通过动词添加第三人称复数前缀 *wa-* 来表达的。这个前缀与例（114a）中用来表达**客体** "children"（孩子们）的前缀完全一样：

（114） a. Uukaraawiciizɨ tɨɨri   me-wa-zeiya.
　　　　　 women   chikdren   3PL-3PL-see
　　　　　 女人   孩子   3 复 –3 复 – 看见
　　　　　 'The women see the children.'
　　　　　 "女人们看见了孩子们。"

　　　　b. Nee   uuki   uukari   ne-wa-puuzeiyastɨ.
　　　　　 1SG   girls   man   1SG-3PL-show
　　　　　 1 单   女孩   男人   1 单 –3 复 – 指示
　　　　　 'I showed the man to the girls.'
　　　　　 "我把那个男人指给女孩子们。"

　　对于这类例子，要注意到的事实是，惠乔尔语中不存在这样的结构，即三价动词的**接受者**在语法上被当作间接宾语或旁语。Dryer（1986）将这种体系称为**主要 / 次要宾语**（PRIMARY/SECONDARY OBJECT）体系，而不是直接 / 间接宾语体系。普通及物小句［如例（114a）］中表达类似受事论元的语法关系，以及三价小句［如例（114b）］中表达**接受者**的语法关系，被称作**主要宾语**（PRIMARY OBJECT）。三价小句中的其他宾语［例（114b）中的 man（男人）］被称作次要宾语。

利益与格

对于与事件有某种联系的有生参与者，有些语言允许用与格代词来指称它们。在有些传统（如古希腊）中，这被称为**泛称与格**（ETHICAL DATIVE）。西班牙语就是一种我们比较熟悉的采用**利益与格**（DATIVE OF INTEREST）结构的语言：

（115） Se　　*me*　　quemó　　　　　la　　　　　　　cena.

REFL　1SG　　burn.3SG.PAST　　DEF.FEM.3SG　　dinner

反身　1单　　烧 .3 单 . 过去　　有定 . 阴性 .3 单　　晚饭

'Dinner burned on me.'（valence=2）

"给我把晚饭烧煳了。"（二价）

这个小句也可以被译为 "dinner burned with respect to me"（关于我，晚饭烧煳了）或 "dinner burned for me"（为了我，晚饭烧煳了）。利益与格结构与升宾式和与格提升结构有明显的区别，这表现在：利益与格结构式中，添加到该小句的论元被表达为与格参与者，亦即三价结构式中的第三论元；在升宾式和与格提升结构中，被添加的论元是作为直接宾语出现的。对于及物动词而言，利益与格有时标示与格代词所指称的参与者是直接宾语的领有者：

（116） *Me*　　　cortó　　el　　　pelo.

1DAT　　cut　　the　　hair

1 与格　剪　　the　　头发

'She cut hair（with respect to/on/for）me.'（i.e., 'She cut *my* hair.'）

"（有关 / 涉及 / 为了）我，她剪了头发。"（即，"她剪了我的头发。"）

最后这个结构有时被称为**领有者提升**（POSSESSOR RAISING）、**领有者上升**（POSSESSOR ASCENSION）或**外部领属**（EXTERNAL POSSESSION）。不管怎样，所有这些术语都假定与格参与者在某个深层次上是直接宾语的句法领有者，就像在与其对等的英语译文一样。不过，就西班牙语而言，做这个假定并没有特别好的理由，因为西班牙语具有一个十分能产的利益与格结构类型。实际上，在西班牙语大多数方言中，像例（116）中的宾语仍然有可能保持作为被领有对象，尽管听起来有点怪：

（117） Me 　　　 cortó 　　 mi 　　　 pelo.
　　　　 1DAT 　　　 cut 　　　 my 　　　 hair
　　　　 1 与格 　　　 剪 　　　 我的 　　　 头发
　　　　 'She cut **my** hair（on/to/for me）.'
　　　　 "她剪我的头发（涉及 / 对于 / 为了我）。"

例（117）（用于特定的强调目的）显示，与格代词并不是一个被提升的领有者，因为领有者仍旧保留在其位置上，作为名词短语 *mi pelo* 的一部分。此例中的 *me* 在语法上与例（115）显示的利益与格完全一样。当然，在其他一些语言中，可能会有形式上的证据表明，属格论元被提升到主语、直接宾语或与格论元的地位，这点我们在下一节就会看到。

领有者提升或外部领属

在有些语言中，领有者提升可能实际上是一种有别于利益与格或其他增价结构式的模式。例如，在契卡索语（Chickasaw）和乔克托语（Choctaw）（Munro 1984）中，小句宾语的领有者就可以作为该小句语法上的直接宾语来表达，动词也因此带上与格前缀。这种情况有时被称为**提升**（**RAISING**），因为在句法树上，统制直接宾语领有者的节点在树上的位置要低于统制宾语本身的节点（例子蒙 Pam Munro 惠示）：

（118） Naahollo 　　 i-tobi-ya 　　　　　　 apa-li-tok. 　　　 没有领有者提升
　　　　 Anglo 　　　 3HGEN-bean-NS 　　　 eat-1SG-PAST
　　　　 白人 　　　 3 核属 – 蚕豆 – 非主语 　　 吃 –1 单 – 过去
　　　　 'I ate the white man's beans.'（'White man's beans' = green peas）
　　　　 "我吃了白人的蚕豆。"（"白人的蚕豆" = 绿豌豆）

例（118）中，*naahollo itobiya* 是一个名词短语，字面意思是"白人的蚕豆"，其中 *naahollo* 是领有者，*tobi* 带上了非主语后缀 *-ya*。下面是例（118）一个可能的句法树：

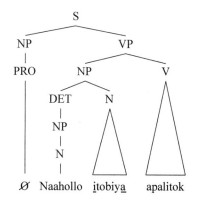

（119） Naahollo-ya   tobi   im-apa-li-tok   领有者提升

Anglo-NS   bean   3DAT-eat-1SG-PAST

白人 – 非主语   蚕豆   3 与格 – 吃 –1 单 – 过去

'I ate the white man's beans/green peas.'

"我吃了白人的蚕豆 / 绿豌豆。"

注意例（119）中的领有者 *naahollo* 带上后缀 *-ya*。而 *tobi*（蚕豆）现在也没有了核属前缀，说明它不再是被领有的名词短语的核心。这证明 *naahollo* 不再是以 *tobi* 为中心的那个名词短语的组成成分；相反，它被"提升"到动词短语的层次，成为动词的一个句法论元：

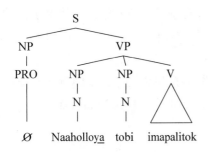

例（119）中，动词现在带上了与格前缀。假如这是一个利益与格结构，与上文西班牙语的例（115）相当，那么人们会认为可以将它解释成"I ate beans for the white man"（我为白人吃了蚕豆）的意思。然而，这个意思是不恰当的。意为"白人的蚕豆"的这个名词短语是一个熟语表达，意思是"绿豌豆"，即使像在例（119）中那样领有者被提升至直接宾语的地位。仍只有唯一解读这一事实显示 *naahollo* 在语义上仍然是个领有者。Munro（1984）还有另外一些论据显示，契卡索语和乔克托语中的领有者提升结构一定有别于更为一般性的利益与格结构。

涉价结构的组合

我们至少已经看到一个小句例子，小句中两个不同的涉价结构相互作用。这就是例（108）所显示的基尼亚卢旺达语（Kinyarwanda）中的"双升宾式"（double applicative）。有些情况下，语言也会允许出现其他一些涉价结构的组合。例如，设想一种语言（我们拟称之为"形态 – 英语"），它恰好同真实英语有相同的词汇，但却采用形态型使成后缀 *-cause* 以及形态型被动后缀 *-pass*。在这种语言中，形态型使成结构可通过添加一个使因性**施事**而产生一个语法上及物的小句：

假想的"形态 – 英语"例：

（120） You laugh-cause-d me.

　　　　'You made me laugh.'

　　　　"你使我笑了。"

272

然后，被动结构也可以利用相同的语法及物小句，通过将其使因性**施事**降级至旁语地位，从而把该及物小句变成不及物小句。

（121） I laugh-cause-pass-ed（by you）.

　　　　'I was made to laugh（by you）.'

　　　　"我（被你）给弄笑了。"

或者，像例（120）那样的使成结构，其本身也可以被使成化，产生一个三价的"双使成"小句：

（122） He laugh-cause-cause-d me to you.

　　　　'He made you make me laugh.'

　　　　"他使你使我笑了。"

当然，在真实英语中，只有分析型使成式和被动结构存在。不过，这些"形态 – 英语"例子的真实英语翻译，却显示使成式和被动式这类涉价结构的组合实例在逻辑上是可能的，即便是在高度分析型的语言中。有些结构融合了多个涉价结构式，本节我们就简单地例示一种表征那些结构的方式。

请看下面来自艾比姆比语（Ebembe，中非的一种班图语）的材料。第一个例子给出了注解（例子蒙 Myra Adamson 惠示）：

1.　A-toc-ile.　　　　　　　　　　　　'He/she asked.' "他 / 她问了。"

　　3SG-ask-PAST

　　3 单 – 问 – 过去

2.　Abatocile bana.　　　　　　　　　'He asked the children.' "他问了孩子们。"

3.　Twabatocile bana.　　　　　　　　'We asked the children.' "我们问了孩子们。"

4.　Twamtocile Atondo.　　　　　　　'We asked Atondo.' "我们问了 Atondo。"

5.　Twamtocile Atondo na bana.　　　'We asked Atondo for the children.'

　　　　　　　　　　　　　　　　　"我们为孩子们问了 Atondo。"

6.　Twabatocilile bana Atondo.　　　 'We asked Atondo for the children.'

　　　　　　　　　　　　　　　　　"我们为孩子们问了 Atondo。"

7. Twatocanile.   'We asked each other.' "我们互相问了对方。"

8. Twatocanile na bana.   'We asked each other for the children.'
"我们为孩子们互相问了对方。"

9. Twabatocanilile bana.   'We asked each other for the children.'
"我们为孩子们互相问了对方。"

既然你已读到这里，那么对班图语的小句通常如何组合，应该已经很熟悉了。你已经看到过好些个来自斯瓦希里语（Swahili）、基尼亚卢旺达语（Kinyarwanda）、也许还有其他语言的例子和问题。考察这些材料时，你会注意到有指称 S 论元、A 论元和 O 论元的前缀，有过去时后缀。上文 1—5 的动词结构可以用如下一个位置－类别图表（参看第 2 章）来表达：

S/A		O		词根		时	
a-	3 单	m-	3 单	toc	"问"	-ile	过去
twa-	1 复	ba-	3 复				

至此一切顺利。但是例 6—9 又是什么情况呢？例 5 和例 6 似乎有同样的意思，可是这两个艾比姆比语小句之间却有一些结构上的区别。特别是在例 5 中，O 论元位置上有一个前缀 m-，一定是指向 Atondo（某人的名字）的。然而在例 6 中，指向第三人称复数论元的前缀 ba-，出现在 O 论元的位置上，它一定是指向 bana（孩子们）的。我们还注意到，例 5 中人名 Atondo 直接跟在动词后面，而 bana 则位于颇像前置词的 na 之后。这个 na 在例 6 中消失了，同时 bana 出现在紧挨在动词之后的位置上。最后，动词上有个额外的音节 -il，它还有待于在我们的位置－类别图表中加以说明。从这些事实我们能得出什么结论？似乎在例 5 中 Atondo 是宾语，bana 是个旁语；而在例 6 中 bana 是宾语，Atondo 已被从它的宾语位置上"踢出"，并且因此一定会有某个另外的语法地位。这个假说可以用我们的论元结构图表示如下：

（123）例 5 的论元结构：

施事   受话人   受益者

↓   ↓   ↓

A   O   旁语

Twa-m-toc-ile   Atondo   na bana.

1PL-3SG-ask-PAST   Atondo   for children

1 复－3 单－问－过去   Atondo   为 孩子

'We asked Atondo for the children.'

"我们为孩子们问了 Atondo。"

（124）例 6 的论元结构：

施事	受益者	受话人
↓	↓	↓
A	O	无业语
Twa-ba-toc-il-ile	bana	Atondo.
1PL-3PL-ask-?-PAST	children	Atondo
1 复 –3 复 – 问 –?– 过去	孩子	Atondo

'We asked Atondo for the children.'

"我们为孩子们问了 Atondo。"

既然例 5 和例 6 "说的是同一件事"，那么这两个小句一定有同一套 "在舞台上" 的语义角色 —— 在描述同一场景的语义角色这一层面上。区别似乎在于那些语义角色在语法上是如何表达的 —— 哪一个或哪几个语义角色在 "中央舞台"，哪些在边缘。

我们看到例 6 把一个旁语参与者 "视点化"、"提升" 或 "升级" 到宾语地位。什么涉价结构会那样做呢？对了 —— 是升宾式！特别是，这个升宾式提升的是一个**受益者**。它可能也提升其他语义角色，但我们所掌握的仅有的事实显示它提升的是**受益者**。动词上的额外语素 -il 正是该小句有个特殊论元结构的标识。例 6 中如果没有 -il，听众可能会认为 "孩子们" 是被问问题的**受话人**而不是**受益者**。因此我们可以试着将 -il 注解为 "受益者升宾式"（BENEFACTIVE APPLICATIVE），或缩写为 BEN.APL。

接下来我们继续看例 7。这个例子似乎只有一个语法论元 ——O 论元位置上没有前缀，动词后没有名词短语。然而该场景包括两个参与者，它们彼此平等地充当 A 论元和 O 论元。这是一种什么结构呢？对，交互式！下面是根据这个交互式假设给出例 7 的论元结构图：

274

（125）例 7 的论元结构： 施事 受话人

Twa-toc-an-ile.

1PL-ask-RECIP-PAST

1 复 – 问 – 交互 – 过去

'We asked each other.'

"我们互相问了对方。"

显示这个小句是交互式的唯一结构上的线索是动词上的后缀 -an。没有这个 -an 的话，小句的意思可能会是 "We asked"（我们问了），而完全不涉及 "问" 这一动作所施及的受话人。因此，动词后缀 -an 注解为 RECIP（交互）是有道理的。

我们接着看例 8。这个例子同例 7 差不多，只是多了个指称**受益者** "孩子们" 的旁语论元。可是例 9 是什么情况呢？它和例 8 有"相同的意义"，但似乎有不同的论元结构。**受益者**不再是旁语，而被"提升"到宾语地位，有动词上的宾语前缀 *ba-* 为证。而且，也许最有趣的是，动词上有两个（数数的确是两个）涉价后缀，*-an* 和 *-il*。因此例 9 包含着两个"层级"的变价结构——一个交互结构和一个升宾式。下面是表征这类论元结构的一种方式：

（126）例 9 的论元结构图示：

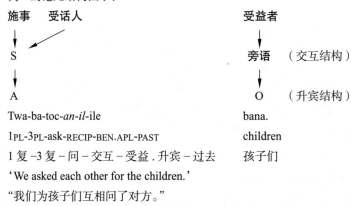

Twa-ba-toc-*an-il*-ile

1PL-3PL-ask-RECIP-BEN.APL-PAST

1 复 –3 复 – 问 – 交互 – 受益 . 升宾 – 过去

'We asked each other for the children.'

"我们为孩子们互相问了对方。"

bana.

children

孩子们

这样我们看到，例 9 可被视为对其论元结构进行了两个层次的调整。它"始于"一个及物小句 ["We ask someone"（我们问某人）]，然后通过交互结构变成不及物小句 ["We ask each other"（我们互相问对方）]，最后又通过升宾结构变成及物小句 ["We ask each other for the children"（我们为了孩子们互相问对方）]。

第 9 章概念提要

Ⅰ. 说话人具有的关于其语言的语法知识，其中部分便由调整语义角色和语法关系之间关系的形态句法模式构成。这些模式有时被称为"语态"或者"变价"结构，它们让说话人得以从不同的"视点"来表达信息。变价结构让说话人得以把由动词所激发的场景中的不同的参与者"视点化"（带入视点或从视点中移除）。

Ⅱ. 配价的调整（增加、减少或重组）可以通过以下方式来实现：
· 词汇型
· 形态型
· 句法型（分析型或迂说型）

Ⅲ. 减价结构式包括：
· 反身式和交互式——这两类常常采用相同的形态句法模式。
· 中动式

275

- 主语省略——一种对掌控者去视点化的方式，通常只见于形态型作格语言。
- 被动式——另一种对掌控者去视点化的方式。
  - 人称被动式
  - 无人称被动式
  - 有损被动式
- 逆被动式——这种结构和宾语降级、宾语省略以及宾语并入，都是将语法上的及物小句的 O 论元降格或者"去视点化"的方式。逻辑上，逆被动式是被动结构的"镜像"，在形态型作格语言中最为常见。
- 宾语降级和省略——这两类结构与逆被动式的不同之处是它们在动词上没有专门的标记。
- 宾语并入——通过使 O 论元成为动词的一部分来将它去视点化的一种结构。

Ⅳ. 增价结构包括：
- 使成式——这种结构通过给动词所激发的场景增加一个致使者而增价。
- 升宾式——这种结构通过给动词所激发的场景增加一个 O 论元而增价，并通过专门的升宾语素来标记动词以显示这种变化。
- 与格提升——这种结构将接受者表达为核心论元，并且不对动词进行专门的标记。
- 利益与格——这种结构把某个其他的参与者转变为核心论元，不需要动词的特殊形态。
- 领有者提升或外部领有——这种结构通过将某个小句论元的领有者变成动词的核心论元从而将其视点化。

Ⅴ. 语言可能会允许一个以上的变价结构在同一个小句中应用。在这种情况下变价结构可以看作"多层级"应用。

276

练习

练习 9.1：论元结构图

Tom Payne

A. 为下面这些在本章前文中所举的例子画出论元结构图（记住要图示的是例子的语言，而非那些英语意译）：

1. Example 1b: These cookies were baked by Orna.
2. Example 11c: Tú te mordiste.   'You bit yoursesf.'
3. Example 16:   Она поднимает себя.   'She lifts herself.'
4. Example 22:   sikakoangi   'They called each other.'
5. Example 34:   This soup eats like a meal.
6. Example 41b: kínim bàra tíbi músó bòlo.   'The rice was cooked by the woman.'

7. Example 84:   Mama shvils cerils acerinebs.   'Father makes/helps/lets his son write the letter.'
8. Example 105: Mommy, Billy messupped my picture!

B. 在英语新闻杂志或报纸中给下面每一种结构找一个例句，并为每个例句画出论元结构图：

1. 交互结构；
2. 使成结构；
3. 被动结构；
4. 宾语省略、宾语降级或宾语并入结构。

练习 9.2：英语的减价结构

Tom Payne

下面每组英语小句都包含一个不及物（INTR）小句，它或许可以、或许不可以被解释为该组中及物（TR）小句的减价形式。你的任务是：

A. 指出本章所讨论的哪种减价结构是由该组小句中的不及物小句表征的。

B. 指出该组小句中的不及物小句是否能解释为及物小句的减价形式（写"是"或"不是"即可）。

C. 指出这个结构所采用的是哪一种类型的表达（词汇型、形态型或分析/迁说型）。有时采用的不止一种策略，则至少指出其主要策略。

277

TR:	Marsha and Akim hugged themselves.	A:
INTR:	Marsha and Akim hugged.	B:
		C:
TR:	A matatu ran over Dedan.	A:
INTR:	Dedan got run over.	B:
		C:
TR:	Akim burned dinner.	A:
INTR:	Dinner burned.	B:
		C:
TR:	Akim and Michelle kicked each other.	A:
INTR:	Akim and Michelle kicked.	B:
		C:
TR:	We hunted impala.	A:
INTR:	We went impala hunting.	B:
		C:

TR:	Bildad escaped Lodwar Prison.	A:
INTR:	Bildad escaped.	B:
		C:
TR:	We finished the assignment.	A:
INTR:	We were finished by the assignment.	B:
		C:

练习 9.3：亚瓜语（Yagua）#1

Tom Payne

1. Sarúýy.   'She shouts.'
2. Riryúýy.   'They（3 or more）shout.'
3. Naadarúýy.   'They（2）shout.'
4. Sasuutaríy.   'She washes them（3 or more）.'
5. Sasuutára.   'She washes it.'
6. Richuutaníí.   'They（3 or more）wash her.'
7. Sasuutaníí.   'She washes her.'
8. Sasuutáyu.   'She washes herself.'
9. Richuutáyu.   'They wash each other.' *or* 'They wash themselves.'

A. 描写这些材料所展现的组织语法关系的体系，并给出证据。
B. 亚瓜语中 *-yu* 的功能是什么？同样，为你的说法提出证据。
C. 描述这些材料运用的形态音位规则。

练习 9.4：亚瓜语（Yagua）#2

Tom Payne

这是练习 9.3 的继续。在考虑下面更多的来自亚瓜语的材料时，记得把你对练习 9.2 的答案也纳入思考。

注意：那些意译中的下标 i、j 和 k 标示的是指称关系。相同下标的表达是同指关系，不同下标的表达一定不是同指关系。

10. Rooríy sámirya.   'The house is good.'
11. Sarooríy sámirya.   'Her house is good.'
12. Riryooríy sámirya.   'Their house is good.'
13. Sasuuta vaturára   'The girl washes it.'
14. Sasuuta vaturaníí   'The girl washes her.'
15. Sasuuta vaturáyu   'The girl washes herself.'

16. *Sasuuta vatura roorimyuníí*	'The girl$_i$ washes her$_j$ in the house.'
17. *Sasuuta vatura roorimyúyu*	'The girl washes herself in the house.'
18. *Sasuuta roorimyúyu*	'She washes herself in the house.'
19. *Sasuuta saroorimyuníí*	'She$_i$ washes her$_j$ in her$_k$ house.'
20. *Sasuuta saroorimyúyu*	'She$_i$ washes her$_j$ in her$_j$ house.' *or*
	'She$_i$ washes herself$_i$ in her$_j$ house.'
21. *Roorimyú sasuutára.*	'In the house, she washes it.'
22. *Saroorimyú sasuutáyu*	'In her$_i$ house, she$_j$ washes herself$_j$,' *or*
	'In her$_i$ house, she$_j$ washes heri.'
23. *Saroorimyú sasuutaníí*	'In her$_i$ house, she$_j$ washes her$_k$.'

A. 从这些材料我们能看到 -*yu* 哪些额外的功能？给出证据。

B. 我们能说 -*yu* 在亚瓜语中总是表示句法价的削减吗？为什么？

练习 9.5：迪尔巴尔语（Dyirbal）

来自 Dixon（1972，1994）

1. *ŋuma banagan^{y}u yabugu*	'Father returned to mother.'
2. *yabu banagan^{y}u*	'Mother returned.'
3. *ŋana banagan^{y}u ŋumangu*	'We all returned to father.'
4. *n^{y}urra banagan^{y}u*	'You all returned.'
5. *n^{y}urra ŋanana buran*	'You all saw us.'
6. *ŋana n^{y}urrana buran*	'We all saw you all.'
7. *yabu ŋumaŋgu buran*	'Father saw mother.'
8. *ŋuma yabuŋgu buran*	'Mother saw father.'
9. *n^{y}urrana yabuŋgu buran*	'Mother saw you all.'
10. *ŋanana ŋumaŋgu buran*	'Father saw us.'
11. *ŋana buralŋan^{y}u ŋumangu*	... 'we all saw father.'
12. *n^{y}urra buralŋan^{y}u yabugu*	... 'you all saw mother.'
13. *yabu buralŋan^{y}u ŋumangu*	... 'mother saw father.'
14. *ŋuma buralŋan^{y}u yabugu*	... 'father saw mother.'

注意：像 11 至 14 这样的例子一般只用在与其他小句连用的情况下，三个点反映
279 的就是这个意思。不过，它们本身是完全合语法的。

A. 描写迪尔巴尔语采用的组织语法关系的体系。

B. 从这些材料中你看到哪些减价结构类型？为你的观点提供证据。

练习 9.6：鄂温克语（Evenki）

来自 Nedjalkov（1997）

A. 鄂温克语在哪个地区使用？那里有多少使用者？

B. 下面的例子中，几个语素用大写字母进行了注解，但没注解它们的意义。请为每个语素注解合理的意义，并为你的答案提供证据。

语素：-me、-pken、-va、-v、-ve、-ki.

C. 这些材料中是哪种类型的变价结构在起作用？请具体说明（给出概念范畴和涉及的表达类型）：

1. a. Asatkan　suru-re-n.　　　　　　　　　　　　'The girl went away.'
      　　　　　 go.away-PAST-3SG

   b. Atyrkan　asatkan-me　　　　suru-pken-e-n.
      　　　　　　　 -ME　　　　　　　　 -PKEN-PAST-3SG

   'The old woman made the girl go away.'

2. a. Beje　　emeren.　　　　　　　　　　　　　 'The man came.'

   b. Beje　　moo-l-va　　　　　eme-v-re-n.　　　 'The man brought the trees.'
      　　　　 tree-PL-VA　　　　　　　 -V

3. a. Tyge　　d'alup-ta-n.　　　　　　　　　　　 'The cup filled.'
      　　　　 become.full-PAST-3SG

   b. Asatkan　tyge-ve　　　　　d'alup-ki-ra-n.　　'The girl filled the cup.'
      　　　　　　　 -VE　　　　　　　 -KI-PAST-3SG

练习 9.7：伊洛坎诺语（Ilokano）

Carl Rubino

1. Agsursuratka.　　　　　　　　'You are writing.'
2. Agsursurat.　　　　　　　　　 'He is writing.'
3. Agbuybuyaak.　　　　　　　　 'I am watching.'
4. *Sinurat iti ubing ti surat.　　 —
5. Sinurat ti ubing ti surat.　　　'The child wrote the letter.'
6. Nagsuratak iti simbaan.　　　　'I wrote in church.'
7. Aggatgatangak.　　　　　　　　'I am shopping.'
8. Linutok ti saba.　　　　　　　 'I cooked the banana.'
9. Iniwana ti saba.　　　　　　　 'He sliced the banana.'
10. Nagiwa iti saba.　　　　　　　'He sliced a banana.'

280

11. Binuyana ti pallot iti minuyongan.   'He watched the cockfight in the garden.'

12. Pinataymo ti nalukmeg a kalding?   'Did you kill the fat goat?'

13. Sursuraten ti nalukmeg ti sarsuela.   'The fat one is writing the opera.'

14. Ginatangmo ti kalding?   'Did you buy the goat?'

15. Nagbuyaka iti pallot iti balay?   'Did you watch a cockfight in the house?'

16. Aglaglagtoka.   'You are jumping.'

17. Nagsuratka iti daniw.   'You wrote a poem.'

18. Sursuratek ti daniw.   'I am writing the poem.'

19. Sinuratko ti daniw.   'I wrote the poem.'

20. _____   'I wrote a poem.'

21. Naglutoka?   'Did you cook?'

22. Ginatangko.   'I bought it.'

23. Naglagto ti kalding.   'The goat jumped.'

24. _____   'The goat is jumping.'

25. Gatangek ti bagas.   'I buy/will buy the rice.'

26. *Gatangek iti bagas.   —

27. Aglutluto ti adipen iti kalding.   'The slave is cooking a goat.'

28. *Aglutluto ti adipen ti kalding.   —

29. Ginatang ti adipen ti tulbek.   'The slave bought the key.'

30. Naggatang ti adipen iti bagas.   'The slave bought rice.'

A. 在 20 和 24 中填入可能的伊洛坎诺语的小句。

B. 列举并注解这些材料中出现的所有动词词干。

C. 列举在这些材料中见到的所有形态模式，并给出例子。

D. 这些材料中哪种减价结构最明显？为你的看法提供证据。

练习 9.8：萨摩亚语（Samoan）Ⅲ

Langacker（1972）

1. E fa'a pa'u e faife'au le niu.   'The missionaries fell the coconut palm.'

2. 'Ua pu'e e le fafine le pusi.   'The woman caught the cat.'

3. E fa'a papa'u e le faife'au niu.   'The missionary fells the coconut palms.'

4. E pu'e upega Siaosi.   'The nets catch George.'

5. 'Ua pa'u le pusi.   'The cat fell.'

6. 'Ua papa'u faife'au.   'The missionaries fell.'

7. 'Ua pu'e le upega le faife'au.   'The net caught the missionary.'

8. E pa'u le upega.   _____

9. 'Ua fa'a pa'u e Malia le la'au.   'Mary felled the tree.'

10. 'Ua pu'e e Siaosi le pusi i le upega.	'George caught the cat with the net.'
11. 'Ua fa'a pu'e e Malia le pusi i le upega.	'Mary caught the cat with the net.'
12. E pu'e e le faife'au le pusi i upega.	_____

A. 给 8 和 12 填入可能的翻译。

281

B. 你在这些材料中看见哪些增价结构？为你的看法提供所有的证据。

练习 9.9：唐勒普伊语（Tanglapui）1

Mark Donohue and Carl Rubino

这道题主要基于唐勒普伊语的瑙芒（Naumang）方言，这种方言在印尼东部阿洛（Alor）东部高地的科布拉（Kobra）和瑙芒村子使用。补充材料来自兰托加（Lantoka）方言。

A. 列举并注解下面材料中的所有语素。

B. 在唐勒普伊语的及物小句中，如何辨别是哪个词作用于哪个词？换句话说，A 论元和 O 论元是如何表达的？描写这个体系是如何运作的，并给出证据。

C. 是否有证据表明唐勒普伊语组织语法关系的基本体系是主/宾格或作/通格？如果有，证据是什么？

1.	Yaŋanababa.	'You hit me.'
2.	Toby ŋagadia.	'I saw Toby.'
3.	*Toby ŋaganababa.	'I hit Toby.'
4.	Lena ŋagababa.	'I hit Lena.'
5.	*Yaŋababa.	('You hit me.')
6.	ŋayasɨlale.	'I looked for you.'
7.	Toby Lena gasɨlale.	'Toby looked for Lena.'
8.	Toby gaŋanasɨlale.	'Toby looked for me.'
9.	Kris Toby ganababa.	'Toby hit Kris.'
10.	Gamɨti.	'She sat.'
11.	*Kris gayasɨlale.	('Kris looked for you.')
12.	Gerson gayanababa.	'Gerson hit you.'
13.	Toby yagadia.	'You saw Toby.'
14.	*gaŋababa.	('He hit me.')
15.	Lena Kris gadia.	'Lena saw Kris.'
16.	Fanus Lena ganababa.	'Lena hit Stephanus.'
17.	Toby ŋagababa.	'I hit Toby.'
18.	Fanus suba gadia.	'Stephanus saw the house.'
19.	Yave.	'You left.'

20. *yaganababa.　　　　　　　　（'You hit her.'）
21. Kris Lena ganadia.　　　　　'Lena saw Kris.'
22. Kris Toby gababa.　　　　　　'Kris hit Toby.'
23. Yanduamɨti.　　　　　　　　'Y'all sat.'
24. ŋamɨti.　　　　　　　　　　'I sat.'
25. ŋayanduababa.　　　　　　　'I hit y'all.'
26. *Yanduaŋanababa.　　　　　　（'Y'all hit me.'）
27. *Yanduagababa.　　　　　　　（'Y'all hit him.'）
28. Yanduaŋababa.　　　　　　　'Y'all hit me.'

282
29. Yanduaganababa.　　　　　　'Y'all hit him.'

练习 9.10：巴萨语（Bàsàa）

Madeleine Ngo Ndjeyiha and Tom Payne

巴萨语是中非喀麦隆中部和沿海省份使用的一种班图语。下面是这种语言中的几种使成结构。

A. 指出每个例子是哪一类使成式：词汇型、形态型或分析型。

B. 画出例 1 到例 5 的论元结构图。

1. Mela　　　　　à　　　bi-nɔ̄l　　　　　ǹ-lom.
   M.　　　　　　she　　PAST-kill　　　　CL1-husband
   M.　　　　　　她　　过去 – 杀　　　　分类 1– 丈夫
   'Mela killed her husband.'
   "Mela 杀了她的丈夫。"

2. M-àŋgɛ　　　　à　　　ŋ-kî-s　　　　　ma-towà.
   CL1-child　　she　　PR-start-CAUSE　　CL6-car
   分类 1–孩子　她　　现在 – 开始 – 使成　分类 6– 汽车
   'The child starts the car.'
   "这个孩子发动这辆汽车。"

3. M-àlêt　　　　à　　　bi-kɔ̀ŋl-àhà　　　ɓa-udu　　　　bi-kay.
   CL1-teacher　she　　PAST-peel-CAUSE　CL2-students　CL8-vegetables
   分类 1– 老师　她　　过去 – 削皮 – 使成　分类 2– 学生　分类 8– 蔬菜
   'The teacher got the children to peel vegetables.'
   "这个老师让这些孩子削蔬菜。"

4. M-ùdàa　　　　à　　　bi-j-àhà　　　　m-an　　　　bi-kay.
   CL1-woman　she　　PAST-eat-CAUSE　CL1-baby　　CL8-vegetables
   分类 1– 女人　她　　过去 – 吃 – 使成　分类 1– 婴儿　分类 8– 蔬菜
   'The woman made the baby eat vegetables.'
   "这个女人让这个婴儿吃蔬菜。"

5.

M-ùdàa	à	bi-jɛ-s	m-an	bi-kay.
CL1-woman	she	PAST-eat-CAUSE	CL1-baby	CL8-vegetables
分类 1– 女人	她	过去 – 吃 – 使成	分类 1– 婴儿	分类 8– 蔬菜

'The woman fed the baby vegetables.'

"这个女人喂婴儿蔬菜。"

6.

M-àlêt	à	bi-ànɛ	6a-udu	i	sāl	wɔm.
CL1-teacher	she	PAST-require	CL2-students	to	clear	field
分类 1– 老师	她	过去 – 要求	分类 2– 学生	to	清扫	地

'The teacher required the students to clear the field.'

"这个老师要求这些学生们清扫这块地。"

7.

M-àlêt	à	bi-ànɛ	6a-udu	le	6a	sāl	wɔm.
CL1-teacher	she	PAST-require	CL2-students	that	they	clear	field
分类 1– 老师	她	过去 – 要求	分类 2– 学生	那	他们	清扫	地

'The teacher asked the students to clear the field.'

"这个老师请求这些学生们清扫这块地。"

练习 9.11：斯瓦希里语（Swahili），萨菲方言（Safi dialect），第 3 部分

David Perlmutter, Mary Rhodes and Paul Thomas

（这道练习是练习 8.5 和 8.6 的继续。在回答下面的问题时，请参考练习 8.5、8.6 的材料和你的答案。）

下面的材料既有主动语态小句，也有被动语态小句。你的任务是辨别这些合语法的、未加翻译的小句里有哪些是被动的，哪些是主动的：

31. Mtoto alikivunja kikombe.　　　'The child broke the cup.'

32. Mtoto alivunja kikombe.　　　'The child broke a cup.'

33. Kikombe kilivunjwa（na mtoto）.

34. *Kikombe alivunjwa（na mtoto）.

35. *Kikombe kilivunja（na mtoto）.

36. Wageni wanampenda mtoto.

37. Mtoto anapendwa（na wageni）.

38. *Mtoto anawapendwa . . .

39. Mtoto alivivunja vikombe.

40. Vikombe vilivunjwa（na mtoto）.

41. Watoto waliwaona wageni.

42. Wageni walionwa（na watoto）.

43. Alivunja vikombe.

44. Vikombe vilivunjwa.

283

A. 把材料中所有合语法的小句翻译成英语（需用到练习 8.5、8.6 的答案）。

B. 斯瓦希里语采用的是哪一种被动结构？描述其被动式形成的规则。

练习 9.12：萨摩亚语（Samoan）Ⅳ

Langacker（1972）

这是练习 9.8 的继续。做这道练习之前，你需要做练习 9.8。

13. E sogi e le tama le ufi i le to'i.	'The boy cuts the yam with the axe.'
14. E sogi e le teine le ufi.	'The girl cuts the yam.'
15. E pa'u le to'i.	'The axe falls.'
16. E fa'a pa'u e le tama le to'i.	'The boy drops the axe.'
17. E pa'u le tama.	'The boy falls.'
18. E malamalama le teine.	'The girl knows.'
19. E malamalama e le teine le uiga.	'The girl learns the meaning.'
20. E malamalama le teine i le uiga.	'The girl knows the meaning.'
21. E mana'o e le tama le to'i.	'The boy covets the axe.'
	（i.e. he wants it badly enough that he might steal it）.
22. E mana'o le tama i le to'i.	'The boy wants the axe.'
	（i.e. he would like to have it, but not very intensely）.
23. *E fa'a pa'u le tama i le to'i.	

A. 下面每个格标记表达的是什么语法关系和语义角色？ e、i 和 ø（零形式）

B. 在这些材料中我们看到哪个或哪些增价结构？给出证据，并写上例句编号。

C. 在这些材料中我们看到哪个或哪些减价结构？给出证据，并写上例句编号。

284　　D. 解释为什么例 23 是不合语法的。

练习 9.13：阿支语（Archi）

Alexandr Kibrik，经 Tom Payne 改写

阿支语是达吉斯坦内所用的二十五种语言之一。下面是一些阿支语的句子和英语译文：

1. Diya verkurshi vi.	'The father is falling down.'
2. HoIn h'oti irkkurshi bi.	'The cow is seeking the grass.'
3. Boshor baba dirkkurshi vi.	'The man is seeking the aunt.'
4. Shusha erkurshi i.	'The bottle is falling down.'
5. Holn borcirshi bi.	'The cow is standing.'
6. Diyamu buva dark'arshi di.	'The mother is left by the father.'

7. Buvamu dogi birkkurshi bi.　　'The donkey is sought by the mother.'

8. Dadamu h'oti irkkurshi i.　　'The grass is sought by the uncle.'

9. Lo orcirshi i.　　'The child is standing.'

A. 把下面的阿支语句子翻译成英语：

10. Lo hoIn birkkurshi vi.

11. Diya boshor vark'arshi vi.

B. 把下面的英语句子翻译成阿支语：

12. The uncle is sought by the aunt.

13. The donkey is falling down.

14. The mother is leaving the father.

C. 列举并注解材料中的所有语素。

D. 这些材料中有哪些阿支语成分语序比较明显？

练习 9.14：玛阿语（Maa）

Doris Payne and Leonard Kotikash

玛阿语是东非的一种语言，大约有 40 万人使用，主要分布在肯尼亚和坦桑尼亚。

下面是一些玛阿语的小句，后面有打乱了顺序的英语译文。将正确译文的序号写在横线上，以指明哪个翻译与哪个玛阿语小句相配。然后回答下面的问题：

1. éósh ɔlmʊraní ɔlásʊráí　　＿＿＿＿＿

2. áadól ɔlásʊráí　　＿＿＿＿＿

3. éló ɔlásʊráí　　＿＿＿＿＿

4. áaósh ɔlmʊraní　　＿＿＿＿＿

5. ídɔí ɔlmʊránì　　＿＿＿＿＿

6. íóshokí ɔlmʊránì ɔlásʊrài　　＿＿＿＿＿

7. ádúŋokí ɔlmʊrání ɔlcɛtá　　＿＿＿＿＿

8. ádúŋ ɔlcɛtá　　＿＿＿＿＿

9. áaduŋokí ɔlmʊraní ɔlcɛtá　　＿＿＿＿＿

10. áadúŋ ɔlmʊraní　　＿＿＿＿＿

11. édúŋ ɔlmʊraní　　＿＿＿＿＿

12. éípak ɔlmʊraní　　＿＿＿＿＿

13. éló ɔlmʊraní　　＿＿＿＿＿

285

14. áípák　　　　　　_____
15. íló　　　　　　　　_____

打乱了顺序的英语译文：

a. 'The warrior cuts me.'
b. 'The warrior dances（before war）.'
c. 'The warrior cuts the tree for me.'
d. 'The warrior cuts it.'
e. 'You go.'
f. 'The warrior goes.'
g. 'The snake goes.'
h. 'I cut the tree for the warrior.'
i. 'The warrior hits me.'
j. 'You see the warrior.'
k. 'The warrior hits the snake.'
l. 'The snake sees me.'
m. 'You hit the snake for the warrior.'
n. 'I cut the tree.'
o. 'I dance（before war）.'

A. 玛阿语中的语法关系是如何表达的？请为你的所有看法给出证据。
B. 语素 *-oki* 的正确注解是什么？

附注

① Van Valin and Lapolla（1997：392 及以下诸页）对"词汇型反身代词"这一术语的使用同我们将要在本书中的使用很不一样。此处对这一术语的使用与词汇、形态和句法表达类型总体的三分法一致，这种三分法总体来看正是本书以及众多描写语言学著作的一个主要论题。正如所有学习语言学的学生最终将会发现的那样，语言学术语在不停地变化，很多术语和概念在不同的语言学家那里用法都不一样。

② 有些语言学家认为西班牙语的形态型反身式在语法上是及物的，部分原因在于第一和第二人称反身前附词与第一和第二称的宾语前附词完全相同。这使得这些前附词看起来像是指称一个句法上的直接宾语，这样的话这些小句在语法上就是及物的。不过，也有观点把西班牙语中这些形态型反身式看作在语法上是不及物的。简单地说，（1）第三人称前附词 *se*，与第三人称宾语前附词（*lo*、*la*、*los*、*las*、*le*、*les*）并不相同，而且它并不根据数来变化。（2）西班牙语中很多语法上明显是不及物的结构，也和反身式采用同一套前附词。例如，动词 *caerse*（偶然跌倒）只出现在不及物框架中，带一

个与之和谐的"反身"前附词：*Me cai*［我（偶然）跌倒了］；*te caiste*［你（偶然）跌倒了］；*se cayó*［他 / 她 / 它（偶然）跌倒了］。事实是，西班牙语中的形态型反身式同典型的不及物小句有很多句法上的共同性，尽管它们也有一些及物小句的特征。语言范畴没有清晰的边界，而是呈连续性地互相融合，这又是一个明证。为便于此处的讨论，我们仍将西班牙语的反身式当作不及物结构，尽管学生们应该意识到还有其他可能的分析。

③ 对菲律宾语言总体上的作 / 通格分析，与对宿务语（Cebuano）个别的分析，相互之间是有矛盾的，但这种矛盾并不影响本节的讨论。

第 10 章
多小句结构

每种语言都有一些将基本小句组合成复杂结构的不同方式。本章将讨论几种涉及小句融合的结构类型。

本章所描述的绝大多数结构都包含两个小句：一个**独立**（**INDEPENDENT**）小句，以及一个或一个以上的**依附**（**DEPENDENT**）小句。独立小句是指有完全屈折（fully inflected）且可以在话语中独立使用的小句。依附小句是指至少其部分屈折信息（**INFLECTIONAL INFORMATION**）依附于其他命题的小句。例如在下面的结构中，小句（1b）依附于小句（1a），因为 b 的主语和时只有凭借 a 的主语和时才能被理解：

（1）a. He came in, b. locking the door behind him.
　　　　"他走进来，把门锁在了身后。"

小句（1b）本身不能自然地用于话语中。有时完全屈折的动词被称为**限定**（**FINITE**）动词，依附动词则被称为**非限定**（**NON-FINITE**）动词。不过，这种区别必须理解为一个连续统，因为某些动词在一个方面是依附的，但在另一方面则是独立的。因而我们可以说某个动词比另一个动词更具限定性或更不具限定性。

下面我们将围绕六种常规结构类型展开讨论：（1）**连续动词**（**SERIAL VERBS**），（2）**补足语小句**（**COMPLEMENT CLAUSES**），（3）**状语小句**（**ADVERBIAL CLAUSES**），（4）**小句链**（**CLAUSE CHAINS**），（5）**关系小句**（**RELATIVE CLAUSES**）和（6）**并列式**（**COORDINATION**）。这六种结构类型的排序方式是，靠前的结构式表示两个动词或小句之间的**语法整合**（**GRAMMATICAL INTEGRATION**）相对"紧密"，越靠后的结构式表示两个动词或小句之间的语法整合越"松散"。这种排列也可以从连续统角度采取另外一种描述方式，即在这个连续统中，一端是个单一小句（single clause），另一端是两个语法上截然分开的小句。某种特定的语言可能会拥有处于这两个极端之间的一种或多种结构类型（参见图 10.1）。

一个小句	连续动词	补足语小句	状语小句	小句链	关系小句	并列式	两个独立小句

高度语法整合　　　　　　　　　　　　　　　　　　　　　　　　　　无语法整合

（"紧密"）　　　　　　　　　　　　　　　　　　　　　　　　　　　（"松散"）

图 10.1　语法整合度连续统

图 10.1 所示的这个连续统也反映了许多历史演变的路径，即某些"松散"的句法结构历时地演变为紧密结合的结构（参看 Traugott and Heine 1991 中的多篇文章）。

连续动词

连动结构（serial verb construction）包含两个或更多的动词词根，它们既非复合关系（参看第 2 章），也非单独小句的成员。英语在类似以下的结构中采用了连续动词，但不太典型：

288

（2） **Run go get** me a newspaper. "跑去给我拿一份报纸。"

在其他很多语言里，连续动词是个常见得多的语法特征。一般说来，连动式中的那些动词会表达一个复杂事件的不同侧面。比如英语动词 *bring*（携带）表达的概念可以分为至少两个组成部分，对某个物体的拾取和向指示中心的移动。在很多语言里，包括约鲁巴语［Yoruba，一种主要用于尼日利亚的克瓦语（Kwa）］里，这个复杂概念都是由类似（3a）这样的连动结构表达的（约鲁巴语的材料引自 Bamgbose 1974）：

（3） a. Mo **mú** ìwé **wá** ilé.

     I   take book come house

     我   拿   书   来   家

     'I brought a book home.'

     "我带了一本书回家。"

   b. Mo **mú** ìwé; mo sì **wá** ilé.

     I   take book I   and come house

     我   拿   书   我   和   来   家

     'I took a book and come home.'

     "我拿了一本书并回家。"

例（3b）例示的是两个并列小句，它们采用了与（3a）连动结构中一样的两个动词词根。判定（3a）为连动结构的形式因素如下：

· 第二个动词的主语没有独立的表达形式。
· 第二个动词没有独立的时 / 体标记。
· 语调是单一小句的语调特征。

以下的例子表明，在约鲁巴语的连动结构里，时 / 体 / 情态信息都是由第一个动词携带的：

（4）Mò   **n**   mú   ìwé   bɔ   (*wá).
     I   PROG   take   book   come.PROG   come.PERF
     我   进行   拿   书   来 . 进行   来 . 完整
     'I am bringing a book.'
     "我正拿来一本书。"

例（4）中，表达进行体的助动词出现在第一个动词之前，它并没有在第二个动词前重复出现。不过，义为"来"的动词形式上必须与进行体保持一致，用 bɔ，而不能用完整体的 *wá*。

例（5a）显示否定小词与第一个动词有关联，但否定却施用于整个小句。例（5b）显示否定小词不能与第二个动词发生联系：

（5）a. Èmi   kò   mú   ìwé   wá.
       I.NEG   not   take   book   come
       我 . 否定   not   拿   书   来
       'I did not bring a book.'
       "我没拿来一本书。"
    b. *Èmi mú ìwé kò wá.

与这些连动结构相对的是，并列小句里每个小句都可以有自己的时、体和情态。

某些连动结构不太典型，因为两个动词都可以携带某些屈折信息。例如在阿坎语（Akan）里，连动结构中的两个动词必须具有同样的主语，但主语要颇为冗余地在两个动词之上加以指明（Schachter 1974）：

（6）Mede   aburow   migu   msum.
     I.take   corn   I.flow   water.in
     我 . 拿   玉米   我 . 流   水 . 里面
     'I pour corn into the water.'
     "我把玉米倒进水里。"

苏普伊雷语（Sùpyìré）和明亚恩加语（Minyanka）是西非马里（Mali）境内两种有很近的亲缘关系的塞努福语（Senufo languages）。苏普伊雷语中，连动结构的两个动词都可能包含一个主语的指称形式，如例（7）；而在明亚恩加语中，第二个小句中的主语指称形式要被省略，如例（8）（本章所有苏普伊雷语的例句均由 Bob Carlson 惠示，明亚恩加语的例句则由 Dan Brubaker 惠示）：

苏普伊雷语：

（7） Pi-a   yì   yàha   pí-á   kàrè   fó   Bàmàko   e.
     they-PERF   them   leave   they-PERF go   till   Bamako   to
     他们－完整   他们   离开   他们－完整   去   直到   Bamako   向
     'They let them go to Bamako.'
     "他们让他们去巴马科。"

明亚恩加语：

（8） Pá   yì   yáhá   kárì   fó   Bàmàkò   nì.
     they.ASP   them   leave   go   till   Bamako   to
     他们.体   他们   离开   去   直到   Bamako   向
     'They sent them to Bamako.'（lit: 'let them go.'）
     "他们派送他们去巴马科。"（字面意思："让他们去。"）

语义上，连动结构的意思与相同的那些动词置于独立小句中所表达的意思相比，常常会略有不同。但是，如果语义变化太大，则连动式里的一个动词有可能已被重新分析为助动词了。事实上，连续动词是助动词的一个主要历时来源。

运动动词（verbs of motion）在连动结构里非常有用。它们常用来表达时、体或情态值。因此，它们很容易演化为助动词。例如，义为"go"（去）的动词演变为将来时标记是很常见的，这种情况就发生在英语［*he's going to get mad*（他快要发疯了）］、西班牙语和其他很多语言里。在某些语言里，如苏普伊雷语，导致动词"go"这种用法出现的结构类型正是连动结构：

290

（9） Zànhe *sí*   dùfugé   kèègè.
     rain   go   maize.DEF   spoil
     雨   去   玉米.有定   损坏
     'The rain will spoil the maize.'
     "这场雨将损坏这些玉米。"

在藏语里，类连动结构（serial-like construction）中的运动动词为其他动词所描述的行为提供方向定位（DeLancey 1990）：

（10） qʰó　　　pʰoo　　（cɛɛ）　*čĩ*　　pəréè
　　　 he.ABS　 escape　 NF　　 went　 PERF.DISJUNCT
　　　 他.通格　逃跑　　非将来　去　　完整.析取
　　　 'He escaped away.'
　　　 "他逃走了。"

　　连续动词也可能会演变为附置词（adpositions）。例如，在约鲁巴语里，标记**接受者**的前置词明显跟"给"义动词相关（Stahlke 1970）：

（11） mo　sɔ　*fún*　ɔ...
　　　 I　 say　give　you
　　　 我　说　 给　 你
　　　 'I said to you...'
　　　 "我对你说过……"

　　在埃菲克语（Efik）里，"给"义动词变成受益格前置词（Welmers 1973）：

（12） Nám　útom　ɛ.　　nə　 mì.
　　　 do　 work　 this　give　me
　　　 做　 工作　 这　 给　 我
　　　 'Do this work for me!'
　　　 "为我做这项工作！"

　　在苏普伊雷语以及其他许多语言中，"use"（用）义动词演变成工具角色的标记。在苏普伊雷语中它变为后置词：

（13） U-a　　　 lì　*tàha-a*　　　　ŋùŋke　pwɔ́.
　　　 she-PERF　 it　use-NF　　　　 head.DEF　　 tie
　　　 她-完整　　它　用-非将来　　头.有定　　　系
　　　 'She tied her hair with it.'
　　　 "她用它扎头发。"

补足语小句

　　典型的**补足语小句**（**COMPLEMENT CLAUSE**）是指充当其他某个小句的论元

（主语或宾语）的小句（Noonan 1985）。**主句**［**MAIN CLAUSE**，或**母句**（**MATRIX CLAUSE**）］是指其核心论元之一由其他小句（补足语小句）充当的小句。

　　本章讨论和例示的补足语小句可以是母句的主语，也可以是母句的宾语。例如：

（14）**主语补足语**（**SUBJECT COMPLEMENT**）：

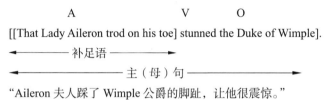

　　　　　　"Aileron 夫人踩了 Wimple 公爵的脚趾，让他很震惊。"

291

（15）**宾语补足语**（**OBJECT COMPLEMENT**）：

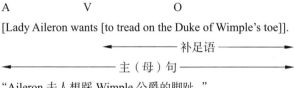

　　　　　　"Aileron 夫人想踩 Wimple 公爵的脚趾。"

　　在例（14）中，使 Wimple 公爵受到惊吓的是由小句 *that Lady Aileron trod on his toe*（Aileron 夫人踩了他的脚趾）表达的整个命题，因此这个小句是动词 *stunned*（惊吓）的主语，且是主语补足语。例（15）中，Aileron 夫人所想的是 *to tread on the Duke of Wimple's toe*（踩 Wimple 公爵的脚趾），因此整个小句都是动词 *want* 的宾语，且是宾语补足语。两例中包含补足语的更大的小句可称为**母句**（**MATRIX CLAUSE**）。

　　下列树形图显示了这些例子中补足语小句的句法位置。*that* 这个形式被称为**标补语**（**COMPLEMENTIZER**）。因为它决定了紧随其后的小句的句法行为，所以可以被看作它所引导的短语的句法核心。因此紧挨在 COMP 上面的短语节点是一个 CP，即**补足语短语**（**COMPLEMENT PHRASE**）。

（16）

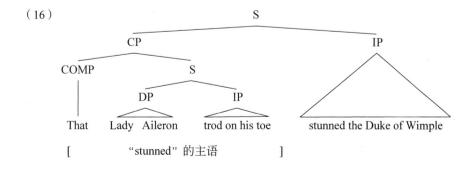

（17）

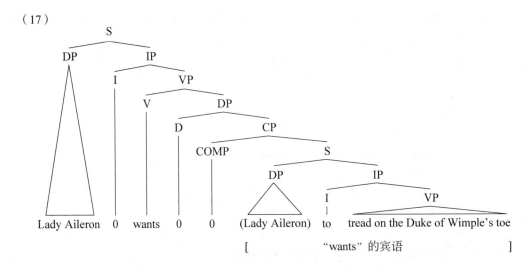

在例（17）里，动词 *wants* 的整个宾语是 *Lady Aileron to tread on the Duke of Wimple's toe*。但是，英语有一条规则，即宾语补足语小句的主语在跟母句主语相同的情况下可292 以省略。注意，如果二者的主语不同，那么宾语补足语小句的主语必须出现：

（18） Lady Aileron wants Buttercup to tread on the Duke of Wimple's toe.
"Aileron 夫人想要 Buttercup 踩 Wimple 公爵的脚趾。"

例（17）的另一个值得注意的特征是引导小句的标补语是零形式。英语有好几种宾语补足语小句，造成它们之间差异的一个结构参数就是所使用的标补语。以下例子例示了英语中可以使用的各种标补语：

（19） a. 零形式标补语： I know Ø you are left-handed.
　　　　　　　　　　 "我知道你是左撇子。"
　　 b. That 标补语： I know *that* you are left-handed.
　　　　　　　　　　 "我知道你是左撇子。"
　　 c. If 标补语： I don't know *if* he is coming.
　　　　　　　　　　 "我不知道他来不来"
　　 d. To 标补语： I know *to* shut up before she gets angry.
　　　　　　　　　　 "在她生气前，我知道闭嘴。"

英语里，主语补足语小句通常居于动词之后，中性代词 *it* 通常出现在动词前的位置：

（20） It stunned the Duke of Wimple that Lady Aileron trod on his toe.
"Aileron 夫人踩了 Wimple 公爵的脚趾，这让公爵很震惊。"

注意，这个小句的意思跟例（14）相同。在（20）里，补足语 *that Lady Aileron trod on his toe* 仍然是主语（惊吓了公爵的事件），即使它处于小句的末尾。代词 *it* 占据了主语补足语小句的常规位置。这被称为**后置**（**POST-POSED**）或**外置**（**EXTRAPOSED**）主语补足语小句。

一个小句可以既是补足语又是母句，即它可以是一个小句的论元，而同时又有第三个小句充任其自身的核心论元。例如：

（21）[Aileron wants [to believe [that that oaf is the Duke of Wimple]]]

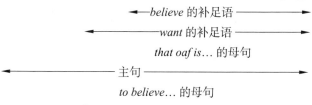

"Aileron 想要相信那个蠢材就是 Wimple 公爵。"

限定性补足语小句

典型的**限定性**（**FINITE**）补足语小句就像是独立小句，这点可由如下特征显示：

· 它们带有自己的时和体。
· 它们直接表达自己的主语，主语的指称不限于母句主语。

以下是英语中的某些限定性补足语小句的例子：   293

（22）限定性宾语补足语小句

　　a. I know that *it's raining.* "我知道在下雨。"
　　b. I emphasized that *she knows Swahili.* "我强调过她懂斯瓦希里语。"

（23）限定性主语补足语小句

　　a. That *it had rained* surprised me. "已经下过雨了，这让我很惊讶。"
　　b. It's well known that *she is terribly rude.* "众所周知，她非常地粗鲁。"

除开标补语 *that*，（22）、（23）中每个以斜体强调的小句都能独立充任一个完整的、可理解的话段。每个小句都独立地标记时和主语指称。这就是小句为**限定性**（**FINITE**）小句的含义所在。

正如所料，在 VO 型语言如汉语官话里，宾语补足语小句通常位于母句动词后面（语料由 Sandra Thompson 惠示）：

（24） wǒ zhīdào *nèige* *rén* *chī-le* *sān* *wǎn* *fàn.*
I   know   that   person eat-PERF three   bowl   rice
我   知道   那   人   吃 - 完整 三   碗   饭
'I know that that person ate three bowls of rice.'
"我知道那个人吃了三碗饭。"

补足语动词的完整体（perfective）标记显示斜体强调的部分[1]带有它自己的体，因此是一个限定性补足语小句。

在 OV 型语言如瓦珀语（Wappo，美国加利福尼亚州的一种濒危语；语料承 Sandra Thompson 私人交流惠示）中，宾语补足语小句一般居于母句动词的前面：

（25） ʔah   *ce*   *k'ew* *ew*   *tum-tah*   hatiskhi?
1SG   that   man   fish   buy-PAST   know
1 单   那   人   鱼   买 - 过去   知道
'I know that man bought fish.'
"我知道那个人买了鱼。"

同样，例（25）中的补足语小句也是限定性的，因为它包含了瓦珀语中独立小句必需的所有屈折信息，包括过去时标记。

非限定补足语小句

与限定性补足语小句相比，**非限定（NON-FINITE）**补足语小句更为黏着，独立性更低，不太像是独立于母句的单独小句。非限定补足语小句通常具有以下属性：

· 主语身份受到高度限制。它通常须与母句动词的主语相同。
· 时、体和情态受到高度限制或完全不加以指明。补足语动词往往是非限定的。

英语、汉语官话和瓦珀语的非限定补足语小句的例子如下：

294　英语非限定主语补足语小句：

（26） a. *To cook a meal like that* requires a lot of patience.
　　　　"做一顿那样的饭需要很大的耐心。"
　　　b. It isn't so easy *to do linguistics*.
　　　　"做语言学不那么容易。"

---

[1] 原书例（24）中"nèige"没有斜体显示且标注为"that"，疑作者误将它当成一个标补语。——译者

英语非限定宾语补足语小句：

（27） a. I enjoy *washing my car*. "我喜欢洗我的车。"
　　　 b. She likes *to do linguistics*. "她喜欢做语言学。"

汉语官话非限定宾语补足语小句：

（28） wǒ　　yào　 *niàn*　（*-le*）　 *shū*
　　　 1SG　　want　read　（-PERF）　book
　　　 1 单　　要　　念　　（−完整）　书
　　　 'I want to read book.'
　　　 "我要念书。"

在汉语官话里，某些母句动词（如"要"）的补足语小句带有完整体小词是不合语法的。

瓦珀语非限定宾语补足语小句：

（29） ʔah　　　*ce*　　*k'ew*　*ew*　 *tum-unk*　 hak'seʔ
　　　 1SG　　 that　　man　 fish　 buy-INF　　 want
　　　 1 单　　 那　　 人　　鱼　　买 − 不定　 想
　　　 'I want that man to buy fish.'
　　　 "我希望那个人买鱼。"

在瓦珀语的这个小句里，补足语动词并没有带上独立的时 / 体标记，相反不定式后缀（infinitive suffix）将它标记为一个非限定动词。

直接和间接言语

我们将对不同语言处理**直接（DIRECT）**和**间接言语（INDIRECT SPEECH）**的方式进行简略描述，以此来结束本节有关补足语小句的讨论。有时，直接和间接言语合在一起被称为**转述言语（REPORTED SPEECH）**。直接言语［或直接引语（direct quotation）］是指说话人所转述的另一个人的原话。间接言语［或间接引语（indirect quotation）］是指说话人转述的某人所说话语的内容，但不一定是原话。例如（30a）例示的是直接言语，而（30b）是间接言语：

（30） a. Walter said "I love Taiwan."　　　**直接言语**
　　　 "Walter 说：'我爱台湾。'"

b. Walter said he loves Taiwan. **间接言语**

"Walter 说他爱台湾。"

如果某种语言在语法上不区分直接和间接言语，那么所有转述的言语都是直接言语——目前尚未见到某种语言所有转述言语都是间接言语的记载。直接言语补足语小句（direct speech complement clauses）在任何语言中总是最独立的补足语类型。这是因为某人说话的内容绝不会受到其他人转述的限制。被转述的话语在时间和空间上都可能跟转述行为相距甚远。另一方面，间接言语补足语小句（indirect speech complement clauses）要受到跟该语言中其他类型的限定性宾语补足语小句同样的语法限制。例如，某个间接言语补足语的时／体／情态可能会受到母句时／体／情态的限制，如西班牙语
295 标准书面语：

（31）a. Carlos dijo   que iba   a venir.

    Carlos say:PERF:3SG that go:IMPERF:3SG to come:INF

    Carlos 说：完整：3 单 that 去：未完整：3 单 to 来：不定

    'Carlos said that he was going to come.'

    "Carlos 说过他要来。"

   b. ?Carlos dijo   que va   a venir.

    Carlos say:PERF:3SG that go:PR:3SG to come:INF

    Carlos 说：完整：3 单 that 去：现在：3 单 to 来：不定

    'Carlos said that he is going to come.'

    "Carlos 说过他要来。"

   c. * Carlos dijo   que viene.

    Carlos say:PERF:3SG that come:PR:3SG

    Carlos 说：完整：3 单 that 来：现在：3 单

    （'Carlos said that he comes.'）

    （"Carlos 说过他来。"）

西班牙语的标准语法将告诉你：当主句里使用完整体［perfective aspect，或 "preterit"（过去时）］时（以上例子中的 *dijo*），必须在间接引语补足语里使用未完整体（imperfective aspect），如例（31a）。例（31b）和（31c）都不是标准的西班牙语，因为补足语里的时／体在例（31b）里是将来时，在例（31c）里是现在时。但是，类似的例子在日常言语里能听到。

言说动词［verbs of utterance，如 *say*（说）、*tell*（告诉）等］一个有趣的特征是，它们的意义经常会引申出包含认知和感知的概念。在坎贝拉语（Kambera，印度尼西亚东部的一种南岛语，见 Klamer 1998）里，动词 *wà* 是个普通言说动词：

（32） E,　　wà-nggu-nya　　　　　na　　ama-mu!

　　　hey　　say-1SG-3SG.DAT　　　ART　　father-2SG

　　　嗨　　说 –1 单 –3 单 . 与格　　冠词　　父亲 –2 单

　　　'Hey, I was talking to your father!'

　　　"嗨，我刚才正和你父亲聊天呢！"

这个动词还表达某种认知概念［如（33a）、（33b）］以及言说概念的其他一些"引申义"［如（33c）、（33d）］:

（33） a. Ka　　　nyimi　nggamu-ya　na　　　ana　　tau　　ba　　　*wà*-mi?

　　　　　CONJ　　2PL　who-3SG　ART　　child　male　COMP　say-2PL

　　　　　连词　　2 复　谁 –3 单　冠词　　孩子　男性　标补　说 –2 复

　　　　　'And who do you think the boy is?' (*say* extended to mean *think*)

　　　　　"你认为那男孩是谁？"（"说"引申后表"认为"义）

　　　b. Na　　lei-nggu　　amang　　nda　　*wà*-na.

　　　　　ART　husband-1SG　earlier　NEG　　say-3SG

　　　　　冠词　丈夫 –1 单　更早的　否定　说 –3 单

　　　　　'She didn't realize he was her former husband.' (lit: 'She didn't say "he is my former husband." ')

　　　　　"她没有意识到他是她的前夫。"（字面意思："她没说'他是我前夫。'"）

　　　c. Mbùtu　*wà*-na　　tuna…

　　　　　'thud'　say-3SG　thus

　　　　　"砰"　说 –3 单　因此

　　　　　'It said "thud!"'

　　　　　"它发出'砰'的一声。"

　　　d. Likir　　*wà*-na-bia-ka.

　　　　　tilt:head　say-3SG-CONT-PERF

　　　　　歪：脑袋　说 –3 单 – 持续 – 完整

　　　　　'He just kept his head tilted.' (lit: 'He just kept saying "tilt:head." ')

　　　　　"他只是一直歪着脑袋。"（字面意思："他只是一直说'歪脑袋'。"）

言说动词的第二个常见特征是它们常常演化为标补语或**引语小词**（**QUOTATIVE PARTICLES**）。在布鲁语（Buru，印度尼西亚东部的一种南岛语）里有一个专用的标补语 *fen*，常和认知 – 言说动词连用。该标补语明显跟用作母句中指示直接言语的那个"说"义动词有关（例句引自 Grimes 1991）:

296

（34）*Fen*,　　"Ng-ina,　　　　nang　　　dah-deduk."

　　　　say　　　1SG-mother　　1SG.POS　bunch-repeat

　　　　说　　　1 单 – 母亲　　1 单 . 被领有　串 – 重复

'He said, "Mother, the next hand is mine."'

"他说：'妈妈，下一串是我的。'"

下面的例子显示，这个动词可以用作间接引语［如（35a）］以及认知动词［如（35b）］和感知动词［如（35c）］的标补语：

（35）a. Ku　　enika　ama-n　　　　dii　　*fen*　　ma　　iko　　leuk　　　fi　　　doo.
　　　　 2SG　　ask　　father-GEN　　DIST　　COMP　　1PL　　go　　precede　　LOC　　where
　　　　 2单　　问　　父亲－属格　　远指　　标补　　1复　　去　　先于　　　处所　　where
　　　　 'Ask father where we should go first.'（"Ask father saying..."）
　　　　 "问父亲我们应该先去哪儿。"（"问父亲说……"）

　　　 b. Sira　　em-tako　　*fen*　　sira　　dapak　　eflali.
　　　　 3PL　　STAT-fear　　COMP　　3PL　　get　　beat
　　　　 3复　　静态－担心　标补　　3复　　获得　　打
　　　　 'They were afraid they would be beaten.'
　　　　 "他们担心他们会被打。"

　　　 c. Ya　　kita　　*fen*　　da　　iko　　haik.
　　　　 1SG　　see　　COMP　　3SG　　go　　PERF
　　　　 1单　　看见　　标补　　3单　　去　　完整
　　　　 'I saw that he had already left.'
　　　　 "我看到他已经离开了。"

布鲁语中其他带补动词（complement-taking verbs）带有其他标补语。有人可能认为当代美国英语中，动词 *go* 以及量化表达语 *be all* 也正在变成引语小词（quotative particles）：

（36）a. I'm just *all*, like, "thanks a lot!" and he *goes* "sure, no prob," and I'm *all* "where's this guy coming from?" ya know?
　　　　 "我就说了好像'多谢'之类的话，他回答'放心，没问题'，然后我问'这家伙从哪儿来'之类的，你懂吗？"

　　　 b. I'm sitting there at a stoplight, when all of sudden my car just *goes* "thud."
　　　　 "我正停在红绿灯前，突然我的车发出'砰'的一声。"

状语小句

状语小句（ADVERBIAL CLAUSES）是充当"状语"功能的小句（Longacre and Thompson 1985）。它们修饰动词短语或整个小句。它们不是小句中的论元。状语小句有时又被称为**附接语**（ADJUNCTS）（与论元相对）。"附接语"是一个很好的术语，因为"补足语"这个术语意味着"完足"（completion），一个短语或小句只有在其所有的补足语位置都被填满（即完足）时，才能表达一个完整的思想；另一方面，状语小句和短语都是附加于已经完足的小句。状语小句只是为其他小句所表达的内容添加一些信息。

有时状语小句具有跟补足语小句相同的形式：

（37） a. He ran *to get help*. "他跑去求助。" （目的）

b. We're sorry *that you feel that way*. （原因）
"我们很抱歉你有那种感觉。"

c. She went out, *locking the door behind her*. 〔相续（sequence）〕
"她走了出去，把门锁在了身后。"

这些例子中的状语小句都具有同英语中某些补足语类型（分别为非限定、限定和分词）相同的形式。但它们不是补足语小句，因为它们不构成主要动词的逻辑论元。相反，它们只是添加"状语"信息，即分别表示目的、原因和相续。　297

状语小句表达的信息与副词表达的信息相似，如时间、处所、方式、目的、原因，等等。以下几节提供了多种语言里不同类型状语小句的一些例子。每个例子中，状语小句都以斜体表示，独立小句使用正体。

时间状语小句

（38） a. *When I was your age*，television was called books.[1]（also *before, after*）
"当我像你这么大时，电视就叫书。"（也用 *before*、*after*）

b. *While*（*we were*）*eating*，we heard a noise outside the window.
"（我们）正吃饭时，我们听到了窗外的声音。"

c. He woke up *crying*.
"他醒来时在哭。"

（39） 巴拉伊语（Barai，巴布亚新几内亚）：

Bae-mo-gana	e	ije	bu-ne	ke.
ripe-PAST.SEQ-DS	people	these	3PL-FOC	take
成熟－过去 . 相续－主语不同	人们	these	3 复－焦点	摘

'*When it was ripe*，these people took it.'
"当它成熟了，这些人就摘下它。"

处所状语小句

（40） I'll meet you *where the statue used to be*.
"我将在原来放雕像的地方和你见面。"

---

[1] 电影《公主新娘》（*The Princess Bribe*）中的一句台词。——译者

（41） 土耳其语：

Sen Erol-un	otur-dug-u	yer-e	otur.
You Erol-GEN	sit-OBJ-POS	place-DAT	sit
你　Erol–属格	坐–宾语–被领有	地方–与格	坐

'You sit *where Erol was sitting*.'（要求有个表示"地方"的词）

"你坐在原来 Erol 坐的地方。"

方式状语小句

（42） a. She talks *like she has a cold.*　　b. Carry this *as I told you.*

　　　"她说起话来像感冒了。"　　　　　"按我说的带上这个。"

（43） 盖丘亚语（Quechua）：

Alista-pan	kuura	ni-shan-naw-qa
prepare-BEN3	priest	say-REL-MAN-SUBJ
准备–受益 3	牧师	说–关系化–方式–主语

'They prepared it for him *like the priest said*.'

"他们像牧师所说的那样为他做准备。"

目的状语小句

（44） He stood on his tiptoes *in order to see better*.

　　　"他踮起脚尖以便看得更清楚。"

（45） 帕纳雷语（Panare）：

T-yen-che'	e'ñapa	tu'ñen	i'ya-ta-tópe
IRR-take-GNO	people	medicine	shaman-INCHO-PURP
非现实–吃–格言	人们	药	萨满–起动–目的

'People take medicine in order to become a shaman.'

"人们吃药以便成为萨满。"

原因和使因状语小句

（46） a. Sleep soundly young Rose *for I have built you a good ship*.

　　　"安心睡吧年轻的 Rose，因为我已为你造了一艘漂亮的船。"

b. Languages need to be documented *because they are supreme achievements of a uniquely human collective genius*.

　　　"语言需要被记录，因为它们是人类独有的集体智慧所取得的至高无上的成就。"

绝大多数语言把目的和原因同等对待，如约鲁巴语（Yoruba）：

（47） Vəru   *gàadà*   *dà*   *shi*   *səma*
    go:out:PERF   PURP   IRR   drink   beer
    去：外：完整   目的   非现实   喝   啤酒
    'He went out to drink beer.'（目的）
    "他去外面，为了喝啤酒。"

298

（48） A-ta   abən   *gàadà*   *aci*   *ngaa*
    eat-PERF   food   REAS   he   well
    吃 - 完整   食物   原因   他   好
    'He ate because he was well.'（原因）
    "他吃了，因为他好了。"

在这些约鲁巴语小句里，目的小句和原因小句唯一形式上的区别在于目的小句含有**非现实**（**IRREALIS**）标记 *dà*。

条件小句

条件小句表达在信息世界中可能为真也可能为假的情状。一个条件小句是否被理解为真，决定或影响结构式中独立小句的真值。

（49） 简单条件小句（simple conditional clauses）
    a. *If you haven't got your health*，you haven't got anything.
       "如果你没有健康，那么你什么都没有。"
    b. *If you make her laugh*，you have a life.
       "如果你能让她笑，你就拥有了生活。"
    c. *If you stare at someone long enough*，you discover their humanity.
       "如果你盯着某人看足够长的时间，你会发现他们的人性。"

（50） 假设条件小句（hypothetical conditional clause）
    If I（were to see）David，I would speak Quechua with him.
    "假如我见到 David，我就会和他说盖丘亚语。"

（51） 违实条件小句（counterfactual conditional clause）
    If you had been at the concert，you would have seen Ravi Shankar.
    "假如你当时参加了音乐会，你就见到 Ravi Shankar 了。"

（52） 否定条件小句（negative conditional clause）
    Unless it rains，we'll have our picnic.（i.e.，If and only if it does not rain，we will have our picnic.）
    "除非下雨，我们就要去野餐。"（即，当且仅当不下雨，我们才会去野餐。）

（53） 让步条件小句（concessive conditional clause）
Even if it rains，we'll have our picnic.
"即使下雨，我们也要去野餐。"

大多数语言都在让步条件小句中使用简单条件标记（如英语中的 *if*），但有些语言则使用不同的语素（Li and Thompson 1981：636）：

（54） 汉语官话：

Jiùshì	*zhème*	*piányi*	tā	hái	bu	mǎi	ne.
Even:if	this	cheap	3SG	still	not	buy	REX
即使	这	便宜	3单	还	不	买	预应

'Even if it's this cheap, he/she still won't buy it.'
"就是这么便宜，他／她还不买呢。"

不少语言用很多有趣的修辞方式来使用条件小句的形态句法。这些可以被非正式地称为**言语行为条件句**（**SPEECH-ACT CONDITIONALS**），因为它们可以完成一些交际任务（言语行为），如给予许可（Longacre and Thompson 1985）和辱骂等，而非上面描述的标准的条件性（classical conditionality）。例如：

（55） *If you're thirsty* there's coke in the refrigerator.
"如果你口渴的话，冰箱里有可乐。"

这不是一个标准的条件小句，因为即使听话人不渴，主句所描述的情状大概仍然成立。相反，这个复杂句可以解释为 "You may be thirsty, and in order to solve this possible problem, I hereby give you permission to drink some of the coke that is in the refrigerator."（你可能口渴了，为了解决这个可能的问题，我特此允许你喝一些冰箱里的可乐。）这里还有另外一个例子：小句采用的是条件句的形式，但它完成的是与条件性毫无关系的言语行为：

（56） *If there's a mental health organization that raises money for people like you*, be sure to let me know.
"如果有为你这样的人募款的心理健康组织，请一定让我知道。"

这类小句的交际效果是侮辱听话人，而不是建立一个真实条件，在此条件下独立小句中的情状为真。

小句链和换指

世界上很多语言都有在话语中将若干小句连接成链的趋势。这类小句链由一个独立小句以及一个或更多的依附小句组成，这些依附小句由它们展现的形态彼此相连。在这类**小句链语言**（**CLAUSE-CHAINING LANGUAGES**）中，有种常见的形态系统被称为**换指**（**SWITCH-REFERENCE**）。

典型的换指系统是一种动词屈折变化，用以显示某一动词的主语是否与另一个动词的主语相同。例如在尤马语言（Yuman languages）如马利柯帕语（Maricopa）中，动词后缀 -k 表示该动词的主语与序列中下一个动词的主语相同，后缀 -m 则表示二者不同。下列例子中的缩略语 SS 和 DS 分别代表"主语相同"（same-subject）和"主语不同"（ different-subject）（例句蒙 Lynn Gordon 惠示）：

（57） a. Nyaa   '-ashvar-*k*   '-iima-k.

         I   1-sing-SS   1-dance-PERF

         我   1－唱－主语相同   1－跳舞－完整

         'I sang and I danced.'

         "我唱了歌并且我跳了舞。"

     b. Bonnie-sh   0-ashvar-*m*   '-iima-k.

         Bonnie-SUBJ   3-sing-DS   1-dance-PERF

         Bonnie－主语   3－唱－主语不同   1－跳舞－完整

         'Bonnie sang and I danced.'

         "Bonnie 唱了歌并且我跳了舞。"

在马利柯帕语里，换指标记不同于动词一致，也就是说，它们是另一种不同的屈折范畴（注意：两种情况下动词都通过添加前缀的方式同它们的主语获得"一致"关系），因此存在冗余。但有时换指标记被并入动词一致系统中。在这种情形里，"第三人称"范畴被分为两个，一个用于同指，另一个则用于换指。文献中有不同的术语用来指称这样的系统，如反身代词、**第四人称**（**FOURTH PERSON**）、**复现**（**RECURRENT**），等等。

尤皮克语（Yup'ik）展现出了这样的系统。在下列例子里，下标 i、j 表示参与者之间存在同指（coreference）（i＝i）或换指（i≠j）关系：

（58） a. Dena-q   quya-u-q   Toni-aq   cinga-llra-ϕ-ku.

         -ABS   happy-INTRNS-3   -ABS   greet-because-3/3-DEP

         －通格   高兴－不及物－3   －通格   迎接－因为－3/3－依附

         'Dena$_i$ is happy because she$_j$ greeted Tony.'

         "Dena$_i$ 很高兴，因为她$_j$ 迎接了 Tony。"

b. Dena-q   quay-u-q   Toni-aq   cinga-llra-*mi*-ku.

                                              –ss

                          主语相同

'Dena_i is happy because she_i greeted Tony.'

"Dena_i 非常高兴，因为她 _i 迎接了 Tony。"

例（58a）的第二个小句带上了状语小句标准的动词一致标记。（58a）只能解释为各小句的施动者（actor）是不同的。另一方面，例（58b）的第二个小句采用了一个特殊后缀 *-mi*，表示此小句的施动者与前一小句的施动者是相同的。有时这个后缀被称为"第四人称"。

更复杂的换指系统见于巴布亚新几内亚岛高地的一些语言。例如，凯特语（Kâte）有一个由四个标记组成的换指系统（Longacre 1972），如表 10.1 所示：

表 10.1 凯特语的换指标记

	重合（while）	承接（then）
主语相同	-huk	-ra
主语不同	-ha	-0

（59） a. Fisi-*huk*   na-wek

      arrive-ss   ate-3SG

      到达 – 主语相同   吃 –3 单

      'As he_i arrived, he_i was eating.'

      "当他 _i 到达时，他 _i 正在吃。"

   b. Fisi-*ra*   na-wek

      arrive-ss   ate-3SG

      到达 – 主语相同   吃 –3 单

      'He_i arrived, then he_i ate.'

      "他 _i 到了，接下来他 _i 吃了。"

   c. Mu-*ha*-pie   kio-wek.

      speak-DS-3PL   weep-3SG

      说话 – 主语不同 –3 复   哭泣 –3 单

      'As they spoke, he was weeping.'

      "当他们说话时，他在哭泣。"

   d. Mu-ø-pie   kio-wek.

      speak-DS-3PL   weep-3SG

      说话 – 主语不同 –3 复   哭泣 –3 单

      'After they spoke, he wept.'

      "他们说话后，他哭了。"

有些系统甚至比这更复杂。例如在帕纳雷语里，指示小句之间同指或换指关系的语素，同时还可以表达多种时间或逻辑关系。表 10.2 例示了这些后缀及它们表达的各种关系（T.Payne 1991）。

表 10.2　帕纳雷语的换指标记

语素（动词后缀）	时间关系	指称关系	表达的其他关系
-séjpe	承接	施动者 = 施动者	目的
-sé'ñape	承接	通格 = 受事	结果
-népe	承接	施动者 ≠ 施动者	位移 / 目的
-npan	重合	施动者 = 施动者	无
-tááñe	重合	施动者 ≠ 施动者	无
-jpómën	居先	施动者 = 施动者	原因

表 10.2 表明，换指不一定只基于主语这一种语法关系。多种语言，特别是那些以作 / 通格为基础来组织语法关系的语言（参看第 8 章），可能对宾语或通格敏感。这种现象在澳洲语言（Austin 1980）和美洲印第安语言［参看 Jones and Jones 1991 对巴拉撒诺语（Barasano）的研究］中已有记载。

关系小句

关系小句（**RELATIVE CLAUSE**）是一种修饰名词的小句（Keenan 1985），例如：

（60）　The oaf *that* [ø trod on Lady Aileron's toe]…

　　　　"［ø 踩了 Aileron 夫人脚趾］的那个蠢材……"

301

就句法结构而言，关系小句是一种内嵌于名词短语的小句。图示如下：

（61）

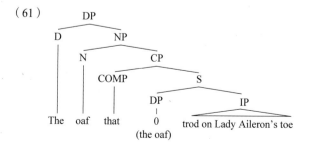

关系小句的几个重要组成部分如下：

- **核心语**（HEAD），即受小句修饰的名词短语。例（60）中核心语是 *oaf*（蠢材）。
- **限制性小句**（RESTRICTING CLAUSE），即关系小句本身。例（60）中限制性小句由方括号括在一起。
- **R–成分**（R-ELEMENT），即限制小句内与核心名词同指的成分。例（60）中的 R–成分用 ø 表示［零成分或"空位"（gap）］。
- **关系化标记**（RELATIVIZER），即用来引导限制性小句用作关系小句的语素或小词。

在英语中，关系化标记与标补语（见上文）相同。例（60）里的关系化标记就是标补语 *that*。假如关系化标记反映了限制性小句内 R–成分的某些特性（如指人性、限制性小句内的语法关系，等等），那么它就可以被称为**关系代词**（RELATIVE PRONOUN）（详下）。

注意在例（61）里，完整的内嵌小句是 *The oaf trod on Lady Aileron's toe*（那个蠢材踩了 Aileron 夫人脚趾）。此小句的主语省略了，因为它与母句的主语同指。

关系小句可按照多个参数来进行分类。本章要讨论和例示的参数是：（1）关系小句相对于核心名词的位置，（2）R–成分的表达方式，以及（3）R–成分能指示哪些 302 语法关系。

核心语的位置

关系小句可以是**前名词型**（PRENOMINAL）（关系小句在核心语前面）、**后名词型**（POST-NOMINAL）（关系小句在核心语后面），也可以是**核心内置型**（INTERNALLY HEADED）（核心语居于关系小句内部）或者**无核型**（HEADLESS）。因为关系小句是名词修饰语，所以有人期待它们会出现在与其他名词修饰语如形容词、数词等相同的位置。尽管关系小句相对于核心名词的位置确实通常与其他修饰语的位置相同，但关系小句却有明显的居于核心名词之后的倾向（后置于名词），即便在那些其他修饰语前置于核心名词的语言中也如此。这个倾向可能源于"重成分"后移这种普遍的语用原则，即长的、语音复杂的信息在小句靠后的部分出现。这与促使英语的主语补足语小句后置的原则相同（参看上文）。以下来自不同语言的例子可以说明上述这些类型。

后名词型关系小句是最常见的类型。主句成分语序以 VO 为优势语序的语言总是具有后名词型的关系小句。英语就是这种语言。以下例子来自卢干达语（Luganda），刚果的一种班图语：

（62）a. omukazi　　ya-kuba　　　omusajja

　　　　woman　　she-hit　　　man

　　　　女人　　　她–打　　　　男人

‘The woman hit the man.’

"那个女人打了那个男人。"

b. omusajja   [omukazi   gwe-ya-kuba]

man   woman   REL-she-hit

男人   女人   关系化－她－打

‘The man that the woman hit.’

"那个女人打了的那个男人。"

例（62a）例示的是一个普通的及物小句。例（62b）例示了该小句充当修饰名词 *omusajja*（男子）的关系小句。作为 VO 型语言的典型表现，这个关系小句居于核心名词之后。

前名词型关系小句见于绝大多数 OV 型语言，如日语：

（63） a. Yamada-san   ga   sa'ru   o   ka't-te   i-ru.

Yamada-Mr.   NOM   monkey   ACC   keep-PART   be-PR

Yamada－先生 主格   猴子   宾格   养－分词   是－现在

‘Mr. Yamada is keeping a monkey.’

"Yamada 先生正养着一只猴子。"

b. [Yamada-san ga ka'tte iru] sa'ru

‘the monkey that Mr. Yamada is keeping’

"Yamada 先生正养着的那只猴子"

c. [sa'ru o ka'tte iru] Yamada-san

‘the Mr. Yamada who is keeping a monkey’

"养着一只猴子的那位 Yamada 先生"

例（63b）和（63c）例示了两个基于独立小句（63a）的关系小句。在两个关系小句中，限制性小句（在方括号里面）都居于核心语之前。

例（64）例示了一个土耳其语小句，其中关系小句修饰一个名词性成分：303

（64） Eser   [uyuy-na]   kadin-i   tanyor.

Eser   sleep-PART   woman-ACC   knows

Eser   睡觉－分词 女人－宾格   认识

‘Eser knows the woman who is sleeping.’

"Eser 认识那个正在睡觉的女人。"

土耳其语是一种 OV 型语言，它契合于此类型，采用的是前名词型关系小句。例（64）中关系小句的核心语是 *kadin*（女人）。这个名词的前面是用方括号括起来的关系小句。还要注意关系小句内的动词被标记为分词形式。这是关系小句非常常见的特征，特别是在那些具有丰富的动词形态的语言（多式综合语）里。甚至英语也有分词性关系小句：

（65） a. Eser knows the [sleep-*ing*] woman.
　　　　"Eser 认识那个［正睡着的］女人。"
　　　 b. Eser sat on a [fall-*en*] log.
　　　　"Eser 坐在一根［倒下的］圆木上。"
　　　 c. Eser ripped up her [reject-*ed*] novel.
　　　　"Eser 撕碎了她［被退稿的］小说。"

　　以上例子中所有以斜体标示的语素都是由这类或那类动词派生而来的形容词的标记。虽然传统英语语法根本不把这样的动词形式称作小句，但它们符合我们对关系小句的定义。对很多语言（如土耳其语）而言，要使用一个像小句的成分来修饰名词短语，与这些例子相似的结构是唯一手段；也就是说，虽然它们形式上不太像小句，它们所起的作用却正好跟关系小句相似。

　　核心内置型关系小句是指那些核心语居于关系小句之内的小句。许多 OV 型语言，包括班巴拉语（Bambara），西非的一种尼日尔–刚果语，都有这种核心内置型关系小句：

（66） a. ne　　　ye　　　so　　　ye.
　　　　　1SG　　PAST　　horse　see
　　　　　1单　　过去　　马　　看见
　　　　　'I saw a horse.'
　　　　　"我看见了一匹马。"
　　　 b. ce　　ye　　[ne　　ye　　so　　min　　ye]　　san.
　　　　　man　PAST　　1SG　PAST　horse　REL　　see　　buy
　　　　　男人　过去　　1单　过去　马　　关系化 看见　买
　　　　　'The man bought the horse that I saw.'
　　　　　"那个男人买了我看到的那匹马。"

　　（66b）中，关系化标记 *min* 是将方括号里的小句标记为关系小句的唯一成分。核心名词保持在关系小句内的原位，也没有像上述其他例子那样，在关系小句外被提及。

　　无核型关系小句是指那些本身就指称所修饰的名词的小句。英语以及其他许多语言中，当核心名词是非特指（non-specific）时就可以采用这种无核关系小句：

（67） a. You're [why cavemen chiseled on walls]. (cf. the *reason* why…)
　　　　"你是［为何洞穴人凿壁作画（的原因）］。"　　　（比较：为何……的原因）

b. [Whoever goes to the store] should get some water balloons.

（cf. any *person* who goes to the store…)

"无论谁进商店都会得到一些水气球。"（比较：进商店的任何人……）

如（67）所示，英语以及其他很多语言可以用无核关系小句来表达非特指的所指对象。另一方面，一些语言中非特指的和特指的所指对象都可用无核关系小句来表达。以下是来自恩乔加语［Ndjuká，一种苏里南克里奥尔语（Suriname Creole）］的句子 304（例句蒙 George Huttar 惠示）：

（68）a. [Di　　o　　doo　　fosi]　　o　　　　wini. **主语，非特指**

　　　　REL　FUT　arrive　first　FUT　　win

　　　　关系化 将来 到达　第一　将来　获胜

　　　　'Whoever arrives first will win.'

　　　　"无论谁第一个到达都将获胜。"

b. A　mainsi　ya　　a　　[di　　e　　tan　　a　　　ini　　se] **主语，特指**

　　the　eel　　here　COP　REL　CONT　stay　LOC　inside　sea

　　这　鳗鱼　这儿　系词　关系化　持续　停留　处所　里面　大海

　　'This eel is what (the one that) lives in the sea.'

　　"这条鳗鱼就是生活在大海里的（那条）。"

c. A　daai　　go　anga　[di　　a　　be　　puu] **宾语，特指**

　　3SG　turn　go　with　REL　3SG　ANT　remove

　　3 单　转身　去　一起　关系化　3 单　先时　拿走

　　"He turned and returned with what (the ones) he had removed."

　　"他转身回来，带着他拿走的（东西）。"

R- 成分如何表达

关系小句多样化的第二个主要参数是 R- 成分的表达方式。这个参数有时又被表述为**格可复原性（CASE RECOVERABILITY）**问题（Keenan 1985）。也就是说，任何一个关系小句中都必须有某种方式来确认关系小句内核心名词所指的语法关系，否则就会产生歧义。核心名词本身在主句内有一定的功能，而它在关系小句内总是有一个同指成分（即我们所说的"R- 成分"）。R- 成分的角色可以跟主句内核心名词的角色不同。例如（69a）中 *the alligator*（鳄鱼）是主句动词 *eats* 的主语，同时也是关系小句动词 *saw* 的主语；而在（69b）里，*the alligator* 虽仍是 *eats* 的主语，但这回它是关系小句动词的宾语：

（69）a. The alligator [that saw me] eats tofu.

　　　"那条 ［看见了我的］ 鳄鱼吃豆腐。"

b. The alligator [that I saw] eats tofu.

"［我看见了的］那条鳄鱼吃豆腐。"

这些小句可图示如下：

（70） a.

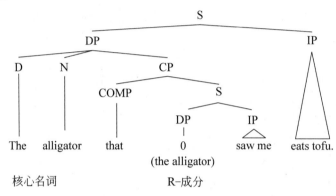

305　　　　核心名词　　　　　　　　R-成分

b.

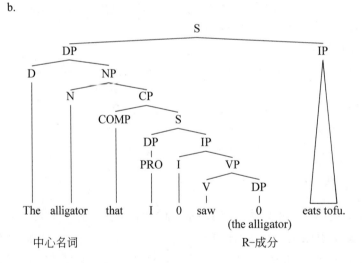

中心名词　　　　　　　　　R-成分

　　因为在这些小句［例（69a）、（69b）］的表层结构中 R- 成分都省略了，这就出现一个问题，即听话人如何确定括号内小句中看不见的名词短语的语法关系。英语对此的解决方法就是留下一个显著空位，假如 R- 成分要明确表达的话，那么该空位就是 R- 成分占据的位置。这称为**空位策略（GAP STRATEGY）**。这个策略对那些成分语序十分固定的语言（即语法关系由小句中主要的名词性成分的位置来表达的语言）颇为有效。在这类语言中，论元的缺失是非常明显的。但是，如果那种语言允许多种成分语序，并且 / 或者语法关系是通过格标记或动词一致关系来确认的，那么空位策略就会导致关系小句产生歧义。

如果空位策略尚有不足，语言就可能采用更为明晰的结构类型来表达 R- 成分的语法关系。我们要讨论的下一个结构类型被称为**代词保留**（**PRONOUN RETENTION**）。这一策略是，一个代词要么通过其位置，要么通过其形式，要么二者并用，来显性地表达 R- 成分的语法关系，且这个代词保留在关系小句之内。代词保留在英语口语的多种关系小句中都有使用：

（71）That's the guy who [I can never remember *his* name].
　　　"那就是那个［我永远不能记住他名字的］家伙。"

上例中，R- 成分是由属格代词 *his* 来表达的。代词是属格形式（而不是主格形式 *he* 或非主格形式 *him*）且居于名词 *name* 前，这一事实清楚地表明该小句中 R- 成分的语法关系是属格。

（72）We've got sixteen drums here that we don't even know what's in *them*.
　　　（Heard on a television news intreview）.
　　　"我们现在已经有了十六个鼓，我们甚至都不知道在它们里面有什么。"
　　　（电视新闻访谈中听到的话）

同样，被保留的代词 *them* 以非主格形式出现并居于前置词 *in* 之后，这一事实表明 R- 成分的语法关系是旁语。

306

这里有一个现代以色列希伯来语（modern Israeli Hebrew）中代词保留策略的例子（Keenan 1985：146）：

（73）
ha-sarim	she	[ha-nasi	shalax	*otam*	la-mitstraim]
DEF-ministers	REL	DEF-president	sent	them	to-Egypt
有定 – 部长们	关系化	有定 – 总统	派	他们	去 – 埃及

　　　'The ministers that the President sent to Egypt...'
　　　"总统派往埃及的部长们……"

在这个关系小句中，指称部长们的代词 *otam*（他们）以直接宾语所要求的位置和形式保留在关系小句内。

萨摩亚语（Samoan）在 R- 成分具有除**施事**和**受事**之外的语义角色时使用代词保留策略：

（74）
'o	le	mea	sa	nofo	*ai*	le	fafine...
PR	ART	place	PAST	stay	PRO	ART	woman
现在	冠词	地方	过去	停留	PRO	冠词	女人

'The place where the woman stayed.' (lit: 'The place the woman stayed there.')

"那个女人停留过的地方。"（字面意思："那个女人停留在那儿的地方。"）

这个例子中，对于动词 *nofo*（或可注解为"停留在"）而言，代词 *ai* 是以一个处所词在常规表达时所具有的位置和形式来指称 R– 成分的。

采用代词保留这种策略来对关系小句的主语进行关系化，这在任何语言中都是罕见的。例如，在希伯来语中，尽管代词保留对于其他关系来说都是规范的［参看例（73）］，但下例中的关系小句却是不合法的：

（75） *ha-ish   she   [*hu*   maker   oti]

DEF-man   REL   he   knows   me

有定 – 男人   关系化   他   认识   我

'*The man who he knows me.'

"* 他认识我的那个男人。"

很多语言都采用一个被称为**关系化标记（RELATIVIZER）**的专门形式来将小句确认为关系小句。关系化标记经常与标补语有相同的形式。例如，英语可以采用关系化标记 *that*（通常为非重读）：

（76） The man *that* I saw. "我看见过的那个人。"

The man *that* saw me. "看见过我的那个人。"

The bed *that* I slept in. "我睡过的那张床。"

?The house *that* I went to. "? 我去过的那所房子。"

典型的关系化标记不会构成对 R– 成分的指称，因此它本身不能帮助复原关系小句中 R– 成分的语义角色。这一点可由关系化标记不允许指明 R– 成分语义角色的前置词放在它前面这一事实加以证明：

（77） *The bed *in that* I slept. "* 我睡在它上面过的那张床。"

*The house *to that* I went. "* 我去到它那儿过的那所房子。"

在这种情况下，作为替代，必须要用另一种不同的形式来导引关系小句，它就是

307 **关系代词（RELATIVE PRONOUN）**。如：

（78） The bed *in which* I slept. "我睡过的那张床。"

The house *where* I went. "我去过的那所房子。"

　　语言中关系代词通常与其他代词相同，包括用来指称非特指和不定指成分的疑问词或代词。可以认为关系代词结合了两种功能，其一是普通的关系化标记，其二是指称被关系化名词短语（relativized NP）的小句内代词。英语允许关系代词策略（Rel Pro）、关系化标记加空位策略（Rel+gap）以及无标记的"无关系化标记"（no relativizer）加空位策略（No Rel）。有时这三种结构可以在同样的环境中出现，而且很难确定这些被允准的不同结构传递出什么语义上的细微差别（如果有的话）。以下例示英语中一些可能和不可能的用法：

（79）a. Rel Pro：　The man who saw me "看见我的那个人"
　　　 b. Rel+gap：　The man that saw me "看见我的那个人"
　　　 c. No Rel：　 *The man [0 saw me]

（80）a. Rel Pro：　The man whom [I saw] "我看见的那个人"
　　　 b. Rel+gap：　The man that [I saw 0] "我看见的那个人"
　　　 c. No Rel：　 The man [I saw 0] "我看见的那个人"

（81）a. Rel Pro：　The place where I live "我住的地方"
　　　 b. Rel+gap：　*The place that I live "* 我住的地方"
　　　 c. No Rel：　 The place I live "我住的地方"

（82）a. Rel Pro：　The reason why I came "我来的原因"
　　　 b. Rel+gap：　The reason that I came "我来的原因"
　　　 c. No Rel：　 The reason I came "我来的原因"

（83）a. Rel Pro：　?The way how he did it "? 他做那件事的方式"
　　　 b. Rel+gap：　The way that he did it "他做那件事的方式"
　　　 c. No Rel：　 The way he did it "他做那件事的方式"

（84）a. Rel Pro：　The table which he put it on "他放它在上面的那张桌子"
　　　 b. Rel+gap：　The table that he put it on "他放它在上面的那张桌子"
　　　 c. No Rel：　 The table he put it on "他放它在上面的那张桌子"

　　与英语的关系化标记 *that* 相对，契卡索语（Chickasaw）引导关系小句的成分可以因关系小句内 R- 成分的语义角色而有相应的屈折变化。以下例子显示，当 R- 成分是关系小句的主语时，*yamma* 这一形式就带有主语标记 -*at*［"the woman saw the dog"，例（85a）］；而当 R- 成分是关系小句的宾语时，*yamma* 就带宾语标记［例（85b）］（例子引自 Munro 1983：230）：

（85）a. Ihoo　　*yamm-at*　　ofi'　pis-tokat　　　　　　　illi-tok.

　　　woman　that-SUBJ　dog　see-PAST.DEP.SS　　　die-PAST

　　　女人　　that–主语　狗　看见–过去．依附．主语相同　死–过去

　　　'The woman that saw the dog died.'

308　　　"看见过狗的那个女人死掉了。"

　　　b. Ihoo-at　　　　ofi'　　*yamma*　pis-toka　　　　　　illi-tok.

　　　woman-SUBJ　dog　　that　　see-PAST.DEP.DS　　die-PAST

　　　女人–主语　　狗　　that　　看见–过去．依附．主语不同　死–过去

　　　'The woman that the dog saw died.'

　　　"狗看见过的那个女人死掉了。"

这证明，契卡索语中的 *yamma* 构成了对 R– 成分的指称，因此可被称为关系代词，而非仅仅是关系化标记。

并列式

　　语言通常都有一些形态句法手段将两个具有同等语法地位的小句连接起来。这样的连接形式称为**并列式**（**COORDINATION**）。并列式与**从属式**（**SUBORDINATION**）不同，因为从属式中一个小句在语法上依附于另一个小句。所有前面讨论过的各类依附（dependent）小句（即补足语小句、状语小句和关系小句）均可视为从属式的实例。但是，在这个宽泛的小句类型群组中，除了语法上的依附性外，实际上并没有太多共同点。因此，"从属小句"（subordinate clause）这个概念作为普适的语言学范畴并不是很有用（参看 Haiman and Thompson 1984）。

　　并列式有时候与话语中单纯的小句并置（juxtaposition of clauses）很难区分开来。事实上，在口语话语中，某类形态句法上的小句连接形式，无论是并列式还是从属式，在几乎所有的小句接合点（junctures）上都还是明显的。很多读者可能都熟悉英语口语叙述风格，即在每个小句后插入"and…"或者"and then…"。一般而言，两个小句在语法上并列这一事实只是断言：（1）就语篇中的事件结构而言，两个小句具有大致相同的功能（比如它们都表达事件，或都表达非事件，都表达前景信息，或都表达背景信息，等等）；（2）它们表现出某种方式的概念上的关联。

　　连接小句的某些策略常常跟连接名词短语的策略是相同的。例如，英语使用连词 *and* 连接短语和小句：

（86）Aidan and Aileron　　　　　　　　名词短语 + 名词短语

　　　"Aidan 和 Aileron"

Aidan cried and Aileron laughed   小句 + 小句
"Aidan 哭了，Aileron 笑了"

但是，只能用于连接小句而不能用来连接短语的专用策略也很常见。例如，英语中的 *but* 不易用作名词短语的连接词：

（87）　*Aidan but Aileron   名词短语 + 名词短语
           Aidan cried but Aileron laughed   小句 + 小句
           "Aidan 哭了，但 Aileron 笑了"

连接两个小句的最简单的方法是 J. Payne（1985）所描述的**零策略**（**ZERO STRATEGY**）。这是两个短语或小句被简单并置的方法。根据 J. Payne 的研究，大多 309 数语言可能都允许零策略至少作为一种风格变体。不过，有些语言相较其他语言用得更为广泛些。帕科语（Pacoh）就是一种在短语和小句并列式中都广泛使用零策略的语言（例子引自 Watson 1966：176）：

（88）　a. Nháng tiráp   [tilĕt,   callóh,   acǒq]   名词短语 + 名词短语
            we   prepare   basket   spear   knife
            我们   准备   篮子   长枪   刀子
            'We prepare baskets, spears, and knives.'
            "我们准备篮子、长枪和刀子。"
       b. Do   cho   [tốq   cayâq,   tốq   apây]   介词短语 + 介词短语
            she   return   to   husband   to   grandmother
            她   回   到   丈夫   到   祖母
            'She returns to（her）husband and to（her）grandmother.'
            "她回到（她）丈夫和（她）祖母身边。"
       c. Do   [chǒ   tốq   cayâq,   chǒ   tốq   apây]   动词短语 + 动词短语
            she   return   to   husband   return   to   grandmother
            她   回   到   丈夫   回   到   祖母
            'She returns to（her）husband and returns to（her）grandmother."
            "她回到（她）丈夫身边，回到（她）祖母身边。"

表示连接最常用的方式是用**并列连词**（**COORDINATING CONJUNCTION**），如英语中的 *and*。就 VO 型语言来说，这种连词通常出现在两个被连接的小句之间：

（89）　Robespierre fell out of favor *and* the revolutionaries killed him.
           "Robespierre 失去了支持，革命者杀死了他。"

但有时在 VO 型语言里，并列连词会跟在第二个小句的句首成分之后，如约鲁巴语：

（90） Mo   mú   ìwé;   mo   sì   wá   ilé.
　　　 I   take   book   I   and   come house
　　　 我   拿   书   我   和   回   家
　　　 'I took a book and I came home.'
　　　 "我拿了一本书，然后我回家。"

对于 OV 型语言，并列连词或在两个被连接成分之间，如法尔西语（Farsi）[例（91a）、（91b）、（91c），引自 J.Payne 1985：28]，或者在最后一个成分之后，如瓦拉派语（Walapai）[例（92）]：

（91） a. Jân   [xandid   va   dast   tekân   dâd]$_{VP}$
　　　　 John   smiled   and   hand   sign   gave
　　　　 John   笑   和   手   姿势   给
　　　　 'John smiled and waved.'（动词短语并列式）
　　　　 "John 笑着挥手。"

　　　 b. Jân   [puldar   va   mašhur]$_{AP}$ bud
　　　　 John   rich   and   famous   was
　　　　 John   有钱   和   有名   是
　　　　 'John was rich and famous.'（形容词并列式）
　　　　 "John 有钱又有名。"

　　　 c. [Jân   raft   va   meri   dast   tekân   dâd]$_{CL}$
　　　　 John   left   and   Mary   hand   sign   gave
　　　　 John   离开   和   Mary   手   姿势   给
　　　　 'John left and Mary waved.'（小句并列式）
　　　　 "John 离开了，Mary 挥手。"

连接两个成分的形式常常跟表达 *with*（和……在一起）这种伴随义的语素是相同的。在瓦拉派语 [Walapai，一种尤马语（Yuman）] 里，工具成分和**伴随**（**COMITATIVE**）成分均被标以后附词 -m。例（92）例示了这个 -m 的常见角色，即 310 作为工具格标记（Redden 1966：160—161，J. Payne 1985：30 亦引）：

（92） ža-č   žikwái- č-a   avon-a-m   taθ-k-wíl
　　　 1SG-NOM   clothes-PL-DEF   soap-DEF-with   wash-1SG-CONT
　　　 1 单 – 主格   衣服 – 复 – 有定   肥皂 – 有定 – 和……在一起   洗 –1 单 – 持续

'I washed the clothes with soap.'

"我用肥皂洗衣服。"

这个后缀 *-m* 也可以充当短语和小句的并列标记（coordinator）：

（93） Wàlpáikwáùk háikùkwáùk-*m* íče
   Walapai:speech white:man:speech-with we:speak
   瓦拉派语：话 白：人：话－和 我们：说
   'We speak Walapai and English.'
   "我们说瓦拉派语和英语。"

工具、伴随和并列语素之间的这种相似性在世界语言中是极其常见的。

也有一些语言，名词短语并列和小句并列采用不同的连词。这在南岛语中非常常见。在马达加斯加语（Malagasy，马达加斯加的一种南岛语）里，连词 *ary* 表达小句间的并列，而 *sy* 表达名词短语间的并列（例句蒙 Charles Randriamasimanana 惠示）：

（94） a. Lasa i Paoly *ary*/**sy* dia lasa koa i Jaona.
    gone ART Paul and SEQ gone also ART John
    去 冠词 Paul 和 相续 去 也 冠词 John
    'Paul left and then John also left.'
    "Paul 离开了，然后 John 也离开了。"
   b. Lasa i Paoly *sy* i Jaona
    gone ART Paul and ART John
    去 冠词 Paul 和 冠词 John
    'Paul and John left.'
    "Paul 和 John 离开了。"

有趣的是，当第二个并列项（conjunct）是个缩减小句（reduced clause）时，小句连词 *ary* 也可以用作名词短语的连接词。例（95）是（94a）的缩减版：

（95） Lasa i Paoly *ary* i Jaona.
   gone ART Paul and ART John
   去 冠词 Paul 和 冠词 John
   'Paul and then John left.'
   "先是 Paul 接着是 John 离开了。"

小句连词的这种扩展用法的效应体现了同时（simultaneous）[例（94b）]和相续

（sequential）［例（95）］这两种名词短语连接方式之间的明显对立。

拉丁语除了肯定性连词 *et* 外，还有一个"否定连接"（negative conjunctive）小词 *nec*。这种否定连接小词的意义在英语中可被描述为 "and not"（Kühner and Stegmann 1955：48，J. Payne 1985：37 亦引）：

（96） eques Romanus [*nec* infacetus *et* satis litteratus]ₐₚ

eques	Romanus	[*nec*	infacetus	*et*	satis	litteratus]$_{AP}$
knight	Roman	and:not	dull	and	moderately	literate
骑士	罗马	和：不	愚笨	和	适度地	有文化修养的

'a not dull and moderately literate Roman knight'
"一位不愚笨的且略通文采的罗马骑士"

不像英语的译文是 "not...and"，拉丁语否定连接小词的辖域并非整个被连接的短语。换句话说，在上面拉丁语例子中，只有 *dullness* 被否定；而英语的译文则有歧义，因为 *moderately literate* 是否也被否定理解起来两可。

311

第 10 章概念提要

Ⅰ．本章我们讨论了语言将若干小句结合成连贯的语法结构的各种方式。在这些小句组合结构（clause-combining constructions）里，常有一个独立小句和一个或一个以上的依附小句。依附小句可据其被整合进独立小句的"紧密"程度，将它置入一个连续统中。我们主要讨论了以下六类小句组合结构：
- 连续动词
- 补足语小句
- 状语小句
- 小句链和换指
- 关系小句
- 并列式

Ⅱ．依附小句可以是：
- 非限定的——这意味着它们不表达任何屈折信息（如时、一致关系，等等）。
- 半限定的（semi-finite）——它们可以表达某些屈折信息。
- 限定的——它们表达独立小句可以表达的所有屈折信息。

Ⅲ．我们重点关注了补足语小句、状语小句和关系小句。它们可被进一步分为以下各类：
- 补足语小句
  - 主语补足语小句（正常的和后置的）
  - 宾语补足语小句
  - 直接言语补足语小句和间接言语补足语小句
- 状语小句
  - 时间

- 处所
- 方式
- 目的
- 原因
- 条件
  - 简单条件
  - 假设条件
  - 违实条件
  - 否定条件
  - 让步条件
  - "言语行为"条件
- 关系小句
  - 关系小句相对于核心语的位置
  - 前名词型
  - 后名词型
  - 核心内置型
  - 无核型

312

- R– 成分的表达
  - 空位
  - 代词保留
  - 关系代词
- 可被关系化的语法关系

练习

练习 10.1：英语依附小句

Tom Payne

A. 给下面各小句的依附小句（如果有的话）加下划线并写上编号。有些小句可能依附于另一个依附小句，这样的小句应被加两条下划线。

例：'I want you　<u>to finish eating your peas.</u>'
　　1　　2　　　　　2, 1

B. 在单独一张纸上，针对每一个依附小句，回答下面的问题（已列出可能的答案）：

a. 这个依附小句是什么功能类型（补足语、状语、关系）？

b. 对每个你标为"状语"的小句，指出其亚型（时间、处所、方式、目的、条件、让步、原因、"言语行为"）。

c. 对每个你标为"补足语"的小句，指出其亚型（主语或宾语；后置型；限定、虚拟或非限定；间接疑问）。

d. 对每个你标为"关系"的小句，指出 R- 成分是什么角色。

1. He wished she had awakened him.
2. Hugo said I ought to fire the guy that caused this ruckus.
3. It's obvious that we need more equipment.
4. Because the soloist was ill, they canceled the concert.
5. When I last saw you, you lived in Delhi.
6. He didn't start to read until he was ten years old.
7. If I were president, I'd fire the bum.
8. I lent him the money because he needed it to buy groceries.
9. He's still here, because his light's still on.
10. If you had tried to treat her kindly, she would have done anything for you.
11. He leaned forward to see over the rail.

313

练习 10.2：限定性

Tom Payne

给下面例子中的动词短语加下划线，并指出它们是限定的还是非限定的。

例：<u>Driving like that</u>　<u>must be dangerous</u>.
　　　非限定　　　　　　　限定

1. He had started on a ship going out to Canada.
2. He held her hand, and she knew that he was speaking to her.
3. As she mused, the pitiful vision of her mother's life laid its spell on the very quick of her being.
4. It was a life of common sacrifices closing in final craziness.
5. Leaning against the curtain, she inhaled the odour of dusty cretonne.

练习 10.3：孔孔巴语（Konkomba）

Ronnie Sim

A. 孔孔巴语在哪儿使用?

1. Uwon　　ba　　kpo.
　 rabbit　 past　 die
　 兔子　　 过去　 死
　 'The rabbit died.'

2. | Bi | ba | kan | uwon. |
   |----|----|-----|-------|
   | they | past | see | rabbit |
   | 他们 | 过去 | 看见 | 兔子 |

'They saw the rabbit.'

3. | Bi | ba | kan | uwon | u | n | ba | kpo | na. |
   |----|----|-----|------|---|---|----|-----|-----|
   | they | past | saw | rabbit | it | | past | die | |
   | 他们 | 过去 | 看见 | 兔子 | 它 | | 过去 | 死 | |

'They saw the rabbit which had died.'

4. | Usapol | ba | fii. |
   |--------|----|------|
   | mouse | past | get.up |
   | 老鼠 | 过去 | 起来 |

'The mouse got up.'

5. | Unambuun | ba | gəən. |
   |----------|----|-------|
   | cat | past | slept |
   | 猫 | 过去 | 睡觉 |

'The cat slept.'

6. | U | ba | fii. |
   |---|----|------|
   | he | past | get.up |
   | 他 | 过去 | 起来 |

'He got up.'

7. | Unambuun | u | n | ba | gəən | na | ba | fii. |
   |----------|---|---|----|------|----|----|----|
   | cat | it | | past | sleep | | past | get.up |
   | 猫 | 它 | | 过去 | 睡觉 | | 过去 | 起来 |

'The cat which had slept got up.'

B. 例 3 和例 7 中 R– 成分的语法关系是什么？

C. 例 3 和例 7 中关系小句核心语的语法关系是什么？　　　　314

D. 从例 3 和例 7 中可以看到什么样的格可复原性策略？给出你的证据。

E. 描写这种语言中关系小句的构成。

练习 10.4：波纳佩语（Ponapean）

Bob Carlson

1. | lii | o | koola | poonpe | i |
   |-----|---|-------|--------|---|
   | woman | ABS | went | Ponape | LOC |
   | 女人 | 通格 | 去 | Ponape | 处所 |

'The woman went to Ponape.'

2. i ɔsɔ lii kuutaŋ o

'I know the big woman.'

3. i ɔsɔ lii mɔ koola poonpe i o

   'I know the woman that went to Ponape.'

4. lii e pɔk ool o

   'The woman hit the man.'

5. lii o ipɔk ool ti

   LOC
处所

   'The woman hit a/the man.'

6. i kilaŋ ool mɔ lii e pɔk o

   'I saw the man the woman hit.'

7. ool mɔ lii e pɔk e pwain pwɔɔr o

   'The man the woman hit covered the hole.'

8. i kilaŋ lii mɔ ipɔk ool ti o

   'I saw the woman that hit the man.'

9. *i kilaŋ lii mɔ pɔk ool o

10. ɔ	pwain	pwɔɔr	o	tɔɔn	uut	kii
he	cover	hole	ABS	leaf	banana	INST
他	盖	洞	通格	树叶	香蕉	工具

   'He covered the hole with banana leaves.'

11. ɔ pwainkii tɔɔn uut o pwɔɔr ti

   'He covered banana leaves on a/the hole.'（he used banana leaves to cover a/the hole）

12. i kilaŋ pwɔɔr mɔ ɔ pwain tɔɔn uut kii o

13. i kilaŋ tɔɔn uut mɔ ɔ pwainkii pwɔɔr ti o

14. *i kilaŋ tɔɔn uut mɔ ɔ pwain pwɔɔr o kii

15. *i kilaŋ pwɔɔr mɔ ɔ pwainkii tɔɔn uut o（o）

A. 波纳佩语在哪儿使用？它属于哪个语系？

B. 波纳佩语的核心名词与限制性小句之间的语序如何？

C. *mɔ* 是什么？

D. 在例 6、7 和 12 中，波纳佩语采用什么策略来复原 R– 成分的语义角色？

315　E. 为什么例 9、14 和 15 是不合语法的？

　　加分题：例 11 中动词后缀 *-kii* 的功能是什么？给出你的证据。

练习 10.5：科派纳拉 – 佐基语（Copainalá Zoque）

根据 Merrifield *et al.*（1987），问题 #274 改编

　A. 科派纳拉 – 佐基语在哪儿使用？有多少使用者？

　B. 列出下列材料中出现的所有语素并加以注解。指明从你认定的底层形式派生出表层形式的所有形态音位规则。

C. 描写时间小句和处所小句是如何构成的。

1.	minba	'He comes.'
2.	hoʔpit minu	'He came the next day.'
3.	homih nuʔkpa jʌj	'He will arrive here tomorrow.'
4.	homih cuʔkumjahpa	'They will set out tomorrow.'
5.	kiʔmuʔk nuʔkjahu ʔʌmʌ	'They arrived there when he went up.'
6.	minjahpaʔk cuʔkumba	'He will set out when they come.'
7.	minbaʔk nuʔkjahpa jʌj	'They will arrive here when he comes.'
8.	nuʔkjahuʔk ʔʌmʌ minu	'He came when they arrived there.'
9.	minjahu nuʔkpamʌj	'They came to where he will arrive.'
10.	kiʔmjahpa cuʔkumbamʌj homih	'They will go to where he will set out tomorrow.'
11.	hoʔpit nuʔku kiʔmumʌj	'Next day he arrived where he went up.'

练习 10.6：唐勒普伊语（Tanglapui）2

Mark Donohue and Carl Rubino

唐勒普伊语的这个方言在印尼东部阿洛（Alor）东部高地的科布拉（Kobra）和瑙芒（Naumang）的村子使用。

A. 根据你对练习 9.9 的解答，列出下列材料中明显多出来的一些语素并加以注解。

B. 解释这些被连接的小句中的同指系统是如何运作的。

30.	Yaŋanababa tave	'You hit me and then I left.'
31.	Toby ŋagadia gitayi	'I saw Toby and then he went up.'
32.	Kris gayanababa gitave	'Kris hit you and then he left.'
33.	Lena Toby ganababa tave	'Toby hit Lena and then she left.'
34.	Yagasɨlale talula	'You looked for her and then you went home.'
35.	ŋayasɨlale gitalula	'I looked for you and then you went home.'
36.	Toby Lena gadia talula	'Toby saw Lena and then he went home.'
37.	Lena gaŋanasɨlale gitave	'Lena looked for me and then she left.'

316

C. 翻译下面的例子：

38. Kris ŋagababa talula
39. I hit Kris and then he went home.
40. Toby looked for Lena, then she left, and he went home.

练习 10.7：图维尼亚语（Tuvinian）

选自俄罗斯语言学奥林匹克档案，10 级

图维尼亚语在俄罗斯东部称作图瓦（Tuva）的地区使用。图维尼亚语使用者在俄罗斯有 206000 人，在蒙古另有 27000 人。是一种阿尔泰语，与土耳其语甚至可能与日语和韩语都有亲属关系。图维尼亚人以捕猎、饲养牛马为生。下面是 5 个英语句子以及它们在图维尼亚语里的意译：

1. Oglu avazyn turguzupkash deze-bɛɛr.
   'When the son will wake up the mother, he will run away.'
2. Avazy oglun turguzuptarga ol yglaj-bɛɛr.
   'When the mother will wake up the son, he will cry.'
3. Oglu inɛɛn saaptarga ol γne-bergen.
   'When the son milked the cow, it went away.'
4. Yǝdy oglun yzyrypkash deze-bergen.
   'When the dog bit the son, it ran away.'
5. Oglu uruun turguzuptarga achazy azhyna-bergen.
   'When the son woke up the daughter, the father got angry.'

把下面的英语句子翻译成图维尼亚语。

6. When the son woke up the dog, he went away.
7. When father will milk the cow, he will go away.
8. When the cow bit the father, the daughter cried.
9. When the daughter will bite the father, he will get angry.

练习 10.8：亚拉巴马语（Alabama）

Ivan Derzhanski

1. Aatosik támmìlaakak mikkon haɬka.   'The child staggers and kicks the chief.'
2. Boyilkak kootilka.   'We dig and whistle.'
3. Chafalankak maahaɬkali.   'I wake up and go walking.'
4. Chihalatkalin chahaɬiska.   'I grab you and you kick me.'
5. Chitámmìlaakan tayyik chitabatka.   'You stagger and the woman catches up with you.'
6. Ittopathan piɬkalin halatiskak boyiska.   'I leave the hoe and you grab it and dig.'
7. Mikkok toɬɬohka.   'The chief coughs.'
8. Naanik potabatkak chahalatka.   'The man catches up with us and grabs me.'
9. Poɬaatkan chifalanka.   'I snore and you wake up.'
10. Talin haɬilkak poháɬɬapka.   'I kick the stone and stub a toe.'
11. Tayyik maahaɬkak aatosin piɬka.   'The woman goes walking and leaves the child.'
    （写为 ɬ 的那个音是个清边音。）

317

A. 把下列句子翻译成英语：

12. Tayyik maahałkan aatosik piłka.
13. Chatołłohka.
14. Tołłohkali.

B. 现在把下面的句子翻译成亚拉巴马语。

15. 'The man staggers and the child kicks him.'
16. 'You catch up with the chief and leave us.'

C. 亚拉巴马语当今在哪儿使用？（别猜——你会出错）

D. 它属于什么语系？

练习 10.9：尼日利亚皮钦语（Nigerian Pidgin）

N. Faraclas

/= 停顿，//= 大停顿。

1. ìm   gó   báy   fìš   //   ìm   kɔm   tek-am   kíp.   //
   he   go   buy   fish   take-it keep
   他   去   买   鱼   拿－它   保存
   'He went and bought a fish. He then put it away.'

2. às   ìm   kíp-am   dyá   /   rát   kɔm   čɔp-am   //
   while he keep-it   there   rat   eat-it
   当   他   保存－它 那儿   老鼠   吃－它
   'While he kept it there, a rat came and ate it.' (or 'a rat then ate it.')

3. dì   nɛs   dé   rát   kɔm   dáy   fɔr   háws   //
   the next day rat   die   in   house
   那   下一个 天   老鼠   死   在   房子
   'The next day the rat then died in the house.'

4. ìm   gó   dyá   kíl   dì   rát   fíniš   kɔm   kári-am   rost.
   he   go   there kill the rat finish   carry-it roast
   他   去   那儿 杀死 那   老鼠 完成   带上－它 烤
   'Having gone there and killed the rat he then took it away and roasted it.'

5. às   ìm   rost-am   /   ìm   kɔm   sí   dì   fìš-bon   smɔl-smɔl   //
                              see   fish-bone little:bit
                              看见   鱼－骨   小：一点儿
   'While he was roasting it, he saw a little bit of fishbone.'

6. ìm kɔm sé   'éhɛ'   // 'He then says "aha!"'
          say   aha!
          说   啊哈

7. ìm kɔm čɔp   dì   rát   fíniš   // 'He then ate the rat all up.'

8. wɛn yù sìdɔn fíniš / dát táym wɛ ìm rɔn ínsáyd//
   when you sit:down finish   that time that she run inside
   当   你   坐:下   完成   那   时间   那   她   跑   里面
   'When you have sat down, that's when she runs inside.'

9. mɛbi dì màma ì gò dɔn kɔm kɔl-am /   tɔl-am   sé //
   maybe the mother she go done   call-her   tell-her   say
   也许 那   母亲   她 去 做   打电话－她   告诉－她   说
   'Perhaps her mother will have called her and asked her.'

10. hú bí dís   pɛsin naw?
    who be this   person now
    谁   是 这   人   现在
    'Who is this person?'

11. ìm róst-am čɔp   'She roast and ate it.'

12. *ìm róst-am čɔp-am

13. *ìm róst čɔp-am

14. ìm róst-am / kɔm čɔp-am   'She roast it and then ate it.'

15. ìm no róst-am čɔp   'She didn't roast and/or eat it.' (i.e., she did neither.)

16. * ìm róst-am no čɔp

17. ìm kɔm（ìm）čɔp-am   'He came, and ate it.'

18. ìm róst-am /（ìm）no čɔp-am   'She roasted it but didn't eat it.'

19. ìm gó kɔm kɔm.   'He will then come.'

A. 例 11 显示了什么样的多动词（multi-verb）结构？

B. 例 14 显示了什么样的多动词结构？

对 A 和 B 的答案给出你的证据。

C. kɔm 这一形式的功能是什么？

D. 在例 1、例 4、例 9、例 7 中各有多少个小句？

E. 为什么例 2 是有歧义的？为什么例 5 不像例 2 一样有歧义？

术语表

如何使用这个术语表

语言学是一门必然包含很多专业词汇的学科。遗憾的是，在术语的使用上，并非所有语言学家都完全一致。某些术语，在一种理论视角下是一个意思，在另一种理论视角下则可能是另一个相去甚远的意思。此外，常常是多个术语被用来表达相同或基本相同的概念。有太多不为人所熟悉的术语以及原本大家比较熟悉但被人以不熟悉的方式使用的术语，这使得语言学的初学者经常会感到困惑不已。本术语表的目的就是要帮助减轻术语带来的压力。

专业术语或以特定方式使用的术语，本书中都用加粗的字体（中文术语用黑体）表示。所有这些词语均按字母顺序收入这个术语表，并给出简要的定义。

尽管学生们经常要求提供这样的术语定义，但我还是主张读者不必太过于依赖这个术语表。了解了某一章中所有术语的专业定义，并不一定保证你能理解那一章的内容。即便是学习语言，也不是每次只学一个单词，而是要将单词融入整个话语流中来学，因此学习某个专业领域，也不能仅靠记住一些定义。我主张学生们要尽量把术语放在其上下文中来学习，而不要不停地中断阅读进程来查阅这个术语表。通过上下文来学习是最理想的，不过明晰的定义在很多时候也是有帮助的。

A（A 论元）：多论元（及物）小句中最像施事的论元。

abilitative（表能）：一种概念范畴，表达主语实施小句所描述的行为的能力。例如，假如英语有表能屈折（如前缀 *abl-*），那么 *he abl-reads* 的意思就是 "he is able to read"（他能够阅读）。

absolutive（通格）：任何包含 O 论元和 S 论元但不包含 A 论元的语法范畴（如形态格）。

accusative（宾格）：任何包含 O 论元但不包含 A 论元或 S 论元的语法范畴（如形态格）。

action-process（行为－过程）：一种事件类型，其中施动者（**施事**或**作用力**）致使某个受影响的参与者发生变化。如：*The king's stinking son fired me*（国王卑鄙的儿子开除了我）。

actions（行为）：一种事件类型，该事件受**施事**或**作用力**控制但不涉及受影响的受事。

320　如：*Sally danced and danced*（Sally 不停地跳舞）。

active voice（主动语态）：一种语法结构，其中某个十分像施事的参与者被作为主语来表达，某个十分像受事的参与者被作为直接宾语来表达。

addressee（受话人）：在交流活动中，通常有一个发话者和一个受话人。对话中这些角色是可以转变的。发话者（有时也称为"说话人"）构想出一个话段并传达给受话人。受话人（有时也称为"听话人"或"听众"）感知这个话段并解读它。

ad hoc（特设）：拉丁语"为这一个"。一条特设的规则、陈述或解释，指该规则、陈述或解释只在一种情形下起作用，没有普遍性。例如，我们可以制定一条特设的规则来描写动词 *go* 的过去时如何变成 *went* 而不是 *goed。然而，这样的"规则"并不能解释英语中其他任何过去时形式，因此不可能是英语母语使用者内化语法的一部分。

adjective（形容词）：一个语法上独立的词类，主要包括那些表达颜色、大小、形状、人的习性等"属性概念"的词语。

adposition（附置词）：前置词和后置词的总称。附置词属于"小"词，用来表达一些有关名词短语语义角色的内容。英语主要是前置词（*to*、*on*、*under*、*of*、*by*、*for* 等），不过至少有一个后置词：*ago*，如在 *three years ago*（三年前）之中。

adverb（副词）：一个语法上独立的词类，该词类包含的词给短语或整个小句添加次要信息。副词主要表达时间、方式、目的、原因、可能性等概念。例如 *later*、*earlier*、*surely*、*quickly*、*defiantly* 以及 *very* 等。

adverbial clause（状语小句）：一种依附小句，在另一个小句中发挥"状语"功能。例如 *She went out, locking the door behind her*（她走了出去，把门锁在了身后）中的 *locking the door behind her*。

adversative（adversative passive）[有损（有损被动式）]：一种概念范畴，表达的是所描述的事件具有某种有损后果，这种有损后果通常与小句的主语相关。例如，假如英语具有有损式屈折手段（如前缀 *adv-*），那么 *he adv-eats* 的意思就是"he eats to his detriment"（他吃东西对自己不利）（也许他在吃什么对他的健康有损害的东西）。

affix（词缀）：一种总是附着在同一类词上的黏着语素。词缀是前缀、后缀和中缀的总称，有时也包括"超音缀"和"双缀"。

affix suppletion（异缀交替）：见"suppletion（异形交替）"条。

AGENT（施事）：以"通常为某个事件有意识的、被感知的激发者"为原型来定义的一种语义角色。比如像 *Alice reached for the key*（Alice 伸手去拿钥匙）这样的小句中 *Alice* 所指称的人物。

agglutinative（黏着语）：一种语言的各语素可以很容易地离析出来，且倾向于一个语321　素只表达一个意义，这样的语言就属于黏着形态类型。

agreement（sometimes "grammatical agreement"）[一致（有时称为"语法一致"）]：一种概念范畴，反映一个或多个成分的某些特征（通常是人称、性和/或数）与表达该范畴的词语有某种句法上的联系。例如，西班牙语中形容词的性和数与名词一致。

allomorph（语素变体）：一个语素的系统性的变异形式。

ambiguity（歧义）：一些语言形式（句子、词等）所具有的属性，即该语言形式表达一个以上的意义，如 *the right bank*（右边的 / 正确的银行）。

ambiguous（歧义的）：某个结构（如词、短语或句子）表达一个以上的意义，这个结构就是歧义的。

analytic causative（分析型使成式）：通过添加一个独立的使成动词来表达的使成结构。如 *You make me want to be a better man*（你使我想成为一个更好的人）。

analytic passive（分析型被动式）：通过添加一个独立的助动词来表达的被动结构。如 *Television was called books*（电视被算作书籍）。

analytic pattern（分析型模式）：见 "syntactic pattern（句法模式）" 条。

analytic reflexive（分析型反身式）：通过添加一个独立的反身代词来表达的反身结构。如 *He tied himself to a tree*（他把自己绑到一棵树上）。

anaphor, anaphoric device（复指，复指手段）：指某个代词或动词一致形式 —— 任何指称某事物的语法性的词汇项。实义名词不算在内，因为它们是词汇性的。

anticausative（反使成式）：用来表示形态型中动结构的另一个术语。

antipassive（逆被动式）：一种通过省略 O 论元或将它分派为旁语角色来使之降格的结构。在典型的逆被动式中，小句会变成形式上的不及物，最像施事的论元变成 S 论元。

applicative（升宾式）：将 O 论元参与者添加至动词所表达的场景中，以此来提高及物性，这样的结构称为升宾式。有时升宾式被看作将一个旁语论元 "提升" 至直接宾语地位。

apposition（同位语）：一个句法结构中，假如两个单元之间没有层级关系，且二者指称同一个信息世界的实体或情状，这两个单元就是 "同位语"。例如，在 *my son John*（我的儿子 John）中，DP 结构 *my son* 和 *John* 就是同位语。

arbitrariness（任意性）：在符号系统中，形式和功能之间的联系所具有的属性之一。语言符号与其意义之间的联系可能是任意的。例如，英语中拼写为 *tree* 的这个语音所表达的概念，也完全可以由某个随机的不同的语音来表达，如 *blick*, *fulterisk* 或 *arbe*。

argument（论元）：一个与其他成分有某种语法关系的名词短语。例如，主语和宾语是动词的论元。属格成分是名词的论元。

articles（冠词）：表达 "可辨性" 之类的语用地位的一些 "小" 词。一般认为英语有两个冠词：*the*，"定指"；*a（n）*，"不定指"。

aspect（体）：一个语义或语法的概念。语义上，体指的是某个情状或事件内部时间的 "样态"（shape），无论该情状或事件是正在进行的还是已经结束的、是瞬间的还是反复的，等等。语法上，体指反映这种语义域的动词屈折。

assimilation（同化）：一种音系或形态音系模式，其中某个音段变得与其环境更为接近。

augmentative（大称）：与名词相关的一个概念范畴，表达的意思是该名词指称某个大的、丑陋的或讨厌的所指。前缀 *mega-* 在某些标准英语中似乎正在变成一个大称形式：*megamarket*（超大市场），*megachurch*（超大教堂）。

autosegmental variation（自主音段变异）：一种形态过程，通过它，某个除辅音或元音音质之外的特征被改变，来表达某个概念范畴。鼻化、声调、重音以及发声类型（送气音或嘎裂音）都有可能是自主音段变体。

auxiliary（助动词）：助动词或"辅助性动词"（auxiliary verbs）构成一个封闭性词类，出现在动词短语中，表达时、体、语气和／或其他概念，但不表达动词短语的主要语义。在传统英语语法中，助动词有时也称为"帮助性动词"（helping verbs）。

auxiliary stacking（助动词堆叠）：多个助动词的使用，其中每个助动词是前一个助动词的补足语，如 *They will have been traveling for three days*（他们将已经游玩了三天了）。

bare form（光杆形式）：不加任何词缀的词的形式。"光杆形式"这一术语主要用于动词以不加缀的形式来表达某个概念范畴。例如，英语中动词的光杆形式表达现在时、非第三人称单数。

bitransitive（二及物）：见"dirtansitive（双及物）"条。

borrowing（借用）：某个语言的使用者将源自其他语言的词、语素或结构当作自己语言中的词汇项。例如，现代英语词 *thug*（恶棍）、*pajamas*（睡衣）、*chic*（别致的）、*canoe*（独木舟）、*tomatoes*（西红柿）以及其他数以千计的词语都是借来的。

bounded/boundedness（有界／有界性）：具有明晰的边界。典型的名词指称有清晰边界的实体，如"岩石""树""汽车"等。无界实体包括"空气""火""忠实"之类的概念。无界概念一般不用典型的名词来表达。

bound morpheme（黏着语素）：指这样一种语素：通常不作为单独的词说出，语音上必须附着于其他某个词。英语中的例子包括动词过去时后缀 *-ed*，名词复数后缀 *-s*，以及"冠词" *a* 和 *the* 等。

branch（分枝）：句法树中连接节点的线条。

case（格）：这个术语在语言学中有许多特定理论下的意义。本书所用的格指名词或名词短语的句法标记（"格标记"）：名词或名词短语与其句法语境之间存在一定的关系，格即表达某种与此关系有关的意义。一些典型的格包括属格、主格、宾格、作格、通格、与格、工具格、处所格等。

causative, causative construction（使成式，使成结构）：一种语法结构，该结构通过添加一个控制性的参与者到动词体现的场景中来增加及物性。如：*Alice made the cat smile*（Alice 使那只猫笑了，分析型使成式）；或 *Bunyan felled the tree*（Bunyan 弄倒了那棵树，*the tree fell* 的词汇型使成式）。

classifiers（分类词）：分类词通常是那些表示名词的类的语素。不过有时"分类词"

（classifier）这一术语也可以用来表示动词词缀。

clause（小句）：指一个命题在语法上的示现。

clause chain（小句链）：表达多个连续事件或情状的话语结构模式。通常是小句链中的一个小句（第一个或最后一个）承担整个小句链的全部或大多数屈折信息，而其他小句则以某种方式依附于它。广泛采用小句链的语言，有时被称为"小句链型语言"。

clitic（附着词）：一种黏着语素，作用于短语或小句层面，而非仅附着于某个特定词类中的词。

cognition（认知）：即思想，包括范畴化和概念化。

cognitive model（认知模式）：一种理想化的心理表征，是理解和存储知识的基础。例如，大多数人有一种关于"垂直"的认知模式，以空间参数"up（上）"–"down（下）"为基础。这种模式帮助说英语者将很多抽象的概念加以概念化，如价格［*high vs. low*（高–低）］，数量［*fill it up*（填满）］，情绪［*I'm feeling up today*（我今天情绪高涨）］。

collective（集合）：指称信息世界中一组实体的概念范畴。它与复数的区别在于，它强调的是群组，而非该群组中的个体成员。集合这一范畴可以当作数范式的一部分，数范式还包括单数、双数、少量数以及其他。

comitative（伴随格）：由一些实体充当的语义角色，这些实体伴随另外的实体，如：*I had coffee with my mother*（我和我母亲一起喝咖啡）。

complement（补足语）：假如一个短语范畴的句法中心并不是语义中心，那么它必须有一个补足语。补足语是短语范畴的语义中心。它使范畴的意义"完足"。

complement clause（补足语小句）：一类依附小句，它在另一小句内充当一个论元（通常是直接宾语，但也可以是主语以及其他关系）。例如，*I like to eat beans*（我喜欢吃豆子）。

complementizer（标补语）：引介整个小句的词，该小句内嵌于另一小句或短语时，用它来引介。英语中非重读的 *that* 就是个标补语：*the book that I read*（我读的这本书）。

conceptual category（概念范畴）：由成系统的形式变化所表达的一种意义成分。例如英语中"过去时"就是一个概念范畴，因为说英语者认为每个动词都要有一个专门的形式来表达过去时。

conditional clause（条件小句）：一种表达条件的状语小句，在该条件下，其他情状在信息世界中可能为真，也可能不为真。例如，在英语中 *If I were a carpenter...*（假如我是个木匠……）就是一种条件小句。

conjugation classes（动词变位类）：语法上定义的动词亚类。例如，西班牙语的动词有三个变形类：以 *-ar*、*-er* 和 *-ir* 结尾的动词各成一类。

conjunction（连词）：由"小"词组成的一个词类，这些小词将更大的成分连接在一

324

起。连词有时被分为"并列连词"和"从属连词"。英语里并列连词包括 *and*、*or* 和 *but*；从属连词包括 *because*、*so* 和 *if*。

constituency（成分组构）：句法结构中的一些单位，当它们句法上被"归并"（merge）或者"组块"（clump together）在一起时，便表现为成分组构。

constituent structure（成分结构）：任何一种语言中语言结构"建造"（组构）的方式。

contrastiveness（对比性）：信息世界中参与者的语用特征，由说话人表达出来。说话人可以使某个参与者作为对比，来纠正听话人可能存在的误解。例如，*SALLY made the salad*（是 Sally 做的沙拉，SALLY 重读）这句话，在说话人以为听话人认为是其他人做的沙拉时，就可能会使用它。

convention, conventionalize（规约，规约化）：如果一种语言模式在整个言语社团中成为常态，那么它就被规约化了。语言形式"按照规约"来表达意义，因为言语社团中每个人都会默认地"同意"以某些可预期的方式来使用那些形式。

coordination（并列）：一种语法结构，其中两个句法成分结合，且相互之间没有不对称的迹象。词、短语或小句都可以并列，但只有相同范畴的成分可以这样结合。例如，名词和名词、限定词短语和限定词短语、屈折短语和屈折短语、句子和句子等，都有可能是并列结构。但是，像名词和介词短语、屈折短语和句子等，这样的结构就不可能是并列结构。

copula（系词）：一种语素，通常是动词，有时也可能是小词或代词，它把两个名词短语"结合"在一起。例如，*My son is a doctor*（我儿子是个医生）。

core argument（核心论元）：名词性小句成分，是主语、宾语、间接宾语或主要宾语中的一种。其他小句成分被认为是"边缘的"，或旁语。

coreferential（同指）：假如两个复指手段指称同一个实体，那么它们就是同指关系。

coreferential possession（同指领属）：显示名词短语的领有者与小句的核心论元之一（通常是主语）同指的结构。

count noun（可数名词）：指称那些能被轻易且有效地计数的表事物的名词，如 *keys*（钥匙），*oysters*（牡蛎），*cabbages*（卷心菜）等。可数名词与物质名词相对。

dative（sometimes "indirect object"）[与事（有时称"间接宾语"）]：一种语法关系，区别于主语和直接宾语，它典型地表达某个行为或个体事物的有生接受者，如小句 *He passed the hat to Alice*（他把帽子递给 Alice）中的 *Alice*。"dative case"（与格）是名词的语法屈折形式，它的功能之一是表达与事的语法关系。

dative of interest（利益与格）：将边缘参与者升级至与格角色，而无须进行小句中其他的形态变化，这样的结构就是利益与格。

dative shift（与格提升）：将与格论元升级至直接宾语地位，而无须进行小句中其他的形态变化，这样的结构为与格提升。如：*I gave Mildred the book*（我给 Mildred 这本书）。例中 *Mildred* 便发生了与格提升。

declension classes（名词变形类）：从语法上限定的名词的亚类。

definite/definiteness（有定的 / 有定性）：见"identifiability（可识别性）"条。

demonstratives（指示词）：含有"指向"（指示）的词。指示词可以出现在名词短语内，如在 *these houses*（这些房屋）中；它们本身也可以是名词短语的中心：*I'll take three of those*（我将拿那些当中的三个）。在前一种用法中它们有时被称为指示形容词，在后一种用法中则被称为指示代词。

demotion（降级）：指称减价结构的另一个术语。可以将"降级"等同于"去视点化"，或者说是给参与者分派一个更不显著的语法地位。

denominalization（去名词化）：一种使名词变为其他词类的概念范畴。例如，英语中后缀 *-ize* 就是一个去名词化标记，因为它把名词变为动词：*Finlandize*（芬兰化），*terrorize*（恐吓），*palletize*（用托盘装）。

dependent（or subordinate）clause ［依附（或从属）小句］：指如果不与其他小句一起出现在句子结构中，通常便不能整合进话语的小句。

derivation（派生）：（1）与屈折相对，派生形态从更简单的词干或词根中产生新的词干。例如，英语中常常拼写为 *-able* 的后缀，便以动词词根为基础产生形容词：*questionable*（成问题的），*reliable*（可靠的），等等。（2）形态音位派生是指为某个特定的词的发音而提出的一套规则。

descriptive grammar（描写语法）：说话人对其母语的默认知识由一些模式和相互联系构成，理解和交流这些模式和相互联系的科学就是描写语法。描写语法与"规范语法"相对，后者由一些制订出的规则构成，以帮助个人写文章或者说话，使他们在这方面更像某个文化精英群体的成员。

descriptive modifier（描写性修饰语）：使名词短语的所指更加具体的成分，包括形容词、关系小句、分词短语，等等。

determiner（限定词）：语法结构中的一个由各种词项占据的位置，这些词项用来指明跟听话人如何识别一个特定名词的指称对象相关的一些信息。英语中限定词包括冠词（*a*、*the*、ø）、指示词（this、that、these、those）、所有的领有者、某些疑问词、代词，等等。

determiner phrase（限定词短语）：以限定词为中心的句法"组块"。略写为 DP 后，限定词短语也可能被当作"被限定的名词短语"（determined noun phrases）。名词性成分是限定词的普遍投射这一设想被称为"限定词短语假说"，或者叫"DP 假说"。

detransitive（or detransitivizing）constructions ［去及物（或去及物化）结构］：降格（或"去视点化"）某个小句论元的结构，包括反身式、交互式、中动式、被动式、逆被动式、宾语降级、宾语并入以及宾语省略。

326

diminutive（小称）：与名词相联系的一个概念范畴，表达的意思是名词指称一个小的、精巧的或可爱的所指。例如，英语中的后缀 [i] 有时表达的就是一种小称的意思：

Tommy（汤米）, *doggie*（小狗）, *sweety*（亲爱的）。

direct object（直接宾语）：见 "object（宾语）" 条。

discourse（话语）：指言语交际这一行为。句子可以孤立地存在，同任何实际的功能相脱离。但是，话语必定有实际的语言行为，通过实施这种行为来完成某种社交任务。

discourse analysis（话语分析）：话语分析包括对实际情况下交际行为如何完成的理解。句法分析可以基于抽象的、假想的语串，而话语分析只能通过观察、记录和分析应用中的语言来进行。

discourse manipulability（话语可操作性）：典型名词的一种语用属性。信息世界中的实体可以被反复地指称为 "同一种东西"，这便是话语可操作性。

discourse stage（话语舞台）：语言学家用来理解交际如何发生的一个隐喻。人们通过建立心理的 "场景" 来相互交流，"场景" 包括 "参与者" "行为" "角本" "高潮" 等。

disjunction（析取式）：一种并列关系，其并列组中只有一个成员被断言为真。例如，*She came in through the window or the door*（她是从窗户或者从门进来的），这句话暗示 "她" 可能是从窗户进来的，也可能是从门进来的，但不可能两者都是。

dissimilation（异化）：一种音系或形态音系模式，这种模式中某个音段变得与其环境差别更大。

distribution（also "distributional properties"）[分布（也称 "分布属性"）]：形态句法单位的分布是指在语法结构中，该单位在与其他单位的关系中如何起作用。

ditransitive（双及物）：用来描述包含三个必有参与者的情状或者具有三个核心论元的小句的术语。例如：*Alice gave the Mad Hatter a stern look*（Alice 给了疯帽子狠狠的一盯），或 *Rick showed the exit visas to Sam*（Rick 出示出关签证给 Sam）。

DP hypothesis（DP 假说）：见 "determiner phrase（指示词短语）" 条。

dual（双数）：一种概念范畴，表达的意思是，由名词、代词或其他指称性形式提及的所指恰好是两个。双数也可以是一致范式中的一个范畴。双数范畴是数范式的一部分，数范式还包括单数、单数式、三数、复数、少量数以及其他。

dynamic（动态的）：一种包括运动和 / 或变化的情状。描述这类情状的动词有时称为 "动态动词"，与 "静态动词" 相对。

ellipsis（省略）：小句结构某个成分的明显的删略。例如，对问题的回答有时就包含省略。回答 *Where is she going?*（她要去哪里？）这一问题时，可能会只说 *to the store*（商店），其中就省略了 *she is going*（她要去）。

embedded clause（内嵌小句）：见 "embedding（内嵌）" 条。

embedding（内嵌）：句法结构中一些单位可以被 "内嵌" 在其他单位里面。例如，下面的树形图中，有一个小句（一个 S 节点）内嵌在一个名词短语中，另一个小句内嵌在这个内嵌小句中（参看第 10 章）：

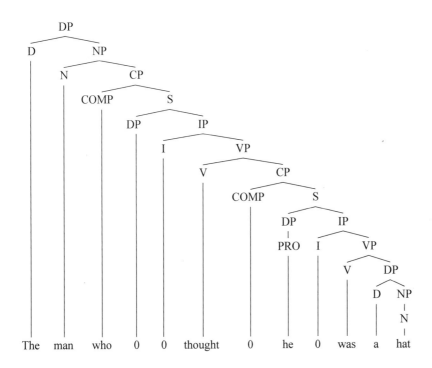

environment（环境）：形态音位变化发生的语境。

epenthesis（or "insertion"）[插音（或"插入"）]：一种音系或形态音系模式，其中某个音段被插入。

epistemic [认识（情态）]：表达说话人对话段真实性的承诺，这样的概念范畴属于认识情态。例如，英语中 *may*（可能）、*might*（也许）和 *will*（将要）就是认识情态助动词。

ergative/absolutive（作 / 通格）：指任何一种把 O 论元和 S 论元视为"相同"，而对 A 论元做不同处理的语法系统。如尤皮克语（Yup'ik）的格标记系统，就规则地将单数的 S 和 O 用 -*q* 来标记，而将单数的 A 用 -*m* 来标记。

ergative（作格）：任何一种包括 A 论元但不包括 O 论元或 S 论元的语法的范畴化（如形态格）。

evidential, evidentiality（示证，示证性）：表达话语中信息来源的概念范畴。例如，语言有时会有这样的范畴：表达信息是直接获得的，还是听说的，或者是推论而来的。

exclusive（排除式）：第一人称复数中的一个概念次范畴，指称说话人及其他人等，而把听话人排除在外："He/she and I but not you"［他 / 她和我但不包括你，比较"inclusive"（包括式）］。英语没有排除式 / 包括式的区别。例如，代词 *we*（我们）既 328 可以指称"只有你和我"，也可以指称"他 / 她、你和我"，还可以指称"他 / 她和我但不包括你"。

existential clause（存在小句）：表达某个特定实体的存在的小句。如：*There once was a king*（曾经有一个国王），或 *There's ants in the syrup*（糖浆中有蚂蚁）。

experiencer（经历者）：由接受到感官或情感上的影响的参与者充当的语义角色，如：*Alice noticed a small wooden door*（Alice 注意到了一扇小木门）。

expression type（表达类型）：语言表达概念范畴的结构方式。本书中讨论的表达类型有三组：词汇表达、形态过程和句法模式。

external possession（or "possessor raising"）[外部领属（或"领有者提升"）]：一种将某个中心论元的领有者提升到直接宾语地位的结构。如：*He hit me on the right front fender*（他在右前挡板上敲打我），意思是 "he hit my car on the right front fender"（他在右前挡板上敲打我的汽车）。

extraction（外置）："移位"的隐喻说法，指一个单位从其在句法结构中惯常的位置上移位。例如，*beans* 在句子 *Beans I like*（豆子我喜欢）中便被外置了。

factives（述实）：一类描述某些实体从无到有的动词。如：*build*（建造）、*ignite*（点燃）、*form*（形成）、*create*（创造）、*make*（制造）、*gather*[聚集，如在 *a crowd gathered*（人群聚集起来）中]。

finite（定式的）：语言中任何一个动词或助动词，如具备所有属于动词表达的屈折信息，它就是定式的。

flat structure（平铺结构）：所有节点都属于同一层级的句法结构。换句话说，就是不包括"嵌套"的结构。

force（作用力）：指一种由无意识地促发一些事件的实体充当的语义角色。如：*The wind opened the door*（风吹开了门）。

form（形式）：structure（结构）的另一术语。任何工具，包括语言，都由两部分组成——形式和功能。形式这部分是适应于功能的。语言中，形式由语音、语素、词、短语以及句子组成；功能是一些交际任务，如表达意义、建立和保持人们之间的关系，等等。[比较"fuction（功能）"条]

formalism（形式描述）：用图形的方式来表征构成某种语言语法的隐含模式。特定的形式描述（如短语结构树和位置–类别图表）总是和特定的语言学理论相联系。

free morpheme（自由语素）：指不必附着在其他语素上就能被理解的语素。像 *dog*（狗）和 *cat*（猫）这样的词就是自由语素。

full lexical words（实义词汇词）：指具有丰富的语义内容的词，如 *incredible*（难以置信的）、*garden*（花园）、*Wonderland*（奇境）等。这些词与语法语素相对。

full noun（实义名词）：指称某个名词的方式，该名词是实义词汇词而不是个缩减的形式，如代词或零形式。语言的句法类型的确定即与实义名词有关。

function（功能）：语言功能即由语言结构来施行的一些"工作"。表达意义是语言

的主要功能，因此意义特征，如语义角色、时、参与者指称等，都是语言结构的 329
一些功能。其他功能与意义的关系不那么明显，但仍然是语言功能的一部分。例
如让别人去做某事、咨询信息、娱乐、激发超自然力，等等。[比较"form（形
式）"条]

functional linguistics（功能语言学）：一种理论研究模式，该研究模式中语言被视为一
套工具系统，人们用以完成一定的社会功能，以交际为主。

fusion（熔合）：指某种语言在每个语素只表达一个意义方面表现出的倾向性的程度。

fusional（熔合的）：某种语言的每个语素倾向于表达一个以上的意义，这种语言就属
于熔合的形态类型（与黏着语相对）。

Generative Grammar（生成语法）：一种语言学理论，创立于 1950 年代至 1960 年代，
与语言学家 Noam Chomsky 最为密切相关。在生成语法中，一种语言被认为是一套
无限大却又受高度限制的合语法的句子。语法被理解为一台"机器"，它"生成"一
种语言所有的合语法的句子，而没有不合语法的句子。

genitive（属格）：指名词与其论元之间具有的一种语法关系。同时也指与其他名词之
间具有领属关系的名词。属格名词可以表达各种不同的语义角色，不过领有者通常
是最典型的。在那些有着完善的格系统的语言（如德语、芬兰语、俄语）中，"属格"
也用于其他很多情形。

given information（已知信息）：信息世界中参与者的一种语用特征，由说话人表达出
来。如果说话人认定听话人已在主动地考虑某个信息，那么该信息便是"已知"的。

gloss（注解）：一种便捷的缩写方式，来注明某个语素的意义。用于语言学的例子中，
以帮助读者来理解所描写的语言的结构，即使读者事先对该语言并不了解。

govern, government（支配，支配关系）：（1）句法核心"支配"其补足语。（2）某些句
法成分决定其他句法成分的形式。有时这种关系称为"支配关系"。例如，拉丁语
中，前置词"支配"其宾语的格，即前置词宾语的格会根据所用的前置词而变化。

grammar（语法）：指一些规约或对应关系的内化的、无意识的系统，这些规约或对应
关系使人们得以相互交流。该系统由说话人为使用其语言而必须知道的一切所构成。
语言分析的主要内容便是将这个内在的系统外在化，采用的形式通常是一些书面规
则及简要说明。

grammatical morphemes（语法语素）：参看"full lexical words（实义词汇词）"条。语
法语素表达有限的"语法"意义（如"第三人称单数""过去时"），而不表达丰富的
"词汇"意义，如 *cacophony*（刺耳的声音）、*disastrous*（灾难性的）之类。 330

grammatical relations（语法关系）：短语和小句内词与词之间在语法上示现的关系。一
些典型的语法关系是属格、主语、宾语、作格、通格，等等（重点参看第 8 章）。

grammatical rule（语法规则）：语法中的常规模式，它决定概念范畴在结构上如何表达
（例如"添加后缀 -ed 形成动词的过去时"）。

grounding（提供背景）：某些概念范畴会依据时间、处所或参与者来为某个情状"提供背景"。例如，*walking*（走）这个概念，在说话人指明何处（*where*）、何时（*when*）、何人（*who*）在走之前，它便没有被"提供背景"。*Sylvester is walking to school*（Sylveste 正走向学校）这句话，就是依据所有这些参数来给它"提供背景"的。

harmonic reflexive（和谐反身式）：一种反身结构，它对每个相关的人称和数范畴使用不同的反身形式（词缀或代词）。西班牙语有和谐形态反身式。

head, semantic（核心，语义的）：名词短语的语义核心，是与整个短语具有相同指称物的那个名词。如 *the tall handsome garbage man who lives next door*（那个住在隔壁的高大英俊的环卫工）中的 *man*。语义中心和句法中心往往是相同的，但并非总是相同。

head, syntactic（核心，句法的）：短语中决定（或"投射"）整个短语句法属性的成分。如 *That ridiculous big orange cat that always sits on my porch*（那只总是坐在我门廊上的可笑的橙色大猫）中的 *cat*。这个例子中句法核心也恰好就是语义核心。不过，在有些例子里面这两者可能是不一样的。例如，前置词是句法核心，因为它们决定其所在短语的句法表现，尽管绝大部分的意义是由名词性成分表达的。

headless（无核的）：有些关系小句是"无核"的，因为它们所修饰的名词短语并没有一个外显的语义核心 —— 小句本身指称那个名词。例如，名词短语 *whoever goes to the store*（无论谁去商店）便包含一个无核关系小句。

head-marking（核心标注）：一种语言类型，其句法关系大都标注在句法核心上，而不是标注在补足语上［比较"dependent-marking（依附标注）"条］。

hedging（闪避语）：一种对话技巧，可使说话人将他 / 她自己与话语内容"拉开距离"，以避免为话语的真实性承担社会责任。例如，*They sort of took over the department*（他们似乎接管了部门）这个表述，便是说 *They took over the department*（他们接管了部门）的一个"闪避"方式。

hierarchical structure（层级结构）：句法结构的特点，使得一些单位"嵌套"于更大的单位中出现。

honorifics（敬语）：一个或一套概念范畴，通常是在说话人和听话人之间，表达不同程度的礼貌、尊敬或相关的社会地位。

host（宿主）：某个黏着语素所依附的自由语素。

iconicity（象似性）：在符号系统中形式和功能相关联的一种属性。符号是象似的，它们构成其意义的"图画"。

331

idealized（理想化的）：忽略细节使之模糊，这样的概念是理想化的。词的意义常常是以理想化的意象储存在记忆里的。

identifiability（or "definiteness"）［可识别性（或"有定性"）］：信息世界中参与者的一个语用特征，由说话人表达出来。假如说话人认定听话人能够完全识别出参与者的所指，那么参与者就是可识别的。英语中冠词 *the* 便是表达可识别性的一种方式。短语 *a dog* 可能不是可识别的，而 *the dog* 则被说话人当作可识别的。

idiosyncratic（特异的）：不成模式的，随机的。例如，英语中 *child* 的复数形式 *children* 便是特异的，因为现代语言中没有其他任何名词完全按这种方式来构成其复数。

impersonal passive（无人称被动式）：一种类似于被动式但不隐含任何特定施事的结构式，如：*She was considered lost*（她被认为失踪了），或 *They say there'll be snow tomorrow*（他们说明天会下雪）。

inclusive（包括式）：代词或动词一致标记，指称说话人和听话人以及可能有的其他人。

incorporation（并入）：一种复合，其中动词的一个论元丧失了它的独立身份，变成动词的一部分。并入在英语里的这样一些语句中是很能产的：*we went fox-hunting*（我们去猎狐了），或 *you will be pay-deducted*（你将被减薪）。

index of fusion（熔合指数）：见"fusion（熔合）"条。

index of synthesis（综合指数）：见"synthesis（综合）"条。

indirect object（间接宾语）：见"dative（与事）"条。

indirect question（间接疑问句）：一种补足语小句，可以认为是从疑问句派生而来。如：*I know who came*（我知道谁来了）可以诠释为"我知道'谁来了？'这个问句的答案"。

individuated, individuation（个体的，个体化）：指与其他实体相区分的属性。典型名词指称个体的实体，如人、汽车和鸟。非个体的实体包括淤泥、蚂蚁和枪法这样的概念，这些概念不太可能用典型名词来表达。

infinitive（不定式）：一种不表达屈折信息的动词形式。[比较"inflection（屈折）"条]

infix（中缀）：一种插入到词根内部的词缀。例如，有些英语的变体使用中缀 *-izz-* 来表达强化与强调：*I knizzow*（我的确知道，或我由衷地赞同）。

infixation（添加中缀）：指包括添加一个中缀的形态过程。

inflection（屈折）：另见上文"derivation（派生）"条。屈折范畴是不产生新词干的概念范畴。相反，它们将特定的"语法"信息添加到现有的词干上。屈折范畴总是在"范式"中出现。

inflectional phrase（屈折短语）：英语和其他一些语言的一种句法范畴，由带有一个助动词（可能是零形式）的动词短语构成。另见"inflection（屈折）"条。

inherently reciprocal verb（also "lexical reciprocal"）[内在交互动词（也作"词汇型交互式"）]：描述两方相互对对方做某事的动词，如 *fight*（打架）、*meet*（遇见）、*shake hands*（握手）、*hug*（拥抱）、*embrace*（拥抱）、*cuddle*（拥抱）、*kiss*（吻），等等。332 当这些动词在语法上是不及物，而且主语是复数时，它们自动地被理解为交互式。

inherently reflexive verb（also "lexical reflexive"）[内在反身动词（也称"词汇型反身式"）]：描述人们通常对自己实施的行为的动词，如 *shave*（刮胡子）、*wash hands*

（洗手）、*dress*（穿衣），等等。当这些动词在语法上是不及物时，它们自动地被理解为反身式。

INSTRUMENT（工具格）：由作为事件的中介性起因的实体所充当的语义角色。如，*Alice opened the door with the key*（Alice 用这把钥匙打开了门）。施事（*Alice*）利用工具（*the key*）作为中介物对受事（*the door*）实施某种动作。

internal head（内部核心）：某些关系小句的核心在其本身内部。例如，假如英语有内部核心型关系小句，那么像 *the house that I live in*（那栋我所居住的房子）这样的名词短语就会表达成 *the that I live in house*。

interposition（插入）：成分组构次要"测试"中的一种。如果某个副词或句法结构中某个可换位的成分可以出现在另外两个成分之间，那么那个位置很可能是一个句法边界。

intransitive（不及物）：一个小句如果不包含任何外在或暗含的直接宾语，那么这个小句便是不及物的。

inversion（倒置）：一种句法结构，其中两个成分以与它们的"正常"位置相反的语序出现。例如，英语中的"主语－助动词倒置"，指在疑问或某些否定结构中，主语和助动词相互交换位置：*Will he ever learn?*（他将要学吗？）

involuntary process（非自主过程）：一种事件类型，指的是非自主的参与者经历的某种状态的改变，如由英语动词 *melt*（融化）、*grow*（成长）、*explode*（爆炸）以及 *die*（死）等表达的事件。

isomorphism（同构）：一种词汇表达方式，其中某个词干表达一种概念范畴，而无须进行任何外在的形态或句法上的改变。例如，动词 *hit*（打）、*cut*（砍）、*shed*（洒）等，它们的过去时形式，在大多数人称和数中，与其非过去时形式是相同的。同样，名词 *fish*（鱼）、*sheep*（绵羊）、*elk*（驼鹿）和 *deer*（鹿）的复数形式与其单数是相同的。

isolating（孤立）：一种语言中的词倾向于只有一个语素，这种语言便是属于孤立类型的。

item and arrangement（词项和排列）：对形态的一种认识，词根和词缀被视为是分离的语素，二者在一种静态呈现中发生联系，这种呈现是有赖于说话人的交际意图的。位置－类别图表代表了基于这一认识的分析方法。

item and process（词项和过程）：对形态的一种认识，词根被视为形态的"组块"，而词缀和其他形态变化被视为词根所经由的"规则"和"过程"。过程规则代表了基于这一认识的分析方法。

labile verbs（易变动词）：见"lexical middle（词汇型中动态）"条。

333 **language isolate**（系属孤立语言）：一种不能证实与其他任何语言有关系的语言。

left-branching（左分枝）：补足语总是出现在其句法核心之前的语言。其他表示这种语言类型的术语是"补足语 – 中心语语言"或"中心语居后"语言。

lexical ambiguity（词汇型歧义）：因为某个形式具有两个内在的意义而导致的歧义。例如，*bank* 一词便是词汇型歧义，因为它既可以指称河的边沿，也可以指称一种金融机构。由于这种歧义，包含 *bank* 一词的结构也可能是歧义的，如 *Let's try a different bank*（我们试试别的银行 / 河岸吧）。

lexical category（词汇范畴）：短语结构树最低的（终端）节点便指向词汇范畴。它们由本身不具有内部句法结构的单元组成。

lexical causative（also "inherently causative verb"）[词汇型使成式（也称"内在使成动词"）]：一种动词，其词条表达使因和结果意义。例如，*kill*（杀死）便是一个内在使成动词，因为它表达"使……死"的意义。[比较"causative construction（使成结构）"条]

lexical entry（词条）：词条是指某个语言单位所有的结构和功能属性的具体化。[比较"lexicon（词库）"条]

lexical expression（词汇表达）：表达概念范畴的一种方式，这种方式需要具备对表达该范畴的词条形式的特定知识。强异干、弱异干和同构是词汇表达的一般亚类。

lexical middle（also "inherently middle verb" or "labile verb"）[词汇型中动态（也称"内在中动动词"或"易变动词"）]：一种描述通常包括**施事**和**受事**的情状的动词，但当它用作不及物时，会把受事置于主语关系上：*the window broke*（窗子打破了），*the city changed*（城市改变了），等等。

lexical passive（or "inherently passive verb"）[词汇型被动式（也称"内在被动动词"）]：一种动词，其基本意义暗指某个**施事**的存在，但对这个**施事**并没有任何外在的指称形式。

lexical reciprocal（词汇型交互式）：参看"inherently reciprocal verb（内在交互动词）"条。

lexical reflexive（词汇型反身式）：参看"inherently reflexive verb（内在反身动词）"条。

lexicon（词库）：语言使用者可利用的所有进入记忆的词、词的片断以及词的构形与组合的规则模式，存储这些的就是词库。在有些语言理论，如认知语法（Langacker 1987）、核心语驱动短语结构语法（Sag, Wasow, and Bender 2003）以及构式语法（Goldberg 1995；Croft 2002）中，几乎所有的语法模式都是归属于词库的。其他语言理论，如各种派别的生成语法（如 Radford 1988），则将词库与其他语法的"组成部分"或"模块"，如形态和句法等区分开来。

linear order（线性语序）：在语流中各成分的连续的序列。

LOCATIVE（处所格）：包含两个事物之间位置关系的各种语义角色的总称。英语中前置词 *at*、*in*、*on*、*under*、*above* 等，它们的宾语常常充当这个角色。

manipulation（操控）：一类描述施动者试图操控他人这类行为的动词。一些操控动词比另外一些"更强有力"，例如，下面这些英语动词描述操控概念在力度上依次递

334　减：*force*（强迫），*make*（使），*compel*（迫使），*command*（命令），*urge*（促使），*ask to*（要求），*ask that*（要求），*request*（请求）。

manner（方式）：一种状语概念，含有与事件或情状（而非参与者）相联系的语义特征。英语中大多数方式副词以后缀 *-ly* 结尾，如 *quickly*（迅速地），*disparagingly*（轻蔑地），*freely*（自由地），*surreptitiously*（偷偷地）。有些方式副词不带这个后缀，如 *He fell down hard*（他重重地摔倒了），*She sings well*（她唱得好）。

mass noun（物质名词）：指称在量度上整体不可分的事物的名词，故而一般不用于复数形式，如 *air*（空气），*sand*（沙子），*water*（水）。

merger（归并）：见"syntactic merger（句法归并）"条。

message world（信息世界）：在人们进行交际的任何情状下，共同建立起来的共享的概念场景。这个世界可能或多或少对应于客观现实，但也可能完全是虚构的、抽象的或假想的。占据信息世界的是参与者和道具，其属性、行为和关系构成语言信息的内容。

metathesis（换位）：一种音系或形态音位模式，它使得音段（辅音或元音）颠倒位置。

middle, middle construction, middle voice（中动式，中动结构，中动语态）：一种语法结构式，它将**施事**从动词所激发的场景中移除，将**受事**置于主语角色，且将情状表现为**受事**所经历的一个过程，而不提及或隐含**施事**的存在。

minimalism, minimalist criterion（最简主义，最简标准）：生成语法近期研究方法的一个特征，强调句法分析中简洁的重要性。"最简标准"指的是，如果有两种分析都能充分解释相同范围的事实，那么其中更简洁的一种分析是更可取的。

minor class（次类）：（1）词的亚类，与"主类"相比包含的成分更少一些。例如，英语中过去时是将词干从 [i] 变为 [æ] 那些动词（*sat*、*sang*、*sank*、*drank* 等），构成一个动词的次类。英语中的主类动词，是那些过去时以 *-ed* 结尾的动词。（2）"次词类"是指与"主"词类相比，成员更少的词类。英语中次词类包括前置词，冠词和连词。

modal auxiliaries（情态助动词）：英语（以及其他一些语言）中的一个词类，由 *could*、*should*、*would*、*might*、*may*、*can*、*will*、*must*、*ought to* 和 *have to* 等这样的词组成。英语中这些词用作助动词，表达不同的情态或情态概念范畴。

mode（情态）：表达说话人对某个事件的态度或观点的一套概念范畴。英语中情态主要经由情态助动词而语法化。

morpheme（语素）：一种语言单位，为话段贡献意义，而其本身不能被切分为更小的有意义的部分。例如，*dog*、*-ed*、*-s*、*the* 以及 *almanac* 等，都是英语的语素。

morphological causative（形态型使成式）：一种使成结构，主要由一个施于动词的形态
335　过程来表达。例如，假如英语有形态型使成式，比如前缀 *caus-*，那么小句 *she caus-cried him* 的意思就是"she made him cry"（她使他哭了）。

morphological passive（形态型被动式）：一种被动结构，主要由一个施于动词的形态

过程来表达。例如，假如英语有形态型被动式，比如前缀 *pass-*，那么小句 *she pass-slapped* 的意思就是 "she was slapped"（她被扇了巴掌）。

morphological process（形态过程）：一种靠改变词形来表达概念范畴的方式。本书讨论的主要形态过程有十种，称之为"十大过程"：添加前缀（prefixation），添加后缀（suffixation），添加中缀（infixation），添加环缀（circumfixation），改变词干（stem change），自主音段变异（autosegmental variation），重叠（reduplication），削减形态（subtractive morphology），非系连形态（non-concatenative morphology），复合（compounding）。

morphological reciprocal（形态型交互式）：一种交互结构，通过将某种形态过程施于动词来表达。例如，假如英语有形态型交互式，比如后缀 *-rec*，那么小句 *Wesley and Buttercup kiss-rec-ed* 的意思就是 "Wesley and Buttercup kissed each other"（Wesley 和 Buttercup 互相吻了对方）。

morphological reflexive（形态型反身式）：一种反身结构，通过将某种形态过程施于动词来表达。例如，假如英语有形态型反身式，如重叠动词的第一个辅音和元音，那么小句 *Wesley bu-burned* 的意思就是 "Wesley burned himself"（Wesley 烧了他自己），小句 *Alice pi-pinched* 的意思就是 "Alice pinched herself"（Alice 掐了她自己）。

morphology（形态）：对形状的研究。语言学中，形态就是对词形的研究，或者更具体地说，就是研究词如何从更小的有意义的片断［参看 "morpheme（语素）"条］构建出来，来表达不同的意义。

morphophonemic derivation（形态音位派生）：见 "derivation（派生）"条。

morphophonemic rules（形态音位规则）：对发音的系统的调整，需要依据环境中的特定语素或语素边界来进行。

morphosyntax（形态句法）：语法知识的一部分，内容是概念范畴如何从结构上表达。

motivation（动因）：对某个特定模式为何出现的合理解释。语言学家一直以来对语言模式的解释都饶有兴趣。不过有些模式可能是不可解释的，或者说"无动因的"。大多数情况下，这是因为该模式的动因淹没在了语言发展的历史长河中。

nasalization（鼻化）：指气流从鼻腔通过这样一种语音特征。例如，法语词 *bon*［好（阳性）］的元音便是鼻化的。

nodes（节点）：句法树上标注范畴的点。句法树总是在节点上"分枝"。不过，并非每一个节点都是分枝节点——终端节点便不分枝。

nominalization（名词化）：指以通常属于其他词类或句法范畴的词根为基础而形成的名词或名词短语，如 *the collapse of the empire*（帝国的坍塌），这便是个指称帝国坍塌这一**行为**的名词短语。

336

nominalizer（名词化标记）：一种派生性语素，附着在某个非名词性词根上，并把它变为一个名词。例如，英语中后缀 *-er* 的一种用法便是把动词变为名词：*work*（工作）

→*worker*（工人）。

nominative/accusative（主/宾格）：指任何一种把 A 论元和 S 论元视为"同类"，而对 O 论元做不同处理的语法系统。如英语基本的成分语序，总是把 S 论元和 A 论元置于动词之前，而把 O 论元置于动词之后。

nominative（主格）：任何一种包括 A 论元和 S 论元但不包括 O 论元的语法范畴（如形态格）。

non-concatenative morphology（非系连形态）：一种主要为闪语族语言（如阿拉伯语、希伯来语、阿姆哈拉语，等等）所采用的形态过程。这些语言中，词根只由辅音（或"辅音模板"）构成，概念范畴通过在这些辅音模板上插入元音或其他音段和超音段成分来表达。

non-finite（非限定的）：任何不带时或人称屈折的动词或小句；勿与传统语法中的"infinitive"（不定式）这一术语混淆。英语中光杆形式、现在分词和过去分词的很多（不是所有）用法都是非限定的。

non-harmonic reflexive（非和谐反身式）：一种反身结构，其中反身形式（可能是词缀或代词）不根据该结构主语的人称和数变化。俄语有非和谐反身式。

noun（名词）：一个词类，其典型用法是表达有界的、个体化的实体。英语中通过是否有做动词主语或宾语的能力来确定。

noun class system（名词分类系统）：语言中名词的任何一种基于语义的语法分类。比如语法上的性便是一种名词分类系统。

noun phrase（名词短语）：成分结构中的一种"组块"，以名词为核心，可以包括也可以不包括其他成分。名词短语的语法和语义特性来自其核心名词。换句话说，名词将它们的属性投射到它们所在的短语上。

nuance（微殊义）：一种次要意义，或细微意义——一种隐含义。例如，像 *spit*（吐出）和 *expectorate*（咳出）这样一组词，它们之间意义上的差异，便可以说是微殊义而非核心义的差异。

number（数）：很多语言参与者指称系统中的概念范畴的一种范式。这种范式中的范畴主要是单数、复数，或许还有三数、四数、少量数以及其他几个。

O（O 论元）：多论元小句中最像**受事**的论元。

object（also "direct object"）[宾语（也称"直接宾语"）]：一种核心的语法关系，在英语中是由以下属性来定义的：（1）在语用上中性的及物小句中，位置紧跟在动词之后；（2）代词化时，需使用非主语代词；（3）前面没有介词。

object demotion（宾语降级）：一种语法结构，将某个"通常"（即在由动词激发的场景中）是直接宾语的参与者降级为旁语角色。这种结构的语义效果就是"降格"**受事**，并且/或者使它整体上更少地受动词行为的影响。如：*Aileron kicked at the Duke*（Aileron 踢向公爵）。

object incorporation（宾语并入）：一种语法结构，把**受事**作为动词的一部分，而不是一个独立的名词来表达某个事件，以此来降格（或"去视点化"）该**受事**。例如：*We went fox hunting*（我们去猎狐）。

object omission（宾语省略）：一种降格（或"去视点化"）某个 O 论元的结构，直接省略该论元，而不必对小句的其他部分进行任何调整。如：*Calvin already ate*（Calvin 已经吃了）。

oblique, oblique argument（旁语，旁语论元）：小句的名词性成分，不具有与动词的核心语法关系。

paradigm（范式）：一套相关的概念范畴。例如，语言的时范式可以由过去时、现在时和将来时构成。动词一致范式可以由第一人称、第二人称和第三人称等构成。

partial reduplication（部分重叠）：只包含部分词根而非整个词根的重叠。例如，假如英语重叠名词的前两个音来表达复数，那便是部分重叠。因此，*dodog* 和 *cacat* 这两个形式的意思就分别是"dogs"（狗_复数_）、"cats"（猫_复数_）。

participant reference（参与者指称）：对信息世界中的参与者的指称或提及。所有的语言都有一个参与者指称系统，通常由名词短语、代词、一致标记、附着词等不同的范畴组成。

participial phrase（分词短语）：主要动词是个分词的小句。

participle（分词）：动词的一种去动词化形式。英语有现在分词，以后缀 *-ing* 为标记；有过去分词，以不同的方式标记，不过最常见的是加 *-ed* 和 *-en*。

particle（小词）：一种"小的"、无屈折变化的词或附着词，通常表达时、体、情态、示证性或话语结构这类概念范畴。

passive, passive voice, passive construction（被动式，被动语态，被动结构）：一种句法结构，它将**受事**提升（或"视点化"）为主语，并删略**施事**或将**施事**降格为旁语角色：*The baby was named Jane*（*by her parents*）[这个婴儿被（她父母亲）起名为 Jane]。

past participle（过去分词）：一种去动词化，指称某个发生在过去的事件的结果状态。比如在 *a fallen log*（一根倒下的原木）中，*fallen* 就是过去分词。

past tense（过去时）：时范式中的一个概念范畴，表达的意思是，由某个小句描述的情状发生在说出该小句的时间之前。

patient（受事）：一种语义角色，典型的情况是由经历可见的、实在的状态改变的实体充当。如 *Alice ate the cake*（Alice 吃了蛋糕）中被指称的 *the cake*（蛋糕）。

paucal（少量数）：一种概念范畴，表达的意思是，由某个名词、代词或其他指称形式所提及的所指物，其数量是少数几个（对可数名词而言）或少量的（对物质名词而言）。少量数范畴是数范式的一部分，数范式还包括单数、单数式、双数、三数、复数，等等。338

perfect aspect（完成体）：许多语言中存在的属于体范式的一个概念范畴，依据前一事件的结果来表达某种状态。英语的完成体结构须有助动词 *have*：*I have been there before*（我以前去过那儿），*They had entered Albanian airspace*（他们已经进入了阿尔巴尼亚领空）。

person（人称）：语言参与者指称系统中概念范畴的一个范式。此范式中的范畴主要由第一人称（说话人）、第二人称（听者）和第三人称（不包括在交际活动中的其他参与者）构成。

personal passive（人称被动式）：一种被动结构，其中特定的**施事**被明确地暗指或呈现出来，如 *He was attacked by a mad dog*（他被一只疯狗袭击了）。

perspectivization（视点化）：说话人关于某个信息世界情状所采取的观察点。例如，同一个情状可以从**施事**的视点来描述：*Orna baked these cookies*（Orna 烤了这些曲奇饼）；也可以从**受事**的视点来描述：*These cookes were baked by Orna*（这些曲奇饼是由 Orna 烤的）。

phonemics（音位学）：见"phonology（音系学）"条。

phonetics（语音学）：语言学的分支学科，研究语音生成和理解的方式。

phonological patterns（or "rules"）[语音模式（或"规则"）]：系统的发音模式，无须提及特定的语素或语素边界。

phonology（音系学）：语言学的一个分支学科，研究语言中的语音系统，即导致某些语音跟另外的语音形成对比以表达意义差别的规则系统。

phrase（短语）：指句法结构中既非终端节点也非最高节点的一种句法成分组构。

phrasal categories（短语范畴）：短语范畴（DP、NP、IP、VP、PP 等）是其核心语的"投射"，即短语由其核心语的词类来界定。

phrasal nodes（短语节点）：短语结构树分枝的点，其中一个分枝指向短语的"核心"。

phrase structure（PS）rules [短语结构（PS）规则]：一种语法化了的（即被充分习得的）模式，它是构成一个语言的成分结构的基础。比如"S → DP+IP"这一规则揭示的是这样一个事实：说英语者有个熟练的构造小句（缩写为 S）的习惯模式，S 小句由两个成分组成，一个是"限定的名词短语"（Determined Noun Phrase，DP），另一个是位居其后的"屈折动词短语"（Inflected Verb Phrase）。

phrase structure trees（also "tree diagrams", or "phrase markers"）[短语结构树（也称"树形图"或"短语标记"）]：一种在语言中表征句子的线性语序、成分组构和层次结构的方式。短语结构树由短语结构规则"生成"或"允准"。

plosive consonant（塞辅音）：一种口腔中制造压力，然后突然释放而产生的辅音。英语中的塞辅音 [或"plosives"（塞音）] 是 /p, t, k, b, d, g/。

plural（复数）：一种概念范畴，表达的意思是，由名词、代词或其他指称性成分提及的所指物在一个以上。复数也可以是一致范式中的一个范畴。复数范畴是数范式的一部分，数范式还包括单数、单数式、双数、三数、少量数，等等。

polysynthetic（多式综合语）：一种语言中的词倾向于含有很多个语素，这种语言便属于多式综合语类型。

position-class diagram（位置－类别图表）：一种分析复杂形态结构的方法。

possessor raising（领有者提升）：见"external possession（外部领属）"条。

postposition（后置词）：一种位居于与其相关的名词短语之后的附置词。比如，假定英语有后置词而非前置词，那么语句 *the house to* 的意思就是"to the house"，*my mother with* 的意思就是"with my mother"。

pragmatically marked（语用上有标记的）：一个小句如果表达不同寻常的语用功能，如疑问、否定、对比等，该小句便是语用上有标记的。

pragmatically neutral（语用上中性的）：一个小句如果没有疑问、否定、对比等不同寻常的语用功能，该小句便是语用上中性的。一个语言的句法类型通常是根据语用上中性的小句来确定的。

pragmatics（语用学）：对语境如何影响语言交际以及如何被语言交际所影响的研究。

prefix（前缀）：一种附着在词首位置的语素，如英语中表否定的 *un-*［*unlovely*（不好看的）、*unsuccessful*（不成功的）、*uncola*（非可乐）］，或表重复的 *re-*［*reconsider*（重新考虑）、*recook*（重烹）、*reengineer*（重新设计）］。

prefixation（添加前缀）："十大"形态过程的成员，即添加一个前缀。

prenominal（名词前的）：出现在名词之前的。如英语中的冠词便位于名词之前。

preposition（前置词）：一种位居于与其相关的名词短语之前的附置词。例如，英语在 *to the house* 和 *with my mother* 这样的表达中便采用前置词。

prescriptive grammar（规范语法）：制订出的有关拼写、发音、词和句子结构的规则，以帮助人们在写文章和说话时更像一个受过教育的精英人士。

present participle（现在分词）：一种去动词化的形式，指称某个正在进行的行为。例如，在 *a falling leaf*（正在下落的树叶）中，*falling* 便是现在分词。

presentative（呈现句）：一种结构式，主要用来将某个新的参与者引上话语舞台。

primary object（主要宾语）：指一种总是将双及物小句中的**接受者**与及物小句中的类**受事**论元以相同方式对待的语法关系。

primary/secondary object system（主要/次要宾语体系）：一种组织语法关系的体系，其中**接受者**与**受事**总是具有相同的语法关系。这种体系与人们更为熟悉的直接/间接宾 340 语体系相对。

process（过程）：一种事件类型，其中**受事**经历一种变化，但并非必然是某个明确的**施事**的自主行为而导致的结果。如英语动词 *change*（改变）、*hide*（隐藏）、*roll*（滚动）、*fall*（降落）、*break*（破裂）、*grow*（生长）、*melt*（融化）、*explode*（爆炸）等动词所描述的事件。

process rule（过程规则）：一种形态表征，即将加缀以及其他形态模式视为词根经历的"过程"。按照这种观点，词根"始于"某种理想化形式，而"终于"另外的形式。

proclitic（前附词）：一种黏附于其宿主之首的附着词。这种附着词与后附词相对，后者黏附于其宿主之尾。

pro-form（代语形式）：一种语言单位，用以"替代"其他更大的单位。代词是代语形式的主要类型，尽管代动词以及其他代语形式也存在。参看"substitution（替换）"条。

pro-verb（代动词）：一种"替代"动词或动词短语的代语形式。参看"substitution（替代）"条。

projection（or "projection principle"）[投射（或"投射原则"）]：短语范畴是其句法核心的投射。换句话说，短语的句法核心决定其句法属性。

pronoun retention（代词保留）：一种指称关系小句中 R 成分的手段。例如：*that's the guy who I can never remember his name*（那个就是我从来记不住他名字的人）。

pronoun（代词）：一种自由的语法词，它指称某个事物，但并非实义词汇名词。如，*he is clearly over-reacting*（他显然是反应过度了）。

proper names（专有名词）：一种可自动确定和识别的名词亚类，如 *Winchester Cathedral*（温彻斯特大教堂）、*Leeds Castle*（利兹城堡）、*Mt. Rushmore*（拉什莫尔山）、*Tony Blair*（托尼·布莱尔）以及 *Popeye*（大力水手）等。

property concepts（属性概念）：描述"属性"的概念，如颜色、大小、形状、价值、人的习性等。

proposition（命题）：一种语义概念，包含一个或一个以上的实体（或参与者），以及与这些实体相关的属性或关系。命题是语法小句的语义基础。例如，MY HEAD ACHES（我的头疼）这一命题，可以由很多小句示现出来，包括 *I have a headache*（我头疼），*I do have a headache*（我的确头疼），*my head aches*（我的头疼），*me duele la cabeza*［（西班牙语）我头疼］，以及其他还有很多。

prototype（原型）：某个范畴中最能例示整个范畴的成员。例如对大多数说英语者而言，麻雀可能是"鸟"这一范畴的原型。

quotative（引用语）：一种用以描述某人实际言语的结构或小词。如，*"Why are we in this handbasket?" asked Alice*（"我们怎么会在这个手提篮里呢？"Alice 问道）。

RECIPIENT（接受者）：一种典型情况下接收到某物的实体所具有的语义角色。如在 *The walrus gave a sandwich to the carpenter*（海象给了那个木匠一块三明治）中，由短语 *the carpenter*（那个木匠）指称的信息世界的参与者。

reciprocal construction（交互结构）：一种表达语义上及物情状的结构式，这种结构式中两个参与者虽被明确区分，但它们作为 A 论元和 O 论元的角色却被"结合"在一起，即，两个参与者均既是 A 论元，又是 O 论元。如：*Lynn and Cory hugged*（Lynn 和 Cory 拥抱了），意思是"Lynn and Cory hugged each other"（Lynn 和 Cory 互相拥抱了对方）。

recursion（递归）：任何这样的系统所具有的一种属性：该系统在有限的基本建构材料条件下，允许产生无限的输出物。所有自然的人类语言都展现出递归性。

reduplication（重叠）：一种形态过程：一个词根或词根的某个部分通过重复来表达某种概念范畴。例如，假如英语使用重叠来表达复数，那么 *dogdog* 和 *catcat* 这两个形式的意思就分别是 "dogs"（狗复数）和 "cats"（猫复数）。重叠可以是完全重叠，如上举例子，也可以是部分重叠。

referent（所指）：由名词、代词或其他任何指称性成分所指称的信息世界的实体。例如，短语 *my grandmother*（我的祖母）的所指便是信息世界中的一个人——说话人的祖母，而该限定名词短语 *my grandmother* 则是指称或 "提及" 这个所指的指称性形式。

reflexive construction（反身结构）：一种减价结构，表达语义上的及物情状，其中 A 论元和 O 论元是同一个实体，且该情状表现为由某个**施事**针对其本身所实施的一种行为。

reflexive pronoun（反身代词）：一种特殊的代词，其主要功能是表示某个及物小句的主语和宾语指称同一个实体。

relative clause（关系小句）：一种小句，它是某个名词短语的组构成分，用来修饰或描述该名词短语的核心语。如 *the Duke who tread on Aileron's toe*（那个踩了 Aileron 脚趾的公爵）。

relative pronoun（关系代词）：一种引导关系小句并同时表达被关系化成分的特殊代词。英语像其他很多语言一样，关系代词跟疑问代词相似而不等同。

relativized element, R-element（关系化成分，R- 成分）：关系小句中与核心名词同指的组构成分。英语中 R- 成分通常由零形式或关系代词来表达。

relativizer（关系化标记）：一种用来引导关系小句的小词，如英语中非重读的 *that*。关系化标记与关系代词不同，因为前者并不反映被关系化成分的任何特征（如生命度、格，等等）。

right-branching（右分枝）：一种语言的补足语总是位居其句法核心之后，这种类型的语言有时被称为右分枝语言。指称这种语言类型的其他术语还有 "核心语－补足语语言" 或 "核心居前" 语言。

R-element（R- 成分）：见上文 "relativized element（关系化成分）" 条。

root（词根）：语素的一种，表达词的基本意义但不能被进一步切分为更小的语素。

S：遗憾的是，S 这个术语在本书中有三种非常不同的用法。这是本领域中所有语言学学生必须认识到的一个事实。（1）S 是句法树上的最高节点。它是包含整个小句的一种语法范畴。（2）在 Greenberg 派的传统（第 7 章）中，S 用来非正式地指称句子的 "主语"。语言可以根据其小句中的基本成分语序分为 SOV 型、SVO 型等。（3）在最

342

近的形态句法类型学文献中，S 这个术语用来指称单论元（不及物）小句中的唯一论元。在这个意义上它与 A 论元和 O 论元相对。

scenes（场景）：人脑对信息进行储存和范畴化的一种方式。场景是约定俗成的意象，包含一些泛化的实体和关系，这些实体和关系用作构建特定信息的基础。

scope（辖域）：某个特定概念范畴所能作用的语言单位的范围。比如根据状语小句的辖域，下面的句子是有歧义的：*She doesn't trim her eyebrows because she likes them*（她不修剪眉毛是因为她喜欢它们 / 她不是因为喜欢眉毛而修剪它们）（假如这个句子解释为她不修剪眉毛，那么状语小句的辖域是整个独立小句。然而，这个句子的意思也可以是她修剪了眉毛，是因为某个其他原因而非因为她喜欢眉毛。这种情况下，状语小句的辖域就只是动词短语 *trim her eyebrows*（修剪她的眉毛）。

semantic roles（语义角色）：参与者在信息世界的各种情状中所扮演的角色，如**施事**、**受事**等。这些角色在语言结构之外独立存在。

semantics（语义学）：判定两件事物是相同还是不同的一门科学。

sensation（or "sensory impression"）verbs［感知（或"感知印象"）动词］：表达涉及感知概念的一类动词，如 *see*（看见）、*hear*（听见）、*feel*（感觉）、*taste*（品尝）、*sense*（感知）、*observe*（观察）、*smell*（闻）、*perceive*（察觉）等。感知事件中一个参与者是**经历者**，另一个参与者是感知的**源点**。

sentence（句子）：语言学中"句子"这个术语有两个主要的定义。一个与本书中我们所称的"小句"等同，即句法树上最高的节点。"句子"的第二个定义是小句在结构上的整合和组并。例如语串 *The director came in, closing the door behind her*（导演走了进来，把门关在了身后）就可以被认为是一个由两个小句组成的句子。

serial verbs（连续动词）：指一起出现在同一动词短语中的动词，如 *run go get me a newspaper*（跑去给我拿张报纸）。

singular（单数）：很多语言数范式中的一个概念范畴。单数范畴专门表达这样的意思：某个特定的名词有且只有一个所指对象，如 *dog*（狗）、*boy*（男孩）和 *dragon*（龙）都是单数名词。

singulative（单数式）：一种形态上有标记的概念范畴，表达的意思是，由名词、代词或其他任何指称形式提及的所指物正好是一个。"singulative"（单数式）这个术语与"singular"（单数）不同，前者用于那些复数是零标记的情形。

sound symbolism（语音象征性）：指词的语音听起来与它们的意义相似。如英语中 *splash*（泼溅声）、*thud*（砰的一声）、*crash*（破裂声）、*bang*（砰）、*pop*（砰的一声）和 *bow wow*（汪汪声）等，都是语音象征词。

343

specificity（特指性）：说话人表达的信息世界中参与者的一种语用特征。如果说话人将所指物作为某个存在于信息世界的特定实体的指称来表达，那么该所指便是特指的。语言通常会有一套非特指的表达形式，如英语中的 *whoever*（无论谁）、*whatever*（无论什么）、*someone*（某人）、*anyone*（任何人）以及 *no-one*（没有人）等。

speech act participants（SAPs）[言语行为参与者（SAPs）]：指包含于一个交际情状中的人。有时第一人称和第二人称所指被统称为言语行为参与者。

split ergativity（分裂作格性）：一种语言在某些语法领域中采用主/宾格系统来组织语法关系，而在另一些语法领域中却采用作/通格系统来组织语法关系，这种语言便可以说呈现出分裂作格性。

split intransitivity（分裂不及物性）：指一种语言以两种或更多形态上不同的方式来表达不及物小句的 S 论元。这样的系统还包括以下术语所指称的分裂方式："stative/active"（静态/动态）、"active"（主动态）、"split-S"（分裂 S 论元）以及 "fluid-S"（流动 S 论元）。

state（状态）：一种不涉及行为或变化的情状类型。如 *to be red*（是红的），*to know*（知道），*to see*（看见），*to feel*（感觉），等等。

stative verb（静态动词）：一种描述不涉及行为或变化的场景的动词。

stem（词干）：词的一个可屈折的形式，常常与词根相对。词干在形态上可以但不必须是复合的。

stress（重音）：一种包含额外的响度和/或频率的自主音段特征。例如，英语词 *apple*（苹果）第一个音节是重音，而 *announce*（宣布）第二个音节是重音。

strong suppletion（强异形交替）：一种词汇过程，它用一个词根完全替换另一个词根的方式来表达某个概念范畴。如英语中动词 go 的过去时就是通过强异形交替来表达的，因为 *went* 这个词与 *go* 完全不一样。

structural ambiguity（结构歧义）：指某个结构因为有两种可能的句法分析而产生的歧义。例如，*Lincoln wrote the Gettysburg address on a train*（林肯在一辆火车上写下了葛底斯堡演说），意思可以是林肯写葛底斯堡演说时正坐在一辆火车上，也可以是他实际上把火车当成了他的书写平面。这种歧义要归因于句法树上前置词短语 *on a train*（在火车上）所依附的两个可能的位置。

structural change（结构变化）：过程规则的输出端。

structural description（结构描写）：过程规则的输入端。

subject-aux inversion（主语-助动词倒置）：见"inversion（倒置）"条。

subject omission（主语省略）：指一种降格 A 论元的结构式，其方式是直接删略 A 论元，而小句的其他部分无须调整。

subject（主语）：一种核心的语法关系，英语中主语是由这些属性定义的：（1）在语用中性的小句中，直接位于动词之前；（2）主语格代词；（3）控制动词一致关系。

substitution（替换）：一种对成分组构进行"测试"的主要方法：假如某个语言单位序列可由一个代语形式来代替，那么在某些句法层次上，该序列很可能是一个直接成分。

suffix（后缀）：一种附着在某个词的末端的语素，如英语中过去时 *-ed* 或复数 *-s* 语素。

344

suffixation（添加后缀）："十大"形态过程的成员，即添加一个后缀。

suppletion（异形交替）：指一个形式被更换为另一个语音上完全不同的形式。异干交替是指两个形式表达不同的概念范畴（可以以英语 *go/went* 这对词为例）。异缀交替是指两个并不相近的词缀表达相同的概念范畴，但各自针对词干的不同亚类（可以以英语复数标记 *-s/-en* 为例）。异缀交替也可以称为"异形变体"（suppletive variants）或"异形语素变体"（suppletive allomorphs）。

switch-reference（换指）：一种小句联结系统，各小句被标记为与环境中其他小句具有相同或不同的论元。

syllable（音节）：一种语音单位，由一个元音或其他响音音段，有可能加上非响音音段构成。例如英语词 *strength*（力量）由一个音节构成，*any*（任一）由两个音节构成，*syllable*（音节）则由三个音节构成。

syllable structure（音节结构）：指语言中潜在音节的结构的模块。音节结构保留是形态音位规则的一个主要动因。

synchronic（共时的）：发生在同一时间的。在语言学中共时语法指的是一些模式，它们是每个说话人语言知识的一部分。这样的模式不同于历时（"经历时间"）语法——作为历史演变的结果的一些模式。

syntactic categories（句法范畴）：构成句法结构的各种类型的语言单位的总称。句法范畴包括词汇、短语范畴以及早期生成语法中的 S 范畴或句子范畴。

syntactic pattern（句法型模式）：表达概念范畴的一种方式，包括添加一个或一个以上的自由语素以及调整一些自由语素的语序。句法型模式也称分析型模式或迂说型模式。

syntactic merger（句法归并）：指某个句法结构中两个成分"凝聚在一起"，从而形成一个直接成分。

syntactic structure（句法结构）：指话段中语言单位之间的线性语序、成分组构以及层级关系等。

syntax（句法）：研究短语和小句中词是如何"组块在一起"的。

synthesis（综合）：指一种语言倾向于每个词具有多个语素的程度。

tacit（默示）：无意识的知识。例如，某种语言的语法结构对该语言的使用者而言便是默示知识（除非他们上过语言学课程）。

tense（时）：一种语义或语法概念。语义上，时指称事件对于某个参照点（通常是"现在"）的时间定位。事件可以发生在"现在"以前（过去时），与"现在"同时（现在时），或者"现在"以后（将来时）。语法上，时是反映这种语义域的动词屈折的范式。

345

terminal node（终端节点）：句法树上最低端的节点便是终端节点。如下面结构树中的 D、N、I、V：

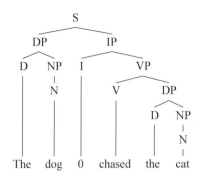

tone（声调）：通过音高（声音频率）的变化来表达意义上的差别。英语采用声调的程度不高，而其他很多语言采用声调的程度则很高，如汉语官话，越南语，约鲁巴语（Yoruba，使用于尼日利亚）和查尼泰克语（Chinantec，使用于墨西哥）。

topic（话题）：这个术语在语言学中有很多不同的用法。不过，似乎作为所有用法基础的一个一般性观念是，话题是"某个正在谈论的东西"。这是个语用概念，有时与单个的小句有关，有时则与更长的话语片段有关。

transitive clause（及物小句）：传统上指具有一个以上核心论元的小句。如，*They will never stop hunting you*（他们永远不会停止追捕你），*The king's stinking son fired me*（国王的讨厌的儿子开除了我），*You mock my pain*（你嘲笑我的痛苦）。不过，最近的研究方法倾向于把及物性看作一种不断变化的属性。

transitivity（及物性）：一个语义或语法概念。事件和情状在语义上或多或少都是及物的。小句要么是不及物的，要么是及物的或双及物的。语义及物性指行为从典型**施事**"传递"到典型**受事**的程度。

translational motion（平移运动）：从一个地方到另一个地方的运动。描述平移的动词通常具有一些语法属性，基于这些语法属性可将这些动词跟描述简单运动的动词区别开来。

tree diagrams（树形图）：见"phrase structure trees（短语结构树）"条。

trial（三数）：一种概念范畴，表达的意思是，由名词、代词或其他指称性形式谈及的所指对象恰好是三个。三数也可以是动词和其他一致范式中的一个范畴。三数范畴是数范式的一部分，数范式还包括单数、单数式、双数、复数、少量数等。

trivalent（三价）：见"ditransitive（双及物）"条。

typology（类型）：指将任何一系列现象分为各种类型。

typological linguistics（类型语言学）：语言学的一个子领域，研究如何对语言进行有意义的分类，所有语言相似的方式，以及各语言间变异的范围。

346

ungrammatical（不合语法的）：如果若干语言单位组成的语串不被该语言的语法模式所允准，那么它就是不合语法的。比如英语里，下列语串作为语言单位是不合语法的：*dog the*，*my you mock pain*，*fleas has dog my*，*turnips like I*。

unit（单位）：被视为一个整体而不着眼于其组成部分的一段句法结构。例如，下面的语串是一个单位（准确地讲是一个限定性名词短语），在某个句法结构中可以像相同的短语范畴内任何其他单位一样被利用：*the big black Rottweiller that always growls at me as I furtively inch my way through the junkyard district and along the waterfront, populated by shadowy characters and fraught with unpleasant prospective circumstances, all of which involve pain, misery or at least the loss of several weeks wages*（在我穿过垃圾区、沿着人影幢幢且充满不快氛围的海滨——所有一切都意味着痛苦、不幸或者至少是数周薪水的丧失——偷偷缓步前行时总是朝我狂吠的那条黑色的罗威纳大狗）。

univalent（单价的）：见"intransitive（不及物）"条。

utterance（话段）：一种语言表达式，在某个语境中被用来完成一个实际的交际行为。话段不同于词、短语、小句以及句子，这些只是可能性，是语言的语法模式所允准的抽象形式。另一方面，话段则是对那些抽象形式在交际中的实际应用。

valence（配价）：配价既可以认为是个语法概念，也可以认为是个语义概念。两种情况下配价都指称一个数目。语法价指称小句中论元的数目，而语义价则指称某种情状中核心参与者的数目。

valence-decreasing construction（减价结构）：通过以显著度较低的语法角色来表达某个信息世界情状中的核心参与者，从而将其降格或去视点化，这样的结构便是减价结构。

valence-increasing construction（增价结构）：通过以显著度更高的语法角色来表达某个信息世界情状中的边缘参与者，从而将其升级或视点化，这样的结构便是增价结构。

verb（动词）：典型情况下表达事件的词类。英语中动词是由它们带时标记的能力来定义的。

verb phrase（动词短语）：成分结构中的一个"组块"，以动词为核心，可以包括也可以不包括其他成分。动词短语可以是屈折形式，这种情况下它们被称为 IP，或"屈折动词短语"（Inflected Verb Phrases）。

voice（态）：调整语义角色和语法关系之间的关系的结构，有时被称为"态"［另参看"valence（配价）"条］。

weak suppletion（弱异形交替）：一种词汇过程，通过将一个词根替换为另一个近似的词根来表达概念范畴。例如，英语中动词 *buy*（买）的过去时便是弱异形交替的，因为过去时词干 *bought* 与现在时词干 *buy* 有某种相似性，尽管没有任何规则模式来联系这两者。

347　word（词）：句法结构中的一种语言单位，可以通过话语中的停顿来划定边界。

word class（词类）：词类传统上称为"词性"（parts of speech）。它们是一些语法上有差别的词汇项的类，如名词、动词、形容词、副词等。

zero pronoun（零形代词）：一种没有语音内容的复指手段。它可以看作某个可听见形式的"明显缺席"。例如，下面这个英语句子中，*and* 和 *sat* 之间便有一个零形代词：

348　*Calvin came in and sat down*（Calvin 走进来坐下）。也称为"零形复指"（zero anaphora）。

参考文献

Aberdour, Catherine. 1985. Referential devices in Apurinã discourse. In *Porto Velho workpapers*, ed. David L. Fortune, 43–91. Brasília: Summer Institute of Linguistics.

Aikhenvald, Alexandra Y. 2000. *Classifiers: A typology of noun categorization devices*. Oxford: Oxford University Press.

Aikhenvald, Alexandra Y. 2003. *A grammar of Tariana*. Cambridge: Cambridge University Press.

Allott, Robin. 1995. Sound symbolism. In *Language in the Würm Glaciation*, ed. Udo L. Figge, 15–38. Bochum: Brockmeyer.

Anderson, Steven R. 1992. *A-Morphous morphology*. Cambridge: Cambridge University Press.

Arensen, Jonathan E. 1982. Murle grammar. *Occasional Papers in the Study of Sudanese Languages* 2:1–143.

Austin, Peter. 1980. Switch reference in Australian languages. In *Studies of switch reference* (UCLA Papers in Syntax 8), ed. Pamela Munro, 1–54.

Baart, Joan L. G. 1999. *A sketch of Kalam Kohistani grammar*. Islamabad: National Institute of Pakistan Studies, Quaid-i-Azam University.

Bamgbose, A. 1974. On serial verbs and verbal status. *Journal of West African linguistics* 9:17–48.

Barry, Randall K. (ed.). 1997. *ALA-LC Romanization tables: Transliteration schemes for non-roman scripts*. Washington, DC: Library of Congress.

Bentivoglio, Paola. 1983. Topic continuity and discontinuity in discourse: A study of spoken Latin-American Spanish. In *Topic continuity in discourse: A quantitative cross-language study*, ed. T. Givón (Typological Studies in Language 3), 255–312. Philadelphia/Amsterdam: John Benjamins.

Borgman, D. M. 1990. Sanuma. In *Handbook of Amazonian languages*, vol. II, eds. Desmond C. Derbyshire and Geoffrey Pullum, 15–248. Berlin: Mouton.

Bresnan, Joan. 2001. *Lexical functional syntax*. Malden, Mass.: Blackwell Textbooks.

Brown, Gillian, and George Yule. 1983. *Discourse analysis*. Cambridge: Cambridge University Press.

Burquest, D. A. 2001. *Phonological analysis: a functional approach* (2nd edition). Dallas, Tex.: SIL International.

Bybee, Joan L. 1985. *Morphology: A study of the relation between meaning and form* (Typological Studies in Language, vol. 9). Amsterdam/Philadelphia: John Benjamins Publishing Company.

Carroll, Lewis [pseud.]. 1865. *Alice's adventures in Wonderland*. London: Macmillan and Company.

Carroll, Lewis [pseud.]. 1872. *Through the looking glass, and what Alice found there.* With fifty illustrations by John Tenniel. London: Macmillan and Company.

Chafe, Wallace L. 1970. *Meaning and the structure of language.* Chicago: University of Chicago Press.

Chomsky, Noam. 1965. *Aspects of the theory of syntax.* Cambridge, Mass.: MIT Press.

Chomsky, Noam. 1995. *The minimalist program.* Cambridge, Mass.: MIT Press.

Cipollone, Nick, Steven Keiser, and Shravan Vasishth. 1994. *Language files: materials for an introduction to language* (6th edition), ed. Stefanie Jannedy, Robert Poletto, and Tracey L. Weldon. Columbus, Ohio: Department of Linguistics, Ohio State University.

Coleman, Linda, and Paul Kay. 1981. Prototype semantics: The English word *lie. Language* 57:26–44.

Comrie, Bernard. 1974. *Causatives and universal grammar.* Transactions of the Philological Society. 1–32.

Comrie, Bernard. 1978. Ergativity. In *Syntactic typology: studies in the phenomenology of language*, ed. Winfred P. Lehmann, 329–94. Austin: University of Texas Press.

Comrie, Bernard. 1982. *Grammatical relations in Huichol.* In *Studies in transitivity*, ed. Paul J. Hopper and Sandra A. Thompson (Syntax and Semantics 15), 99–115. New York: Academic Press.

Comrie, Bernard. 1989. *Language universals and linguistic typology* (2nd edition). Chicago: University of Chicago Press.

Corbett, Greville G. 2000. *Number.* Cambridge/New York: Cambridge University Press.

Cowan, William, and Jaromira Rakušan. 1998. *Source book for linguistics.* Philadelphia/Amsterdam: John Benjamins Publishing Company.

Craig, Colette. 1986. *Noun classes and categorization* (Typological Studies in Language, vol. 7). Philadelphia: John Benjamins Publishing Company.

Croft, William. 1990. *Typology and universals.* Cambridge: Cambridge University Press.

Croft, William. 2002. *Radical construction grammar.* Oxford: Oxford University Press.

Cutzal, Martín Chacach. 1990. *Una descripción fonológica y morfológica del Kachiquel.* In England and Elliot, 145–90.

Dahlstrom, Amy. 1991. *Plains Cree morphosyntax.* New York/London: Garland Publishing.

DeLancey, Scott. 1982. Aspect, transitivity and viewpoint. In *Tense-aspect: between semantics and pragmatics*, ed. Paul J. Hopper, 167–84. Amsterdam: John Benjamins Publishing Company.

DeLancey, Scott. 1984. Notes on agentivity and causation. *Studies in Language* 8:181–213.

Delancey, Scott. 1990. Ergativity and the Cognitive model of event structure in Lhasa Tibetan. *Cognitive Linguistics* 1:289–321.

DeLancey, Scott. 1991. Event construal and case role assignment. *Proceedings of the Berkeley Linguistics Society* 17:338–53.

Dickenson, Connie. 2004. Simple and complex predicates in Tsafiki (Colorado). Paper presented at the 30th annual meeting of the Berkeley Linguistics Society, Berkeley, Calif.

Dixon, R. M. W. 1972. *The Dyirbal language of North Queensland.* Cambridge: Cambridge University Press.

Dixon, R. M. W. 1979. Ergativity. *Language* 55:59–138.

Dixon, R. M. W. 1994. *Ergativity*. Cambridge: Cambridge University Press.

Dooley, Robert A., and Stephen H. Levinsohn. 2001. *Analyzing discourse: a manual of basic concepts*. Dallas, Tex.: SIL International.

Dryer, Matthew S. 1986. Primary objects, secondary objects, and antidative. *Language* 62:808–45.

Dryer, Matthew S. 1988. Object-verb order and adjective-noun order: dispelling a myth. *Lingua* 74:185–217.

Dryer, Matthew S. 1992. The Greenbergian word-order correlations. *Language* 68.1:81–138.

Dryer, Matthew. 1996. Grammatical relations in Kutenai (Ktunaxa). The Belcourt Lecture, delivered before the University of Manitoba on 24 February 1995. Winnepeg: Voices of Rupert's Land.

Elson, Benjamin F., and Velma B. Pickett. 1988. *Beginning morphology and syntax*. Dallas, Tex.: Summer Institute of Linguistics.

England, Nora. 1988. *Introducción a la lingüística: idiomas mayas*. Antigua, Guatemala: Proyecto lingüístico Francisco Marroquín.

England, Nora, and Stephen R. Elliott (eds.). 1990. *Lecturas sobre la lingüística Maya*. Guatemala: Centro de Investigaciones Regionales de Mesoamérica (CIRMA).

Farmer, Ann, and Richard A. Demers. 1996. *A linguistics workbook*. Cambridge, Mass.: MIT Press.

Fillmore, Charles J. 1968. The case for case. In *Universals in linguistic theory*, ed. Emond Bach and Robert T. Harms, 1–88. New York: Holt, Rinehart and Winston.

Fillmore, Charles J. 1976. Topics in lexical semantics. In *Current issues in linguistic theory*, ed. Peter Cole, 76–138. Bloomington: Indiana University Press.

Fillmore, Charles J. 1977. The case for case reopened. In *Syntax and Semantics 8: Grammatical Relations*, ed. P. Cole and J. M. Sadock, 59–81. New York: Academic Press.

Finnegan, Edward. 1994. *Language: its structure and use*. Fort Worth: Harcourt Brace College Publishers.

Foley, William, and R. Van Valin. 1984. *Functional syntax and universal grammar*. Cambridge: Cambridge University Press.

Frachtenberg, Leo J. 1913. *Coos texts*. Columbia University contributions to anthropology, vol. 1. New York: Columbia University Press.

Franchetto, Bruna. 1990. Ergativity and nominativity in Kuikuro and other Cariban languages. In *Amazonian linguistics: studies in lowland South American languages*, ed. Doris L. Payne. Austin: University of Texas Press.

Gildea, Spike O. 1994. Semantic and pragmatic inverse: "Inverse alignment" and "inverse voice" in Carib of Surinam. In *Voice and inversion*, ed. Timothy Givón (Typological Studies in Language 28), 186–231. Amsterdam/Philadelphia: John Benjamins Publishing Company.

Goldberg, Adele. 1995. *Constructions: a construction grammar approach to argument structure*. Chicago: University of Chicago Press.

Greenberg, Joseph H. 1963. Some universals of grammar with particular reference to the order of meaningful elements. In *Universals of language*, ed. Joseph H. Greenberg. Cambridge, Mass.: MIT Press.

Greenberg, Joseph H. 1966. Language universals, with special reference to feature hierarchies (*Janua linguarum*, Series minor, 59). The Hague: Mouton.

Grégoire, Claire. 1985. L'expression du passif en maninka. In *African linguistics: essays in memory of M.W.K. Semikenke*, ed. Didier Goyvaerts, 189–208. Amsterdam: John Benjamins Publishing Company.

Grimes, Charles E. 1991. Central Malayo-Polynesian. Paper presented at the 6th international conference on Austronesian linguistics. Honolulu, Hawaii.

Haiman, John, and Sandra A. Thompson. 1984. "Subordination" in universal grammar. *Proceedings of the Berkeley Linguistics Society* 10:510–23.

Harris, Alice C. 1990. Alignment typology and diachronic change. In *Language typology 1987: Systematic balance in language*, ed. Winfred P. Lehmann, 67–90. Amsterdam/Philadelphia: John Benjamins Publishing Company.

Haspelmath, Martin. 1993. *A grammar of Lezgian* (Mouton Grammar Library, 9). Berlin: Mouton de Gruyter.

Haspelmath, Martin. 2002. *Understanding morphology*. London: Arnold Publishers; New York: Oxford University Press.

Hawkins, John A. 1983. *Word order universals*. New York: Academic Press.

Hawkins, John A. 1994. *A performance theory of order and constiuency*. Cambridge: Cambridge University Press.

Hayward, Richard J. 1984. The Arbore language: a first investigation: including a vocabulary (Cushitic Language Studies 2). Hamburg: Buske.

Healey, Phyllis M. 1960. *An Agta grammar*. Manila: Bureau of Printing.

Heath, Jeffrey. 1976. Antipassivization: a functional typology. In *Proceedings of the second annual meeting of the Berkeley Linguistics Society*, 202–11.

Heitzman, Allene. 1982. Some cohesive elements in Pajonal Campa narratives. Ms. 20 pp. Summer Institute of Linguistics: Perú.

Hockett, Charles F. 1958. *A course in modern linguistics*. New York: Macmillan.

Hopper, Paul J., and Sandra A. Thompson. 1980. Transitivity in grammar and discourse. *Language* 56:251–99.

Hopper, Paul J., and Sandra A. Thompson. 1984. The discourse basis for lexical categories in universal grammar. *Language* 60.4:703–52.

Hudson, Grover. 1999. *Essential introductory linguistics*. Oxford: Blackwell Publishers.

Jackendoff, Ray. 1988. Conceptual semantics. In *Meaning and mental representation*, eds. Umberto Eco, Marco Santambrogio, and Patrizia Violi, 81–97. Bloomington: Indiana University Press.

Jones, Wendell, and Paula Jones. 1991. *Barasano syntax: Studies in the Languages of Colombia*, vol. II. Dallas: Summer Institute of Linguistics and University of Texas at Arlington.

Keenan, Edward L. 1985. Relative clauses. In *Language typology and syntactic description*, vol. II: *Complex constructions*, ed. Timothy Shopen, 141–70. Cambridge: Cambridge University Press.

Keenan, Edward L., and Bernard Comrie. 1977. NP accesibility and universal grammar. *Linguistic Inquiry* 8:63–100.

Kimenyi, Alexander. 1980. *A relational grammar of Kinyarwanda*. Berkeley: University of California Press.

Klamer, Marian. 1998. *A grammar of Kambera* (Mouton Grammar Library, no. 18). Berlin: Walter de Gruyter.

352 Köhler, W. 1929. *Gestalt Psychology*. New York: Liveright.

Kühner, R., and C. Stegmann. 1955. *Ausfürliche Grammatik der lateinischen Sprache: Satzlehre*, vol. II. Leverkusen: Gottschalk.

Lakoff, George. 1977. Linguistic gestalts. *Chicago Linguistics Society* 13:236–87.

Lakoff, George. 1987. *Women, fire and dangerous things: what categories reveal about the mind*. Chicago: University of Chicago Press.

Lakoff, George, and Mark Johnson. 1999. *Philosophy in the flesh: the enbodied mind and its challenge to western thought*. New York: Basic Books.

Langacker, Ronald. 1972. *Fundamentals of linguistic analysis*. New York: Harcourt, Brace, Jovanovich.

Langacker, Ronald. 1990. Settings, participants, and grammatical relations. In *Meanings and prototypes: Studies in Linguistic categorization*, ed. S. L. Tsohatzidis, 213–38. London/New York: Routledge.

Langacker, Ronald. 1987. *Foundations of cognitive grammar*, vol. I: *Theoretical prerequisites*. Stanford: Stanford University Press.

Li, Charles N., and Sandra A. Thompson. 1981. *Mandarin Chinese: a functional reference grammar*. Berkeley and Los Angeles: University of California Press.

Longacre, Robert, and Sandra A. Thompson. 1985. Adverbial clauses. In *Language typology and syntactic description*, vol. II: *Complex constructions*, ed. Timothy Shopen, 171–234. Cambridge: Cambridge University Press.

Longacre, Robert. 1972. *Hierarchy and universality of discourse constituents in New Guinea languages: discussion*. Washington DC: Georgetown University Press.

Martin, Samuel E. 1992. *A reference grammar of Korean: a complete guide to the grammar and history of the Korean language* (Tuttle Language Library). Rutland, Vermont/Tokyo, Japan: Charles E. Tuttle Publishing.

Marusic, Franc. 2002. Aff-stem-ix: on the nature of discontinuous affixes. Paper presented at the CUNY/SUNY/NYU Linguistics Mini-Conference dedicated to the memory of Jerrold J. Katz, 20 April 2002.

Matthew, Sunil, and Maya Susan. 2000. Dungra Bhil phonemic summary. Mumbai: Friends Missionary Prayer Band.

McCawley, James D. 1982. *Thirty million theories of grammar*. Chicago: University of Chicago Press.

McManus, Carolyn, Deborah Stollenwerk, and Zhang-Zheng Sheng. 1987. *Language Files*. Reynoldsburg, Ohio: Advocate Publishing Group.

Merlan, Francesca. 1985. Split intransitivity: functional oppositions in intransitive inflection. In *Grammar inside and outside the clause: some approaches to theory from the field*, ed. Johanna Nichols and Anthony C. Woodbury, 324–62. Cambridge: Cambridge University Press.

Merrifield, William R., Constance M. Naish, Calvin R. Rensch, and Gillian Story. 1987. *Laboratory manual for morphology and syntax*. Dallas, Tex.: Summer Institute of Linguistics.

Minsky, Marvin. 1975. A framework for representing knowledge. In *The psychology of computer vision*, ed. P. Winston, 211–80. New York: McGraw-Hill.

Mithun, Marianne. 1987. Is basic word order universal? In *Coherence and grounding in discourse*, ed. Russel Tomlin (Typological Studies in language 11), 281–328. Philadelphia: John Benjamins Publishing Company.

Mithun, Marianne. 1991. Active/agent case marking and its motivations. *Language* 67.3:510–46.

Mufwene, Salikoko S., John Rickford, Guy Baile, and John Baugh (eds.). 1998. *African-American English: structure, history, and usage*. London/New York: Routledge.

Munro, Pamela. 1983. When "Same" Is Not "Not Different." In *Switch-reference and Universal Grammar*, ed. John Haiman and Pamela Munro, 223–43. Amsterdam: John Benjamins Publishing Company.

Munro, Pamela. 1984. The syntactic status of object possessor raising in Western Muskogean. *Proceedings of the tenth annual meeting of the Berkeley Linguistics Society*, ed. Claudia Brugman and Monica Macauley, 634–49. Berkeley: Berkeley Linguistics Society.

Nedjalkov, 1997. *Resultative constructions*. Philadelphia: John Benjamins Publishing Company.

Nichols, Johanna. 1986. Head-marking and dependent-marking grammar. *Language* 62.1:56–119.

Noonan, Michael. 1985. Complementation. In *Language typology and syntactic description*, vol. II: *Complex constructions*, ed. Timothy Shopen, 42–140. Cambridge: Cambridge University Press.

O'Grady, William, John Archibald, Mark Aronoff, and Janie Rees-Miller. 2001. *Contemporary linguistics: an introduction*. Boston: Bedford/St. Martin's.

Olson, Kenneth S., and Paul H. Schultz. 2002. Can [sonorant] spread? Work Papers of the Summer Institute of Linguistics, University of North Dakota Session 46. Online publication. http://www.und.edu/dept/linguistics/wp/2002.htm.

Pawley, Andrew. 1987. Encoding events in Kalam and English: different logics for reporting experience. In *Coherence and grounding in discourse*, ed. Russell Tomlin, 329–60. Amsterdam: John Benjamins Publishing Company.

Payne, Doris L. 1985. Review of Word order universals, by John Hawkins. *Language* 61:462–66.

Payne, Doris L. 1986. Basic constituent order in Yagua clauses: implications for word order universals. In *Amazon languages handbook*, vol. I, ed. D. Derbyshire and G. Pullum, 440–65. The Hague: Mouton.

Payne, Doris L., and Leonard Kotikash. Ms. 2004. Maa–English dictionary.

Payne, John R. 1985. Complex phrases and complex sentences. In *Language typology and syntactic description*, vol. II: *Complex constructions*, ed. Timothy Shopen, 3–41. Cambridge: Cambridge University Press.

Payne, Judith, and David Payne. 1991. The pragmatics of split intransitivity in Asheninca. Paper read at the Symposium on Arawakan Linguistics, 47th International Congress of Americanists, New Orleans.

Payne, Thomas E. 1991. Medial clauses and interpropositional relations in Panare. *Cognitive linguistics* 2–3:247–81.

Payne, Thomas E. 1992. *The twins stories: participant coding in Yagua narrative*. Berkeley: University of California Press.

Payne, Thomas E. 1997. *Describing morphosyntax*. Cambridge: Cambridge University Press.

Payne, Thomas E. Forthcoming. A grammar as communicative act. *Studies in Language*.

Perlmutter, David M. 1980. Relational Grammar. In *Current approaches to syntax: Syntax and semantics 13*, ed. Edith A. Moravcsik and Jessica R. Wirth, 195–229. New York: Academic Press.

Putnam, Hilary. 1970. Is semantics possible? In *Language, belief, and metaphysics*, ed. H. E. Kiefer and M. K. Munitz, 50–63. New York: State University of New York Press.

Quillian, M. Ross. 1968. Semantic memory. In *Semantic information processing*, ed. M. Minsky, 216–70. Cambridge, Mass.: MIT Press.

Quirk, Randolph, and Sidney Greenbaum. 1973. *A concise grammar of contemporary English*. San Diego (inter alia): Harcourt Brace Jovanovich.

Radford, A. 1988. *Transformational grammar: a first course*. Cambridge: Cambridge University Press.

Radford, A. 1997. *Syntactic theory and the structure of English: a minimalist approach*. Cambridge: Cambridge University Press.

Redden, J. A. 1966. Walapai II: morphology. *International Journal of American Linguistics* 32:141–63.

Reddy, Michael. 1979. The conduit metaphor – a case of frame conflict in our language about language. In *Metaphor and thought*, ed. A. Ortony, 284–324. Cambridge: Cambridge University Press.

Reed, Irene, Osahito Miyaoka, Steven Jacobson, Paschal Afcan, and Michael Krauss. 1977. *Yup'ik Eskimo grammar*. Fairbanks: Alaska Native Language Center and Yup'ik Language Workshop, University of Alaska.

Rosch, Eleanor. 1975. Cognitive representations of semantic categories. *Journal of Experimental Psychology* 104.5:192–233.

Rosch, Eleanor. 1978. Principles of categorization. In *Cognition and categorization*, ed. E. Rosch and B. Lloyd, 27–48. Hillsdale, NJ: Erlbaum.

Saussure, Ferdinand de. 1915. *A course in general linguistics*. Trans. by C. Bally and A. Ferdlinger. New York: Philosophical Library.

Schachter, Paul. 1974. A non-transformational account of serial verbs. *Studies in African Linguistics*, supplement 5:253–70.

Shibatani, Masayoshi. 1985. Passives and related constructions: a prototype analysis. *Language* 61.4:821–48.

Silverstein, Michael. 1976. Hierarchy of features and ergativity. In *Grammatical categories in Australian languages*, ed. R. M. W. Dixon (Linguistic Series 22), 112–71. Canberra: Australian Institute of Aboriginal Studies.

Skorik, Petr J. 1961. *Grammatika chukotskogo jazyka*, vol. I. Leningrad: Nauka.

Stahlke, H. 1970. Serial verbs. *Studies in African linguistics* 1:60–99.

Sweetser, Eve. 1987. The definition of lie. In *Cultural models in language and thought*, ed. D. Holland and N. Quinn, 43–66. Cambridge: Cambridge University Press.

Swetman, James S. J. 1998. *An introduction to the study of New Testament Greek* (2nd edition). Subsidia Biblica 16.1. Roma: Editrice Pontificio Istituto Biblico.

Talmy, Leonard. 1985. Lexicalization patterns: semantic structure in lexical forms. In *Language typology and syntactic description*, vol. III: *Grammatical categories and the lexicon*, ed. Timothy Shopen, 57–149. Cambridge: Cambridge University Press.

Thompson, Sandra A. 1988. A discourse approach to the cross-linguistic category "adjective." In *Explaining language universals*, ed. John A. Hawkins, 167–85. Oxford and New York: Basil Blackwell.

Traugott, Elizabeth Closs, and Bernd Heine (eds). 1991. *Approaches to grammaticalization*, vols. I and II. Amsterdam/Philadelphia: John Benjamins Publishing Company.

Tucker, Archibald N., and John T. Ole Mpaayei. 1955. *A Maasai grammar, with vocabulary* (Publications of the African Institute, Leiden, no. 2). London/New York: Longmans and Green.

van der Merwe, Christo H., Jackie A. Naudé, and Jan H. Kroeze. 1999. *A Biblical Hebrew reference grammar*. Sheffield: Sheffield Academic Press.

van Dijk, Teun. 1972. *Some aspects of text grammars*. The Hague: Mouton.

Van Valin, Robert D., Jr., and Randy J. LaPolla. 1997. *Syntax: structure, meaning and function*. Cambridge: Cambridge University Press.

Vendler, Zeno. 1967. Verbs and times. In *Linguistics in philosophy*, ed. Z. Vendler, 97–121. Ithaca, NY: Cornell University Press.

Watson, R. 1966. Clause to sentence gradations in Pacoh. *Lingua* 16:166–88.

Watters, John. 1979. Focus in Aghem. In *Aghem grammatical structure*, ed. Lawrence Hyman, 137–97. Los Angeles, University of Southern California occasional papers in linguistics 7.

Weber, David John. 1989. *A grammar of Huallaga (Huanuco) Quechua*. Berkeley: University of California Press.

Welmers, William E. 1973. *African language structures*. Berkeley: University of California Press.

Wise, Mary Ruth. 1971. *Identification of participants in discourse: a study of aspects of form and meaning in Nomatsiguenga*. Summer Institute of Linguistics publications in linguistics and related fields no. 28. Dallas, Tex.: Summer Institute of Linguistics.

Wittgenstein, Ludwig. 1958. *Philosophical investigations* (1981 reprint). Oxford: Basil Blackwell.

356 Yule, George. 1996. *The study of language*. Cambridge: Cambridge University Press.

主题词和语言索引

（说明：所有页码均为原书页码，即本书边码。）

357

续表

续表

续表

续表

English	英语
adjectives 117	形容词
articles as clitics 19	作为附着词的冠词
auxiliaries 123	助动词
bare forms 174	光杆形式
comparatives 39, exercise 29	比较式，练习
complement clauses 291, 293	补足语小句
count vs. mass nouns 80	可数 vs. 物质名词
determined noun phrases 159–161, 170	限定性名词短语
determiners 124–125, 170	限定词
exercises	练习
adjectives 30	形容词
argument structures 131	论元结构
comparative stress 57	对比重音
compounds 59	复合词
constituency 186	成分组构
dependent clauses 313	依附小句
finiteness 314	限定性
"irregular" verbs 147	"不规则"动词
morphology 25	形态
morphophonemics 85	形态音位学
plurals 29	复数
word classes 128	词类
valence-decreasing constructions 277	减价结构
head-initial languages 194	核心居首语言
impersonal constructions 254	无人称结构式
infinitives 174	不定式
infinitive particles 176	不定式小词
inflected verb phrases 160	屈折动词短语
inflectional and derivational categories 38–40	屈折和派生范畴
inflectional information 288	屈折信息
inflectional languages 190	屈折语
"irregular" verbs 147	"不规则"动词
minor class nouns 137–138	次类名词
minor class verbs 135–137	次类动词
modal auxiliaries（modals）123	情态助动词（情态动词）
morphological typology 191	形态类型学
nasal assimilation 78	鼻音同化
negation 179	否定
passives（*be* and *get*）252–253	被动式（*be* 型和 *get* 型）
past participles 108, 174, 252	过去分词
plurals 66–73	复数
prepositions 124	前置词

续表

续表

续表

360

续表

续表

nesting 153, 155, 156–157	嵌套
Ngandi 199	恩甘第语
Ngiti, exercise 89	昂格提语，练习
Niger-Congo languages 250, 304	尼日尔 – 刚果语言
Nigerian Pidgin 318	尼日利亚皮钦语
Nilo-Saharan languages 44	尼罗河 – 撒哈拉语言
Nilotic languages 102	尼罗河语言
nodes 166 　　phrasal 166 　　S 154 　　terminal 166	节点 　　短语 　　S 　　终端
Nomatsiguenga 268	诺玛奇衮加语
nominalization 104	名词化
nominalizers 251	名词化标记
nominative 97, 218	主格
nominative/accusative system 217–218, 222, 223	主 / 宾格系统
nonanaphoric 120	非复指的
non-concatenative morphology 43–44, 51–53	非系连形态
non-harmonic reflexive 243	非和谐反身式
non-identifiable referents 122	非可识别的所指
non-possessable 101	不可领属
non-specific pronouns 122	非特指代词
Northern Tepehuan, exercise 144	北特佩宛语
notational conventions 83–84, 165	符号凡例
noun class systems 101, 121	名词类系统
noun incorporation 256	名词并入
noun phrases 10, 94, 95, 154, 156–157	名词短语
nouns 94–103 　　common 101 　　conceptual categories 97 　　count 80, 101 　　distributional properties 94–96 　　grammatical properties 94 　　mass 80, 101 　　proper 101 　　prototypical 94, 97 　　subclasses 101–103, 133	名词 　　普通 　　概念范畴 　　可数 　　分布特征 　　语法特征 　　物质 　　专有 　　典型的 　　亚类

续表

续表

363

续表

续表

续表

续表

Swahili 273 　　exercises 27, 55 　　Safi, exercises 231, 283	斯瓦希里语 　　练习 　　萨菲方言，练习
switch-reference 300–301	换指
verb category 104	动词范畴
syllable 54	音节
syllable structure 65	音节结构
symbol 4	符号
symbolic units 64	符号单位
synchronic grammar 144	共时语法
syntactic 　　argumentation, exercise 184 　　categories 153, 163 　　formalisms 152–153 　　head 192–193 　　merger 153, 155, 156–157, 166, 172 　　middle construction 247–248 　　patterns（rules）23 　　structures 10, 152 　　typology 191–193 　　tests 96, 158–165 　　theories 152, 153	句法的 　　推论，练习 　　范畴 　　形式描述 　　核心 　　归并 　　中动结构 　　模式（规则） 　　结构 　　类型 　　测试 　　理论
syntax 7, 152, 153	句法
synthesis 190	综合
systems for organizing grammatical relations 211, 216–228, 229	组织语法关系的系统
tacit 7	默示
Tagalog, exercise 29	他加禄语，练习
Tanglapui, exercises 282	唐勒普伊语，练习
Tariana 251–252	塔利亚纳语
Telugu, exercise	泰卢固语，练习
temporal adverbial clauses 298	时间状语小句
tense 104	时
tense/aspect/mode（TAM）104	时／体／情态（TAM）
Tepehuan, exercise 144	特佩宛语，练习
Terêna, exercise 57	塔瑞纳语，练习

续表

续表

zero 　　anaphora 238 　　pronoun, pronominalization 238 　　realization（contrasted with subtractive morphology）44–45 　　strategy for coordination 309–311	零形式 　　复指 　　代词，代词化 　　（零）实现形式（与削减形态相对照） 　　并列策略	
zero plural 133, 137	零形复数	
Zoque, exercise 316	佐基语	367

译者后记

　　《探索语言结构：学生指南》(*Exploring Language Structure: A Student's Guide*) 2006年由剑桥大学出版社出版，作者托马斯·佩恩 (Thomas Edward Payne) 是世界著名的描写语言学家。本书是为语言学初学者编写的一本形态句法学入门教材，主要讨论语言结构的两个重要方面，即形态和句法，同时也涉及与形态–句法相关的词汇、语音和音系问题。本书出版伊始，即获佳评，被誉为"语言学初学者最优秀的入门读物"。

　　本书的最大特色是注重语言（形态句法）结构分析方法和技术的介绍：一方面以形态学和句法学的基本概念和基本模型为理论背景，介绍语言学的分析方法和研究框架；另一方面结合具体的语言实例，与读者一同进行语言结构分析的具体实践，以锻炼读者描写和分析语言的实际动手能力。不仅如此，作者在分析和论证之余，还特意留给读者充分的思考空间，鼓励读者发挥想象力和创造力，举一反三，触类旁通。

　　本书的另一特色是致力于语言学基本概念的辨析和廓清。西方语言学流派众多，理论体系各不相同，晦涩难懂的术语甚多。有时同一术语被用来表达不同的概念，有时同一概念又有不同的表述形式，这给语言学初学者甚至一般的专家造成很大困难。本书重点介绍了语言学的基本概念和基础理论，对容易产生误解的术语和范畴加以分析和解释，帮助读者掌握比较清晰的语言学理论脉络，又为读者进一步学习更加专门的理论知识提供了坚实的基础。作者在扉页上明确指出，本书"谨献给所有自感淹没于奇异术语与神秘概念之海的语言学初学者"。

　　本书与作者1997年出版的《描写形态句法——田野语言学指南》(*Describing Morphosyntax: A Guide for Field Linguists*) 为姊妹篇，堪称珠联璧合。

　　2007年10月，笔者在中国社会科学院语言所为语言学系研究生开设了一门"形态句法学基础"课程，所用教材之一就是这本《探索语言结构：学生指南》。这门课程的授课方式基本上是讨论课性质的：由部分选课同学主讲《探索语言结构：学生指南》的特定章节，教师参与讨论并负责答疑解惑，课后主讲者根据课堂讨论内容对此前业已完成的译稿进行修改和完善。读者面前的这本中译本就是这门课程的成果之一。

　　本书的翻译由吴福祥和朱冠明主持，译者基本上是当年选课的博士生和博士后，分工如下：

第 1 章　形态学和句法学导言　　　万晓娅、王娅玮

第 2 章　形态过程和概念范畴　　　冯赫

第 3 章　形态音位学　　　　　　　冯赫

第 4 章　词类　　　　　　　　　　张定、吴福祥

第 5 章　探索亚类　　　　　　　　张定

第 6 章　成分结构　　　　　　　　吴早生

第 7 章　语言类型　　　　　　　　王丽玲

第 8 章　语法关系　　　　　　　　陈丹丹

第 9 章　语态和配价　　　　　　　朱冠明、吴福祥

第 10 章　多小句结构　　　　　　　余光武、朱冠明

　　本书的翻译，从 2007 年初译到 2015 年定稿，历经八年，五易其稿。过程大致如是："形态句法学基础"（2007 年 10 月）课前，主讲者将所讲内容译成中文，然后在此基础上形成课件，是为一稿；主讲者根据课堂讨论内容对初稿进行全面修改，然后发给笔者，是为二稿；笔者对主讲者的译稿进行逐字校读和修改，是为三稿；译者根据笔者的修改内容和相关意见对译稿进行确认和修改，并将定稿发给笔者，是为四稿；最后笔者请朱冠明在形式和内容上对全书译稿进行校读和修改，是为五稿。但尽管如此，由于我们的水平有限，译稿中疏漏和误译仍在所难免，敬请读者、专家批评指正。

　　感谢作者托马斯·佩恩教授对翻译工作的大力支持，佩恩教授还专门拨冗为中译本撰写前言。记得 2011 年 6 月笔者访问俄勒冈大学（University of Oregon）时，恰逢佩恩教授外出，他特地委托他的夫人、著名语言学家 Doris Payne 教授送给我新著《理解英语语法：语言学导论》（*Understanding English Grammar: A Linguistic Introduction*）。

　　笔者要特别感谢朱冠明教授为本书的翻译所付出的辛勤劳动。冠明除了完成第 9 章和第 10 章练习部分的翻译之外，还承担了前言、术语表、主题词和语言索引等部分的翻译以及译稿后期通读、统稿、体例统一等方面的工作。此外，邓文英为译稿添加了原书页码，陈敏哲、龙海平、何彦诚、张莉和赵昕几位为本书的翻译给予了不同形式的帮助，在此一并致谢。最后，笔者要感谢商务印书馆周洪波先生、叶军女士、何瑛女士以及本书责任编辑戴燃女士为本译稿的出版所提供的热情帮助和大力支持。

吴福祥

2015 岁杪于京城齐贤斋

图书在版编目（CIP）数据

探索语言结构：学生指南 / （美）托马斯·佩恩著；
吴福祥等译 . -- 北京：商务印书馆，2025. -- ISBN
978-7-100-24514-2

Ⅰ . H0

中国国家版本馆 CIP 数据核字第 2024UM9742 号

探索语言结构：学生指南

〔美〕托马斯·佩恩　著

吴福祥　朱冠明　等译

商　务　印　书　馆　出　版
（北京王府井大街 36 号　邮政编码 100710）
商　务　印　书　馆　发　行
北京新华印刷有限公司印刷
ISBN 978 - 7 - 100 - 24514 - 2

2025 年 1 月第 1 版　　　开本 787×1092　1/16
2025 年 1 月北京第 1 次印刷　印张 28½

定价：148.00 元